语言接触与汉语研究丛书

汉语语法历时与共时比较研究

HANYU YUFA LISHI YU GONGSHI BIJIAO YANJIU

崔山佳 著

语文出版社
·北京·

本书获得浙江财经大学
汉语言文字学省级重点学科资助

图书在版编目（C I P）数据

汉语语法历时与共时比较研究 / 崔山佳著. -- 北京:
语文出版社, 2015.7
ISBN 978-7-5187-0193-3

Ⅰ. ①汉… Ⅱ. ①崔… Ⅲ. ①汉语—语法—研究
Ⅳ. ①H14

中国版本图书馆CIP数据核字(2015)第150346号

责任编辑 章承董
装帧设计 肖华珍
出　　版 语文出版社
地　　址 北京市东城区朝阳门内南小街51号　100010
电子信箱 ywcbsywp@163.com
排　　版 北京杰瑞腾达科技发展有限公司
印刷装订 北京教图印刷有限公司
发　　行 语文出版社　新华书店经销
规　　格 890mm×1240mm
开　　本 A5
印　　张 14
字　　数 377千字
版　　次 2015年7月第1版
印　　次 2015年7月第1次印刷
印　　数 1-1,000
定　　价 45.00元

010-65253954(咨询) 010-65251033(购书) 010-65250075(印装质量)

前　言

我们以为，汉语语法如果能从历时与共时的视角进行比较研究，或许能有更多研究空间，利于语法研究的深入。

动词与形容词。“姓”与“像”是系动词，学界一般认为其后不能带“了”或“过”；其实，“姓＋了”“像＋了”近代汉语以来一直在用，“姓＋过”在现代汉语中也有。有学者认为无“AB了AB”式，至于“AB一AB”式，有学者认为近代汉语使用时间不长即消失；其实，从明末开始，“AB了AB”一直在用，只是使用频率是动词重叠中最低的，“AB一AB”从明代到清代一直在用，现代有的方言也用；两种形式的重叠，有方言地理类型分布特点，以长江为界，前者主要在北方使用，后者主要在南方使用。有学者认为名词不能进入“X的X，Y的Y”，其实，不管是近代汉语还是现代汉语，名词都能进入此格式，近代汉语多一些；有人认为动词或动宾结构能入此格式，其实，述补、状中、定中、主谓、数量、连动和兼语等短语也能，只是使用频率有高低；有人认为，“X的”和“X”，“Y的”和“Y”之间是“施事＋动作行为”关系，其实也有“受事＋动作行为”关系。吕叔湘（1999）说“喷喷”只能用于“香”后，其实，“喷喷”可后附于“红”“热”等。

数词与量词。王力（1985）说“五七”不成话，吕叔湘（1984）说《儿女英雄传》的“五七”用法是仿古，又有人认为唐五代已见“五七”，宋元用得更多，但明后书面材料里很难找到；其实，“五七”在《红楼梦》及比它晚的文献中仍有大量用例，现当代作品仍有，个别少数民族语言也有，只是使用频率不如明清；有人认为“三五七”只有个例，其实明清作品有用例，就是当代作品也有。有学者发现有“赵本山第二”等说法，“第二”有特殊含义，认为是新兴用法；其实清末作品已有，民国小说、现代作品也有。刘丹青（2009）认为名词后的“俩”未发展出表双数概念，如没有“小明俩”，但柔石、钱锺书作品偶有“人名＋俩”，《儿女英雄传》有“张老俩”，河南固始方言也有“人名＋俩”。陆俭明（2007）认为“我们几位”这种说法是新兴用法，并认为可建立新会话原则：应答协调一致性原则；其实，清末已有此说法。

词缀。汉语说“实打实”，对于“打”字的性质学界有分歧，我们认为是中缀，“实”是形容词，方言更常见的是“量打量”（“个打个”），“打”也是中缀，涉及的方言有吴语、赣语、西南官话、客家话，甚至连甘肃白龙江流域中下游方言点也有，相比而言，赣语和西南官话更成熟，有“A 打 AB”“AB 打 A”式；不同方言点中缀有不同变体，少数民族语言也有类似用法。近代汉语有后缀“生”，附名词、动词、疑问代词、副词后；其实，还有附于数量词后的用例，方言也有，主要在吴语，很有价值。周志锋（2001）发现近代汉语有“动”作后缀的用法，“××动”表“……的样子”，如吴语、山东方言有这种用法，另笔记小说也有；现代方言除宁波话外，舟山话、台州话、衢州话也有，温州话、丽水缙云话、金华武义话的“动”有两个用法，既作形容词，又作动词；福建闽西长汀客家话、江西于都客家话、江西铅山太源畲话也有“××动”，与宁波话等同义；福建福州话的“××动”有不同语义。

介词与助词。董秀芳（2009）认为古汉语有介词“并列删除”现象，但不见于现代汉语；其实，现代汉语也有，近代汉语更多，共有 26 个介词可“并列删除”。丁声树等不承认“V 在了 N”的合法性，朱德熙等认为“V（双音）在了 N”不合法，现人们承认了此格式，但又认为是新兴用法；其实明代已有，清代更多，现代作品也有，改革开放后使用频率更高，且出现新用法。王力认为“有＋着”是欧化语法现象，好多学者认同，其实，明代已有，清代更多；有人认为“有着”只带抽象宾语，其实也可带具体宾语。动词重叠带助词“看”表尝试面很广，浙江方言就如此，有36个点说“VV看”，历史上还有“瞧”，现代方言有“相”“望”等10余种说法，还有有音无字的“□（no^2）”，方言中最复杂。

定语与状语。“定语+人称代词”有欧化说、日化说、修辞说、综合说、自源说等，其实，《庄子》有“故吾”，一直到清末都有用例，不但有400余例，文体多样，且形式同现代汉语几乎一样，故是汉语固有用法。“永远”作形容词用法，有人认为是受日语或英语影响，其实汉语不但副词可作状语，形容词也能，不像英语的副词与形容词有明确分工；“永远”作形容词的用法在《尚书》中已有，一直未中断，后又有作谓语、定语等用法。

动宾结构。有学者认为动词拷贝句清代才有；通过考察发现在北宋已萌芽，《朱子语类》例更多，现代汉语的多种形式明代基本具备。改革开放前“买贵了”等不能带宾语，但现在网络上有“买贵了”“买贱了”带宾语例，说明自媒体时代语言发展速度更快。“吃饱了”与“喝醉了”带宾语现象，有人认为不合规则，有人认为是例外，也有认为是“熟语化”；其实，明代已有“吃饱了”带宾语例，“喝醉了”带宾语民国小说也有，相比而言，“吃饱了”带宾语的种类更多样。

动补结构。学界一般认为“姓”不能带补语，其实，明清白话和当代作品有“姓得好”“姓错了”的用例。一般认为动词“死”和“姓”不能带“起来”，但清代白话有用例，当代作品例更多，故“死”和“姓”虽与一般动词有别，但后带趋向动词这点有同的一面。一般说吴语有“V快了”的用法，近代汉语也有，从方言角度看比现在面要宽一点，不但吴语有，北方话也有，如《儿女英雄传》就有，作者是北京人。

被动句。朱冠明（2013）多次说从唐代起“为N所V”迅速衰落，其实《古代小说典》白话小说中与“所”搭配的“为”比“被”要多，分别为1762例与969例，相差近1倍；文言小说“被N所V”97例，“为N所V”10652例，“为N所V”用例远超

“被N所V”100倍，这可能与“被N所V”是从“为N所V”类推而来有一定关系，更与“所”是文言用词有关，与“为”搭配似乎更和谐些，就是现代汉语“为N所V”与“被N所V”的使用也是因人而异。贺阳（2008）认为“花草被水浇灌了”是欧化语法现象；张延俊（2010）则认为汉语各个时期都有类似“花草被水浇灌了”这种主语生命度低的例子；我们赞同张的看法，并发现了更多例子，南方少数民族语言也有。

我们的总体看法是：中国有得天独厚的语言学资源，有几千年文献记录的历史，有丰富多彩的方言，还有少数民族语言。汉语资源丰富，历史长，类型多，有许多重要的语言事实和理论尚未进入国际语言类型学研究视野，只有进行历时与共时的比较研究，才能寻觅相关语法特征的时空差异，探求隐藏在差异背后的共性，更好地揭示汉语的真面貌，为语言类型学做出独特贡献；一些民族语言因长期受汉语影响，或存在早期语言底层的遗存，一些语法现象有语言类型学价值。

本书稿有一定的篇幅涉及南方方言。吴福祥（2013：33）说：“方言语法史是汉语语法史不可或缺的组成部分，方言（特别是南方方言）语法史研究是当前汉语历史语法研究中亟需大力加强的一个研究领域。因此我们主张，汉语历史语法研究应该将基于历史文献的研究和基于方言比较的研究结合起来。”我们认为这的确是符合汉语事实、符合汉语方言事实的“的论”。邓晓华、王士元（2009：142）说：“南方汉语的形成既非完全是‘土生土长’，也绝非完全是‘北方迁入’。这是一个多元结构体，是南北族群经过长期的语言文化的互动过程的结果，它的来源是多样、多层次的。”我们十分赞同这种说法，南方方言确实有不少区别于北方方言的语法现象，需要我们花大力气深入研究。

敝帚自珍，我们以为从历时与共时的视角对汉语语法进行比较研究有许多意义：

为建立完整的汉语语法史提供更全面的翔实的材料。

为语言类型学提供更多有价值的信息。

挖掘语法研究的新语料。

纠正一些不正确的说法。

本书稿的研究方法有：

“普—方—古”三结合：既有对近代汉语语法纵的研究，又有对现代汉语语法横的考察，即既有动态又有静态，既有对汉语语法（包括方言语法）的考察，也有与少数民族语言语法的比较，揭示语言接触的不同情况，如汉语被动句主语的生命度考察、“V 快了”等。

运用语言接触与语言地理类型学等理论：主要体现在动词重叠“AB 了 AB”与“AB — AB”，“人名 + 俩”，中缀“打”，后缀“生”与“动”，介词“并列删除”现象，浙江方言“VV + 看”及其他。

基本描写与理论解释相结合：从语言事实出发归纳规律性结论，致力于语法演变动因和机制发掘，揭示汉语语法现象的共性与个性，如“X 的 X，Y 的 Y”，“五七”与“三五七”，“V 介了 N”等。

本书稿有以下特色：

是第一部历时与共时语法比较研究的专著。虽有一些历时语法研究的成果，主要体现在语法化方面，但多为论文，且都是就某一方面的语法现象而展开，比较零散。也有语法化的专著，但内容单一。本书稿第一次对汉语语法现象从历时与共时的角度进行研究。

运用语言地理类型学等理论研究语法。地理语言类型学已有一些成果，但以语音和词汇研究为主，涉及语法的不多。本书稿以一定的篇幅从地理语言类型学角度论述语言接触等现象。

目　录

第一章　动词与形容词

第一节　“姓了”“姓过”与“像了”

（一）

好多语法著作认为“姓”后面一般不能带助词“了”。如吕叔湘（1999：31）的“动词谓语句式表”有一张及物动词表，其中有AB两组动词，在说到B类动词时说：“B类动词一般不能重叠，不能带‘了、着、过’。其中主语不是严格意义的施动者，宾语也不是严格意义的受动者。宾语不能省。常见的B类动词有‘像、叫、姓、兼、号称、等于、成为、不及、不如、不比、具有’等。”

周一民（1998：49）说到“联系动词”时，举例有“姓”“像”。在说到联系动词不同于一般动词的主要特征时指出：“后面一般不能加‘了’‘着’‘过’。”但说“有”是例外。

齐沪扬（2007：296）说“静态动词”：“既不能在前面接‘在、正在’，后面也不能带‘了、着’或时量短语。”例子中有“姓”字。

刘月华等（2002：155）在说到“关系动词”时举有“姓”字，在说到其主要语法特征时共归纳了6点，其中第4点是：后面一般很少用动态助词“了”“着”。

孙德金（2005：41）认为“姓”“像”等是“系动词”，与其他动词的区别有3点，其中第1点是“一般动词后面能加‘了’‘着’‘过’，但系动词一般不能加”。

陈前瑞（2009：6）说：

在研究过程中，人们发现体标记的用法与动词的类型有非常密切的关联，比如英语的状态动词一般不能用进行体，正如汉语的“等于、姓”一般不用“了”一样，而某些动词的意义如“完、了、结束”与完成体的意义非常接近。

但也有学者持相反看法，施关淦（1990：42）说：“绝对不能带动态动词的动作动词恐怕不容易找到，即使像‘他姓刘’里的‘姓’也不是绝对不可带动态助词的，例如：小明本来不姓刘，他妈改嫁到刘家，才姓了刘。”

胡裕树、范晓（1995：46）举有“姓+了”的例子，如：

自打他姓了王，咱村就没安宁了。

胡裕树、范晓（1995：46）说：

当然，由于“知道”“相信”“姓”“红”“好”“干净”“有”“存在”这些词语意义上的静态性质，它们带上“了”以后表示的动态，与动作类、结果类动词表示的动态还是有区别的。主要区别在于，静态动词带“了”表示的是发生变化的起始点，而后则一直保持静态，不再变化，可称之为起始点的动态（ingressive dynamics）。

我们以为，上段文字解释得很有道理。“姓”带“了”和一般动词带“了”的确有别。

（二）

我们以为，“姓”后面不但可加“了”，而且使用频率较高，例如：

（1）那一石谷子半匹布，叫我呀，十三岁上不再姓李，改姓了王。

（2）龚大哥从那时就姓了龚。

（3）二马说：“我从生下来就姓了戚，姓了二十多年了。”

（4）我正色他说：“你也别如此出言无状了！础础到底姓

了乔!”

(5) 老拳师与她素不相识，无怨无仇，跟何沅君也是毫不相干，只因大家姓了个何字，她伤心之余，竟去将何家满门杀了个干干净净。

(6) 你会走进桑家来，你会让我叫了你这么久的宝贝儿，你会姓了咱们家的姓，你会叫了我大半年的奶奶，你会——让我那个傻乎乎的孙子坐在你房门口扯头发——总算你和我们桑家有缘。

(7) “……什么叫妥当呢？就是不坏她的规矩，如果阿巧姐不肯进门姓胡；那就一定姓了别人的姓了。”

(8) 只是这位负心的天子返回朝廷便不认账，害得一个龙种只好随母姓了李。

(9) 他是旗人。旗人有族无姓，关老爷却沿其父训，姓了关。

(10) 就说我们姓王的，东汉时代皇后成捆皇上全是我们生的，末了江山也姓了王，我们说什么了我说什么了还不是忍着，有没有身份不在那个，后来有一次我在魏公村附近碰见她，那儿不是有几个歌舞厅吗，她也弄得跟演员似的在街上逛。

(11) 大黑夜三转二转就转到你家大门，谁也无可奈何，总不能因为财主姓了黄该做的事就不做，也总不能因为财主被人家称了善人俺们就大发善心越门而过。

(12) 在S大学，除了看过我档案的录取老师，别人大概就不知道我的详细情况了，今天可以坦白地说，我的姓名都是假的，我爸爸姓张，母亲姓文，从上小学时，爸爸就让我姓了母亲的姓，上山下乡时，又让我改了名字，爸爸从来不让我当着别人说起他的职务、地位。

(13) 我娘对我说：“有庆姓了徐，家珍也就马上要回来了。”

(14) 石敬瑭这个人本是无名之辈。他是什么民族，不知道；是从哪里来的，不知道；他父亲本不姓石，他为什么姓了石，其原因也不知道。

(15) 儿子已姓了罗，女儿是否可以姓姚?

（16）到了共产主义社会也还有女皇，你们为什么姓了父亲的姓而不姓母亲的姓呢？以后一定改过来。

（17）于是，他姓了侯，入了满族。

以上是当代作品中的例子，有大陆作家，也有台湾作家，还有香港作家。

翻译作品也有，例如：

（18）她把大孩子吉夫莱改名为贾诺托，又改姓了她自己的姓；那小的一个，她认为名字可以不必改得。

（19）人们丰富的想象力肆意驰骋，因而，这个地域的南部和东南角道士姓了"张"，变成了"张道士"。

网络小说也很常见，例如：

（20）奇怪，你号称南剑，却为什么偏偏姓什么北，既然姓了北，却又为什么不叫北剑？

（21）文玉卿一愣，缓缓转过身子，才看见莫天悚和莫桃一起跪在门口，眼眶一下子就湿了，丢下佛珠疾步过来，将莫天悚和莫桃一起拉起来，摇摇头，深深吸一口气道："……我的意思是，你既然让鹰飞姓了凌，就让他一直姓凌吧！……"

（22）山上商人来了之后，消息带来不少，秦人差点打得金国一败涂地，这片地方险些就姓了秦，据说汾水河畔，一场大战，打的汾水都被血染得通红。

（23）阿破道："丁姨你就别乱牵线了，漂亮姑娘已经姓了何了。"

（24）崔丹露眼巴巴地看着刘大奎，说："在这个世界上，我最亲的人是我娘，可是，她已经离开了，但是，我姓崔姓了十年了，他也是我的父亲，虽然不是生父，可他毕竟对我有养育之恩，我求您了，您就放过他吧，我发誓，我一定要好好孝顺您，哪怕一辈子留在您的身边都可以。"

上例"姓崔姓了十年"用了动词拷贝句形式，比较特殊。

（25）最初我是被人叫做齐天大圣，那是因为小时候喜欢舞枪弄棍，而且身体灵活得跟猴子似的，再加上又姓了个石，孙悟空可也是从石头里蹦出来的。

（26）其实自从姓了西门之后，那些狗眼看人低的就再没谁欺负我了，睡觉的大通铺也换成了单间。

（27）罗才生说："你要是姓了罗，算个啥子东西呢？……"

（28）因为凌晨出生的原因，我姓了凌。

（29）姐，孩子虽然姓了杨，但是到了什么时候他都是你的孩子，这是谁都改变不了的。

（30）"你却怎地姓了梅？"

（31）因为我老爸姓李我也就跟着也姓了李，我出生时，老爸希望我将来能够光宗耀祖，所以就给我取了个谐音的曜字。

（32）打个比喻，南阳府城就好像一个柔弱的美女一样在强权之间轻易就更换归属：明朝时南阳姓朱，李自成轻陷南阳杀唐王朱聿镆之后南阳府就姓了李，而张献忠路过时也有一夜露水缘姓过张。

（33）"……'佐依'也算是国际时尚界数一数二的大公司了，我想森原姓了金后一定会比现在缴的税多好几倍，难道省长大人会不愿意吗？……"

（34）……于是，可能是八辈子贫农的韩山童突然姓了赵，成了宋朝的皇室，刘福通也成了刘光世大将的后人。

（35）要是这么漂亮的一个女孩子也姓了牛，那是十分可惜的。

（36）为了能更好地照顾雨萱，父亲再婚了，娶了肖林，并带来了一个比雨萱大五岁的姐姐，姐姐的父亲是赌鬼，为了彻底脱离那种糜烂的生活，姐姐干脆也姓了桑。

（37）米米一怔，方道："你说花先生，我倒一时没反应过来，他原不姓花，从母姓姓了向，……"

（38）我环视四周："我真恨自己姓了夏！"

（39）去到唐家，我姓了唐，叫唐艾。

报刊上也很多，例如：

（40）有的人把承包制片面理解为“一包就灵”，企业几乎清一色地姓了“包”字。

（41）我是汉化匈奴人，或是带有匈奴骨血的汉人，因为与汉室通婚，许多匈奴人姓了刘。

（42）我心想这怎么能行，我这辈子就这么一个儿子了，岂能姓了老婆的姓。

（43）贾君鹏这个网名，是根据黄亮华给朋友的孩子起的名字“李君鹏”修改的，因为李姓太多了，为了防止跟众多的真名重名，就姓了贾。

（44）他本姓拓跋，但在逝世前的三年改姓了元。在他在位的二十九年间，最重要也最有争议的举措就是迁都和汉化。

百家讲坛也有，例如：

（45）其中最典型的一个人叫花铁干，我曾经就是评点过《连城诀》，评点的时候我说花铁干这个人名起得好，铁干，多么英雄的一个形象，可惜姓了花，一姓花，铁干就没有了。

一般网站上的例子也很多，例如：

（46）“上辈子做妓女，这辈子才姓吕！这辈子姓了吕，下辈子做妓女！”

（47）昨天，扬州市档案馆的一本族谱让姓了一辈子梁的一位镇江老人，终于在花甲之年找回了真姓。

还有“姓了”后面是外国人的姓，例如：

（48）而岸家与佐藤家的关系就更加亲密了，岸信介本人与前首相佐藤荣作是亲兄弟，只是因为其父佐藤秀作过继给岸家才姓了岸而没有姓佐藤！

（49）自从超音速在2007年将雷－阿伦换走之后，这支球队的当家就彻底姓了杜兰特，两年来，杜兰特在联盟中进步非常迅速，更令人艳羡的是，他才年仅21岁。

（50）正如姓了罗纳尔多，天生比别人会踢球。

（51）可就这种汉堡包姓了麦克唐纳后走遍全世界，成了快餐界王牌。

（52）姓了鸠山的日本，要走向哪里？

（53）友人问他为什么舍弃这可观交易，他笑答："我已经姓了一辈子钱了，还迷钱吗？"

（54）刘莉莉，因为是流浪猫，所以姓了刘，是个刚一岁的小姑娘，春节时候绝育的，现在吃嘛嘛香，气质很淑女，黄色的小头发帘。

（55）小雪随养父姓了林，林家有一个大她一岁的哥哥，叫林寒。

（56）你也别姓了朱就越发地不讲道理的。

（57）刚才唱"周处"的人，真是白白姓了个"裘"字啊！

（58）十月怀胎，忍着剧痛，生下来的宝宝却姓了别人的姓，郁闷呢。

（59）虽说小说不同于现实，但也不能一首诗中出现了"谢家"二字，《红楼梦》便改姓了"谢"吧？

（60）我姓康，孩子他爸也姓康，孩子他爸姓康了，那孩子自然而然也姓康了，那孩子姓康了，那就可以说孩子姓了我的姓了。（孩子姓了我的姓，血型也和我的一样！天意，一切都是天意！）

（61）动物和自然真是水乳交融，和谐无比，幸好欢欢姓了董，能有这样的机会，它可是吸引了所有人的眼珠，回头率百分百，好不得意。

（62）他的寂寞悲叹却化为了治国的动力，他在那个边远小城兴教育，修水利，受到所有百姓的拥戴，那潮州的山水竟尽姓了韩。

（63）后来郑穆公把她嫁给了陈国的陆军司令夏御叔，夏姬嫁鸡随鸡，也就姓了夏。

（64）羽莫和你跟了妈妈，所以和妈妈姓了钟。

（65）在那兵荒马乱的年代，为了不致招惹是非，梁晴这个大姑娘挽上了已婚妇女的发髻，姓了未婚夫天亮的姓。……梁晴怀疑地看了天亮几眼，发觉天亮从发髻上产生误会后，于是，她告诉他：她已经姓了他的姓好几年了。

（66）拉拉姓了杜了，就不是同性恋了，而是一个行走江湖的女侠，见招拆招，不磨磨唧唧，不唠唠叨叨，哪有问题从哪入手，攻克难关勇往直前。

（67）陆士谔的女儿名字是陆易欢，她的名字的意思我想不会是“姓了陆容易欢乐”，而是像一个产品必然有生产的公司，她是由“陆氏”和“易氏”两家“公司”合营的“产品”，那个“欢”字表达了父母希望女儿一生能够欢欢喜喜的美好祝愿！

（68）怎么突然冒出个姓了一辈子的“钱”却不迷信“钱”的钱锺书，婉拒美国一大学16万美金高价课酬。

（69）甲：那可是您姓了个好姓呢。

（70）也许，命中注定我姓了雷。

（71）“我本来姓佀（sì），身份证上却写成了侣（lǚ），我就稀里糊涂地姓了21年侣。……”

（72）一下子，俺那可怜的孩子姓了人家的姓。

也有用“示姓（性）”修辞格的，即“姓了”后面带的不是真正的“姓”，例如：

（73）“老七，我可不敢用，我怕老七去了，我的队伍姓了共，共产党拉队伍的手段我是知道的，这尊佛我使用不起的；老八，还是画他的画吧，我那儿可都是粗人，没有这个雅兴。”

（74）如今提倡发展民营经济，个体私企突飞猛进，各地的乡镇企业都垮台姓了私。

（75）据悉，截至目前，该校已有4名教师的电脑姓了“公”。

（76）36年前，老城区南门附近的扈桂英，因单位办事员简化，姓起了“沪”，至今未改变，这样的姓氏来源还不多见。

（77）可是，这却代表了现代中国人的一种普遍倾向，普遍心理，那就是，凡是姓了公的东西，都是不用白不用，用了也白用，凡是花公家钱的事情，不花白不花，花了也白花。

（78）我回家了，可现在还是没有王先生的消息。我这一单可算是姓了黄。

（79）假如全世界都姓了“美”，全世界所有国家的人都听美国人的话，世界就会和平了吗？

（80）只要保健品姓了“真”，普通药价下来了，患者心里踏实了，市场想不火都不行。

（81）社区居委会怎么会姓了“商”？

（82）上海图书馆洁身自好，严于律己，令人肃然起敬，然而指望所有姓了“公”的部门都能从善如流，恐怕也难。因此对姓了“公”却在谋私利的部门说“不”，更需要机制的跟进。

（83）油价终于姓了回市场经济

（84）那么人人都应享有其权利，就像同是炎黄子孙，你姓了炎黄人家就不可以姓了吗？

（85）什么东西，只要姓了公，大概就可以尽情享用了，就像源源不断的江水，取之不尽，用之不竭。

（86）这个妻子因为姓了军，就注定了和别的妻子不一样，但她毕竟还是一个普通的女人，一个有血有肉，有着丰富情感的女人，她们同样需要爱的回灌、情的浇铸，同样渴望甜言蜜语的关怀，柔情蜜意的浪漫。

（87）他出生时本来与牛没有一点联系，可是满月后就再也没有离开牛：身不由己姓了牛，断了母乳换牛乳，然后是养奶牛，做乳品，卖牛奶……父子两代人合起来，与牛打交道整整 65 年。

还有标题或小标题中就有“姓 + 了”用法，数量还不少，上举例子中有，又如：

《颐和园不能姓了“外”》

《拍卖经营权　筹资兴水利　滁州八百口当家塘姓了“私”》

《人大代表呼吁：别让农民害了病就姓了穷》

《倾耳倾听这便姓了资了》

《绛县 900 亩“新”地姓了“农”》

《新国足果然姓了朱 足协宣布朱广沪出任男足主帅》
《圆明园湖心岛姓了“私”》
《“孙”家女怎姓了“孔” 奇！农家女竟失去了姓名自主权》
《我怎么就姓了姬（其实你们也是）》
《红梅公园知音舫介绍出错 俞伯牙竟姓了“余”》
《因为李世民很多人姓了李》
《如今苦菜姓了“甜” 山西阳高县3000妇女下地挖野菜》
《关注七乐彩 3个百万奖全都姓了鲁》
《为什么男人一上海南岛，全都姓了“朴”?》
《公车姓了“公”》
《姓了个怪姓》
《中国队怎么就姓了刘呢?》
《这个老板真是怪，一人姓了“百家姓”》
《顾家的房子怎么姓了薛?》
《“木兰”为何姓了“花”?》
《收费站“下岗”公路姓了“公” 准车主购车忙》
《“设计”，你到底姓了什么?》
《从此悍马姓了中国四川》
《唐朝帝裔为何姓了胡?》
《住了5年的房户主刚满1岁 乔家房姓了左?》
《彩票姓了私，让人少了底（上)》
《7000万个税也姓了“安”》
《芜寺村采石场改来改去姓了苟》
《我姓了一天叶》
《秀昌果然姓了“官”!》
《电话姓了公，就该受累吗?》

上面标题的例子中，也有一般的“姓+了”，也有“示姓（性)”修辞格，还有“姓了中国四川”这样特殊的用法。

由上可见，“姓+了”用法很常见，已与一般的动作动词不相上下，应该是一种显性语法现象，但为何多数语言学者却熟视无睹呢？这可能与改革开放前这种用法较少见有关。

（三）

现代作品也有，但相对来说远不如现在这么多，例如：

（1）我们如何应付这的确地道空前的遭遇，它的方案，咱们得自个儿去找，而且所用方法又特别的笨，所谓“上一回当学一回乖”，我们必须以我们的族类邦国身家性命一堆儿作为孤注去和世界人去赌博，于是它们都姓了“碰”，碰得着是运气，碰不着则呜呼哀哉一瞑千古。（俞平伯《随笔两则·大九州的梦》）

（2）她的儿女们一律跟她姓了赛姆生，因此都加入了英国籍，初时虽然风光，事变后全都进了集中营，撇下赛姆生太太孤孤零零在外面苦度光阴，按月将一些沙糖罐头肉类水果分头寄与他们。（张爱玲《连环套》）

（3）他究竟还是她的父亲，她究竟还是他的女儿，即使他没有妻，即使她姓了另外一个姓，他们两人同时下意识地向沙发的两头移了一移，坐远了一点。（张爱玲《沉香屑·第二炉香》）

（4）这部书中的主人公，只在旅行期间权且姓了贾，叫做宝玉，权且做了一个贾府上的子弟：正如贾政所说的“竟哄了老太太十九年”。（张天翼《贾宝玉的出家》）

（5）他姓了王。（老舍《四世同堂》）

（6）周三奶奶又说：“哟哟！我可没见过，别说还是一个团圆媳妇，就说一进门就姓了人家的姓，也得头两天看看人家的脸色。……”（萧红《呼兰河传》）

以上也是有一般的用法，也有用“示姓（性）”修辞格，也有“姓了”后用外国人姓的。我们完全可以相信，随着探索范围的扩大，在现代作品中肯定能发现更多例子。但比起当代汉语来，尤其是改革开放后，现代汉语的例子显然就少得多了。总体上说，改革开放以前的好长时间，“姓了”说法的频率是较低的，似乎属例外，所以才有一些语法学家不承认汉语有“姓+了”的说法。

（四）

近代汉语“姓+了”用法似乎比现代汉语要多一些。先看明代作品的例子，如：

（1）［丑］阿呀，毛伯伯来了。毛伯伯，你如今姓了吉了。［外］这小厮，姓如何改得？［丑］你不知道。你旧时手头有钱，人见你毛勃隆，因此叫你姓毛。如今都赌输了，手头有些急迫，我只叫你做急切伯伯罢。（明·张凤翼《窃符记》第29出）

以上是戏曲，也是用“示姓（性）”修辞格。

（2）那儿子渐渐大起来，莫翁虽是暗地周给他，用度无缺，却到底瞒着生人眼，不好认帐，随那儿子自姓了朱，跟着朱三也到市上帮做生意，此时已有十来岁。（明·凌濛初《二刻拍案惊奇》卷10）——同卷还有“尽多改姓了赵”。

（3）菩萨方与他摩顶受戒，指沙为姓，就姓了沙，起个法名，叫做个沙悟净。（明·吴承恩《西游记》第8回）——同回还有“就姓了猪”。

（4）炀帝道：“……朕今就赐他御姓，姓了杨罢。”（明·齐东野人《艳史》第27回）

（5）乐道尊道：“……他改姓了祁，如今又中了江西解元。”（明·白云道人《玉楼春》第10回）

以上是明代白话小说。清代的例子更多见，例如：

（6）吕玉道：“孩儿既冒姓了任，怎好兄妹为夫妇？”（清·笔炼阁主人《笔炼阁小说十种·白钩仙》）——同篇还有“将次子姓了任，第三子姓了陆”。

（7）喜全恩见了女婿，甚是欢喜，就教他姓了丈人的姓，叫做喜吉存。（《笔炼阁小说十种·续箕裘》）

（8）待征只道他黑得卷子的，教他姓了郜，叫做郜甄福，与盛俊一同赴考。（《笔炼阁小说十种·正交情》）——同篇还有“就将小舅冯延哥姓了外祖的姓”。

(9) 祝公十分称叹，即认调鹤为义子，教他也姓了祝。(清·笔炼阁主人《五色石》卷8)

(10) 便又问道：“前去你说姓陈，却缘何又姓了王?”(清·菊畦子《醒世奇言》第1回)——第4回还有“怎的做了官却又姓了那陈?”“许他复姓了俞”，第8回还有“那些田产依旧姓了尤”。

(11) 炀帝道：“……朕今赐他国姓，姓了杨罢。”(清·褚人获《隋唐演义》第40回)

(12) 那丁严在邳州逃到京师，打听得官府画影图形捉他，便改姓了邴。(清·天花才子《快心编》第3集第4回)

(13) 这样正直的人，又不合姓了魏，故此弄出大祸来。你道为何姓了魏弄出大祸来? (清·江左樵子《樵史通俗演义》第9回)——同回还有“改姓姓了姚”，第21回还有“就姓了韩”。

(14) 那醒名花梅杏娘，共生三子，长子名大雄，攀了陶景节的女儿为妻，改姓了梅，接续梅公之后。(清·佚名《醒名花》第16回)

(15) 恐富公子的事发作，刁仁遂改姓了王。(清·不睡居士《枕上晨钟》第8回)——第9回还有“姓了金”，第12回还有“他故意改姓了王”，第17回还有“但为何又姓了金?”。

(16) 恐怕白从李名姓叫熟了有人踪迹，故改姓了李。(清·苏庵主人《归莲梦》第4回)

(17) 将次子姓了葛，承接葛太古的宗祀，取名葛钟英；因为葛太古的勋劳荫为五经博士。将天然生的一子姓了雷，承续雷海青、雷万春的宗脉，取名雷钟武，以海青、万春功亦恩荫为金吾将军，将碧秋生的一子姓了卫，承顶卫氏宗祧，取名卫钟美，后中探花。(清·素庵主人《锦香亭》第16回)

(18) 本初道：“……学生本姓赖，因入赘梁家，故姓了梁，其实内父止有内弟一子，所以不要他轻离左右。……”(清·李渔

《合锦回文传》卷 3）——卷 6 还有“兄改姓了杨，小弟也改姓了杨”，卷 7 还有“都冒姓了杨”“当时侄儿也曾权姓了梁”“为何姓了杨?”“故姓了杨”，卷 9 还有“假姓了桑”“姓了内家的姓”，卷 12 还有“今日却大家都姓了柳了”。

（19）玉峰才放心，依先姓了申。（清·佚名《生绡剪》第 9 回）

（20）这火氏既姓了火，他一身到底竟无处不是火，孰意胯下那穴道中，其火更甚。（清·曹去晶《姑妄言》第 2 回）

（21）光义说到了这一句，只见匡胤在旁哈哈冷笑，叫声：“……你自恃其能，说这许多谎话，恁的天花乱坠，惑乱人心；我此去得胜回来便罢，若不得胜，不把你腿筋儿打断，我也不姓了赵。”（清·吴璿《飞龙全传》第 44 回）

（22）剑秋拍掌道：“今日再不能进去，我连‘欧’字也不姓了。”（清·魏秀仁《花月痕》第 10 回）——此例用介词“连”把姓前置。第 40 回还有“我这‘杜’字也不姓了”，此例没用介词，姓也前置。

（23）王道士道：“不瞒二爷的话，大凡道士总姓不得王，姓了王，拿起妖来便有些咬手。”（清·沈懋德《红楼梦补》第 47 回）

（24）投奔刘太监名下，遂冒姓了刘。（清·唐芸洲《七剑十三侠》第 30 回）

（25）店主道：“……在下正在江湖作客，就改姓了黄。……”（清·吕熊《女仙外史》第 33 回）——第 81 回还有“怎在笏平昌姓了曾氏?”。

（26）“姑娘，你缠夹哉，个个是戏房脚色常更换，介勒姓了张来又姓王。……”（清·吴信天《三笑》第 4 回）

（27）和尚一面解背上的包，笑道：“……离恨天宫是元女女娲太君住的，百花宫万花总主本是杜兰香，因历了世劫，又姓了汪，名瑗，就是畹香幽梦灵妃，现封了妙上花王。”（清·邹弢

《海上尘天影》第2回）

（28）乳母道："……姨太太不如改作男装，竟姓了周，不说姓武，免得旁人动问，走漏了消息，反要惹祸。……"（清·华琴珊《续镜花缘》第13回）

（29）假母亦笑道："公子为什么不姓了潘？"（清·俞达《青楼梦》第2回）

（30）我素慕胡雪岩的豪富，不如改姓了胡罢。（清·评花主人《九尾狐》第11回）——第23回还有"即便改姓了胡""我也改姓了胡"。

（31）本不姓金，他父亲叫金幼川，因为自家无子，就把这乌龟的儿子抱养成人，便顶姓了金，承受了这金幼川的一分家产。（清·张春帆《九尾龟》第13回）——第78回还有"我这'李'字也不姓了"，第85回还有"我这个'祁'字也不姓了"，第190回还有"我这个'祁'字也不用姓了"。

清·蒲松龄的《聊斋俚曲集》也有，例如：

（32）圣僧悟能，他原是天蓬元帅，跟着唐僧姓了猪，取名八戒。(《丑俊巴》)

以上可见，"姓+了"在明清两代有一定使用频率。

（五）

为什么"姓"可以带"了"，而且数量还不少呢？我们仔细分析了第四部分近代汉语的例句，发现好多是有原因的，而且原因还多种多样。

有的是幽默化的表达，如例（1）的"姓了吉"，此"吉"是"急迫""急切"的"急"，是谐音，是"示姓（性）"的修辞格，到了当代，这样的用法更多了。

如例（2）的"莫翁"，起先儿子送了人，后为了"认帐"就随那儿子自己也改"姓了"朱。这倒稀奇，竟有老子随儿子姓的。

有的因为结拜成兄弟而统一改姓的，如《二刻拍案惊奇》卷

10 中“尽多改姓了赵”的那五个人，因在赵元帅庙里歃血为盟，都改“姓了”赵。

例（3）的“沙和尚”和“猪八戒”是菩萨就地为他们立姓的。这倒有点像日本人的姓，居住在某个地方就取某个地方为姓，如“亀田”“小林”“山口”等。

也有皇帝赐姓的，例（4）中的炀帝就赐人御姓，此人就“姓了”杨。例（11）也是如此。唐代名叫李洵的波斯人，唐朝皇帝就赐他李姓，他还觉得很荣耀。

也有冒名顶替的，例（6）的吕玉冒“姓了”任。《合锦回文传》卷7有“都冒姓了杨”“当时侄儿也曾权姓了梁”，卷9有“假姓了桑”等。

有的成了入赘女婿，女婿只能姓丈人的姓，如例（7）。

有义子姓义父姓的，如例（9）。

有的为了纪念恩人等接续香火而改姓的，例（17）舜英生了三子，将次子“姓了”任，第三子“姓了”陆，接续任、陆两家香火。

还有“过继”而改姓的，《笔炼阁小说十种·正交情》有“就将小舅冯延哥姓了外祖的姓”。

更多的是因政治等原因而改名换姓的，例（12）中那“丁严”就改“姓了”邴。也有后来政治清明了，又改回了姓的，《醒世奇言》第4回有“许他复姓了俞”。

古人很重视自己的姓，所以，有时候发誓也同改姓有关，例（21）中的赵光义就用改姓来发誓：“若不得胜，不把你腿筋儿打断，我也不姓了赵。”例（22）中的剑秋也是如此：“今日再不能进去，我连‘欧’字也不姓了。”

从上面例子可清楚地看出，“姓”在古代十分重要，不到万不得已不能随便改姓。但因为种种原因，在漫长的历史长河中，改姓的事时常发生，所以，比起近代汉语来，现代作品中“姓了”不如近代汉语多见，这就怪不得有语言学家连“姓+了”是不是合语法规范都有了不同看法。改革开放后，“姓＋了”用法比现代汉语有增多的趋势，从现代汉语相对少见又发展为有较高的使用频率。其中很重要的一点是“示姓（性）”修辞格的广泛运用。

相比近代汉语与现代汉语比较单一的例子，改革开放后所出现的“姓＋了”用法就多样了，特别是“示姓（性）”的普遍运用，更增加了语用色彩。

至于当代汉语中，改姓的情况也出现在父母离异后，子女有的跟母亲，有的就改为母亲的姓。这与新中国成立后妇女地位的提高有很大关系，这样的事情在近代汉语时期是不可能产生的，在新中国成立前可能性也不是很大。

（六）

陈前瑞（2005：26）说：

笔者以为，“姓”也是绝对状态情状，通常不加“着”，但也不是不可以说：

（2）谁说她随丈夫姓李了，她还好好地姓着张呢！

陈前瑞（2005：26）接着分析道：

例（2）支持“着”用于部分个体性谓词时，使个体性谓词在一定程度上呈现出阶段性谓词特点的观点，即该属性为现阶段所有，而不一定是自始至终地具备。

我们发现清代小说中也有一例“姓着”，如：

（1）大舜名为虞氏，轩辕姓着公孙。（明·董说《西游补》第6回）

现代作品中也有，例如：

（2）——怎么不是无耻的？他这女人，吃着旁人的饭，住着旁人的房子，姓着旁人的姓。（张爱玲《红玫瑰与白玫瑰》）

上例有类推的因素，从“吃着”到“住着”再到“姓着”，是很自然的。

张斌（2010：95）说：

有些动词不能带“过”，如：

像　活　使　姓　记得　认识　知道　理解

袁毓林（2010b：396—397）说：

不允许宾语悬空的动词大都是关系动词，如：“属于、成为、不及、不如、不比、姓、是、号称、等于、具有……”它们的句法特点是：一般不能重叠，不能带“着、了、过”等体标记；其主语不是严格意义上的施事，其宾语也不是严格意义上的受事，宾语不能省去。

根据注释，上述观点来自吕叔湘（1999）。

周一民（1998：48—49）也说到“联系动词”，如：是、有、在、姓、叫、等于、像、不如、不比。后又说到“联系动词不同于一般动词的主要特征”，其中有：

1. 后面一般不能加“了”“着”“过”（“有”例外）。例如：

*是了　*是着　是过（?）

“是过”偶尔可以用，例如问：“你是学生吗?”答：“是过。”意即现在不是了。

俞敦雨（1986）认为“姓”和“是”后面偶尔可加“过”，举了唐弢《琐忆》一文中鲁迅先生曾说过他“姓过唐”，例如：

（3）开始听了这话，我感到有点局促，鲁迅先生看出了我的窘态，就亲切地问我是不是姓唐，我告诉他这是我的真实姓名，他就哈哈地笑着对我说：“我也姓过一回唐的。”

曹禺的剧作也有，例如：

（4）你虽然现在不愿再做焦家的人，可你总也算姓过焦家的姓。（《原野》第2幕）

又如：

（5）这番狼狈情境，倒像阿Q闻得人大吼：“你何曾姓过赵？凭什么姓赵？”——很是桩妈妈的事情。

戴昭铭（2004：212）说天台方言中也可说“姓过”，例如：

（6）吽个小人五年到过三份人家，姓过三个姓。

刘月华等（2002：401—402）也说有“姓过”：“动态助词‘过’可以结合的动词非常广，不仅可以和动作动词、状态动词、形容词结合，有时还可以与某些关系动词如‘是’‘姓’‘会’等结合。”举有如下例子：

（7）小张的妹妹以前跟他外婆家姓过王，后来改过来了。

李允玉（2001：87）也说：

关系动词中“姓”和“叫”一般不能与过$_2$结合，但有时可以，例如：“我姓过这个姓”“我叫过这个名字”。

蔡华祥（2011：287）说：“‘过$_2$’可以和各类动词结合，结合面是最宽的，表示曾经存在某种动作行为或有过某种状态性质，即使是动作性为零的‘是’类动词也可以和‘过$_2$’结合，表示过去存在某种关系，现在已经不存了，如‘我以前姓过张，现在姓王了’；……”

百度上能找到许多“姓＋过”用例，这说明现在“姓＋过”像“姓＋了”一样，已演变为显性语法现象了，例如：

（8）老朱的眼睛直勾勾地说，“你在外头还姓过什么没有？比如姓郝吧。”

（9）至于我曾被迫地、短暂地、在纸片上被冒姓过一回金，那是事出有因的后话。

（10）我从来没姓过爱新觉罗，也没姓过金，但姓过一回“取”。

（11）至于姓什么，她自己也不知道，姓过高，也姓过刘，似乎还姓过别的。

（12）张显光（声音很低）：很多，张王李赵都姓过。

（13）这片土地姓过秦，姓过刘，姓过赵，姓过李，姓过朱，姓过爱新觉罗……

（14）中国历史上的皇帝换了好多个姓，屈指数来，姓过嬴、姓过刘、姓过司马、姓过李、姓过赵、姓过朱，姓过一批少数民族的姓，还很短暂地姓过王和袁……

（15）那时，中共地下党为了护路护车，成立火车司机“兄弟会”，曾经因为四处漂流而姓过阮、姓过黄、姓过吴的何天轩年龄最小，排行第六，人称“六福”，起初他也不知道，自己的师傅王福、李云等，其实都是共产党员。

（16）阿仁低头答道：“……后来，又在一甄姓的汉族财主家里干活儿，也跟着姓过几天儿‘甄’的，可究竟自己个儿姓什么，还真的不知道呢……”

（17）鲍鳌姓过黄，姓过王，还姓过何。

（18）凤仪接道：“……以前姓过丁，也姓过叶！就是不知也姓过什么别的没有！……”

（19）可见，保密局是在戴笠去世近4个月以后才成立的，这个组织从来没有姓过“戴”。

（20）年轻的共和国，自建立之初，从来都不曾姓过什么，无论哪个人做出无论多大的贡献，天下没有不腐朽的，但历史永远是存在的。

（21）安童也叫奇奇，姓过高，也姓过刘。

（22）在她的家庭中所有的人都姓“军”，或像她一样姓过“军”，爱人吴殿勋原是总政歌舞团协理员，一辈子献身军营。

（23）所以就是从这个安全角度出发，我也不希望自己荒废时间在做“专业官”上面，所以就这么姓过几次“代”，呵呵。

（24）你也许不知道，我还姓过苏呢。

（25）李敏对于自己姓李父亲姓毛有点不理解，毛泽东给她解释说，他也曾经姓过李，还给她细细讲了姓李的来由：……

（26）我不好意思承认他说的一点都没错，其实就这之前我的存折也是姓我妈的姓从来就没姓过我的。

（27）当然，窦姓姓过纥豆陵，可是那有什么奇怪的。

（28）“不，展昭一直都是展昭，从来没有姓过唐。”

（29）首先，没有任何一位卢浮宫的馆长姓过这个姓氏。

（30）“而我从来没有姓过陆，一天也没有，这让我对世界充满怀疑。”

(31) 猴子由于在《西游记》里姓过孙，因此与葫芦相得益彰，是为“子孙万代”的缘由。

(32) 我当教研室主任、系主任、院长、校长，出国前是讲师，回来后是教授，没当过副教授，我这一辈子几乎没姓过“副”。

(33) 自宋元以来争论最早的是宋州魏姓与黄州朱姓之争，从未见那里说她姓过花。

(34) “好深奥的哲理啊，”江晴吃完了饭，利落地从窗台上跳下来，含笑站在他面前，“我虽然曾经姓过楚，但是，也不能靠楚家一辈子，迟早是要靠自己的力量生活的，那些不属于我的东西，就是不属于我的，我从来没有想过去争取不属于自己的东西。”

(35) 北平沦陷，我跟着家人三番五次搬家、转学，跟奶奶姓过胡，也跟母亲姓过彭。

(36) ……也许古代“鄫”“曾”“缯”三字通假或通用，但我们从来就没姓过“缯”，没有一个史载、传记、家谱记录过我们曾姓“缯”。

(37) 传说姓过三善、饭尾，被人叫做乞食僧，大概是身份很低的人物。

(38) 孙武本不姓孙，他祖上姓过陈或者田，到了爷爷那代才赐姓孙。

(39) 不错，窦姓以前确实是姓过纥豆陵。

(40) 仅凭窦毅姓过纥豆陵就因此认定窦毅是匈奴，和那些因为隋文帝姓过普六茹而称杨坚是异族的汉族虚无主义者又有什么不同?

(41) 这大好中原曾经姓过刘，也曾姓杨姓李，甚至连复姓司马的人家也曾拥有过这个天下，为什么它不会姓一次程呢?

(42) 更重要的是文中所说“谢氏自申伯得姓”是非常错误的，因为申伯从来也没有姓过谢。

(43) 奥利维亚的姓最初与邝一样跟父亲杰克·伊（Yee），父亲去世后又跟继父姓过拉贾尼（Laguni），结婚之后跟夫姓毕晓普（Bishop），离婚之后奥利维亚给自己和女儿冠上了邝的姓。

（44）有意思的是，虽然这事很滑稽，但毛泽东却一直记着自己姓过"石"，不忘记自己还有一个"石干娘"。

（45）"我不记得，我姓过赖宁这个姓啊。"

（46）打个比喻，南阳府城就好像一个柔弱的美女一样在强权之间轻易就更换归属：明朝时南阳姓朱，李自成轻陷南阳杀唐王朱聿镆之后南阳府就姓了李，而张献忠路过时也有一夜露水缘姓过张。

（47）好，好，张雨生死了，你从来没姓过张……你是王雨生，你不是张雨生，你姓王，我死了你也姓王……

（48）他们或许在吃光之前的老本后，会衣衫褴褛地用阿Q那样的心态自嘲地说"之前我也阔气过，我的先祖也曾经姓过赵"，然后就和那个长得又瘦又乏的，原本不能构成威胁的小D对眼儿骂架。

（49）我曾经不无自负的将我和豆子的关系看作是唐王朝和高丽，后来渐渐发现其实他是女真，而我才是契丹，但是现在，我王速连谈论那个小楼到底是否姓过耶律或者从头到尾只……

（50）但阿Q也的确是姓过一回赵的，虽然未庄的赵老太爷是断断不信："你怎么会姓赵！——你那里配姓赵！"

（51）关于他所领导的并由我负责的中国小组的工作，被他全部掩盖起来了，未提任何具体情况，他只提到和他最接近的那个中国人姓王，他指的就是我，但我从来没有姓过王，可见他是任意编造的，用以应付敌人的。

（52）"战国时候我姓过李，唐朝我姓张，清朝我姓马，还有什么问题吗？"

（53）"那是，其实这些都无所谓的，"陈太忠笑着点点头，"黄老也未必看重这个……周总理也姓过伍……"

（54）朱向离曾化名彭琳，孩子一度也姓过彭。

（55）而夏国也是一般无二，他嵬名乾顺的嵬名，是党项姓氏，之前姓过赵，那时是宋太祖的赐姓，再往前姓过李，是来自唐太宗的赐姓，继续追溯上去，他的先祖却也曾自称过鲜卑帝族拓跋氏的后人。

（56）昨天那个张飞，说我姓过三个姓，大家都笑了。

（57）刘丽颔首笑道："差不多罢，我妈姓胡，我也姓过几年胡的。"

（58）"休喊我兄长！"他蓦地怒叫道，一挥铁剑，道："……贫道又何曾姓过姚？……"

（59）"喂，喂，越说越过分了，我可没姓过萨哈克啊，蜜纳。"

（60）莫桃大笑："我什么时候姓过'罗'了？我连'文'都没有姓过，一生下来就是姓'莫'的，兄弟！"

（61）虽然她的名字有时也写作"伊利侠"，但从来没有姓过"倪"。

（62）线征宇的太爷叫线宝伦，爷爷叫线策，据后人回忆，线宝伦曾经姓过宝。

（63）她情愿她从来没有姓过这个姓。

（64）就像阿Q当年想巴结赵秀才似，说自己姓赵，或姓过赵，或在赵家做过事。

（65）不好意思，俺一直没姓过李。

（66）我高中班主任姓苟，暑假改名，后开学有同学见他还毕恭毕敬喊苟老师，他大怒：我从来就没有姓过苟！

（67）她之所以如此费心尽力，那是因为她曾经姓过李，那是因为她不能忘记她身体里流着的还是李家的血脉。

（68）这些年来却多内讧，谁也不服谁，所以这个"长"就从没姓过商。

（69）甲：曹雪芹他就没姓过木。

（70）她从来也没有姓过董！！

（71）偶可不是什么教授，更从来没有姓过孟阿……

（72）这首歌姓过陈，姓过黄。

（73）姓名：刘斌。性别：（没姓过别的！）呵呵！是爷们！

（74）偶好像从来没姓过陈。

（75）哈哈，他爸确实姓过李。

（76）多少年没听中国人说列宁了，我们都姓毛，兴许从来就没姓过马和列。

（77）天下姓过李，也姓过赵，曾经的气势磅礴，气吞山河，到末了，几壶浊酒，转头成空。

（78）我哥哥姓过郭，嫂子姓梁，他们的儿子叫郭嘉良。

有的标题就有“姓过”的说法，如琚建波《这辈子姓过俩姓，最终考察为一姓：琚 & 璩》。也有小标题有“姓过”的说法，如《四、别墅的主人从未姓过孙》。

同“姓＋了”一样，“姓＋过”也有示姓（性）用法，如例（10）的“姓过‘取’”、例（19）的“姓过‘戴’”、例（22）的“姓过‘军’”、例（23）的“姓过几次‘代’”、例（32）的“姓过‘副’”、例（76）的“姓过马和列”。

虽然郭锐（2002b：189）说“大部分动词可带‘了、着、过’（85%）。”但与“姓＋着”“姓＋过”相比，无论如何总还是以“姓＋了”为最多，而且“姓＋过”只是现当代作品才有，而“姓＋了”近代汉语已有，现已与一般动作动词不相上下，而且发展势头不减。这充分说明“姓＋了”是显性语法现象，“姓＋过”也已演变为显性语法现象，而“姓＋着”主要还是例外，这与“姓”这个动词有很大关系。

（七）

除了上面（一）所说的以外，吕叔湘（1999：254）认为“像”后也不能加“了”。

电大《现代汉语讲义》编写组（1985：185）说：“‘叫做、称为、分为、看作、属于、隶属、象、在’等，也缺少动词的一小部分特点，如无重迭形式，不带‘了、着’，最特殊的是有些不能直接作谓语，但它们作谓语时能带宾语。”

吕文华（2010：548）说：

大部分的状态动词，例如“是、等于、属于、像、显得、允许”等，完全不能在句子中带“了”。（黄月圆等，2000）

其实，“像+了”当代作品也有例子，如：

（1）但坏处在一像了谁，常常一辈子脱不掉他的习气（无论好习气或坏习气）。

（2）九朵的话音刚落，关霜的颈上开始青筋暴突，眼睛里像了充血一样鲜红鲜红。

（3）而假山石、太湖石、溶岩洞及各种石头之吸引观赏的目光，与其说是由于它们像了什么不如说由于他们奇奇怪怪，什么也不像：或峭拔险峻，或突兀怪诞，或幽邃神秘，或平和圆润……

（4）所以后来我就从建筑队里偷了油漆、木料、还有建筑材料，把那间房子弄得像了点样子，还做了一张双人床。

（5）娴有一天细细地打量了芝，发现女儿的眉眼更多的像自己，而不像孟老板，这使娴动了恻隐之心，她把乳头塞进芝的小嘴里，拍着芝说，你为什么要像我？像了我以后没有好下场的。

（6）到底不是自己生的孩子，怎么着也不能完全像了你。

现代作品也有，其中鲁迅作品用得较多，例如：

（7）但是要进步或不退步，总须时时自出心裁，至少也必取材异域，倘若各种顾忌，各种小心，各种唠叨，这么做即违了祖宗，那么做又像了夷狄，终生惴惴如在薄冰上，发抖尚且来不及，怎么会做出好东西来。（鲁迅《看镜有感》）

（8）“对咧，男人都像了和尚还不够，女人又来学尼姑了。”（鲁迅《肥皂》）

（9）一者，因为农工历来只被迫压，榨取，没有略受教育的机会；二者，因为中国的象形——现在是早已变得连形也不像了——

的方块字，使农工虽是读书十年，也还不能任意写出自己的意见。（鲁迅《黑暗中国的文艺界的现状——为美国〈新群众〉作》）——此例宾语用介词“连”提前。

（10）那原因，就在作者仿佛对朋友谈天似的，不用美丽的字眼，不用巧妙的做法，平铺直叙，说了下去，作者是平常的人，文章是平常的文章，所见所闻的苏联，是平平常常的地方，那人民，是平平常常的人物，所设施的正是合于人情，生活也不过像了人样，并没有什么稀奇古怪。（鲁迅《“非所计也”》）——另有“像了人样”。

（11）所以，做来做去，仍在这旧圈子里转；好的学了点《儒林外史》；坏的就像了《野叟曝言》，此外还有《玉梨魂》派的鸳鸯蝴蝶体，《聊斋》派的某生者体，那可更古旧得利害，好像跳出在现代的空气以外，且可不必论也。（周作人《日本近三十年小说之发达》）

（12）但是，即使像了元曲，又何尝能够句句像口语一样听进耳朵就明白？（叶圣陶《昆曲》）

（13）可是办公处的旋转门像了风车，饭店的旋转门便像了水晶柱子。（穆时英《夜总会里的五个人》）

（14）蜜秋儿太太又哭了，她说：“……谁想得到……索性像了我倒也罢了。……”（张爱玲《沉香屑·第二炉香》）——另有“茸茸的毛脸也像了拉毛的绒线衫”“中国的青年都像了你”“中国的青年都像了他”。

（15）“……你要像了他，我情愿你死，留着你给我丢人。……”（张爱玲《怨女》）

北京大学语料库翻译作品也有，例如：

（16）泰门　要是我像了你，我宁愿把自己丢掉。

不仅如此，与“姓＋了”一样，古代白话小说中也有“像＋了”，例如：

（17）那田氏像了父亲，也带三分侠气，见丈夫是个蠢货，又

且不干好事，心下每每不悦，开口只叫做“村郎”。（明·冯梦龙《喻世明言》卷1）

（18）贵哥带笑道：“……倘或像了夫人今日，眼前人不中意，常常讨不快活吃，不如背地里另寻一个清雅文物知轻识重的，与他悄地往来，也晓得人道之乐。……”（明·冯梦龙《醒世恒言》卷23）

（19）从来正书上面说，孔子貌似阳虎以致匡人之围，是恶人像了圣人；传奇上边说，周坚死替赵朔以解下宫之难，是贱人像了贵人：是个解不得的道理。（明·凌濛初《初刻拍案惊奇》卷2）

（20）史老见他像了要买的光景，放下脸来道：“不是小人唐突，原看得久了。……”（明·佚名《山水情》第1回）

（21）都氏道：“……倘员外像了齐桓公，尚且恭喜；若做了邓伯道，请留了这番议论，放在后边自用罢了。”（明·西子湖伏雌教主《醋葫芦》第2回）——另第3回有“像了体面”、第5回有“像了春时”。

（22）天许生评曰：惟其史蒙秋，所以做了奴才；然若像了史蒙秋，连奴才亦做不来也。（清·墨憨斋主人新编《十二笑》第四笑回末评）

（23）这希懋先是纨绔膏粱，蒿条棒儿没有上身的，今日被这一顿打，顷刻便像了一只矬狗急跳墙。（清·天花才子《快心编》下册第10回）

（24）贾夫人道：“……你想，黛玉如果像了崔莺莺，他又怎么能会死呢？……”（清·嫏嬛山樵《补红楼梦》第16回）

（25）这日听见是人命重事，即时坐堂，带了贵儿媳妇上去问了口供，便一面饬差拘拿凶身倪二，一面带领仵作人等到王仁家检验尸身，验明是酒醉中毒身死，当场像了尸格。（清·嫏嬛山樵《增补红楼梦》第2回）

（26）蕙芳笑道：“这不是糟蹋人么，一个千金小姐像了我，还说好，我们算什么人呢？”（清·陈森《品花宝鉴》第49回）

（27）那匡胤细细听了，心下已是明白，暗骂一声："黑贼！贪了嘴，便把身躯像了个梆子儿——只离了我，便去挨人的打。……"（清·吴璿《飞龙全传》第40回）

（28）又道："居然摇摇摆摆的像了人了。"（清·陈冷血《新西游记》第4回）

北京大学语料库也有如下例子：

（29）若单是面貌好些，身段应酬一些没有，像了那虎丘山上的泥娃子，楚王宫里的息夫人，不言不语的默然相对，可有什么味儿？（清·张春帆《九尾龟》第68回）

（30）看官请想，好好一对增娇助媚的三寸金莲，像了那最龌龊、最不雅观的驴蹄、马足，可想而知，还有什么好看！（《九尾龟》第145回）——另第153回有"像了文小生和花旦"、第191回"像了个寒蝉噤口一般"。

民国小说也有，例如：

（31）明朝人要都像了他，咱们哪能够入关呢？（陆士谔《清朝秘史》第16回）

（32）有时携一壶酒，坐旭桥上，望落日西沉，倒像了个山林隐逸之士。（不肖生《留东外史》第14章）

（33）不像我的面目倒好，像了我的面目，还有什么可爱的。（不肖生《留东外史续集》第10章）

（34）当下便不像了人君，嬉皮涎脸，径与三姊妹调笑。（张恂子《隋代宫闱史》第11回）

明代戏曲也有，例如：

（35）我官人像了青蛙，你小姐也像一件东西。（明·崔时佩、李景云《南西厢记》第7出）

（36）〔丑〕……他说道：像了你有什么好？……〔丑〕……他说道：像了你也罢，只怕像了那丞相老爷，这嘴又阔，须又多。小姐若像了老爷，就是那话儿也不小！……（明·王玉峰《焚香记》第19出）

《挂枝儿》中冯梦龙所作评点也有，例如：

（37）像了石头，便抱热也没用。（怨部卷6“强留”）

清·蒲松龄《聊斋俚曲集》也有，例如：

（38）你若是学的像了我，可预先里准备着烂下腿。（《墙头记》第4回）

（39）你平日总有些差池，断不肯像了你待的那我。（《富贵神仙》第6回）

笔记小说也有，例如：

（40）你道他作事糊涂，说话欹偏，要晓得老年人的性情，倒像了个婴年，定然是颠颠倒倒、倒倒颠颠。（清·陆以湘《冷庐杂识》）

“像+了”的时间跨度也长，文体也多种多样，一些著名作家也在使用，应该不是例外，而是常规现象。从例（1）来看，“像+了”的用法也上了《人民日报》。

至于为何有一些学者认为无此用法，可能与某段时间内它使用频率不高有关。

（41）倪太守道：“你有所不知，我看善继不是个良善之人，若将家私平分了，连这小孩子的性命也难保；不如都把与他，像了他意，再无护忌。”（明·冯梦龙《喻世明言》卷10）

“像了他意”是“如了他意”，“像”的意思与上面其他例句不同。

第二节 动词重叠式“AB了AB”与“AB一AB”

（一）

现代汉语有无“AB了AB”动词重叠形式，学者们有不同看法。陈光磊（1984：51）说：

（6）ABAB式

这是双音节动词的重叠方式。其所表示的意义与AA式相同，但没有插加“了”的完成态和插加“一”的变体。如：

思考思考　打扫打扫　讨论讨论　提高提高

孙德金（2005：52）持同样观点：

双音节动词的重叠形式一般不能加“了”，如不能说“学习了学习”“研究了研究”等。

张宝林（2006：83）也持同样观点：

单音节动词重叠式可加“了”表示完成，如“想了想”；双音节动词重叠式不能加“了”。

但常俭（1981）认为，“ABAB”表已实现的动作行为时可加“了”。

周一民（1998：75）也说北京话“偶尔”有“AB了AB”重叠形式：

AB·AB式中间偶尔可加“了”，但不普遍。例如：

琢磨了琢磨　拾掇了拾掇

张静（1979：15）认为动词重叠有六种形式：AA、A一A、A了A、A了一A、A着A着和AABB。其中“AA”式和“A了A”式分别包括由双音节动词构成的“ABAB”式和“AB了AB”式。

施关淦（1990：14）在谈到“单音节动词重叠跟双音节动词重叠”时说：“它们相同之处是，都不能加动态助词‘着’‘过’，但可以加‘了’，不过都加在重叠形式中间：‘看了看’‘休息了休息’，不能加在后面：‘看看了’‘休息休息了’。”

石毓智（2004：330）举有2个例子：“今天早上我锻炼了锻炼身体。”“上次会议上我们讨论了讨论这个问题。”

房玉清（2006：272）说：“单音节动词重叠，中间可以加‘了’和‘一’；双音节动词重叠，中间只能加‘了’，不能加‘一’。”举有“参观了参观”。

钱学烈（2007：157）说：“这类动词重叠后表示尝试、随意、轻微、多次等语义，多用于口语体，其完成式为‘AB了AB’。”这些动词是：

研究　讨论　学习　分析　活动　考虑　认识　介绍　打扫
收拾　修理　坚持　安慰　批评　鼓励　描写　帮助　翻译
打扮　表演　保护　商量　改造　运动　锻炼　休息　斟酌
广播　推荐　提高　改善　扩大　注意

在说到双音形容词和双音动词的ABAB重叠式性质的第一点时，钱学烈（2007：159）又说：“都可以用AB了AB表示完成态。”例如：

讨论了讨论　研究了研究　分析了分析
凉快了凉快　暖和了暖和　亲热了亲热

以上可见，不但双音节动词，连双音节形容词也可用“AB了AB”重叠形式。

现代汉语书面语确有“AB了AB”，范方莲（1964）举如下3例：

（1）自己又归置了归置。

（2）我刚才到正太路的火车站上打听了打听。

（3）有几个人出去走动了走动。

毛修敬（1985：38）也举如下1例：

（4）考虑了考虑才表态。

贺卫国（2008a）说：“就笔者的调查结果看，以梁斌创作的《红旗谱》为例，全书就出现了4次，除下引例（15）（即下引例

(8) ——引者注) 外, 61 页还用了 1 次'商量了商量', 186 页使用了 1 次'舒展了舒展', 283 页使用了 1 次'比试了比试'。在其他现当代文学作品里, 也能找到不少用例。" 下面是贺卫国 (2008a) 所举例子:

(5) 后来农会主任唐老大, 给作了个介绍, 去两头大人跟前说合了说合。

(6) 几个人又在一块说了一会子话, 朱老忠和贵他娘看着他们睡下, 又用脚把那些蹄子印儿抿抹了抿抹, 免得被人发现。

(7) (我) 跟你嫂子商量了商量。

(8) (老驴头) 摇晃了摇晃长脑袋, 说: "那个不行, 又不合辈数。"

(9) 张指导员领着人又回去, 到城里安排了安排工作。

(10) 李老人舒展了舒展大衫, 慢慢的卧下去。(老舍《老张的哲学》)

(11) 他两个互相挤挤眼, 悄悄交换了交换意见。(康濯《东方红》)

(12) 我打听了打听车站上。(臧伯平《破晓风云》)

上面例子中, "AB 了 AB" 都作谓语, 有的后面还带有宾语, 如例 (8) —例 (12), 也有的用介词 "把" 将宾语前置, 如例 (6)。据 360 百科介绍, 康濯 (1920—1991), 湖南省湘阴县 (今汨罗市) 人, 但长期在北方工作。臧伯平 (1913—2005) 又名臧树棠, 直隶 (今河北) 唐县人。

孙犁的《风云初记》中也有: 减退了减退、堵塞了堵塞、看望了看望。

就是现代汉语方言中也有 "AB 了 AB"。陈玉洁博士告诉我们, 其家乡中原官话的豫东方言口语中有 "AB 了 AB", 如 "打听" "张罗" "收拾" "收什" "犹豫" "归置" "考虑" 等动词, 可用 "AB 了 AB" 重叠。

王茂林 (2007: 75) 认为汉语中有 "AB 了 AB", 只是出现频次是动词重叠形式中最低的。王茂林（2007：72）发现动词重叠频率高低的顺序是：AA、A一A、A了A、ABAB、A着A着、AABB、A了一A、AB了AB。他说："关于动词重叠的范围，多数学者认为，它不应只限于AA式和ABAB式，还应包括'A一A、A了A、A了一A、A着A着、AABB和AB了AB'等形式。"而且留学生语料中也有"AB了AB"动词重叠形式，王茂林（2007：75）说："本文采用了基于中介语语料库的方法，发现留学生语料中AA式出现频次最高，然后依次是A一A、A了A、ABAB、A着A着、AABB、A了一A、AB了AB等形式。"

正因为"AB了AB"是所有动词重叠中出现频率最低的，所以怪不得有学者认为汉语中没有这种重叠形式。

（二）

近代汉语也有"AB了AB"重叠形式，但出现得比较迟，明末清初才产生，不像别的动词重叠形式，在明代或明代之前就已广泛运用，例如：

梳洗了梳洗（明·西周生《醒世姻缘传》第19回）、打发了打发（《醒世姻缘传》第43回）、温存了温存（清·李绿园《歧路灯》第40回）、端相了端相（《红楼梦》第8回）、发散了发散（《红楼梦》第42回）、打听了打听（《红楼梦》第104回）、张罗了张罗（《红楼梦》第114回）、点缀了点缀（清·曹去晶《姑妄言》第14回）、安顿了安顿（清·李百川《绿野仙踪》第47回）、哆嗦了哆嗦（清·海圃主人《海续红楼梦》第9回）、试探了试探（清·秦子忱《续红楼梦》卷24）、收拾了收拾（清·石玉昆《三侠五义》第15回）、检点了检点（《三侠五义》第72回）、收什了收什（《三侠五义》第73回）、折叠了折叠（《三侠五义》第89回）、拂拭了拂拭（《三侠五义》第102回）、端详了端详、歇息了歇息（《三侠五义》第105回、第117回）、打听了打听（清·石玉昆《小五义》第32回、第87回）、祝告了祝告（《小五义》第

70回)、犹豫了犹豫(《小五义》第80回)、打量了打量(清·佚名《施公案》第36回、第155回)、打量了打量(清·佚名《于公案》第41回、第42回)、活动了活动(清·郭小亭《济公全传》第183回)、收拾了收拾(清·李伯元《文明小史》第42回)、打听了打听(清·南亭亭长《中国现在记》第8回)、拾掇了拾掇(《英雄泪》第19回)、打听了打听、收拾了收拾(2例)、布置了布置(清·松友梅《小额》)。

清·蒲松龄的《聊斋俚曲集》例子较多,如:哄法了哄法(《墙头记》第2回)、端相了端相(《慈悲曲》第4回)、拾掇了拾掇(《翻餍殃》第4回)、检把了检把(《寒森曲》第2回)、拍打了拍打(《寒森曲》第7回)、端相了端相(《蓬莱宴》第5回)、沐浴了沐浴(《蓬莱宴》第7回)、顿混了顿混(《禳妒咒》第24回)、扎挂了扎挂(《禳妒咒》第28回)、调和了调和(《磨难曲》第7回)、抖搜了抖搜、窝钻了窝钻(《增补幸运曲》第21回)。

清·文康的《儿女英雄传》例子也较多,如:拜望了拜望、歇息了歇息(第1回)、撒和了撒和(第34回)、默诵了默诵(第37回)、招呼了招呼(第39回)、收拾了收拾、行动了行动(第40回)。

上面的"AB了AB"都作谓语,但未带宾语。

"AB了AB"后面偶尔也可带宾语,例如:

(1)那金墩扒起来,抖搜了抖搜那衣裳,拿捏着拜了两拜,说道:"是我。"(清·蒲松龄《聊斋俚曲集·增补幸运曲》第12回)

(2)安太太便把其余的东西该归着的归着,该分散的分散,公子也去周旋了周旋那个陆秀才,那陆秀才当日住下,次日便告辞去料理他的勾当,约定过日再来领回信。(清·文康《儿女英雄传》第38回)

(3)彼此凑在一处,怕独智爷扔了自己的刀把,他吓打量了打量魏贞。(清·石玉昆《小五义》第101回)

(4)施峻又打听了打听艾虎。(《小五义》第102回)

（5）蒋爷打听了打听买卖发财，掌柜的说："岂敢。"（《小五义》第108回）

贺卫国（2008b）说："而且，可能是因为'AB了AB'格式的音节数过多，似乎偏向于不带宾语。就笔者找到的20余个'五四'以前的例子看，就仅有1例带宾语。"所举例子为《儿女英雄传》第38回，显然例子没有这么少，上面有5例，且有3部作品。例子确实是少，可能就是因为音节数多的原因。

但用介词"把"将宾语前置却多了一些，这可能就是因为"AB了AB"再带上宾语，使动宾结构部分音节太多了的缘故，例如：

（6）话说柳毅得了二十五两银子，把家安点了安点。（清·烟霞主人《跻云楼》第3回）

（7）那妇人把他上下打量了打量，不像个化缘的道士。（清·曹去晶《姑妄言》第1回）

（8）那女子走到眼前，把那块石头端相了端相，见有二尺多高，径圆也不过一尺来往，约莫也有个二百四五十斤重，原是一个碾粮食的碌碡。（《儿女英雄传》第4回）

（9）那乌大人就把案归着了归着，据情转奏。（《儿女英雄传》第13回）

（10）却说褚大娘子把姑娘的眉梢鬓角略给他缴了几线，修整了修整，妆饰起来。（《儿女英雄传》第28回）

（11）说着接过来把圈口给他掐紧了，又把式样端正了端正，一面亲自给他带在手上，一面悄悄的向他笑道："你瞧，团弄上就好了不是？"（《儿女英雄传》第34回）

（12）老者见问止步，抬头把王彪打量了打量，说："朋友，我看你不是本京人，你问黄老爷府有何事？"（清·佚名《毛公案》第16回）

（13）他把老爷打量了打量：见爷穿着翠蓝布棉袄，老青布棉裤，白布棉袜，油底的布鞋，头戴一顶宽沿儿老样毡帽。（清·佚

名《施公案》第141回)

也有用介词“将”把宾语前置的，例如：

(14) 晁大舍到了晚上，李成名娘子出去同他汉子睡了，晁大舍将晁住娘子打发了打发，各自去安歇。(《醒世姻缘传》第19回)

(15) 他却不进城里去住，依旧还在明水庄上，略略的将祖居修盖了修盖，规模通不似个宫保尚书的府第。(《醒世姻缘传》第23回)

(16) 贾琏听了，将贾蔷打量了打量，笑道：“你能够在行么？……”(《红楼梦》第16回)

单音节动词重叠后带补语的例子，明清白话小说有一些，双音节动词重叠后带补语的例子更少，“AB了AB”后带补语目前仅发现1例，如：

(17) 他将那身体全形出来了，将那一双小小金莲，放过去了，一只搁在楼窗以外，将手中的麈尾，插在那脖子以后，一手拿着汗巾，将那绣花底马鞋上的产土，轻轻的打扫了打扫好，又将那瓜子儿放在手，小十指尖尖放在那樱桃口内，未唇启动，碎玉密排，一行呵著瓜子。(清·佚名《桃花庵》第4回)

现代汉语双音形容词也有“AB了AB”的重叠形式，清代白话小说也有，例如：

(18) 那人拉住天霸亲热了亲热。(《施公案》第179回)

贺卫国(2008a)说：“从较早使用‘AB了AB’格式的作品看，作者主要是北方人，而作者是南方人的《鼓掌绝尘》《十二楼》《隋唐演义》《水浒后传》《孽海花》《泪珠缘》等作品都没有使用‘AB了AB’格式。所以‘AB了AB’最初可能是北方话特有的语法形式。”我们以为此话不确。因为“AB了AB”只是在明末清初才产生，所以，作为明代作品的《鼓掌绝尘》自然未见。至于《十二楼》《隋唐演义》《水浒后传》《孽海花》《泪珠缘》中没有“AB了AB”，首先可能是作者语言风格的原因，其次是因为总体使用频率不高。其实，上面所举例子作者是南方人的也有，如《中国现在记》《文明小史》的作者李伯元（宝嘉）是江苏常州人。但总体说来，确实北方作者用得多，不但古代如此，现当代也如此，连方言也是如此。

李珊（1993：23）说：

对于这样中间用“一”或“了”的扩展，我们认为，第一，为数极少，第二，不合普通话规范，第三，由于不存在全面对当的关系，它和 ABAB 之间只是局部的、表面的关系，严格地说，二者并无内在联系，因此可以不予以考虑。

说“AB 了 AB”为数极少，这不大符合语言事实，因为我们前面已举有不少例子；说“AB 了 AB”“不合普通话规范”，这更是不对的。通过上面的考察，我们认为应正视它们的存在。

“AB 了 AB”这种格式，向熹（2010：下册 567）提到过，赵克诚（1987：30）也提到过，两书都举了几个例子，但都未具体展开，而且都是同单音节动词重叠形式“A 了 A”放在一起来讲的。

由上面的例子可知，近代汉语中可以作“AB 了 AB”重叠的动词有 62 个，例如：

梳洗、打发、修盖、哄法、拾掇、检把、拍打、沐浴、顿混
扎挂、调和、抖搜、窝钻、发散、打听、张罗、安顿、拜望
歇息、撒和、默诵、招呼、收拾、行动、哆嗦、试探、点缀
打量、检点、折叠、拂拭、端详、祝告、犹豫、活动、周旋
安点、端相、归着、修整、端正、分付、叮嘱、嘱咐、寻思
叮宁、叮咛、感谢、道谢、选择、迟疑、打谅、筹画、沉吟
微笑、冥想、冷笑、归置、走动、考虑、布置、温存

上面的数据比钱学烈（2007）所举的 33 个动词多了 29 个。不仅如此，上面所举只有“收拾”“活动”“考虑”“打扫”两者都有，再如贺卫国（2008b）所举的例子有几个（包括孙犁的例子），至少有 90 多个动词可进入“AB 了 AB”。完全有理由相信，随着材料的深入挖掘，会发现有更多动词进入“AB 了 AB”重叠形式中。

总之，不论是近代汉语还是现代汉语（包括个别方言），“AB了AB”这种重叠形式是存在的，而且，也有它存在的合理性、必要性。

（三）

邢福义等（2004：30）说到双音节动词重叠中间有“一”的格式时说：

双音节动词重叠式中加“一”，这种用法不是没有。近代白话文作品里，现代早期文学作品里，偶尔可以见到。比如《红楼梦》：“贾母原没有大病，不过是劳乏了，兼着了些凉，温存了一日，又吃了一剂药疏散一疏散，至晚也就好了。”不过，总的说来，由于汉语语法结构具有趋简性，这就决定了“看看”比“看一下”常用，因为“看看”趋简，少了一个音节；相反，“照看一下”比“照看一照看”常用，因为“照看一下”趋简，少了一个音节。

赵克诚（1987：28）说：

也出现了少量的双音动词重叠中间加“一”的形式：

（1）倘若或城上有人，却不干折了性命，我且试探一试探。（《水》1335页）

（2）你如今心里觉道怎么？且医治一医治。（《西》398页）

从发展来看，这种重叠形式，到了现代汉语里，再不使用了。

刘坚（1992：92）说：

但是没有AB一AB型。AB一AB型的动词重叠形式见于明代后期的白话文学作品，使用时间不长就消失了。

肖瑜（2010：149）也说了“第八章对于近代汉语中昙花一现的‘AB一AB’重叠格式的探讨”的话。“昙花一现”的意思是：“昙花开放后很快就凋谢，比喻稀有的事物或显赫一时的人物出现不久就消逝（昙花：佛经中指优昙钵华）。”

其实，这些说法都认为“AB一AB”在汉语里属潜性语法现象，我们以为不符合近代汉语事实。近代汉语的“AB一AB”格式有一定使用频率，时间跨度也长，达好几百年，而且一直延续到现代汉语初期，吴方言的一些地区在20世纪初仍有使用，只是在现代汉语初期后才慢慢退出历史舞台。

（四）

近代汉语的“AB一AB”，据我们不完全统计，有近400百例之多。这双音节动词有及物动词，也有不及物动词，以及物动词为多。

这种重叠形式元曲已有，共7例，例如：扶持一扶持（元·无名氏《锦云堂暗定连环计》第1折）、整理一整理（元·关汉卿《包待制智斩鲁斋郎》楔子）、整理一整理（《包待制智斩鲁斋郎》楔子）、浇奠一浇奠（元·武汉臣《散家财天赐老生儿》第3折）、赏玩一赏玩（元·李文蔚《同乐院燕青博鱼》第2折）、闲走一闲走（元·郑廷玉《包龙图智勘后庭花》第3折）、歇息一歇息（元·杨梓《功臣宴敬德不伏老》第3折）。

明代戏曲更多一些，例如：相聚一相聚（《浣纱记》第28出）、撺掇一撺掇（《浣纱记》第36出）、挈带一挈带（邵璨《香囊记》第29出）、祈祷一祈祷（无名氏《鸣凤记》第16出）、笔削一笔削（崔时佩、李景红《西厢记》第5出）、祈祷一祈祷（王錂《春芜记》第5出）、带挈一带挈（吾邱瑞《运甓记》12出）、打扫一打扫（叶宪祖《鸾鎞记》第8出）、相劝一相劝（顾大典《青衫记》第21出）、商议一商议（汪廷讷《种玉记》第9出）、走动一走动（杨柔胜《玉环记》第22出）、指教一指教（周履靖《锦笺记》第15出）。

清代戏曲也有不少，例如：剥相一剥相（阮大铖《燕子笺》第38出）、举动一举动（李渔《比目鱼》第5出）、光顾一光顾（《风筝误》第2出）、推详一推详（叶时章《琥珀匙》第15出）、简点一简点（李玉《一捧雪》第8出）、浆洗一浆洗（李玉《人兽关》第3出）、收拾一收拾（李玉《牛头山》第7出）、检点一检点（李玉《太平钱》第23出）、批阅一批阅（李玉《眉山秀》第3出）、停当一停当（李玉《意中人》第15出）、预支一预支（蒲松龄《闹窘》）。

以上可见，戏曲中也用得不少。而且，随着阅读范围的扩大，肯定会在戏曲特别是清代戏曲中发现更多用例，因为我们阅读的清代戏曲面还不够广。

明代白话小说“AB一AB”更多见，例如：消散一消散（冯梦龙《醒世恒言》卷26）、祈求一祈求（凌濛初《初刻拍案惊奇》卷6）、比试一比试（凌濛初《二刻拍案惊奇》卷2）、随喜一随喜（陆人龙《型世言》第4回）、活动一活动（佚名《山水情》第4回）、赏鉴一赏鉴（金木散人《鼓掌绝尘》第1回）、指引一指引（杨尔曾《韩湘子全传》第7回）、引见一引见（吴承恩《西游记》第8回）、随喜一随喜（袁于令《隋史遗文》第5回）、试验一试验（罗懋登《三宝太监西洋记通俗演义》（以下简称《西洋记》）第53回）、活动一活动（陆人龙《魏忠贤小说斥奸书》第1回）、随喜一随喜（陆人龙《辽海丹忠录》第6回）、察访一察访（齐东野人《艳史》第18回）、试发一试发（醉心月西湖主人《宜春香质》第1回）、转动一转动（罗浮散客《天凑巧》第1回）、品评一品评（陆云龙《清夜钟》第13回）、磨难一磨难（邓志谟《咒枣记》第13回）、斗胆一斗胆（伏雌教主《醋葫芦》第2回）、操演一操演、演习一演习（醒世居士《痴人福》第1回）、品评一品评（桃源醉花主人《别有香》第11回）相帮一相帮（《别有香》第12回）、祷告一祷告（西周生《醒世姻缘传》第3回）。

还有连用2个“AB一AB”格式，例如：

（1）宜春道：“有话便讲，何必一定要走近身来？”“因做亲的事，从来不曾操演，我和你权当一权当，操演一操演。”（明·佚名《痴人福》第1回）

（2）子英道：“……面子上说得很好听，我向你们借用一借用，租用一租用，我们答应得略迟一点子，他就说我们不顾交情，

有意和他怄气，男男女女一大群子，打上门来，逢人便殴，遇物便毁。……”（《痴人福》第35回）

以上又可见，明代白话小说比明代戏曲要用得多。

清代白话小说“AB 一 AB”也很常见，例如：缉捕一缉捕（东鲁古狂生《醉醒石》第3回）、报他一报他（李渔《连城璧·子集》）、追想一追想（李渔《十二楼·萃雅楼》第3回）、青目一青目（烟霞逸士《巧联珠》第24回）、商量一商量（名教中人《侠义风月传》第9回）、商量一商量（风月主人《人中画》第4卷）、指引一指引（酌元亭主人《照世杯》第3回）、得知一得知（酌元亭主人《闪电窗》第4回）权变一权变（吴敬梓《儒林外史》第3回）、歇息一歇息（天花才子《快心编》初集卷5第9回）、摸鼻一摸鼻（佚名《生绡剪》第18回）、保佑一保佑（江左樵子《樵史通俗演义》第11回）、相看一相看（天花主人《云仙笑·又团圆》）、享用一享用（荑秋散人《玉娇梨》第5回）、忖度一忖度（天花藏主人《两交婚》第14回）、访求一访求（雀市道人《醒风流》第9回）、查点一查点（震泽九容楼主人松云氏《英云梦》第5回）、计较一计较（素庵主人《锦香亭》第2回）、指引一指引（墨憨斋主人《十二笑》第3笑）、广施一广施（心远主人《二刻醒世恒言》上函第3回）、修理一修理（曹去晶《姑妄言》第4回）、进去一进去（夏敬渠《野叟曝言》第26回）、青目一青目（佩蘅子《吴江雪》第24回）、提拔一提拔（佚名《忠孝勇烈木兰传》第1回）、详审一详审（笠翁先生《合锦回文传》第8卷）、帮衬一帮衬（坐花散人《风流悟》第1回）、赏鉴一赏鉴（褚人获《隋唐演义》第68回）、赏鉴一赏鉴（无名氏《蕉叶帕》第7回）、想象一想象（南缶道人《蝴蝶缘》第2回）、估看一估看（五色石主人《快士传》第6卷）、哀告一哀告（惜阴堂主人《二度梅》第20回）、商议一商议（墨浪仙主人《海烈妇百炼真传》第8回）、借用一借用（佚名《施公案》第198回）、躲闪一躲闪（砥昆《续小五义》第26回）、查对一查对（陆士谔《十尾龟》第6回)、探望一探望(梁启超《新中国未来记》第4回)、思量一思量(冷血生《英雄泪》第2回)、寻思一寻思(《英雄泪》第3回)、调停一调停(《英雄泪》第13回)、思寻一思寻(《英雄泪》第13回)、查问一查问(姬文《市声》第23回)。

李运龙(1993：48)说，那些本身表示一定极限的动词，它们都是封闭状态的词，也不具有持续或反复的特点，故都不能重叠，其中举有“决定”。但我们发现如下例子：

(3)那老夫子也笑道：“……今天只要决定一决定，还是用这个平日的宗旨呢，或是不用这个平日的宗旨。……”(清·古越嬴宗季女《六月霜》第4回)

可见“决定”可以重叠。

刘云(2009：112)说：“如果这个过程无限度地同质延续下去的话，那么这样的动词也不能重叠，如‘喜欢’‘讨厌’等虽然都是一个过程，但这个过程可以无限度地延续下去，所以不能重叠为‘喜欢喜欢’‘讨厌讨厌’。”但我们发现如下例子：

(4)宝钗接口道：“……太太看着这些事，也该喜欢一喜欢。”(清·海圃主人《海续红楼梦》第11回)

可见“喜欢”也可以重叠。

也有连用2个“AB一AB”的，例如：

(5)背着手，垂着头，踱了几踱，只见眉头一皱，计上心来道：“有了有了，前日小柳送诗的时节，有两个姓张姓李的同行，我也认得他，想也是钱塘学里，想那日也往送诗，一定也为着雪小姐的事，何不寻他商议一商议，计较一计较。”(清·樵云山人《飞花艳想》第10回)

朝鲜人学汉语的教科书《朴通事》也有例子，如：

(6)你打听一打听。

蒲松龄的《聊斋俚曲集》也有，例如：

(7)赵大姑说：“卖布的净了店——你没嗄裂拉一裂拉。……”(《慈悲曲》第3回)

刘红曦（2000：74）在“结构对动词重叠的制约”中说道，偏正式复合动词一般也不能重叠，如假装、难免、忽视、热爱、误解等，前一语素一般是形容词性的，后一语素是谓词性的，即使是动词性的，也属非动作性或动作性不强的语素，所以也不能重叠。但也有例外，如“粉饰”就可以重叠，其重叠形式仍为ABAB式。

我们以为，“例外”还不少，如上面的“试探”“闲走”“相聚”“笔削”“相劝”“消散”“试发”“演习”“借用”“租用”“追想”“相看”“广施”“详审”“估看”“哀告”等都是偏正式复合动词。如果我们扩大阅读面，应该还会发现更多“例外”，就是下面所举的例子中也能发现一些“例外”。

也有的用“把”和“将”把宾语前置，例如：

（8）看见岸傍有板屋一间，屋内有竹床一张，越客就走进屋内，叫安童把竹床上扫拂一扫拂，坐了歇一歇气再走。（明·凌濛初《初刻拍案惊奇》卷5）

（9）李八八便把碗筯连忙放下，摇头道：“……因此特来要表兄转达杨东翁老先生，替小弟话个人情，求他发一封书去，把小弟作荐一作荐，大家发头一发头。”（明·金木散人《鼓掌绝尘》第37回）

上例连用了2个“AB一AB”，是介词“并列删除”现象。

（10）众官齐道：“……各人情愿捐出俸赀，于出月初一日，募请几众高僧，就在城外善果寺中，起建一个七昼夜的水陆道场，把那冤魂超度一超度，也是一桩功德。”（明·金木散人《鼓掌绝尘》第40回）

（11）一日，把原先画的各样异相图粘补一粘补，待要出去，只听得外面叫一声：“胡相公在么?”（明·陆人龙《型世言》第31回）

（12）走到房中，看见些抄誊二三场括帖，笑道：“……还同我去吃些酒，把胸中宿物浇洗一浇洗，去窠窝去走一走，把这些腐板气淘一淘净。……”（明·陆云龙《清夜钟》第13回）

（13）那有眼睛的，自不必说了，就是没眼睛的试官，免不得将那水晶眼磨擦一磨擦，吃上两圆明目地黄丸。（明·周清源《西湖二集》卷4）

（14）又叫宫人将木槌一个从阴门中敲将进去，道："你生性好淫，官家的却小，你且把这个大木槌快活受用一受用。"（《西湖二集》卷5）

（15）一日，分付张千道："……汝等去街坊上，看那好的算命先生寻一个来，待我把他八字推算一推算，若日后度得一个种儿，也好做坟前祭扫的人。"（明·杨尔曾《韩湘子全传》第2回）

（16）主者道："……若是上的不回头，把那下的比并一比并，并说他也是生来秉受，我也是秉受生来，他如何这愈趋愈下，我必定要越转越高。……"（明·清溪道人《东度记》第19回）

（17）你自已吃了不算，偷了不算，若在厨灶上把那东西爱惜一爱惜，这不也还免得些罪孽？（明·西周生《醒世姻缘传》第26回）

（18）母亲道："你这病想是拘束出来的，何不到外面走走，把精神血脉活动一活动，或者强如吃药也不可知。"（清·李渔《连城璧》外编卷6）

（19）直到分居析产之后，垂髫总角之时，听见人说，才有些疑心，要把两副面容合来印正一印正，以验人言之确否。（清·李渔《十二楼·合影楼》第1回）

（20）店主人道："既然如此，就把他试验一试验。"（《十二楼·夏宜楼》第2回）

（21）翠翘道："……妹子你将厨下收拾一收拾，仔细看□□□□，我假寐片时，再与你谈心。"（清·青心才人《金云翘》第4回）

以上是小说。戏曲也有，例如：

（22）［旦］把你一身改换一改换。（明·无名氏《白兔记·磨房相会》）

（23）［外、末］刘大娘，把箱子里面的东西查点一查点，我们要转去了。（清·李渔《比目鱼》第14出）

近代汉语中，虽然“AB一AB”较常见，但带宾语的很少，带代词宾语就更罕见。如果要带，一般放在中间，例如：

（24）你若圆成了我呵，重重的相谢你，你可作成我一作成。（元·无名氏《玉清庵错送鸳鸯被》第1折）

上例是元曲。明代作品也有，例如：

（25）这俸禄都从军身上来，谁曾肯将这等有仁德的心顾盼这军一顾盼？（《皇明诏令·谕武臣恤军勑》）

上例较特殊，宾语是定中短语“这军”。

明代白话小说更多见，例如：撩斗他一撩斗（施耐庵《水浒传》第24回）、瞅睬你一瞅睬（凌濛初《初刻拍案惊奇》卷15）、拜望妹子一拜望（凌濛初《二刻拍案惊奇》卷3）、查考他一查考（陆人龙《型世言》第23回）、济渡他一济渡（吴承恩《西游记》第22回）、照顾八戒一照顾、捉弄他一捉弄（《西游记》第32回）、泡洗他一泡洗（西湖渔隐主人《贪欢报》第8回）、搭救我一搭救（无名氏《一片情》第2回）、知谢奶奶一知谢（《一片情》第11回）、奉敬他一奉敬（清溪道人《禅真逸史》第20回）、跟随他一跟随（陆云龙《魏忠贤小说斥奸书》第3回）、挈带弟子一挈带（罗浮散客《贪欣误》第2回）、取笑他一取笑（周清源《西湖二集》第30卷）、取笑他一取笑（陈树基《西湖拾遗》卷28）、搭救他一搭救（桃源醉花主人《别有香》第13回）。

清代白话小说也有，例如：作兴他一作兴（李渔《连城璧·寅集》）、帮助我一帮助（东鲁古狂生《醉醒石》第10回）、扶持他一扶持（风月主人《人中画》附录《自作孽》第2回）、难为他一难为（酌元亭主人《照世杯》卷3）、提拔他一提拔（天花藏主人《玉支珠》第1回）、救济小婿一救济（心远主人《二刻醒世恒言》下函第6回）、面试他一面试（笔炼阁主人《五色石》卷8）、奈何他一奈何（坐花散人《风流悟》第4回）、总成我一总成（曹去晶

《姑妄言》第4回)、奈何我一奈何（文康《儿女英雄传》第25回)、收拾他一收拾（吴趼人《二十年目睹之怪现状》第74回)。

明代戏曲也有，例如：

(26)［小生］亚仙不要谦逊，评品我二人一品评。（无名氏《绣襦记》第4出）

(27) 便拿出钱来整酒，动兴处说几句知心的话儿，帮衬他一帮衬。(郑若庸《玉玦记》第8出)

也有连用用法，如：

(28) 世上有钱的人，若遇此辈，都要怜悯他一怜悯，体谅他一体谅。(清·李渔《连城璧·寅集》)

上面例子中，宾语以人称代词居多，也有名词作宾语，如“妹子”“八戒”“奶奶”“弟子”“小婿”。例（26）的宾语是短语，“我二人”是同位短语。

也有重叠后带“儿”尾，例如：

(29) 妇人道：“……你来家该摆酒席儿，请过人来知谢人一知谢儿；还一扫帚扫的人光光的，问人找起后帐儿来了。”(明·兰陵笑笑生《金瓶梅词话》第14回)

(30) 月娘因陈经济搬来居住，一向管工辛苦，不曾安排一顿饭儿酬劳他酬劳，向孟玉楼、李娇儿说道：“……人家的孩儿在你家，每日早起睡晚，辛辛苦苦，替你家打勤劳儿，那个头心，知慰他一知慰儿也怎的?”(《金瓶梅词话》第18回)

也有形容词重叠后中间带宾语，例如：

(31) 铁丐道：“……这岛看日出是一奇景，五更起来，索性快活他一快活，补补连日哭想的苦处。……”（清·夏敬渠《野叟曝言》第113回)

近代汉语也有“AB一AB”后带宾语的例子。于江（2008：133-134）说：

前一式后面直接带上宾语，这种用法比较少见，仅发现三例。例如：

(1) 害渴的就吃些凉水，洗淋一洗淋身上。(外738)

(2) 路经省下来，再察听一察听上司的声口消息。(二350)

(3) (牛浦) 方才回来，自己查点一查点东西。(儒760)

这种带宾形式，由于音节较多的缘故，显得比较拗口，明显地带有书面语色彩。

“AB 一 AB”带宾语的例子确实不多，但并非只有3例，我们也发现几例，如：

(32) 韩夫人骂声未已，只见芦英又近前道：“……我夫人怎么样看待你们，你们一些好歹也不得知，只怕那有官势有钱财的，略不思量一思量‘天理人心’四个字，也亏你们叫做人?”(明·杨尔曾《韩湘子全传》第25回)

(33) 客人乃辞着店主说道：“主人家，你替我看顾一看顾行李，等我去寻取珠来。”(明·邓志谟《咒枣记》第8回)

(34) 孙贤听了，第二日对着他道：“老甘有甚好处，也挈带一挈带咱。”(清·东鲁古狂生《醉醒石》第12回)

(35) 以上所说这些话，靡别的意思，不过让我们听书的列位，知道一知道亡国的惨状，也就是了。(清·冷血生《英雄泪》第1回)

戏曲也有，例如：

(36) [小生] 老先生，请品题一品题花如何? (明·无名氏《绣襦记》第4出)

还有“AB 一 AB”后带“过”的例子，这也很少见，例如：

(37) 你道王立这钱，恐怕人认得出，都拿来捶碎了，走到银匠店里，打造一打造过，选个吉日，王立请自己队里一个媒人打了聘礼，在本官处告了几日假，到彭家酒店里结起花烛，拜堂成亲。(明·陈树基《西湖拾遗》卷41)

(38) 你道王立好贼，恐怕人认得出，都拿来捶碎了，走到银匠店里，另打造一打造过。(明·周清源《西湖二集》卷13)

（五）

邢福义等（2004：30）说到双音节动词重叠中间有“一”的格式时说：

双音节动词重叠式中加“一”，这种用法不是没有。近代白话文作品里，现代早期文学作品里，偶尔可以见到。

邢福义等（2004）说近代白话文作品里也“偶尔可以见到”，这不符合语言事实。但认为早期的现代汉语中“偶尔可以见到”“AB 一 AB”，这是对的。

确实如邢福义等（2004）所说的那样，现代汉语也有此用法，而且还有一定数量，例如：

（1）第三，我所讲的，有时溢出批评范围以外，因为我有些感想，没有工夫把它写出来，趁这机会，简单发表一发表。（梁启超《评胡适之〈中国哲学史大纲〉》）——此文写于 1922 年。

（2）试检查一检查他的内容，大抵最流行的莫过于讲政治上、经济上这样主义那样主义，我替他起个名字，叫做西装的治国平天下大经纶；次流行的莫过于讲哲学上文学上这种精神那种精神，我也替他起个名字，叫做西装的超凡入圣大本领。（梁启超《科学精神与东西文化》）——此文也写于 1922 年。

刁晏斌（2007a：16）也提到动词重叠，其中有“AB 一 AB”，例如：

（3）陶校长又介绍了他们，个个点头微笑一微笑。（柔石《二月》）

（4）我们又可以回顾一回顾一去而不复返的少年时代。（郁达夫《迟桂花》）

（5）他的舌根怎么也不能摇动一摇动。（郁达夫《沉沦》）

（6）他觉得委实太寂寞了，非稍稍活动一活动不可。（王任叔《疲惫者》）

（7）我们得打算一打算好。（丁玲《水》）

（8）偶然一出门做客，只对着镜子把散在额上的头毛梳理一梳理。（冯文炳《竹林的故事》）

刁晏斌（2007a：16）说："这样的形式，在初期以后就很少见到了。"

柔石小说中还有例子，如：

（9）"……我的心神完全被你掷在深渊里，我周身冷而且战，水要淹溺死我了，你提救一提救罢！"（《爱的隔膜》）

巴人小说也有，例如：

（10）她想改变一改变她和子政这永远不即不离的关系，作为一个母亲那样来照顾子政，同时，也得更前进一步，不致老死在作君身边，使自己永远做一个为自己打算的人。（巴人《浇香膏的妇人》）

（11）老头子一说出署长，四下里探望一探望，便缩进脑袋去。（巴人《证章》）

"AB一AB"基本作谓语。例（2）、例（4）、例（10）中的"AB一AB"后面还带了宾语，这少见。例（8）中的宾语用"把"前置，这也少见。例（7）中的"AB一AB"后面的"好"是补语，这更少见。

书面语的例子最迟到20世纪40年代的作品还有，例如：

（12）要是把这两者的大小轻重较量一较量，那宝玉实在是个大大的成功者。（张天翼《贾宝玉的出家》）——此文发表于1942年。

王福堂（2003：231）说："AA①的原式是'A一A'，目前口语中较正式的场合仍然使用；ABAB式的原式是'AB一AB'，口语中已经近乎绝迹。"

王福堂（2003：233）又说："下面就先列出第一种重叠式AA①、ABAB和原式'A一A''AB一AB'的变调值进行比较。"例如：

（二）ABAB		AB一AB	
研究研究	33-55-55-52	研究一研究	33-55-5-55-52
留心留心	11-55-55-52	留心一留心	11-55-5-55-52

晓得晓得	335－5－55－54	晓得一晓得	335－5－5－55－54
理直理直	115－5－55－54	理直一理直	115－5－5－55－54
荫凉荫凉	33－33－33－33	荫凉一荫凉	33－33－3－33－33
认得认得	11－1－11－1	认得一认得	11－1－1－11－1
客气客气	3－55－5－52	客气一客气	3－55－5－55－52
熟悉熟悉	1－5－5－54	熟悉一熟悉	1－5－5－5－54

王福堂（2003：234）又说："（二）中 ABAB 和原式'AB 一 AB'中前 AB 变调值也各各相同。从调值看，ABAB 式是'AB 一 AB'式省略了'一'的结果。当然，'AB 一 AB'式中前 AB 的 B 和'一'如果可以合音，也会有同样的变调值，但实际上绍兴方言双音节述语并不和其他音节合音。因此，就变调规则和系统内部一致性着眼，双音节重叠式 ABAB 应该和单音节重叠式 AA①的重叠方式相同，同样是省略了'一'的结果。"

可见，"AB 一 AB"重叠形式在绍兴方言中，在口语中，在王福堂先生的耳中应该还是熟悉的，所以，他才有变调值的分析，因此，虽然现在绍兴方言中的"AB 一 AB""口语中已经近乎绝迹"，看来还未完全"绝迹"，就算是完全"绝迹"，也应该是比较迟的。而且在字里行间，我们还能窥见，说不定在绍兴方言的书面语中仍有"AB 一 AB"的遗迹。

绍兴方言有"AB 一 AB"，柔石、巴人、郁达夫等人的作品中也有"AB 一 AB"，说明吴方言在 20 世纪初期确实还存在这种重叠形式。而梁启超、丁玲的例子较特别，很有可能是近代汉语语法惯性的传承。而张天翼，据 360 百科介绍，祖籍湖南湘乡东山，出生于南京，离吴方言区较近，既有可能是近代汉语语法的传承，也有可能受吴方言影响。

废名的小说也有，如汪化云（2004：307）"附录"《废名小说中的黄梅方言成分》一文中说到特殊格式，其中第四点是：

第四，AB 一 AB。双音节动词性词语重叠表示尝试态，普通话中是用 ABAB 的格式，废名小说所反映的黄梅方言则在中间加进

“一”：

（41）指把给我瞧瞧，让我来估定一估定。（A9）

（42）主东二人坐在树阴凉下凉快一凉快。（A74）

上面的“凉快一凉快”中的“凉快”并不是动词，而是形容词。同时，“估定一估定”是表尝试态，但“凉快一凉快”并非表尝试态。

据360百科介绍，废名是湖北黄梅人，似乎是受近代汉语语法影响的可能性大一些。

奇怪的是，晋语也有，邢向东（2004：8）在说到动词重叠式“动+给下儿/给阵儿”加“价”时说：

延川：走一走价　看一看价　复习一复习价

王希杰（1990：15）两次提到这种用法，举有2个例子：

批评一批评　　调查一调查

王希杰（1990：15）说：“一般说，双音节动词中间插上‘一’的比较少。”不知王希杰（1990）是就现代汉语来说，还是以近代汉语来说？王希杰（1990：66）又说：

一般说，双音节动词就不能借用为动量词。如不说：

批评一批评　　调查一调查

研究一研究　　哭泣一哭泣

王希杰（1990）这里把后一双音节动词当作前一动词的同形动量词了，显然前后说法有矛盾。

李广锋、李淑霞（2004）举有柔石小说中“微笑一微笑”的例子，说“现代汉语中这种格式非常少见，现代作品中只见到一个例子”，这不符合语言事实。贺卫国（2008b）也说，到了现代，“AB一AB”重叠已非常罕见。大量语料中只见到柔石小说中的“微笑一微笑”一个例子，同样是不准确的。

房玉清（2006：272）说：“单音节动词重叠，中间可以加‘了’和‘一’；双音节动词重叠，中间只能加‘了’，不能加‘一’。”认为不能说“参观一参观”。

殷晓明（2005：64）说，双音节动词重叠可分为两类：一类为“VV”式，一类为“V一V”式，现代汉语几乎无此用法。这显然不符合现代汉语语言实际。

不过，现代汉语初期这种重叠形式有的是少数人的仿古，有的是作者方言的自然表现。不可否认的是，这种重叠形式确实在明代以后的生命力还是强的，只是在现代汉语初期以后才逐渐消失。

石毓智（2002：2）说：

语音单位与句法结构之间的相互作用表现在各个方面。比如，4音节是汉语重要的一级语音单位，在语言应用中就表现为，95%以上的汉语成语都是4音节的，汉语语法重叠的最长形式也是4音节：干干净净、讨论讨论等。

石毓智（2005：67）又说：

比如，构成汉语音步（meter）的最多音节数是四个，因此95%以上的汉语成语都是四音节的，汉语语法重叠的最长形式也是四音节的，如“干干净净、讨论讨论”等。

我们觉得这个说法就现代汉语来说大致不错，但就近代汉语来说就不大符合语言事实。汉语事实是，在近代汉语较长时间内，双音节动词重叠有“AB一AB”式，部分形容词也有这种形式，就是现代汉语早期也有人在运用。虽然在后来消失了，但有些方言还保留着。

但现代汉语中“AB一AB”式最终还是基本消失了，这可能与石毓智（2005）所说的有关。因为“AB一AB”与“ABAB”语义基本一致，这大概也是现代汉语“AB一AB”最终消失的原因之一吧。但值得注意是，近代汉语晚期动词重叠有“AB了AB”形式，现代汉语至今还有，说明在一定的情况下，汉语动词重叠形式仍可突破4个音节限制。更重要的是，“AB了AB”本身表已然，它还是有自身的语法意义，与“AB一AB”不同。

由此可见，“AB了AB”主要运用于北方，近代汉语如此，现代汉语也如此，而“AB一AB”主要运用于南方，尤其是吴方言，近代汉语如此，现代汉语初期也如此，这说明这2种双音节动词重叠形式从方言地理类型来看，具有类型学意义。

（六）

“AB一AB”绝大多数是双音节动词重叠，也有少数是双音节形容词重叠，例如：

（1）你把相公的铺盖到下处，只说是我的，壮观一壮观，这个能事在此。（明·无名氏《绣襦记》第3出）

（2）［贴跪祝介］老天，愿姐姐早寻一个姐夫，带挈红娘快活一快活。（明·崔时佩、李景云《西厢记》第7出）

（3）［见介净］奴奴蒙公主娘娘召请赏花，怎么不多设些鼓乐，吹的吹，打的打，做他几个杂剧院本，闹热一闹热，到是这般静悄悄的。（明·叶宪祖《鸾鎞记》第20出）

（4）如今会场将近，巴不能得他一第，作成我老常快活一快活。（明·周履靖《锦笺记》第29出）

以上是戏曲，小说也有，例如：

（5）徐公子道：“他这佛地久污的了，我今日要与他清净一清净！”（明·陆人龙《型世言》第29回）

（6）出脱了这寒乞婆，我去赚上他几百两，往扬州过，讨了一个绝标致的女子，回到江阴，买一所大宅子，再买上百来亩肥田，呼奴使婢，快活一快活，料他也没这福。（同上）

（7）正行之际，非幻说道：“师父，你把前日的诗儿再加详细一详细，却不要错上了门哩！”（明·罗懋登《西洋记》第6回）

（8）惟中道：“……只是向来在那边落魄，如今去阔一阔，风骚一风骚，做个衣锦荣归。”（明·陆云龙《魏忠贤小说斥奸书》第33回）

上例还有“阔一阔”，说明单音节形容词也可以进入“A一A”重叠形式。

（9）夏虎便不回答，含忿在心，背地里叹道：“……比如他当初不弄得这一块本钱，我如今那能够去赚这些利钱，落得拿些爽荡一爽荡，也不枉为人一世。”（明·金木散人《鼓掌绝尘》第13回）

（10）罗士信在旁道：“……你道母亲年高，正为母亲年高，正该早建功业，博顶凤冠霞帔，与母亲风光一风光，不该这样畏缩。”（明·袁于令《隋史遗文》第36回）

（11）爽利一爽利，快活得没法哩。（明·醉西湖心月主人《宜春香质》第1回）

（12）两个到了家，少不得拜客祭祖，阔绰一阔绰。（清·东鲁古狂生《醉醒石》第10回）

（13）岑铎道：“……婶子，你可做些好事，把上下人口都叫进房，关了窗户，放开帐子，等大家爽快一爽快，也是阴德。”（清·夏敬渠《野叟曝言》第91回）

（14）素娥道：“……他吓得要死，也叫他去快活一快活来。”（同上，第123回）

（15）王夫人见了心中便喜，接过抱着向贾政说道：“多咱替我芝哥儿说个媳妇儿，叫芝哥儿也欢喜一欢喜。”（清·海圃主人《海续红楼梦》第5回）

（16）酒行数巡，李千户忍耐不住，便开口说道：“……呼李福取盏来，我等吃个大醉，爽快一爽快！”（清·佚名《忠孝勇烈木兰传》第1回）

（17）却说那妇人心里道：“……可惜正要引他亲近一亲近，怎奈老贼婆出来打断了。……”（清·坐花散人《风流悟》第6回）

（18）潘三道：“……你怪不得我，我整整儿想了半年了，你不叫我舒服一舒服。……”（清·陈森《品花宝鉴》第19回）

（19）李君也瞿然改容说道：“……再者，哥哥你整要拿着法国的故事来做比例，地球上革命的戏本，不是只有一个法兰西演过的，哥哥何不想想美国的事情，高兴一高兴，何必苦苦说法国来吓人呢？”（清·梁启超《新中国未来记》第3回）

现代汉语中也有，例如：

（20）“老婆？儿子？”老狗听了精神略略奋兴一奋兴，但他马上低下头去。（巴人《顺民》）——“奋兴”应该是“兴奋”的意思。

还有连用“AB — AB”格式的，例如：

（21）张轨如道：“……我与你莫若窃了他的，一家一首，拿去风光一风光，燥皮一燥皮，有何不可。……”（清·荑秋散人《玉娇梨》第7回）

（22）张良卿道：“……燥脾一燥脾，风光一风光，有何不可？……”（清·樵云山人《飞花艳想》第7回）

也有双音节名词重叠，但在此格式中，双音节名词重叠后已变成动词性，作谓语，例如：

（23）那些清客道：“翠娘便领袖一领袖。”（清·佚名《生绡剪》第10回）

（24）又道：“是必求两大娘同来光辉一光辉。”（清·撮合生《幻缘奇遇》第12回）

因为既有形容词重叠，又有名词重叠，这就是我们把这种格式概括为“AB — AB”，而不把它概括为“V_1V_2— V_1V_2”的原因。再说，刘坚（1992）也把它概括为“AB — AB”。

（七）

据统计，能进入“AB — AB”重叠的双音节动词有230个，例如：

疏散、试探、医治、扶持、整理、浇奠、赏玩、闲走、歇息
相聚、撺掇、挈带、祈祷、笔削、带挈、打扫、相劝、商议
走动、指教、剥相、举动、推详、光顾、简点、浆洗、收拾
检点、批阅、停当、预支、消散、祈求、比试、随喜、活动
得知、赏鉴、指引、引见、试验、察访、试发、转动、品评
磨难、斗胆、操演、演习、相帮、祷告、权当、借用、租用
缉捕、追想、青目、商量、权变、歇息、保佑、相看、享用

忖度、访求、查点、计较、广施、修理、进去、提拔、详审
帮衬、喜欢、想象、估看、哀告、躲闪、查对、决定、探望
打听、裂拉、扫拂、作荐、发头、超度、粘补、浇洗、磨擦
推算、比并、受用、爱惜、印正、改换、洗淋、察听、思量
看顾、品题、打造、枉顾、作承、洒乐、搭救、布施、安息
支陪、取笑、拜望、寻访、动念、相见、游玩、禳解、周支
亲目、分理、抄化、消除、盘桓、倾销、点化、兑用、相伴
回敬、拆洗、帮兴、出脱、拜见、驻足、分派、消遣、相会
下顾、白话、适兴、道达、称扬、究问、看管、忏悔、问候
结交、遮盖、拣择、总承、收藏、赈济、侦探、变化、忖量
升转、疏通、留恋、准备、想度、照管、蹭蹬、见教、赏劳
祝赞、张主、评量、试演、相帮、宁耐、讲说、教导、颠倒
出现、洗抹、洗濯、更换、筹想、摩靠、帮助、推合、卜问
暴白、款待、开指、小解、摇摆、传递、遮护、发积、转换
游览、揩擦、打算、考较、传谕、警戒、参证、修整、游赏
检选、试演、挪动、躲闪、查对、总成、奈何、作成、顾盼
撩斗、瞅睬、查考、济渡、照顾、捉弄、泡洗、知谢、奉敬
跟随、作兴、扶持、难为、救济、面试、怜悯、体谅、知慰
评品、查问、寻思、调停、思寻

另有"报他""摸鼻"是动宾短语，由此可见，数量还不少，这也证明这种重叠形式在近代汉语中的成熟性。

据统计，现代汉语能进入"AB一AB"重叠式的双音节动词有15个：

发表、检查、微笑、回顾、摇动、活动、打算
梳理、提救、改变、探望、较量、估定、批评、调查

显然远远不能与近代汉语相比，这也表明，这种重叠形式在现代汉语中的衰微。

据统计，能进行"AB一AB"重叠及变式的双音节形容词有18个，例如：

壮观、快活、闹热、清净、详细、风骚、爽荡、风光、爽利
阔绰、爽快、欢喜、亲近、舒服、奋兴、燥皮、高兴、凉快

第三节　"X 的 X，Y 的 Y"

（一）

罗茵（2005：175）说："名词无法进入'A 的 A，B 的 B'结构。主要因为名词充当述题会受到限制。"

这话就现代汉语来说大体符合语言事实，但就近代汉语来说就不准确了，因为明清白话文献有例子，如：

（1）满扬州人见他夫妻云游的云游，乞丐的乞丐，做出这般行径，都莫知其故。（明·冯梦龙《醒世恒言》37 卷）

（2）一个还是一个，男子的男子，妇女的妇女。（明·邓志谟《咒枣记》第 13 回）

（3）两个忙换了披挂，刀的刀，枪的枪，来杀韃子。（明·陆人龙《辽海丹忠录》第 26 回）

（4）廓的廓，城的城，金汤巩固；家的家，户的户，只斗逍遥。（明·吴承恩《西游记》第 29 回）

（5）五百个和尚，东的东，西的西，走的走，立的立，四散不题。（《西游记》第 44 回）

（6）一齐走到义冢地上，脱去衣服，尽着气力，锄的锄，锹的锹，拾的拾，埋的埋，霎时间把那些骸骨埋得干干净净，并无一些遗失。（明·金木散人《鼓掌绝尘》第 11 回）

（7）南阵上耀武扬威，依行逐队，单的单，对的对，居然孙子兵机。番夥里张牙弄爪，缩颈伸头，后的后，前的前，管甚么穰苴纪律。（明·罗懋登《西洋记》第 22 回）

（8）枪的枪，刀的刀，剑的剑，管教他难寻半点空闲；撇处撇，捺处捺，长处长，到底是不争分毫差错。（《西洋记》第 27

回）

（9）刚刚的跳下船，舱里面只见两三下里，枪的枪，刀的刀，钩的钩，耙的耙，雪片一般，奔到他身上。（《西洋记》第66回）

（10）锯到着后之时，又是一个小鬼做好做歹，一个个的拿起来，用笤帚在浑身上扫一过，一个还是一个，男子的男子，女人的女人。（《西洋记》第88回）

（11）马、段、殷、刘、王五将，大家跨上马，刀的刀，枪的枪，各带能干家将数十，出了银銮殿。（清·鸳湖渔叟《说唐后传》第13回）——另第28回、第36回还有“刀的刀、枪的枪”连用，第31回还有“枪的枪、刀的刀”连用。

（12）讲至金元帅一路而来，到一处自有一处地方官，文的文，武的武，纷纷接送。（清·佚名《金台全传》第58回）

（13）男男女女老老少少那个不要看绝世美人，船的船，车的车，远远近近都到南昌城一广眼界。（清·唐芸洲《七剑十三侠》第35回）

（14）二人猜疑了一会，觉得胆寒起来，遂悄悄的出得教场，见那街上边巡夜兵丁马的马走的走，一队来，一队去，防严得十分紧急。（《七剑十三侠》第60回）

（15）英雄都把梁山下，西的西来东的东，我说这是实情话。（清·佚名《小八义》第12回）——《小八义》第30回、第35回还有“西的西来东的东”。

（16）那边兵将真齐全，未卜先知赛神仙，文的文来武的武。（《小八义》第87回）

（17）只见进来五个巡丁，手内刀的刀，枪的枪，在里面屏门背后出来，一路出庭心，走上假山而来。（清·佚名《施公案》第225回）

（18）那洋兵却一拥而上，枪的枪，刀的刀，把官兵围住乱杀。（［日］女士中江笃济藏本，男儿轩辕正裔译述《瓜分惨祸预言记》第4回）

（19）行者一听散会，满心只要见师父说话，忙回头来看，果然看见许多人早已纷纷出来，走的走，马车的马车，东洋车的东洋车，一闪眼间，都已奔向马路上去。（清·陈景韩《新西游记》第3回）

（20）锁的锁，轰雷掣电，肘的肘，捉虎擒龙。（清·墨浪仙主人《海烈妇百炼真传》第10回）

（21）韵兰道："我们绮香园姊妹，连奶奶们前数年来也算极盛了，岂知死的死，嫁的嫁，寡的寡，仙的仙，到如此地步，我们的女塾，打谅莲因姑娘可以久管了，谁知也变起仓皇。"（清·梁溪司香旧尉《海上尘天影》第60回）

（22）且住，卢、黄、展、陈这四个人，名儒的名儒，烈士的烈士，当真鬼鬼祟祟在地府里闹出这些故事么？（清·怀仁《卢梭魂》楔子）

以上是白话小说，戏曲也有，例如：

（23）鸡鸣照号，张的张李的李，恰叙了三言两语，都道长兄见教、见教。（明·冯惟敏《不伏老》）

例（1）中的"乞丐"是名词。例（2）中的"男子"和"妇女"、例（10）中的"男子"和"女人"不同于"男"和"女"，前两者是名词，后者是区别词。例（3）、例（11）、例（17）、例（18）中的"刀"和"枪"是名词。例（4）　"廓"和"城"，"家"和"户"都是名词。例（5）虽然用了四个"×的×"格式，但可分为两组，前面2个是一组，后面2个也是一组；前面一组的"×"是方位名词。例（15）也是2个方位名词。例（6）中的"锄"既可作动词用，又可作名词用，这里看作动词也可，但"锹"是名词，这样看来，前面的"锄"也应是名词才是，才与"锹"字呼应。例（7）中的"后"和"前"也是方位名词。例（8）中连用了"枪"和"刀"和"剑"3个名词。例（9）中连用了"枪"和"刀"和"钩"和"耙"4个名词。例（12）、例（16）中的"文"和"武"是名词。例（13）"船"和"车"也是名词。例（14）中的“马”虽可解释为“骑马”，但在这里用的却是名词。例（19）“走的走”中的“走”是动词，但“马车的马车”“东洋车的东洋车”中的“马车”和“东洋车”却是名词。例（20）“锁的锁”中的“锁”是动词，但“肘的肘”中的“肘”却是名词。例（21）“死的死”“嫁的嫁”中的“死”和“嫁”是动词，但“寡的寡”“仙的仙”中的“寡”与“仙”却是名词。例（22）中的“名儒”“烈士”都是名词。例（23）中的“张”和“李”是姓，也是名词。

由上面例子可见，进入“×的×”格式的名词既可以是单音节，也可以是双音节，如例（1）、例（2）、例（10）、例（22）。例（19）一是双音节，一是三音节。但以单音节的为多。

虽然名词可进入“×的×”格式，但同动词、形容词和动词性短语等进入这种格式一样，“×的×”的语法结构是主谓关系，名词一旦进入这个格式，它具有了动词的特点，如“马的马，车的车”就是“骑马的骑马，乘车的乘车”，“锄的锄，锹的锹”就是“拿锄的拿锄，拿锹的拿锹”，“枪的枪，刀的刀，钩的钩，耙的耙”就是“拿枪的拿枪，拿刀的拿刀，拿钩的拿钩，拿耙的拿耙”，“短棍的短棍，铁尺的铁尺”就是“拿短棍的拿短棍，拿铁尺的拿铁尺”，“马车的马车，东洋车的东洋车”就是“乘马车的乘马车，乘东洋车的乘东洋车”，“寡的寡，仙的仙”就是“守寡的守寡，成仙的成仙”。

虽然进入“A的A，B的B”结构的名词不多，但也充分说明近代汉语有区别于现代汉语的特点。同时也说明名词进入“A的A，B的B”结构就是在近代汉语也受限制，到了现代汉语更加规范，所以，名词进入该格式也就少了。但也不是说完全没有。奚博先（1984：54—55）说：“在活的语言材料里，由于有上下文作为语境，因而出现名词、代词、数词、量词，甚至一些虚词充当A、B的特殊情况也是可能的。这一类特殊情况的出现是有条件的。在这些特殊情况中，充当A、B的名、代、数、量等，大抵和‘东的东，西的西’中的‘东’、‘西’差不多，是省略了它前边的动词和介词的。由于存在着这样的情况，‘桌子的桌子，椅子的椅子’也可能出现在某种特定的语言环境中而被视为合理。”

刘志富（2008：13—14）举有如下例子：

（24）马、段、殷、刘、王五将，大家跨上马，刀的刀，枪的枪，各带能干家将数十，出了银銮殿。

（25）另一方面又不能不心存惊叹，党可真有两下子，天南海北，党政军企，身经百战的虎将，运筹帷幄的官员，各有绝门的专家，各色头面人物，土的土，洋的洋，文的文，武的武，汉满蒙回藏苗瑶……堪称网罗殆尽，尽善尽美，硬使几百万几千万各不相同的人物拧成一股绳，使成一股劲，团结起方方面面。

（26）还有游戏歌。比如《猜中指歌》：“一二三四五，金木水火土，大官吹笛子，小官擂花鼓，文的文，武的武，一下捏到中指拇。”

储泽祥（2010：27）举有如下例子，如：

（27）卢家玉喜出望外：亲不亲，家乡人，何况几十年没有见面的同窗呢。卢家玉继而心生疑窦：他们几个，干部的干部，工人的工人，农民的农民，城里的城里，乡里的乡里，南里北里，不逢年不过节，怎么就聚在一块儿呢?

储泽祥（2010：27）说：“这种例子极少见，可以理解为省略动词的说法，如果补出相应的动词，说成‘当干部的当干部，当工人的当工人，当农民的当农民，在城里的在城里，在乡里的在乡里’，是十分顺畅的。”

刘志富（2008：12）也说到名词性词组进入该格式的问题，说：

以上例子中只有“老师的老师”“昨天的昨天”合语法，但是它们是定中结构，不是主谓结构。由上述例子可以推断出由于名词性词组一般不能进入“X的X”对举格式。

显然，刘志富（2008：12）的说法太绝对了，上面所举“干部的干部”等是主谓结构。不过刘志富（2008：12）说：“但在现实话语中，一些方位词可以进入该格式。”

罗茵（2005：175）说：“其他的实词，如代词、量词、数词、区别词，副词等，都不能单独充当‘A/B’。”王春杰（2012：25）也持同样的看法：“区别词不能进入此格式，如：大型、慢性、彩色。”

其实，区别词偶尔也可进入“A的A，B的B”结构。刘志生（2001：46）说，“X的X”格式中的“X”可以是动词、形容词或动词性短语，还出现一例区别词（男，女）。傅惠钧（2002：191）说：“V的V格式中的‘V’均为谓词性成分，多数是动词或动词性短语，也可以由形容词充当，还可以出现非谓形容词，如‘男’、‘女’。”徐国玉（1991：87）也说区别词能进入该格式，例如：“男的男，女的女/大型的大型，小型的小型。”

我们对“A的A，B的B”结构作过多年考察，积累了不少语料，发现古代白话小说也有区别词用于“A的A，B的B”结构，例如：

（28）南阵耀武扬威，依行逐队，单的单，对的对，居然刹，子兵机。（明·罗懋登《西洋记》第22回）

上例的“对”其实是“双”的意思，“单”与“对（双）”是区别词（非谓形容词），是成对使用。

（29）即或幸而无事，你瞧，这爷儿三个，老的老，少的少，男的男，女的女，露头露脑，走到大路上，算一群逃难的，还是算一群拍花的呢？（清·文康《儿女英雄传》第9回）

“男”和“女”也是一对区别词。

（二）

罗茵（2005：173）说：“A/B常常是动词或动宾结构，而且是动作动词或动作动词所构成的动宾结构。”其实，也可以是别的短语（结构），例如：

（1）其余小小为寇，不安生理的，他当时黑夜差人在山崖上放上一个炮，惊得这些苗夷逃的逃，躲的躲，跌死的跌死。（明·陆人龙《型世言》第24回）

（2）如今没了主，被这些官民将来打死的打死，沉水的沉水。（《型世言》第32回）

（3）韩渊拦住道："……你们这伙鬼通无信义廉耻，捣大的捣大，扎渣的扎渣，尔以为得意洋洋，在人看来狗屁不值。"（清·云樵山人《钟馗斩鬼传》第2回）

（4）再说徐鸣皋在浰头寨焚毁了山寨，又带了所部五百名校刀手，各处搜寻了一回，所有投降的喽兵不足七八十名，其余杀死的杀死，烧毁的烧毁，还有那被刀砍伤的有头无足，被火烧坏的烂额焦头，不可言状。（清·唐芸洲《七剑十三侠》第99回）

（5）到了自家门首看时，房子已被火焚，什物器皿抢散的抢散，不抢散的，也不是煤就是炭了。（清·菊畦子《醒世奇言》第2回）

（6）踏扁的踏扁，蘸泥的蘸泥，那人爬起身，连连摇头，哭丧着脸子，说不出那种懊恼神气。（清·陆士谔《十尾龟》第9回）

例（1）中的"跌死"，例（2）中的"打死"，例（3）中的"捣大"，例（4）中的"杀死"，例（5）中的"抢散"，例（6）中的"踏扁"，都是述补短语，这补语是结果补语。

徐国玉（1991：85—86）举有述补短语进入该格式的例子："请你把衣服洗净的洗净，熨平的熨平。""撕掉的撕掉，贴上的贴上/铲掉的铲掉，割除的割除。"

刘志富（2008：11）也说述补短语能进入该格式，例如：

（7）最可恨的要数那些用雷管炸鱼的，"轰"的一声，河里的鱼无论大小，炸死的炸死，炸晕的炸晕，一会儿水面上便漂了一大片。

（8）一路下来，他的东西扔掉的扔掉，偷走的偷走，到达目的地时只剩下空空的行囊。

也有补语是趋向动词的例子，如：

(9) 平儿听了，没敢做一声儿，想到紫鹃相依林姑娘寸步不离，霎时间回南的回南，遣去的遣去。（清·归锄子《红楼梦补》第6回）

上例“遣去”中的“去”就是趋向补语。

(10) 就是这样，放的放，不放的不放。（清·李百川《绿野仙踪》第37回）

(11) 及至伺候了几天，方知是老主人几件衣服发烧，又辞的辞，不辞的不辞，各自去了。（《绿野仙踪》第42回）

(12) 几个家人回去的回去，没来的没来，卧病的卧病，只剩下了自己一人。（清·文康《儿女英雄传》第5回）

(13) 简断捷说，小额这些家儿亲友，有事的有事，不拉车的不拉车，就是希四爷跟赵华臣两个人答应着管，可也是都要吃一嘴。（清·松友梅《小额》）

例（10）中的“不放”，例（11）中的“不辞”，例（12）中的“没来”是状中短语，例（13）中的“不拉车”，也是状中短语。

徐国玉（1991：87）举有如下例子：“屋子里的灯，亮的亮，不亮的不亮，光线太不柔和。”“不亮”也是状中短语。

郭华（2006：51）说：“就动词词组而言，一般都是动宾短语，个别偏正式的动词词组也可以用在该格式中。”举有如下例子：

(14) 平儿笑道：“……不然他们得了益，不说为这个，倒像我没了本事问不出来，烦出这里来完事，他们以后越发偷的偷，不管的不管了。”（清·曹雪芹、高鹗《红楼梦》第61回）

(15) 鸳鸯只坐着，笑道：“来请爷奶奶的安，偏又不在家的不在家，睡觉的睡觉。”（清·曹雪芹、高鹗《红楼梦》第72回）

(16) 他的这节课，同学们懂的懂，不懂的不懂，问题比较多。

(17) 这个建议，大家同意的同意，不同意的不同意，众说纷纭。

上面全是状中短语。

郭华（2006：51）接着说："我们发现，使用偏正短语进入该格式是有条件的。形式上看，后一个分句往往是由'不'+前一分句的动词或动词短语构成，与前一个分句形成正反对举。也就是说，偏正短语常用于'V的V'式正反对举使用，比如，上面的'懂的懂，不懂的不懂'。"

我们以为语言事实并非如此简单。如例（14）中的"偷的偷"和"不管的不管"并不是正反对举使用，例（15）中的"不在家的不在家"与"睡觉的睡觉"也不是正反对举，且"不在家的不在家"在前一分句位置。另如例（12）"回去的回去""没来的没来""卧病的卧病"也不是正反对举。

（18）南营将士，闻知元帅已逃，哪里有心坚守，便逃的逃，躲的躲，被杀的被杀，投降的投降，一时鼎沸。（清·空谷老人《续英烈传》第16回）

（19）这两个自从进了铺中，就打起顺风旗来，偷的偷，急赎的急赎。（清·樵云山人《钟馗斩鬼传》第6回）

上2例的"被杀""急赎"也是状中短语。

储泽祥（2010：31）也举有如下例子："死的死，亡的亡，出家的出家，被卖的被卖，做了奴的做了奴。" "被卖"也是状中短语。

（20）说了这一句，又大家啰唣起来，要打的要打，要休的要休。（清·李渔《连城璧·午集》）

（21）花大人到灶边领了两个儿子进房，见了娘亲，牵衣的牵衣，要抱的要抱。（清·迷津渡者《锦绣衣》第6回）

上2例"要V"的"要"是助动词，放在动词前，作状语，所以"要V"也是状中短语。

徐国玉（1991：85－86）举有状中短语进入该格式的例子："狂呼的狂呼，乱叫的乱叫，一片乱糟糟的景象。""比赛结束了，很高兴的很高兴，十分懊恼的十分懊恼。""快跑的快跑，慢走的慢走/很热烈的很热烈，很冷落的很冷落。”

刘志富（2008：11）也说状中短语也能进入该格式，例如：

（22）这几个人用牙咬的用牙咬，用手撕的用手撕，真是八仙过海，各显其能。

（23）南京大屠杀中，日本侵略者对无辜的中国百姓枪杀的枪杀，活埋的活埋，其滔天罪行，罄竹难书。

定中短语也能进入该格式，例如：

（24）二人便立定了看，不多时，来了四五十个大汉，手中短棍的短棍，铁尺的铁尺，一拥而进。（清·唐芸洲《七剑十三侠》第41回）

（25）众人呐了一声喊，一拥而上，铁尺的铁尺，棍棒的棍棒，均向着永贞打下。（清·梦花馆主江阴香《九尾狐》第29回）

上2例的“短棍”“铁尺”都是定中短语。

主谓短语也能进入该格式，例如：

（26）韩渊、富曲大惊道：“方才牙痒的牙痒，舫疼的舫疼，呕心的呕心，倘他冲杀过来，怎生是好?”（清·樵云山人《钟馗斩鬼传》第2回）

（27）宝珠便大明白，因道：“总之我不在家几天，你们胆小的胆小，胡闹的胡闹，所以才这样提心吊胆的。……”（清·天虚我生《泪珠缘》第11回）

上2例的“牙痒”“舫疼”“胆小”都是主谓短语。

徐国玉（1991：85—86）也举有主谓短语进入该格式的例子：“我干的我干，你干的你干，咱俩分工要明确。”“我吃的我吃，你吃的你吃/小张干的小张干，小李干的小李干。”

刘志富（2008：11）也说主谓短语能进入该格式，举有“态度不积极的态度不积极，工作不认真的工作不认真”“腰酸的腰酸，腿疼的腿疼”。

王春杰（2012：26）也举有如下例子：

（28）造成丢失的丢失，虫蛀的虫蛀，特别是存放在新源大理石厂内之简易仓库期间。

数量短语也偶尔能进入该格式，徐国玉（1991：85）举有如下例子：“一斤的一斤，三斤的三斤/两张的两张，三张的三张。”又如：

（29）三万字的三万字，五万字的五万字。（刘志富（2008：11））

（30）七十多岁的七十多岁，八十多岁的八十多岁。（刘志富（2008：11））

徐国玉（1991：86）还认为连动短语和兼语短语也能进入该格式，例如：“扯嗓唱的扯嗓唱，拉手跳的拉手跳/举旗呐喊的举旗呐喊，敲鼓助威的敲鼓助威。”“让我干的让我干，让他干的让他干。”

因此，除了动宾短语以外，别的短语如述补短语、状中短语、定中短语、主谓短语、数量短语、连动短语和兼语短语等也能进入“A的A，B的B”结构，不过数量远远不如动宾短语。

（三）

罗茵（2005：173）说：“如果是光杆动词，则可以是单音节和双音节的；如果是动宾结构，则音节数一般不会超过三个。”其实，我们发现偶尔音节也有超过三个的，例如：

（1）沈中元皱眉言道：“……你不算算，此间王府的人，逃的逃，跑的跑，降了大宋的降了大宋，难道我们走了之后，人家没有准备不成?”（清·石玉昆《小五义》第126回）

（2）智化说：“不可起誓，知礼者不怪。你不算算，你们王府的人，逃的逃，跑的跑，降了大宋的降了大宋，难道你们走了之后，人家没有准备不成?”（清·石玉昆《续小五义》第2回）

上2例的“降了大宋”有4个音节。

（3）但照事实看起来，违法的违法，贪赃的贪赃，做皇帝的做皇帝，复辟的复辟，解散国会的解散国会，约法不曾把他们束缚得

住，倒是人们出版集会自由，却被越发束缚得十分可怜。（陈独秀《独秀文存》）

上例的“解散国会”也有4个音节。

（4）我这儿的几个里头，不成个料儿的不成个料儿，像个人儿的呢，又是不合适。（清·文康《儿女英雄传》第40回）

上例的“不成个料”也是4个音节，而且只用1个“V的V”，说明可以单用。

还有刘志富（2008：11）所举的例子：“七十多岁的七十多岁，八十多岁的八十多岁”“态度不积极的态度不积极，工作不认真的工作不认真”，前者“七十多岁”“八十多岁”各有4个音节，后者“态度不积极”“工作不认真”各有5个音节。

（四）

罗茵（2005：175）说：“这样的片断通常是二至四个，但偶尔在特殊语境下也可能多达六个。”文中有一个注释：“这个例子见于《西游记》第十四回：‘（六个蟊贼）……闻言，喜的喜，怒的怒，爱的爱，思的思，欲的欲，忧的忧，一齐上前乱嚷道……’因为喜、怒、爱、思、欲、忧是佛家的六欲，作者旨在借六贼的情态来列出六欲，故使用了同字数的六个分句，这是我们调查的语料范围中出现的唯一一例。”

我们搜集的语料中也有使用6个分句的例子，如：

（1）就呼集一党蛟精，约有千百之众，人多口多，骂着真君：“骚道野道，你不合这等上门欺负人！”于是呼风的呼风，唤雨的唤雨，作雾的作雾，兴云的兴云，攫烟的攫烟，弄火的弄火，一齐奔向前来。（明·邓志谟《铁树记》第9回）

（2）那孽龙闻得斩了蛇精，伤了许多党类，心里那肯干休。就呼集一党蛟精，约有千百之众，人多口多，骂着真君：“骚道，野道，你不合这等上门欺负人！”于是呼风的呼风，唤雨的唤雨，作雾的作雾，兴云的兴云，攫烟的攫烟，弄火的弄火，一齐奔向前

来。（明·冯梦龙《警世通言》卷40）

百度中也有使用6个分句的例子，如：

（3）大家还在原地乱成一团，坐的坐，站的站，说的说，笑的笑，嚷的嚷，骂的骂。

也有8个分句的例子，如：

（4）水族众生捧着老祖的真言密谛，飞的飞，跃的跃，鼓的鼓，舞的舞，上的上，下的下，远的远，近的近，一涌而上。（明·罗懋登《西洋记》第2回）

（5）羽虫、毛虫两班众生捧着老祖的真言密谛，腾的腾，骧的骧，驰的驰，逐的逐，啸的啸，叫的叫，啼的啼，吟的吟，一涌而上。（《西洋记》第2回）

网络中也有使用8个分句的例子，如：

（6）世界上的一切事物都得听凭他们自己去变化，长寿的长寿，夭折的夭折，困厄的困厄，通达的通达，贵的贵，贱的贱，富的富，穷的穷，又难道是我所能够改变的吗？

还有10个分句的例子，如：

（7）你看那三个妖精，又得了这三十三个天罡，如虎生翼，每日间又达些峰头上跳的跳，叫的叫，飞的飞，跑的跑，吼的吼，哮的哮，胡的胡，蠢的蠢，髼的髼，鬅的鬅。（《西洋记》第7回）

刘志富（2008：49）也举有10个分句的例子，如：

（8）看啊，地无分南北，人无分老幼，全都闹腾起来了，全都不得欢势起来了，全都用一样的词。哭的哭，笑的笑，打的打，叫的叫，死的死，跑的跑，傻的傻，跳的跳，升天的升天，入地的入地，你趴下，我起跳，他趴下，你起跳，真混了个热火朝天！革命是人民的盛大节日，真是不错！闹吧，让你们闹个够！打吧，让你们打个够！骂吧，让你们骂出花来！杀吧，让你们杀个痛快！有冤的报冤，有仇的报仇，宰了人白宰，杀了人不用偿命！真是彻底解放！真是民主自由无序的极致！一切规矩，一切秩序，叫做一切条条框框全部砸个稀巴烂！

还有 14 个分句的例子，如：

(9) 每日间又在这个长老入定的门前，呼风的呼风，唤雨的唤雨，吸雾的吸雾，吞云的吞云，移山的移山，倒岳的倒岳，搅海的搅海，翻江的翻江，飞枪的飞枪，使棒的使棒，撒瓦的撒瓦，搬砖的搬砖，攫烟的攫烟，弄火的弄火。(《西洋记》第 7 回)

多项连用的“X 的 X，Y 的 Y”，都是指人多或别的众多，所以，才有这么多的分句连用。《西游记》中的 6 项配合的是“六个蟊贼”，一个蟊贼一个动作，所以用了 6 个分句。另外的古代白话小说中的例子中，例 (1) 是“约有千之众”的“蛟精”，所以才有 6 个分句的配合。例 (2) 是“一党蛟精，约有千百之众”，所以才有 6 个分句配合。例 (4) 是“水族众生”，所以才有 8 个分句配合。例 (5) 是“羽虫、毛虫”“两班众生”，所以也才有 8 个分句配合。例 (7) 因为是 3 个妖精，又得了“三十三个天罡”，所以才有 10 个分句配合。例 (9) 也是说这 3 个妖精，所以才有 14 个分句的配合。同时，例 (3) 中前面有“大家”，说明人很多，所以后面才可能有 6 个分句。例 (6) 中前面有“世界上的一切事物”，所以后面才可能有 8 个分句。例 (8) 中前面有“地无分南北，人无分老幼”，所以后面才可能有 10 个分句。因此，这种多项配合是因为内容需要，所以没有所谓单调的感觉。

(五)

郭华 (2006：51—52) 说：“‘V 的 V’式是以‘V 的’+‘V’构成的主谓结构，其主语‘V1 的’与谓语‘V1’之间是‘施事 + 动作行为’的关系。”

我们以为这种说法不准确，不符合汉语事实。确实，主语“V1 的”与谓语“V1”之间主要是“施事 + 动作行为”的关系，但还有“受事 + 动作行为”的关系。这种语义关系的例子古代白话小说就有，例如：

(1) 如今没了主，被这些官民将来打死的打死，沉水的沉水。

（明·陆人龙《型世言》第32回）

（2）再说徐鸣皋在浰头寨焚毁了山寨，又带了所部五百名校刀手，各处搜寻了一回，所有投降的喽兵不足七八十名，其余杀死的杀死，烧毁的烧毁，还有那被刀砍伤的有头无足，被炎烧坏的烂额焦头，不可言状。（清·唐芸洲《七剑十三侠》第99回）

（3）踏扁的踏扁，蘸泥的蘸泥，那人爬起身，连连摇头，哭丧着脸子，说不出那种懊恼神气。（清·陆士谔《十尾龟》第9回）

上面的“V”都是述补短语，我们以为，“打死”“杀死”除非是自杀，一般不会自己“打死”“杀死”自己的，所以，其主语与动作行为之间的语义关系应该是受事。“烧毁”的对象是“山寨”，“山寨”不可能自己“烧毁”。“踏扁”也是如此，自己怎么来“踏扁”自己呢，肯定是被马之类的东西所“踏扁”的。所以上面3例的语义关系是“受事＋动作行为”。

（4）到了自家门首看时，房子已被火焚，什物器皿抢散的抢散，不抢散的，也不是煤就是炭了。（清·菊畦子《醒世奇言》第2回）

上例的主语是“什物器皿”，它们是无生物，是没有生命度的，它们自己不可能“抢散”自己，更何况前面还有“房子已被火焚”一句，也是被动句，可见，“什物器皿抢散的抢散”也是被动句，主语“什物器皿”是受事，与动作行为“抢散”的语义关系也是“受事＋动作行为”。

（5）平儿听了，没敢做一声儿，想到紫鹃相依林姑娘寸步不离，霎时间回南的回南，遣去的遣去。（清·归锄子《红楼梦补》第6回）

上例的“V”是述补短语，这个补语不是结果补语，而是趋向补语，“遣去”也不是自己“遣去”，不是自愿的，自动的，而是被迫的，所以，主语与动作行为“遣去”之间的语义关系也是“受事＋动作行为”。

（6）南营将士，闻知元帅已逃，哪里有心坚守，便逃的逃，躲

的躲，被杀的被杀，投降的投降，一时鼎沸。（清·空谷老人《续英烈传》第16回）

上例更是清楚地表明主语与动作行为的关系是“受事+动作行为”，因为“V”是“被杀”，表被动意义。

现代作品中也有，例如：

（7）太平的景象还在，常有兵燹，常有水旱，可有谁听到大叫唤吗？打的打，革的革，可有处士来横议吗？（鲁迅《灯下漫笔》）

如果“打”既可解释为表示施事的动作行为，也可解释为受事的动作行为的话，那么，“革”肯定是表示受事的动作行为。

刘志富（2008：11）举有口语例子，如：

（8）最可恨的要数那些用雷管炸鱼的，“轰”的一声，河里的鱼无论大小，炸死的炸死，炸晕的炸晕，一会儿水面上便漂了一大片。

（9）一路下来，他的东西扔掉的扔掉，偷走的偷走，到达目的地时只剩下空空的行囊。

（10）南京大屠杀中，日本侵略者对无辜的中国百姓枪杀的枪杀，活埋的活埋，其滔天罪行，罄竹难书。

例（8）的主语“鱼”与动作行为“炸死”的关系也应是“受事+动作行为”，因为“鱼”绝对不可能自己“炸死”自己。例（9）的主语是“东西”，它也是无生命的，也绝对不会自己“扔掉”“偷走”自己，主语与动作行为的语义关系也是“受事+动作行为”。例（10）的主语“中国百姓”绝对不会自己“枪杀”自己，自己“活埋”自己，所以语义关系也是“受事+动作行为”。

储泽祥（2010：27）说：“由动词性成分充当的X，一般语义角色单一（主要是施事或受事这样直接受动词支配的核心语义角色），音节简单，如‘走的走，跑的跑’‘看的看，打的打’。像‘态度不积极的态度不积极，工作不认真的工作不认真’，已经算比较复杂，还在可以接受范围内的说法了。”可见储泽祥（2010）也认为主语与动作行为的语义关系有“受事+动作行为”。

储泽祥（2010：30－31）举有如下例子：

（11）免的免，调的调，处分的处分，离的离，退的退，伤的伤，死的死……到如今，身边周围在职的几乎就只剩了他一人！

（12）死的死，亡的亡，出家的出家，被卖的被卖，做了奴的做了奴。

（13）许家大院的桂花树死的死了，砍的砍了。

例（11）的“免”“调”“处分”，例（12）的“被卖”，例（13）的“砍”等，与主语的语义关系也应是“受事＋动作行为”。储泽祥（2010：32）说：“例（29）（引者按：即上举例（13））代表第二种情形，其中的‘X的’一个是施事（‘死的’），一个是受事（‘砍的’）。”与我们的分析是一样的。

奚博先（1984：57）举有如下例子：

（14）敌人被打得死的死，伤的伤。

因为“X的X，Y的Y”用在被动句中，显然主语“敌人”与动作行为“死”和“伤”之间的语义关系只能是“受事＋动作行为”，而不可能是别的。

（六）

李芳杰（1997：15）说“V的＋V”格式中的“V”是动词或动词性词组，所以统一记作V。

其实，这个格式确切地说不能统一记作“V的＋V”，因为进入这个格式的不但有动词或动词性词组，还有名词和形容词。例如：

（1）这也不尽是小的们的不是，只因祖父们悭吝的悭吝，怠赖的怠赖，龌龊的龌龊，仔细的仔细。（清·刘璋《斩鬼传》第5回）

（2）即或幸而无事，你瞧，这爷儿三个，老的老，少的少，男的男，女的女，露头露脑，走到大路上，算一群逃难的，还是算一群拍花的呢？（清·文康《儿女英雄传》第9回）

刘志生（2001：46）也认为形容词可以进入这个格式："形容词也能充当'X的X'格式中的'X'，但大多是性质形容词，既可以是单音节的，也可以是双音节的，如'大、小、高、低、胖、瘦、仔细'等。"

傅惠钧（2002：191）也说："进入这一格式的主要是表示性质和状态的形容词，如'软、硬，大、小，俊、丑，清、浑，老、少，青、黄，长、短'等；也有少数非谓形容词，如上举的'男、女'。"

同时，《现代汉语词典》（第6版，下同）说到形容词可进入这一格式，《现代汉语常用虚词词典》（1996）例子中有形容词，李荣（2002）有的提到有形容词，有的举有形容词的例子。总之，形容词确实可进入"X的X"这个格式。

刘月华等（2002）只提到动词可进入这个格式的说法也是不全面的。

张凤芝（2002）说：

一般的，当A、B是形容词时，往往是一对反义词，而且往往都是指一些让人不太满意的情况，整个结构表达出的也是一种觉得不太满意的感情。所以我们一般不会说：

他们胖的胖，瘦的瘦，匀称的匀称。

这些颜色红的红，绿的绿，都不合他的心意。

也不会说：这些颜色深的深，浅的浅，都很好看。

其实，就"A的A，B的B"结构来说，A、B是形容词时并不表示一种觉得不太满意的感情。如果说有表示一种觉得不太满意的感情，也只是从上下文的语境中看出来的，这个格式并不表示这种不太满意的感情。如"大、小，高、低，长、短，老、少"等，只是表对举，并没有表示不太满意的感情。

《现代汉语词典》说："'的'字前后用相同的动词、形容词等，连用这样的结构，表示有这样的，有那样的。"其中就举有"大的大，小的小"，并没有表示不太满意的感情。

又如例（2）只是列举情况，这些人中有“老的”，有“少的”，有“男的”，有“女的”，并不表示不太满意的感情。

再譬如张凤芝（2002）所举的“他们胖的胖，瘦的瘦，匀称的匀称”，本身是看不出表示不太满意的感情的。还有“这些颜色深的深，浅的浅，都很好看”的话，为什么不能说？

近代汉语还有“X底X”和“X者X”格式，例如：

（3）石头大底大，小底小。（宋·晋济《五灯会元》卷8）

（4）石头大底大，小底小。（同上，卷11）

（5）高者高，低者低。（同上，卷15）

虽然上面例子的“大”和“小”、“高”和“低”是反义词，整个结构表达出的也不是一种觉得不太满意的感情。再如“这些颜色红的红，绿的绿，都很好看”，这话也是通的。

（七）

傅惠钧（2002：204—205）说“近代汉语中‘V的V’格式完全为现代汉语所接受，而且又有了新的发展。”一共有三点，其中第二点是：

第二，形式更加丰富了。充当V的除动词、形容词、动宾短语外，还有偏正短语，后补短语，主谓短语等。结构呈复杂化趋势。各种变式的使用更为灵活多样了。前添式，后添式，前省式，后省式都普遍使用。如下面这种省略式，我们在近代汉语中没有见到（例（62）类此，但并不相同），而且在现代汉语中却频频出现：

（81）而另一些跟他一起当“土改根子”的翻身户，几年里却大出息了，买的买水牛，添的添谷仓，起的起新屋，全家老小穿的戴的都是一色新。（古华《芙蓉镇》）

（82）新闻记者也来了很多个，他们拍的拍照，访的访新闻，把我闹得手忙脚乱。（谢冰莹《重上征途》）

（83）进的进秦城监狱了，下的下干校了，要出书，就要靠“工农兵”。换句话说，靠不写书的人来写书。（韦君宜《编辑的忏

悔》)

(84) 他们站在屋外头敲的敲窗子，打的打门，喊的喊“支书”，叫的叫“嫂子”。(古华《芙蓉镇》)

其实，近代汉语并非完全没有这种省略式，明清白话小说就有几个例子，如：

(1) 一会儿，那些番兵番卒杀的杀了去，捉的捉将来，止剩得一个总兵官，藏躲不及，刘将军走向前去，狠是一枪。(明·罗懋登《西洋记》第60回)

(2) 其余的番兵怎么再抵挡得住，捉的捉住，杀的杀死。(同上，第64回)

(3) 其余的水军，杀的杀死在船上，捉的捉将去了。(同上，第65回)

(4) 歌的歌完，舞的舞罢，却一下锣，一下鼓，齐齐的住了。(同上，第79回)

(5) 钟文岳见旗军弃营逃走，传令军兵放箭射去，炮石打去，如飞蝗雨点相似，把将旗军杀的杀死、射的射死，此时杀得清军尸横遍野，血流成渠。(清·佚名《三春梦》第24回)

(6) 又添聘了冷血、天竺、天僇三位赫赫有名的大文豪，把内容改的改良，照的照旧，居然又轰轰烈烈的燃起来了，教看报的如何不喜?(报癖《论看〈月月小说〉的益处》)

上面的“杀的杀了去，捉的捉将来”实际上是“杀了去的杀了去，捉将来的捉将来”，“捉的捉住，杀的杀死”实际上是“捉住的捉住，杀死的杀死”，“杀的杀死在船上，捉的捉将去了”实际上是“杀死在船上的杀死在船上，捉将去的捉将去”，“歌的歌完，舞的舞罢”实际上是“歌完的歌完，舞罢的舞罢”，“杀的杀死、射的射死”实际上是“杀死的杀死、射死的射死”，“改的改良，照的照旧”上是“改良的改良，照旧的照旧”。不同的是，傅先生举的都是动宾短语，《西洋记》等都是“后补短语”。但不可否认的是，它们也有继承关系，也就是说，古代白话小说中已有省略式的“V的V”格式。或者说，这种省略式，是先有“后补短语”式，再有“动宾短语”式。

《西洋记》还有这样的句子，例如：

（7）只是一件，铸的铸不成，打的打不成，不好说得，也不知累死了多少人。（第17回）

“铸的铸不成”“打的打不成”本来应该是“铸不成的铸不成”“打不成的打不成”，所以也是省略式，“不成”作补语，也是后补短语的省略式。

（8）嫁的嫁不迭，讨的讨不迭，不知错了多少。（清·东鲁古狂生《醉醒石》第3回）

“嫁的嫁不迭”“讨的讨不迭”本来应是“嫁不迭的嫁不迭”“讨不迭的讨不迭”，“不迭”作补语，也是后补短语的省略式。

《西洋记》还有这样的句子，如：

（9）那些天罡精，东边也跳出一介来，西边也跳出一个来，叫的叫了两三日，才叫得遍，跳的跳了两三日，才跳得全。（第7回）

“叫的叫了两三日”“跳的跳了两三日”本来应是“叫了两三日的叫了两三日”“跳了两三日的跳了两三日”，那多么啰唆。所以这也是省略式，因为“两三日”是时间量词，一般作补语，也是后补短语的省略式。

（10）那君主也不论他是无赖、是盗贼、是野蛮贱族，止要有个红亮亮的顶戴、毛刺刺的花翎，他也便披的披、戴的戴，磕的磕头、请的请安，死心塌地做个攀龙附凤的忠臣。（清·海上独啸子《女娲石》第9回）

“磕的磕头”“请的请安”本来应是“磕头的磕头”“请安的请安”，也是省略式，是动宾短语的省略式。

第四节　“A+喷喷”

吕叔湘（1999：716—717）说：

‘歪歪’只能加在‘病’之后：病歪歪的

‘喷喷’只能加在‘香’之后：香喷喷的

‘答答’只能加在‘羞’之后：羞答答的

我们以为，上述说法有商榷的必要。这里我们只谈“香喷喷”之类。

（一）

说“喷喷”只能加在“香”之后的说法不符合语言事实，下面是我们在北大语料库中发现的例子，如：

（1）你看，他个子不高，脊背能擀面，脸面红喷喷的，长得多虎势！他那两条胳膊呀，比椽还粗，拳头有蒜钵子大。

（2）听着听着，人们都不声不响地走近高夫人所住的小院，但是又不敢走得太近，怕的是惊动了吹笛的姑娘，那个全村公认为最顽皮的孩子二毛因为刚才跟哥哥们一起堆雪人，热得两颊红喷喷的，如今也被笛声吸引，拖着鼻涕，踮着脚儿走到慧梅跟前。

（3）牛秀真替狗蛋争气，年头办事，年尾肚子就挺得牛肚大，一胎生个长鸡鸡的，红喷喷一身嫩肉，全拾他俩长处，人见人爱。

（4）它写的是一个“平凡的歌人，对美，对诗的秘密的追寻”，以及他“怎么过了悲剧的大半生”，终于找到了生命的“新港”，拥有了“诗的红喷喷的花朵”，“美的珊瑚枝的焰火”，这样一段“幻美之旅”。

（5）好多年没正眼看过这位邻居了，现在发现她居然烫了一头小鬈鬈，脸庞虽说还是黑黄的底子，但洗得非常洁净，脸颊依旧红喷喷的，令人想起已经熟了但还没有熟透的苹果，衣领开得很低，丰满的脖颈下挂着一串不值钱但很好看的绿珠串……

（6）上个星期天我在大街上看见了他，他骑着电动三轮车，后座上是也有残疾的妻子，搂着他们完全健康的小女儿，三个人脸颊都红喷喷的，说是刚从北京游乐园玩完回来。

（7）这几天，李三的脸上随时都是红喷喷的。

(8) 橱窗里那个脸蛋儿红喷喷的小姑娘麻利地夹起一只鸭架放塑料袋里递出，“一块五!”

(9) 范妻观察其状：“红喷喷的哪像有病？我去弄点灶灰给你脸上抹点……”

以上是当代作品。翻译作品中也有，例如：

(10) 这种表情几乎浮现在所有妇女的脸上，她们唱完那支歌时，那些红喷喷的或皱巴巴的脸上都满是骄傲的泪水，嘴唇上浮出微笑，眼睛里闪着炽热的光芒，一起望着她们的男人，情人望着爱侣，母亲望着儿子，妻子望着丈夫。

现代作品中也有，例如：

(11) 她可以想象她自己，浑身重孝，她那红喷喷的脸上可戴不了孝……（张爱玲《连环套》）

(12) 男的白布巾裹头，女的红喷喷的面庞挑一握发髻。（吴伯箫《神头岭》）

(13) 施了彩色以后，吴老太爷躺在棺材里就和睡着一样，脸色是红喷喷的！——怎么？已经三点半了！”（茅盾《子夜》）——另有 3 例。

(14) 少年回眸看了女子一眼，微微一笑；他的红喷喷的丰腴的面颊上起了两点笑涡，委实很妩媚动人，不愧为全城第一美男子。(茅盾《蚀》）——另有 2 例。

(15) 林大娘的打呃，大大减少，平均是五十分钟来一次；林小姐在铺面和“内宅”之间跳进跳出，脸上红喷喷地时常在笑，有时竟在铺面帮忙招呼生意，直到林大娘再三唤她，方才跑进去，一边擦着额上的汗珠，一边兴冲冲地急口说：……（茅盾《林家铺子》）

(16) 雾已散，金黄的太阳光斜射在稻场上，晒得那些菜色的人脸儿都有点红喷喷了。(茅盾《秋收》）

茅盾的作品运用得较多，上面举的都是小说，他的散文中也有，例如：

（17）我看见穿着艳冶夏装的太太们，晃着满意的红喷喷大面孔的绅士们；我看见“太太们的乐园”依旧大开着门欢迎它的主顾；我只看见街角上有不多几个短衣人在那里切切议论。（《五月三十日的下午》）

（18）水蒸气把她们俩的脸儿熏得红喷喷地，头上的水打湿了的短发是墨黑黑地，肥胖的小身体又是白生生地。（《速写一》）

（19）上过了坟，大户人家那个红喷喷胖圆脸的老爸总叫他的爷，阿四的爷，往松墩上挑泥。（《阿四的故事》）

可见在茅盾先生眼里，“红喷喷”并非不能说，而是有一定使用频率。

《汉语大词典》收“红喷喷”：“红而有光彩。多用于形容精神焕发时的脸色。”例如：

（20）他愈想愈有劲儿，脸上亦红喷喷了。（茅盾《子夜》）

（21）他看见申大嫂正在意味深长地笑着，脸蛋红喷喷的。（沙汀《风浪》）

（22）他们笑声琅琅，手捧鲜花，一张张小脸红喷喷地，就像盛开的樱花那样美丽。

上面所举例子中的“红喷喷”绝大多数是形容“脸”的，所以，《汉语大词典》的注释是符合语言事实的。当然，“红喷喷”也可用于别的，如例（3）语义指向“一身嫩肉”，例（4）语义指向“花朵”。

张拱贵、王聚元（1997：130）也收“红喷喷”：“微红的样子。”例如：

（23）她的两条辫子像燕子尾巴似的在后边交叉着，脸蛋红喷喷的，鼻尖落满尘土，……

例子是当代作品，显然太迟，注释也不如《汉语大词典》准确。

韩秀英（1993：87）也收有“红喷喷”：“形容颜色很红的样子。”例如：

（24）又喝了一口酒，史循走到章秋柳跟前，左手挽住了她的细腰，就将红喷喷的瘦脸偎着她的肩胛。（茅盾《蚀》）

（25）车上，装着两大筐苹果，红喷喷的，黄澄澄的，堆得冒出了箩筐。

上例“红喷喷”语义指向“苹果”。

汪维懋（1999：134）也认为有“红喷喷”的说法，其注释是：“形容颜色红润。”

我们发现民国小说中已有“红喷喷”，例如：

（26）说着，靥上忽然红喷喷起来，眼中忽然水汪汪起来，一派含情脉脉的春意，早向沛公面上递送过来。（徐哲身《汉代宫廷艳史》）

上例“红喷喷”作谓语，后面还带趋向补语“起来”。

“红喷喷”在清代已有，石汝杰、［日］宫田一郎主编（2005）收“红喷喷”：“（脸色）红润而有光泽。”例如：

（27）那晚吃了些酒，脸上红喷喷的，越显得风度翩翩，竟有些情不自禁。（清·孙家根《海上繁花梦后集》第21回）

方言里也有“红喷喷”的说法，王洪钟（2011b：79、80、83）举有“大喷喷”“红喷喷”“桃红喷喷”。王洪钟（2011c：158）举有“红喷喷”，王洪钟（2011c：282）举有“桃红喷喷”：“像桃花一样红艳：其小丫头面孔红喷喷，长特好来。”王洪钟（2011b：85）说：“上述‘ABXX’式的形容词中有一部分也可以缩略成‘AXX’式形容词，如‘暖热堂堂→暖堂堂 | 热堂堂；桃红喷喷→红喷喷；干汁蹦蹦→干蹦蹦；圆葛九九→圆九九’。”王洪钟（2011c：302）也有类似说法。说明江苏海门话有“×喷喷”。张惠英（2009：173）举有“红喷喷”：“红喷喷（指肤色、脸色等红红的样子）。”说明崇明方言也有“红喷喷”。

以上可见，“喷喷”可以放在“红”后，既有一定的使用频率，又有一定的时间了。

（二）

韩秀英（1993：87）收“热喷喷”：“形容热气蒸发的样子。”例如：

（1）时间还早，于是我与小于就兴逛起了东华门夜市。这里的小吃品种多，味道美，炸鸡、炒面、热馄饨，要什么有什么，每个摊儿前都挤满了人，每个摊儿里都飘散着热喷喷的香气。

（2）他们说什么我听不清楚，只见双方的表情都很激动，热喷喷的气体随着话语不住地往对方的脸上扑。

我们也发现几个“热喷喷”的例子，如：

（3）晚饭后，我们老两口，披上棉大衣，带着一饭盒热喷喷的饺子，捧着一床刚缝好的干净被子，踏着厚厚的白雪，登上乘客这时已经稀少的电车，直奔儿子的商店而去。

（4）当一桌人围在一起吃着热喷喷的饺子时，周冠仁却轻叹一声：“这个人穿得那么少……”

（5）阿英揭开饭锅一看，一锅雪白的米饭，热喷喷地直冒香气，她没想到儿子把饭做好了。

清代也有“热喷喷”的例子，如：

（6）落后开着后门一望，只见那一锅饭一锅豆腐，热喷喷的俱放在竹林里面，被着两只狗儿吃了一顿，已去了一半了。（清·鸳湖烟水散人《珍珠舶》第8回）

（7）正说得入港，仁发见酒尚未完，肴已将尽，便再到厨房里，又宰了一头鸡，煮得热喷喷的上来。（清·黄小配《洪秀全演义》第2回）

“热喷喷”可以作定语，如例（1）－例（4），可以作状语，如例（5）－例（6），也可以作补语，如例（7）。

张拱贵、王聚元（1997：356）还收“松喷喷”：“形容很松。”例如：

（8）有个一天半天，那些黑球球便轻飘起来，褪去一层脏色，花生粘似的松喷喷、白麻麻。

（9）陈旭挖坑，她把那毛茸茸的小苗，依次放进松喷喷的土里去。

我们还找到更早的例子，如：

（10）从矮小的窗洞望出去，天是好像大了许多，松喷喷的白云在深蓝色的天幕上轻轻飘着；大地伸展着无边的“夏绿”，好像更加平坦；远处有一簇树，矮矮地蹲在野中，却不并显得孤独；反射着太阳光的小河，靠着那些树旁边弯弯地去了。（茅盾《乡村杂景》）

汪维懋（1999：134）收“黄喷喷”：“形容发黄的颜色。”例如：

（11）八月里木樨黄喷喷，患难夫妻两分离。

我们还找到如下例子，如：

（12）刮得那山鸟难栖声哽哽，海鱼不定跳喷喷。（明·吴承恩《西游记》第37回）

（13）绿扰扰宫妆云挽，微喷喷檀口香生；浓艳艳脸如桃破，柔滑滑肤似脂凝。（明·佚名《刘生觅莲记》卷下）

（14）见了这泼阇黎，不由人怒气的猛填胸！血喷喷两眼生红。（明·孟称舜《死里逃生》第4出）

（15）众人心中都巴不得同他试验试验，尝尝这个异味，因彼此人多相碍，不好意思，脸上火喷喷一般，心中好不发急，他们一个个：上面口中咽了好些唾沫入去，下边嘴内流出许多清水出来。（清·曹去晶《姑妄言》卷17）

（16）公子摘头宽衣带，小姐脱去丝罗巾，两人衣服全脱净，都是兰馥白喷喷，女子仰卧牙床上。（清·佚名《小八义》第40回）

（17）夜间有了心事，大家睡不稳，那黠鼠只管喷喷喷的叫个不已，赶了又到。（清·梁溪司香旧尉《海上尘天影》第39回）

（18）不错，是有那么一股不能叫香只能叫臭的气味，可那气味水滋滋、鲜喷喷的，你又不能说难闻，风过花落，一地半绿半黄的米粒大花穗儿，铺在那儿也挺顺眼……

虽然上面有些“×喷喷”的使用频率都很低，但由此可见，与“喷喷”搭配的词还不少。

（三）

汪维懋（1999：134）收“气喷喷”：“形容气愤的样子。”例如：

（1）那小厮气喷喷去了。（明·陆人龙《型世言》第13回）

江苏古籍出版社1993年8月版的《型世言》由陈庆浩校点，把“气喷喷”改为“气愤愤”，说：“‘愤’——原本为‘喷’。”（第229页）我们以为这是不对的。虽然在汉语中，说“气愤愤”的比较常见，但并非没有“气喷喷”的说法，所以不要改。下面是我们找到的“气喷喷”例子，如：

（2）那妈妈气喷喷的唤：“梅香！来与我寻将出来！交你不要慌！”（明·罗贯中《三遂平妖传》第1回）

（3）那边鞑子探得招降人被杀，气喷喷杀来，一到便把城围。（明·陆人龙《辽海丹忠录》第23回）

（4）少顷，李永贞进来，见印月坐着，气喷喷的便问道：“姐姐为何着恼?”（明·佚名《明珠缘》第43回）

我们在北京大学古代汉语语料库中也找到几个例子，如：

（5）言罢气喷喷的脱下衣服，齐跳水中。（清·魏文中《绣云阁》下）

（6）老龙王听说，这一吓非同小可，登时就同半截身子丢在水里一样，便气喷喷的向大太子问道：“可是有的吗?”（清·坑余生《续济公传》中）

（7）只见外面一个女子年约十八九岁，披了件海绒的雪袯，内衬银红战袖四合云絮紧衣，玄色兜裆罩裤，足下踏了一双空花铁头小战靴，排须当中，珠环翠钿，玄纱抹额，两鬓插了两支团花，后

面跟了两少年壮士的装束，气喷喷的走进店来。(《续济公传》下)

(8) 所以气喷喷的背着手，跑到院墙外面，喊长街似的骂不住嘴。(《续济公传》下)

根据目前所掌握的例子来看，“气喷喷”都作状语。

但现代汉语语料库中没有“气喷喷”。显然，与“气愤愤”相比，“气喷喷”一是使用频率低得多，二是使用时间也不长。但不可否认的是，汉语中有“气喷喷”的说法，不能轻易改为“气愤愤”，两者的含义并不完全相同。

白维国（2010）收“气喷喷”：“犹‘气呼呼’。”又收“气愤愤”：“即‘气忿忿’。”《汉语大词典》收“气愤愤”，但未收“气喷喷”，似乎不该。许少峰（2008）未收“气喷喷”，也未收“气愤愤”，似乎更不该。石汝杰、［日］宫田一郎主编（2005）也未收“气喷喷”和“气愤愤”，在词典的“吴语文献资料书目”中收有《型世言》，显然也是疏漏。

综上所述，“红喷喷”“热喷喷”“松喷喷”“气喷喷”“血喷喷”“黄喷喷”“跳喷喷”“火喷喷”“白喷喷”“鲜喷喷”等说法，有的是方言用法，有的只是偶尔使用。但“红喷喷”的说法涉及面较广，使用的人也多，而且能作多种句子成分，如谓语、定语、状语、宾语，以作谓语、定语的为多，所以应该是正常的用法。“热喷喷”也有一定的使用频率。

第二章　数词与量词

第一节　“五七”与“三五七”

（一）

王力（1985：240）说：“‘三’和‘五’连着说，大致是说‘三’至‘五’之间。”在此话后王力（1985：249）有一附注：“但习惯上只有‘三五’的说法。‘五七’、‘六八’、‘七九’之类都不成话。”

吕叔湘（1984：21）说：“王先生这个话是按现代北京话的语法说的，事实上确是这样。可是在早期的白话里曾经有过‘五七’的说法，几乎和‘三五’一样的普通。”

吕叔湘（1984：21）又说：

《儿女英雄传》里也有一例：

那几个跟班儿的跑了倒有五七荡。(32.12)

但是就着现代口语里已废这一点来推测，《儿女英雄传》这个例子怕是作者不知不觉的仿了一下古。

胡竹安（1985：22—23）对“五七”也作过考察，他认为唐五代已见用例，宋元时用得很普遍，明代白话小说仍有出现，明以后，“五七”在书面里很难找到，《红楼梦》只有“五六七”。至于吕叔湘先生在《语法札记》中所引《儿女英雄传》的“五七”，那无疑是出于仿古的了。

陈伟武（1990：207）引用吕叔湘（1984：21）后说：

现在我们在鼓词《封神演义》（以下简称《封神》）里经常看到“五七”，如八十四本：“老爷想罢朝中事，不由长叹五七声。”一〇六本：“众百姓不过五七日的工夫，将蛇交完。”全书约一百四十万字，“五七”凡十八见。在鼓词《阴阳斗》中也可见到“五七”：“走到书房切齿恨，不由得、心中展转五七番。”（卷十六）又：“这咒语，刚刚念够五七遍，拿起灵府用火焚。”鼓词《封神》作自同治年间，书中说道：“众公，不必远比，现在同治佛爷手内的二件事可作比样，先是闹黄病，又转腿肚子，后来又闹嗓子，死了有多少人呀！”（一九六本）《儿女英雄传》约定稿于道光年间，比鼓词《封神》早了四五十年。就使用“五七”这一说法而言，《儿女英雄传》的作者若是“不知不觉的仿了一下古”，那么车王府鼓词《封神演义》则是出自口语。

陈伟武（1996：28）第一条也是“五七”，在引用胡竹安（1985：23）、吕叔湘（1984：21）后说：

笔者曾经讨论过“五七”这一表示概数的语法形式，指出车王府抄藏说唱鼓词《封神演义》中“五七”凡十八见，作“五七声”“五七番”“五七分”“五七趟”“五七个”等。兹再略作补说。鼓词《封神演义》尚有一处拆用“五七”之例，例见173本：“取出五火七禽扇，此扇玄妙不相同。上面有天火地火石中火，木火心火太无情；上面有凤凰翅来孔雀翅，鸿鹄翅来与大鹏，鸳鸯鸟来九头鸟，七禽翎翅大不同。”乍看出“五火七禽”均有所指，究其实，仍脱不了以“五七”表概数、表多数的窠臼。车王府子弟书《全彩楼》15回：“我也曾执意推辞三两次，怎奈他倾心拦挡五七番。”车王府曲本杨将家故事戏《天门阵》头本亦见“五七”：“寇准心中想机关，迈步出关望外走，心中展转五七番，何不使了诓君计，大料可也不相干。”时代略晚于车王府曲本的《清代野记》也有一例：“见兵出，即乘其不备劫之去，囚于家，并不加害，或三日，或五七日，必使误卯期而后释。”综合上述材料来看，我们隐约可见“五七”一词消变的尾声，不宜简单地看作仿古。

吕朋林（2001：46）说，“《红楼梦》中‘三五’尚有11例，‘五七’用例未见。”

其实就是《红楼梦》也有1例，如：

（1）贾母道：“信他胡说，谁家痨病死的孩子不烧了一撒，也认真的开丧破土起来。既是二房一场，也是夫妻之分，停五七日抬出来，或一烧或乱葬地上埋了完事。”（第69回）

“七”有“旧时人死后每隔七天祭奠一次，直到第四十九天为止，共分七个‘七’”的意思，但上面的“七”不是指第五个“七”义。另如：

（2）停了五七日，心慌意凄，辞了妻母，飞奔镇江，□家□不□阁，催趱民夫车马兼程倍道，不日已到杭州。（明·醉西湖心月主人《弁而钗》之“情侠记”第5回）

上2例的“五七”一模一样，可证“五七”不是第五个“七”义。

所以，胡竹安（1985：23）、吕朋林（2001：46）的说法不符《红楼梦》事实。

（3）比度五七强，横平须略欠。（曹雪芹《南鹞北鸢考工记》（3）比翼燕扎糊诀，见《曹雪芹〈废艺斋集稿〉丛考——感受一个最真实的曹雪芹》第28页）

上例说明，曹雪芹确实也用过“五七”。

除《红楼梦》外的清代作品有很多例子，下面是稍早于《红楼梦》的例子，如：

（4）娘子说每日我只赢你五七著，怎么今遭大败呢？（清·蒲松龄《聊斋俚曲集·磨难曲》第20回）

（5）把我娶去宣武院，驼到北京顺天府，房子赁上五七间，凭着模样把钱转。（《聊斋俚曲集·增补幸运曲》第17回）

（6）不想事出非常，变生不测，他所居之处，一向并无盗警，忽然一夜，竟有五七条大汉，明火执仗打进门来，把一家之人吓得魂飞胆裂。(清·李渔《十二楼》“闻过楼”第2回)——成书于清顺治十五年(1658)。

(7)叫伴当搬上东西,摆在忠义堂空地上,点了香烛,满满的斟五七十大碗酒,朝上乱拜几拜,叫道:“晁天王、宋公明二位哥哥,众兄弟英魂不昧,我阮小七一片诚心,备些酒肉,重到山寨里,望空浇奠众位,都要似生前一般,开怀畅饮。……”(清·陈忱《水浒后传》第1回)——成书于清康熙三年(1664),共有8例。

(8)寻思着:“这些个皮箱,封锁的是云娘自己的首饰衣服、金簪钗环,珠冠也有三四顶,连银纽丝、红绣鞋撇下的物件,俱在箱子里,少说也值五七百银子。……”(清·佚名《隔帘花影》第14回)——成书于清康熙年间,共有3例。

(9)一住了五七日,见月娘不动身,就寻出个法儿来,使妙凤探小玉口气说道:“这庵因新造,没有钱粮,都是人家舍的,如今盖的三间对殿,朝里是韦驮,还没贴金。……”(清·丁耀元《续金瓶梅》第3回)——约成书于顺治十七年(1660),共有10例。

(10)至次日,桓家饭店里早拿到一个小太监并五七个从人,解上山来。(清·徐述夔《快士传》卷11)——据介绍,此书日本享保十三年(清雍正六年,1728)《船载书目》已加著录,书当作于此前。

(11)道士道:“那银子送你盘缠罢,我不过五七日定来看你。”(清·曹去晶《姑妄言》每1回)——成书于清雍正八年(1730),共有4例。

(12)早已有那些落第举子,气不平,三五个一堆,五七个成群,说道:“天地间哪有这等奇事!……”(清·天花主人《二度梅全传》第35回)——成书于乾隆初年。

下面的例子时间上与《红楼梦》差不多,例如:

(13)潜斋屈指道:“……我也不知该费多少,总是五七十两银子,大约可以。……”(清·李绿野的《歧路灯》第5回)——

成书于乾隆后期，共有7例。

（14）奚奇道："……更有一桩伤天理的事，是酷好男风，庵里绝标致的沙弥，已有五七个尽他受用，兀自在外搜括，但是瞧见清秀小伙，便设计弄入庵中取乐，又最喜奸弄幼童，常常把小孩子屁眼弄破，鲜血淋漓啼啼哭哭。……"（清·夏敬渠《野叟曝言》第12回）——成书于乾隆年间，共有35例之多，可见很常见，大大超过陈伟武（1990：207）所说鼓词《封神演义》的18例。

（15）这殷勇虽然猛烈异常，却天性至孝，一年也五七次回家，带些东西来看望母亲、雪妹。（清·陈朗《雪月梅》第4回）——成书于乾隆年间，共有7例。

（16）石生甚是担忧，黑影里又走了五七里路。（清·烟霞主人《幻中游》第15回）——成书于清乾隆年间。

下面的例子时间上比《红楼梦》要迟，例如：

（17）老妈临行之时，卢宣又吩咐齐纨道："……我同舍侄上扬州，代他完了姻，五七日之后就回来了。……"（清·竹溪山人《粉妆楼》第53回）——成书于清嘉庆初年间。

（18）陈公次日来书房内讲论诗文，一连谈讲了五七日，并不提起婚姻之事。（清·佚名《聚仙亭》第6回）

（19）那薛堂道："……你们众人陆续进店，或三五个，或五七个一桌吃茶，各人藏器械于身。……"（清·寄生氏《五美缘》第37回）——成书于清道光二年（1822），共3例。

（20）老妈道："……又不时有白云庆聚，五七年后，当有异人在此飞升。"（清·佚名《木兰奇女传》第8回）——成书于清道光七年（1827）。

（21）秦淑人道："……每日至多不过五七杯，何必拘束戒他呢？"英阳道："……你要得今日是一个五七杯，明日就是两个五七杯，后日便是三个五七杯。日积月累，到了四五十岁，便是几百、几千、几万五七杯呢！"（清·佚名《九云记》第30回）——成书于清道光三十年（1850），共有6例。

(22) 华三千道："……敝东还有一个朋友颇通武艺，五七日间即到，意欲还要讨教令友，又恐令友回府，特令门下前来请问：不知令友可能容留几日否？"（清·无名氏的《绿牡丹》第40回）——成书于清道光年间，共有6例。

(23) 正在走着，只听背后五七步远近一个女子燕语莺声，笑语如箫笛之音，他原是个色中的饿鬼，猛然一听此等美音，心下早知有非常的美貌，急忙回头一看，只见一个老妪，一个侍女，相伴着一个娇娇艳艳的女子，约莫有十五六岁。（清·青阳野人《春灯谜史》第1回）——成书清嘉庆初年，共有6例。

(24) 无志功名，时常看看古人养气服食等法，内有一条言："行山中如见小人乘着车马，长五七寸的，名叫'肉芝'，有人吃了，延年益寿、并可得道成仙。……"（清·李汝珍《镜花缘》第9回）——成书于清嘉庆二十年（1815）左右，共有7例。

(25) 娘子道："……前日有一个人劝我卖与汤锅上，说倒有五七两银子。……"（清·俞万春《荡寇志》第73回）——成书于清咸丰元年（1851），共有19例。

(26) 说话的这个当儿，主客二位已都是五七十大杯过了手了。（清·文康《儿女英雄传》第15回）——成书清咸丰初年，共有3例。

(27) 这一间铺子好容易开着，五七个伙计作活，老米饭，酸菜汤，一天费用也得两吊钱，能有多少沾光在内？（清·陈森《品花宝鉴》第32回）——成书于清道光十七年（1837）。

(28) 包勇恨极，掣出棒来，身子一移，认定这贼小肚，使足了劲，一棒点去，捣开五七丈远，肠断阴闭而死。（清·花月痴人《红楼幻梦》第8回）——成书于清道光年间。

(29) 李公道："你不要忙，五七天内，我保你自有着落。"（清·惜红居士《李公案奇闻》第12回）——成书于清光绪年间。

(30) 过了淄河店往西又行，囊中只有五七百钱，一路饥餐渴饮，夜宿晓行，非止一日来至济南府。（清·佚名《孝感天》第3

回）——共有3例。

（31）把五七间的屋子都找遍了，也没找着。（清·云槎外史《红楼影梦》第24回）

（32）刘大人，看罢《绝命词》十首，连连赞叹五七番。（清·佚名《刘公案》第69回）

以上3部作品虽不知准确成书时间，但都是《红楼梦》以后作品。又如：

（33）穿过五七道寨子去，连一个火亮都没有。（清·张杰鑫《三侠剑》第7回）——共有4例。

（34）约有五七里远近，到得庄中，吩咐家人："取一大壶酒并几碟果品小菜到书房中来！我与大相公再饮一杯，你们也取几壶酒，吃了好睡，不必伺候。"（清·陈朗《雪月梅》第13回）

以下例子成书于二十世纪，如：

（35）那妆奁到时，周有成打开闺仪录一看，不过是香案高照、台椅半副、马胡两张、八仙桌子一面、火箩大柜、五七个杠箱。（清·黄小配《廿载繁华梦》第2回）——共有28例，可见也是非常常见，也超过陈伟武（1990：207）所说的鼓词《封神演义》的18例。《廿载繁华梦》写于1905年。

（36）又购了几种，如《金辽建国史》，《蒙古武功记》，并几种唐宋大家的名画，不过花了五七百银子。（黄小配《宦海升沉录》第2回）

（37）近年以来，自从新小说发起之后，一时小说之作，风起云涌，数年之间，翻译的、自撰的，真是汗牛充栋；就是在下瞎胡说诌的，也不下五七种了。（清·吴趼人《剖心记》第1回）

（38）原来后进是一座大院子，平列着五七间正房，两旁还有四间厢房。（清·吴趼人《情变》第6回）

以上例子可见，黄小配、吴趼人分别都有2部作品中有"五七"。

（39）人瑞去后，不到一个时辰，只见店家领那送信的人，一头大汗，走进店来，怀里取出一个马封，紫花大印，拆开，里面回信两封：一封是庄宫保亲笔，字比核桃还大；一封是内文案上袁希明的信，言："白太尊现署泰安，即派人去代理，大约五七天可到。"（清·列鹗《老残游记》第16回）——成书于清光绪三十三年（1907）。

统计清代的例子，共有120多例"五七"。我们有充分理由相信，这些例子肯定不是最终数据，随着阅读面扩大，肯定会发现更多例子。

据介绍，车王府曲本大多是明清两代作品，尤以清道光至光绪间作品为最多。以上所举1900年以后作品至少与车王府曲本同时或早，有的甚至还要迟一些。

以上可见，"五七"说法有清一代一直在用，并未间断过。《儿女英雄传》的用例并非"不知不觉的仿了一下古"而已，并非偶然用之，而是当时普通用法的常见用法。因此，清代以后的"五七"用法仍是显性语法现象。

就是文言小说也有，例如：

（40）黄芽菜心其白如玉，取大小五七枝，用沙土植长方盘内，以炭代石，黑白分明，颇有意思。（清·沈复《浮生六记》卷2）

清代笔记也有，如陈伟武（1996：18）所举清·梁溪坐观老人《清代野记》卷上的例子。《清代野记》例言说："本记以咸、同、光、宣四朝之事居多，初名《四朝野记》，兹以四朝未能并包，故易今名。"陈伟武（1996：18）也说《清代野记》"时代略晚于车王府曲本"。

（41）适宏至扬，当答曰："……即如申号之银，如果收至扬号利息较能多得，五七万尽管收申，平号如以违令见责，宏自能回复，与扬无干。"（清·李宏龄《同舟忠告》四、附：阅历之言）

（42）一日与伙友坐谈："从前杨掌柜叶荣住申生意极多，库款常有，每次银信准有五七封，何以至今甚少？"（同上，第169页）

上2例的自序写于公元1917年8月18日，已是民国，比车王府曲本还要迟。

民国作品也有，例如：

(43) 并言孙文有五七月起事之说，潮州境内，屡有发现，并有快枪十万弹数百箱，由日本私运进来云云。(听涛馆主人《神州光复志演义》第52回)——《神州光复志演义》成书于1912年6月，已经是民国的时候了。

就是现代作品也有"五七"用法，例如：

(44) 原来一点，两点……五七点萤火虫儿飞飞飞，有趣得紧。(向辰《捕萤》)

(45) 但乡曲之间有时尚存古礼，原汁茶之名虽不曾听说，高茶则屡见，有时极精巧，多至五七层，状如浮图，叠灯草为栏杆，染芝麻砌作种种花样，中列人物演故事，不过今不以供客，只用作新年祖像前陈设耳。(周作人《再论吃茶》)

(46) 且爬上树去择那个大的熟的无疤子的摘五七个。(沈从文《三兽窣堵波》)

(47) 崖下常停泊百十只小渔船，每只船上照例蓄养五七只黑色鱼鹰。(沈从文《泸溪·浦市·箱子岩》)

(48) 各方面的测验，间或不免使得头脑有点儿乱，实在支撑不住时，便跟随什么奉系直系募兵委员手上摇摇晃晃那一面小小白布旗，和五七个面黄肌瘦不相识同胞，在天桥杂耍棚附近转了几转，心中浮起一派悲愤和混乱。(沈从文《从现实学习》)

(49) 最动人的是那些等等主顾、各用特制木架支撑，上盖罩棚，身长五七丈的大木桅，和仓库堆店堆积如山的作船帆用的厚白帆布，联想到它们在"扬扬万斛船，影若扬白虹"三桅五舱大船上应用时的壮观景象和伟大作用，不觉更令人神往倾心。(沈从文《一个传奇的本事》)

荷兰人高罗佩先生的《狄仁杰断案传奇》也有"五七"，例如：

(50) 方正答道:“……他每隔五七日便遣人去州衙打点行贿,疏通关节。……”(第2章)

(51) 楼上已有五七席饮酒的,倒也不嘈杂。(同上,第16章)

高罗佩生于1910年,逝世于1967年,其作品也是现代汉语。

就是当代也有“五七”,下面是北京大学汉语语料库现代汉语例子:

(52) 五七个人,一把琵琶,一支洞箫,配以木板、三弦,南音袅袅,闻者驻足。

(53) 先入天后宫大院,再逛文化宫广场,又走了东南西北几条小街,看了五七处南音露天演唱场所,不禁为市民夜赏古乐的那份情致所感动。

(54) 喘进一片稀疏松林,见有五七个山民闲坐,三人便上前打听“一步难行”的去处。

(55) 至于官绅地主,“田之多者千余顷,即少亦不下五七百顷”,造成绝大多数农民破产,被迫举四处流亡;加上灾荒频仍,乃至“炊人骨以为薪,煮人肉以为食”。

我们也发现一些例子,如:

(56) 同观奇景五七人,
闻才雄杰杨稳妥,
豪情举杯能三续,
兴至攀登足忘跛。

还有一首与前诗是初稿与修改稿之间关系的诗却用了“五六”,例如:

(57) 同看奇景五六人,
闻才雄桀杨稳妥;
豪情举杯能三续,
兴来爬山足忘跛。

(58) 一些挂货店内代表王族威严的三眼花翎和象征达官贵族

地位的五七叶白芝麻雕翎羽扇，过去必需二百两官银才到手的，当时有个三五元就可随时成交。

沈从文先生在现代作品中多次运用“五七”，当代作品中运用“五七”那是他一贯作风。

（59）锣鼓篷悉有五七篷，每隔一段玩艺有一篷。

我们可以乐观地说，上面的“五七”用例肯定还不是现代作品和当代作品的全部。

欧阳觉亚、程方、喻翠容（2009：1091）在说到京语的概数时说：“（7）nam^{33} ‘五’ 和 ba^{33} ‘三’、bai^{214} ‘七’ 常常连用，表示概数。” 例如：

mə^{11} thoŋ^{33} kɔ^{45} nam^{33} ba^{33} kɔn^{33} ŋɯəi^{22} jat^{22} kwən^{22} aːu^{45}. 河边有三五个人洗衣服。

边河有五三个人洗衣服

kwa^{45} nam^{33} bai^{214} ŋai^{22} nɯə^{214}，nɔ^{45} tsəu^{33} di^{33} ve^{22} joi^{22}. 再过五至七天，他就回来了。

过 五 七 天 再 他 就 回 来 了

总之，京语的概数中，“三五”和“五七”是经常运用的，这更有语言类型学意义。

以上可见，“五七”从唐五代开始运用后，虽在现代、当代有过潜性阶段，但一直未绝迹。以后是否会重新显性下去，有待进一步观察。因为连《人民日报》都有“五七”的用法，这是值得关注的。

（二）

吕朋林（2001：46）说：

“三五七”我们在《水浒传》中只发现了绝无仅有的1例。在同时及相近的前后时代文献中也未发现用例（当然我们未普查），在后代至今更未发现这种用法。不过，现代汉语有如下用法：

你有道理，就讲出个一二三条来！别把人分成三六九等。

袁宾（1992：168）说：

三个数词连用表示概数的情况比较罕见，如：

如今枉自有三五七口人吃饭，都不管事。（《水浒传》第二十四回）

虽然袁宾（1992）未明确说明只有《水浒传》1例，但从“比较罕见”来看，也是认为这种用法是极少的。

崔山佳（2009b：78）说：

其实，别的白话小说中也有“三五七”的说法，如：

（1）西门庆道：“……如今身边枉自有三五七口人吃饭，都不管事。”（明·兰陵笑笑生《金瓶梅词话》第3回）

（2）客人正在声嚷，一个大头黑汉，跑入后舱，抢出一把泼风也似快刀，虎一般踞在船头，大喝道：“休得胡说！咱老子不是无名少姓的；景州城三五七岁的孩子，提起咱来黑夜便不敢啼哭；东洋里四十九家岛贼，撞着咱前世就没有魂灵；里边除了国师，东宫太子，也索吃我三拳；外边算过景王，镇海将军，也不够咱五指：行不更名，坐不改姓，倒海龙顾一刀，便是咱老子的大名！……”（清·夏敬渠《野叟曝言》第52回）

（3）周庸祐道：“……若到那里时，那船自然有三五七天停泊，不如先将洋膏藏在船上，待登岸时，或托人到洋膏公司那里说个人情，然后带上岸去便是。”（清·黄小配《廿载繁华梦》第21回）

例（1）所说的话与《水浒传》几乎一样，只是《金瓶梅词话》多了“身边”两个字而已。《水浒传》和《金瓶梅词话》中的量词是“口”，例（2）的量词是“岁”，例（3）量词是“天”。

后来，我们又发现一些文言的例子，说明“三五七”并非像以前认为的那么少。如：

（1）诸门咽气，皆先入肠中，冲排滓秽，经三五七日后，方达食脉。（宋·张君房《雲笈七签》卷60）

（2）景泰初，给事中李实等奏言：“镇守巡抚等官，动经三五七年，或一二十年，室家悬隔，一切疾病婚嫁，不能相通，甚有无子可矜者，乞敕各官携妻子完住。”（明·朱国祯《涌幢小品》卷8）

（3）用之者特宜较量轻重言耳，又岂可以三五七日为限哉？（明·万民英《三命通会》卷2）

（4）景泰初，给事中李实等奏：“近年各处镇守巡抚等官，动经三五七年，或一二十年，室家悬隔，患疾病而不能相恤，子女远违，遇婚姻而不能嫁娶。”（明·余继登《皇明典故纪闻》卷12）

（5）谓胃为水谷之海，日受其新，以易其陈，一日一便，乃常度也。今病噎者，三五七日不便，乖其度也。（明·王肯堂《杂病证治准绳》第3册）

（6）吴越俗以女事人，期岁归父母，或三五七岁，有子女尚不听从。（明·胡长孺《陈孝子传》）

（7）其上檐单翘单昂斗科做法，用桐柱、大额枋、平枋板、正斜三五七架随梁枋。（清·李斗《扬州画舫录》卷17）

（8）景泰元年正月，给事中李实等奏：“近年各处镇守巡抚等官，动经三五七年，或一二十年。……’从之。（清·龙文彬《明会要》卷34）

以上是古代的例子，体裁多样，宋代已有，也有时间跨度。

北大汉语语料库现代汉语中也有一些“三五七”例子，这说明当代汉语“三五七”也还在用，如：

（9）三五七年之后，不用说再读，就是想一想也觉得脸红，不相信自己当初的幼稚。

（10）水二钟，生姜三五七片，煎七八分。食远温服。

（11）写扬州的茶坊：“邗江遍处是茶坊，扬款焉如苏式昂。三五七文粗细碗，手巾把子水烟装。”

香港作家亦舒与梁凤仪多处用到“三五七”，而且在不止一个作品中，这也说明，不是偶然为之，例如：

（12）表叔开头非常生气，三五七载之后，待嫁掉女儿，心境

方慢慢平复。（亦舒《七姐妹》）

（13）韩君走了尹白才松口气，闻说许多有办法的女子可以同时应付三五七位异性，真是天赋异禀，尹白吃不消这种艳福，一个过去男友，一位现任朋友，已经使她精神紧张，腰骨发痛。（《七姐妹》）

（14）“三五七个月。”（亦舒《流金岁月》）

（15）“两个人就不怕静，倘若有三五七个孩子到处跑，更为理想。”（亦舒《紫薇愿》）——另有“三五七名儿童”“为着瞒那三五七岁”“天天足可以说上三五七个钟头”。

（16）飞机票是今夜七时的班机，看样子事情真的很急，也好，离开三五七天，度过尴尬时期，回来时又可享受到叮当的如珠妙语。（亦舒《香雪海》）

（17）可跟方志琛细谈别后情况，那些温哥华的名胜，一个暑假他就当向导三五七次，厌烦得透顶了。（梁凤仪《弄雪》）

（18）眼见初出道的一些孩子，一个月里头可以病上三五七天的，差不多肯定此人早晚被踢出局。（梁凤仪《豪门惊梦》）——另有“还有那么个三五七年光景可以温大钱”。

（19）从李善舫年轻时到香港打天下开始，本城遭遇的金融风暴少说也有三五七回了，每次危机的发生，他都满有把握坦然应付过去。（梁凤仪《金融大风暴》）

（20）少说也要三五七百万。（梁凤仪《风云变》）

我们也找到1例，如：

（21）从全国建设说，我们已经改变了锹头开荒，“火焰山”上种树，在山沟里安排三五七户人家就算组织“新村”的艰窘情况了。（吴伯箫《烟尘集·再版后记》）

亦舒有4部作品有“三五七”说法，梁凤仪也是4部作品有“三五七”说法，虽然在一定程度上说明作者的语言风格，但也说明“三五七”在当代作品中并未销声匿迹，再说还有吴伯箫、刘醒龙等作家的用例，说明吕朋林（2001：46）所说的“在后代至今更未发现这种用法”的说法不符合汉语事实。从上面所举几十个例子来看，“三五七”不是例外现象。

（三）

颇感奇怪的是，概数形式中有“三五”“五七”“三五七”，却没有“二四”“四六”“六八”或“二四六”“四六八”。这可能与中华民族文化心理有关。早在《易经》时期，古人就将“一、三、五、七、九”等奇数视为阳数、天数、大数，偶数则为阴数、地数。*

有学者对“三”“五”“七”的说法进行了研究。据郭攀（2004：158—159）介绍，俞樾《争臣七人五人三人解》说：“数始于一而终于九，至十则复为一矣。自一至九，五居其中，自一至五，三居其中，自五至九，七居其中。故古人之辞，至少则曰一，如一勺水、一卷石是也。至多则曰九，如叛者九国、反者九起是也。举其中则曰五，如素丝五紽、素丝五緎、素丝五总是也。举其小半则曰三，举其大半则曰七，如其实七兮，其实三兮是也。”樊縯在《解释三、七》一文中说：“这种括约观念是将‘五’当中数，因为从‘一’到‘九’，‘五’在中间的缘故，因此，就将‘五’以里的诸数看作小数，或作少的代表，‘五’以外的诸数看作大数，或作多的代表。”闻一多等也说：“在十为足数的系统中，五是半数，五减二得三，是少数，五加二得七，是多数。在书中说到‘三’或‘七’，往往是在这种意义下，作为代表少数或多数的象征数字的。”

向熹（2010：下册 51）说：“此外，上古汉语往往用‘三’‘五’‘七’‘九’‘十二’‘三十’‘三十六’‘百’‘千’‘万’‘亿’‘兆’等泛指多数，这也是甲骨卜辞所没有的。”以个位数为例，表概数的只有“三”“五”“七”“九”几个，所以，我们一般才能看到“三五”“五七”“三五七”。而“九”可能数字有点大，所以，没有“七九”之说。

概数表示的是不确定数目，表达的是模糊概念，如“一二个人”“三四幢房子”“六七只羊”。而跨了一个数字的概数表达形式，表示的是更不确定的数目，更模糊的概念，如“三五个人”“五七幢房子”。如果是“三五七只羊”，那么，表示的概念是更不确定，更模糊。

但为什么是“三五”“五七”“三五七”，而不是“一三”“七九”“五七九”呢？谭学纯（2008）一书有《数字“三”/“五”崇拜的发生、演进及相关阐释》一章，说到数字“三”“五”的特殊性。谭学纯（2008：239）认为，“‘三’和‘五’，是中国人心目中最重要的两个数字”，“是中国人心目中极具魅力的灵性符号”，“‘三’‘五’崇拜几乎渗透到华夏文明的各个方面，在神话、祭祀、占卜、术数、宗教、民族、伦理、礼仪、刑律、典章、官职、舆地、教育、军事、医药、艺术、饮食、服饰、婚丧等诸多领域”。谭学纯（2008：241）又认为，“以‘三’数、‘五’数为祥瑞的心理，通过文化下渗形式，由宫廷扩散到民间，广泛地进入了中国人的现实生活，成为一种集体无意识——”谭学纯（2008：245）还说：“数字‘三’‘五’倍受中国人青睐，不仅具有某种神话原型意味，而且存在着哲学上的阐释依据。前者是中国古人以幻想形式对自然所作的不自觉的加工；后者是以理性精神对宇宙秩序所作的清醒把握。”我们以为很有道理。

郭攀（2004）有“‘七’的褒贬色彩源流”一节。郭攀（2004：185）说：“在中国数理文化中，‘七’，相对‘三’、‘五’等其他玄数而言，较明显地同时表现出了褒贬两种对立的色彩性。”关于褒义性色彩，郭攀（2004；185—186）归纳了两点：第一，喜庆节日常取七日。第二，尊崇性比附。同时，在中国数理文化中，与“三”“五”不同的是，“七”还有其贬义性色彩，主要表现的是民俗中的禁忌。在许多地方的民俗中，“七”与鬼是连在一起的。我们以为，这可能与“七”有“旧时人死后每隔七天祭奠一次，直到第四十九天为止，共分七个‘七’”的意思也有关。

上面学者所说的“三”“五”“七”文化现象，也是为什么“三五”比“五七”使用频率高，使用时间跨度长的原因之一。同时，据吴慧敏（2010）考察，“三五”有丰富的变化形式，如有逆式“五三”，重叠式“三三五五”“五五三三”，模式组合“三×五×”“五×三×”，而“五七”虽也有“七五”说法，但极少见，“五七”没有重叠形式，也没有模式组合能力，《汉语大词典》虽收“五侯七贵”“五劳七伤”，但仅此2例，且是成语。而据谭学纯（2008：247）考察，“三×五×：三皇五帝”是固定格式，“×三×五：隔三差五”“三五××：三五成群”“五×三×：五大三粗”是变化形式。所有这些，确实是“五七”不能比的。同时，上面的分析也能解释为什么“三五七”使用频率更低的原因。

*《易经》的说法为《古汉语研究》匿名审稿人所提出，在此表示衷心感谢。

第二节　“××第二”

殷志平（2004：42）以敏锐的眼光指出“第二”的一种新用法，他说：“专有名词在‘××第二’的语境中，舍弃了指称意义，凸现了内涵意义，也就是说，‘××第二’，并不是用来指称第二个××，而是用来指称具有××一样行为特征的另外一个。”例如：

脾气和名气一块儿长　董艳梅成王军霞第二？（《扬子晚报》标题）

马其顿成科索沃第二？（报纸标题）

贝利第二

莱温斯基第二

我们觉得很有道理。

但一般认为，这种“××第二”是一种新用法，虽然殷志平（2004：42）未明确指出，但从所举例子来看，全是近几年发生的事，可能殷先生也是这么想的。

后来，吴长安（2006）也发现了类似问题，吴长安（2006：126）说：

在使用中，“第二”在序数意义的基础上也逐渐产生了“特异性”的词汇化意义。表现为当“第二”出现在专有名词后面，构成“名词＋第二”格式。即：

王军霞第二　　赵本山第二　科索沃第二　《圣经》第二

“××第二”指的具有这一名词所代表事物的某种特征，“王军霞第二”指的速度和耐力堪与王军霞媲美，“赵本山第二”是幽默和搞笑的水平不亚于赵本山，“科索沃第二”说这个地区局势动荡的程度和科索沃相似，“《圣经》第二”讲发行量与《圣经》不相上下。进入这个表达框架的基础是“××”所指称的事物具有一个显著的为受众所共知的特征，“××第二”的意义就是“具有了××的那个显著的为受众所共知的特征的‘另一个’”。

总之，“第二”随着人们的使用已经在词组义的基础上产生了词的意义，工具书应收入，以及时反映它作为新词的新词义。

上面的例子证明，构成“××第二”的“××”，既可以是人名，也可以是地名，也可以是书名。吴长安（2006：126）明确指出“××第二”是一种“新词的新词义”。

陈一（2012）把“××第二”的出现时间提前到了民国初年。陈一（2012：251）说：

“第二个$N_{专}$”在清末小说中已出现，“$N_{专}$第二”则始见于民国初期。

文中举有如下例子：

（1）你吃了陆兰芬如此的亏，还不自家猛省，倒要去再汇几千银子，去寻第二个陆兰芬，岂不是一误再误么？（清·张春帆《九尾龟》第9回）

（2）却说宇文泰既鸩死帝后，改立新主，朝野上下，统料他有心篡逆，不肯再守臣节。偏泰迟延未发，仍然照常办事。是曹阿瞒

第二。（民国·蔡东藩《南北史演义》第66回）

其实，“××第二”的出现时间还可提前。我们最近在清末白话小说中发现3例“××第二”，例如：

（3）原来李参戎久在广西，知道安南的国政向来腐败，全国里头只有几千名兵，所以听了这个匪首的说话，竟想做张仲坚第二来。（清·张春帆《宦海》第9回）

上例中的“张仲坚”是唐朝人。上段话的前面还有这样的话：“李参戎听了，忽然心中一动，暗想从前唐朝的张仲坚夺了夫余国，就做了扶余国王，或者我也有这般福气，也未可知。况且自己家里有钱，可以充做军饷，这班匪党，又都是亡命之徒，安南国是素来不讲究兵备的，料想没有什么危险，何不放大了胆子，竟去试他一试?”由上可见，“张仲坚第二”的说法，与“王军霞第二”“贝利第二”“莱温斯基第二”是一样的，也是“舍弃了指称意义，凸现了内涵意义”，也是“具有了××的那个显著的为受众所共知的特征的‘另一个’”。

（4）曩令梦霞竟死殉梨娘，作韩凭第二，不过为茫茫情海添一个鬼魂，莽莽乾坤留一桩恨事而已。（清·徐枕亚《玉梨魂》第29章）

据360百科介绍，韩凭亦作“韩冯”“韩朋”，是文学作品中的人物，最早出于干宝的《搜神记》。相传战国时宋康王见舍人韩凭的妻子何氏美貌，就把何氏霸占过来，为此韩凭夫妇双双殉情自杀。上例中的“韩凭第二”也与“王军霞第二”“贝利第二”“莱温斯基第二”一样，也是“舍弃了指称意义，凸现了内涵意义”，也是“具有了××的那个显著的为受众所共知的特征的‘另一个’”。又如：

（5）自此同学皆呼他为洪秀全第二。（清·听涛馆主人《神州光复志演义》第38回）

洪秀全更是众所周知的人物，“洪秀全第二”也与“王军霞第二”“贝利第二”“莱温斯基第二”一样，也是“舍弃了指称意义，凸现了内涵意义”，也是“具有了××的那个显著的为受众所共知的特征的‘另一个’”。

在此之前，小说中还有两处提到“第二人”，例如：

（6）秀才急问之，乃对曰：“舍侄必是洪秀全第二人。”（《神州光复志演义》第38回）

（7）遂取出经史各书，指而示之曰：“……令叔称尔为秀全第二人，尔辈果然得志，切勿蹈秀全覆辙，总以仁义为本。”（《神州光复志演义》第38回）

从上面的例子可以看出，如果是指“人名”的话，“××第二”其实就是“××第二人”的省略。也就是说，比起陈一（2012）所说的“第二个$N_{专}$”来，更接近“××第二”原义的应该是“××第二人”。因为“××第二人”只是省略了“人”，而“第二个$N_{专}$”不仅涉及省略，还要移位，过程更复杂一些。

现代作品中也有“××第二”，例如：

（8）诸公如真多情，不妨跳到书里去做个陶伯和第二，给他们撮合一番罢。（张恨水《作完〈啼笑因缘〉后的说话》）

（9）当时我听了他那句话，我就想到他这匆忙而特别的生活与脾气，我忍不住心里这么想：要是他放在上海，又碰着适当的环境，那他怕不是鼎鼎大名交际博士黄警顽先生第二！（茅盾《故乡杂记》第三　半个月的印象）

（10）就是在这类人口中吉先生就成了济慈第二了。（沈从文《记一大学生》）

老舍的作品用得较多，例如：

（11）我不能再见那个姓李的，他是黄学监第二，他用杀人不见血的咒诅在我灵魂上作祟：假如世上真有妖术邪法，这个便是其中的一种。（《大悲寺外》）

（12）石队长是唐连长第二！（《火葬》二十九）

（13）设若我将来有个“新爱弥耳第二”，我相信必能完全成功，因为我已有了经验，知道能避免什么和更注意什么。（《新爱弥

耳》)

(14) 心里说:“你一进去,你就是张大哥第二!”可是不进去,又是什么第二呢?(老舍《离婚》)——另有2处“张大哥第二”。

(15) 丁二爷以为马同志是小赵第二,非和李太太借棒槌去揍他不可,她也觉得他该揍,可是没敢把棒槌借给丁二爷。(同上)

(16) 这些字像说:“秀莲,你不过是个唱大鼓的,是翠珠第二。……”(《鼓书艺人》十六)

(17) 如果是小子,她就要担心他会变成张文第二。(《鼓书艺人》二十七)

老舍作品也有“第二个$N_{专}$”的例子,如:

(18) 若是知道他也有着那年青的女人,对他说这倒像全无关系的平常话,要他许可,他也许便成了第二的窦尔墩。(《旧梦》)

上例“第二”放在人名的前面,与前面的“××第二”也是有联系的。

以上可见,从清末开始,到民国,到现代文学,“××第二”一直在使用。只是使用频率不如现在这么高罢了。

“××”作为专有名词,是人名多于地名,地名多于书名。清末的3个例子全是人名,民国的例子也是人名,张恨水、茅盾、沈从文、老舍等作品中的例子也全是人名。看来,是先有人名,后有地名、书名,地名、书名是人名类推的结果。

但总起来说,“××第二”的说法,在以前是很少见的,是例外。而到了现在,由于环境的逐渐改变,由于媒体的积极参与,“××第二”的使用频率渐渐地提高了,变得更常见了。

第三节 “人名+俩”

(一)

刘丹青(2009:111)说,“俩”与代词、名词有不同的搭配规则：

a. 我　我们俩　我俩（不带“们”的“我俩”等在东北比在北京更常用）

b. 你　你们俩　你俩

c. 他　他们俩　他俩

d. 小明　小明他（们）俩　小明小强俩　*小明俩

刘丹青（2009：111）接着作了具体分析，其中第三点是：

第三，名词后的“俩”尚未发展出表双数的概念。跟“俩”同现的名词必须是复数（包括并列）形式，如“夫妇俩”“兄弟俩”“父子俩”“娘儿俩”，不能是单数形式，这说明其中的数范畴义是靠名词的复数义和“俩”一起表示的，“俩”仍然是复数名词语的同位语。

我们觉得刘丹青（2009）的分析很有道理，符合现代汉语普通话的实际情况。

需要补充的是，“人名＋俩”的用法，在现代汉语第一阶段（刁晏斌（2006：22—24）把现代汉语分为四个阶段，第一阶段为“五四”到1949年中华人民共和国成立。）曾经有“人名＋俩”的用法，但只是昙花一现，没有“存活”下来，而是中途夭折了。崔山佳（1993）提到钱锺书《围城》中有“人名＋俩”的说法，如有“辛楣俩”“鸿渐俩”的说法。文章中还对“们”与“俩”的用法作了比较。当时还以为这种说法是《围城》所独有的。例如：

（1）辛楣俩假装和应酬的本领至此科破产，竟没法表示感谢。（第148页）

（2）辛楣俩去了一个多钟头点才回来。（第156页）

（3）鸿渐送她出去，经过陆子潇的房，房门半开，子潇坐在椅子里吸烟，瞧见鸿渐俩，忙站起来点头，又坐下去，宛如有弹簧收放着。（第219—220页）

（4）鸿渐俩从桂林回来了两天，就收到汪处厚的帖子。（第236页）

（5）到香港降落，辛楣在机场迎接，鸿渐俩的精力都吐完了，表示不出久别重逢的欢喜。（第288页）

上面的“辛楣”“鸿渐”是人名，是单数形式。例（1）的“辛楣俩”指赵辛楣、方鸿渐，例（2）的“辛楣俩”指赵辛楣、李梅亭，例（3）的“鸿渐俩”指方鸿渐、孙柔嘉，例（4）的“鸿渐俩”方鸿渐、赵辛楣，例（5）的“鸿渐俩”指方鸿渐、孙柔嘉。可见，“俩”确实是可以用在人名后面，表示双数。

后来崔山佳（2008a）又发现2例，在钱先生的和《围城》差不多是同时的作品——短篇小说《纪念》中也有“人名＋俩”的说法，例如：

（6）这造就大批寡妇鳏夫的战争反给予曼倩俩以结婚的机会。

这里的“曼倩俩”指曼倩、才叔夫妻俩，“曼倩”也是人名，也是单数形式，即也是人名后加“俩”的用法。

而且，这种“人名＋俩”的说法并不是钱锺书先生的独创，柔石的小说也有这种用法，如：

（7）风是呼呼地摇着柏树，秋阳温暖地落在瑀俩的墓上。（《旧时代之死》）

上面的“瑀”是指周胜瑀，“瑀”也是人名，也是单数形式，“瑀俩”是指朱胜瑀和他的妻子，只不过这里用的不是全名，而是名字的省称。这部小说初稿于1926年6月26日，誊正于1928年8月9日，比钱先生的《围城》和《纪念》要早近20年。

我们发现还有比柔石小说更早的例子：

（8）安老又吩咐人张罗，把张老俩那所房子，打扫糊裱起来，好预备他搬家。（清·文康《儿女英雄传》第29回）

上例中的“张老”是张玉凤的父亲，姓张名乐世，这“张老俩”是指张玉凤的父母，虽然没有名，但却已有姓——“张”，“张老”是人们的尊称，所以也可以说是人名，如人们尊称郭沫若为“郭老”——也是单数形式。《儿女英雄传》是清代白话小说，成书于清咸丰年间，这是目前发现的“人名＋俩”的最早例子。

（二）

汉语方言也偶有“人名＋俩”的用法，李倩（2013）多次说到河南固始方言中有“俩”用在人名后的用法。李倩（2013：14）说：“固始方言的‘俩（两个）’用于人称代词、人名和称谓词之后表示双数，体现了其语法功能的泛化。‘两个’的‘个’要轻读，并经常以‘俩’的合音形式出现，表明其量词意义的脱落，语音弱化和功能泛化，说明固始方言的‘俩（两个）’已经发展成为了准双数标记。”李倩（2013：15）说，“俩”不仅可以置于人称代词之后，也可以用于称谓词、人名的后边。例如：

人称代词：俺们俩（两个）｜你们俩（两个）｜他们俩（两个）

称谓词：爷俩（两个）父子俩或父女俩｜娘俩（两个）母子俩或母女俩｜爷式俩爷孙俩｜兄弟俩（两个）

人名：梅子、玉子俩（两个）｜冬冬俩（两个）

从上面的例子可以看出，固始方言中，“俩”既可以用在两个人名后，表示双数，也可以用在一个人名后表示双数。正是后面的一个人名后可以用“俩”的用法与《围城》等中的用法一模一样，是单数形式，是比较特殊的。

据调查，“俩”一般在北方方言中广泛使用，但在南方方言中似乎很少见到。曹志耘（2008：6），就未见长江以南方言点有“俩”的用法，甚至连“俩～俩嘛”“俩儿”“俩个”也没有。

“人名＋俩”表示双数的用法虽然在作品中偶有所见，方言中也有一些点有这种用法，但方言点面不广，虽然随着方言语法调查的进一步展开，可能还会发现一些方言点有“人名＋俩”用法，但总体上来看面不会太广，因此，“人名＋俩”并没有形成气候，只能算是例外，因为在当代的书面语中似乎未见有这种说法。

因此，总体上说，刘丹青（2009）“名词后的‘俩’尚未发展出表双数的概念”的说法是符合汉语事实的，是完全正确的。

（三）

王彦琳（2007：28）说《儿女英雄传》的7例“表人的名词+两个+名词”中，名词都是人名，如“孟子合告子两个人”“我同姐姐的妹夫玉郎两个人”“花铃儿、柳条儿两个侍儿”“何玉凤、张金凤两个人”“华、戴两个嬷嬷”“华忠、戴勤两个奶公”“晋升、叶通两个家人”。

王彦琳（2007：27）说《儿女英雄传》的“表人的名词+两个”的例句中，除了1例“师生两个”外，其余都是表人的名词都是人名，如“孟妈儿合芮嫂两个”“李老、韩七两个”“华嬷嬷、戴嬷嬷两个”“褚、陆两个”等。

我们以为，“孟妈儿合芮嫂两个”“李老、韩七两个”“华嬷嬷、戴嬷嬷两个”“褚、陆两个”等是“孟妈儿合芮嫂两个人”“李老、韩七两个人”“华嬷嬷、戴嬷嬷两个人”“褚、陆两个人”等的省略。

我们在北京大学古代汉语语料库中搜索到一些例子，如“飞飞”和“颠颠”是2个人名，共找到4例“飞飞、颠颠俩”，如：

（1）白牛号泣应令，就地滚了一滚，化成跛足美人，跟在李玄后面，和飞飞、颠颠俩一同来至紫霞洞。（清·无垢道人《八仙得道》上）

又搜索到3个“飞”和“颠”2个人名并列后带“俩”的例子，就是前面的“飞飞”和“颠颠”的缩略，如：

（2）此外慧通、张果父子等也都按次就座，飞、颠俩列坐铁拐左右肩下。（《八仙得道》上）

还有1个是“颠”和“飞”并列后带“俩”的例子，也是前面的“颠颠”和“飞飞”的缩略，如：

（3）慧通十分歆服，颠、飞俩只喜欢得手舞足蹈起来。（《八仙得道》上）

还有如：

（4）谁知杨仁刚和周小官俩打做一堆，两不相舍。（《八仙得道》上）

上例也是2个人名并列后带“俩”。

（5）老蛟同来另有许多妖魔，中有吼空居士、独角大师、牛魔尊人、神狮大王等，乃是山中兽类虎豹牛鹰等物，与凌虚、通玄一象一熊同为兽中狠物，性子本来野蛮，如今学成一点法术，越发无恶不作起来。当下狮牛俩都笑而说道：“凌、通二公何其谦也，我山中出产最多，较之海族不相上下，难道就不如蚌公的体面吗？”（《八仙得道》上）

上例的“狮牛”是指前面的“牛魔尊人”和“神狮大王”，是2个“妖魔名”，也算是“人名”。

（6）说罢默运神思，推算眼前之事，因即点头说道：“还好，还好，白娘子倒已逃出水面，有个渔人将他捉去，但不久另有人买去放生，此物将来倒有些造化，不必管她。最可惜的便是牛吼俩白白送命，岂不可怜？”（《八仙得道》上）

上例的“牛吼”是指前面的“牛魔尊人”和“吼空居士”，也是2个“妖魔名”，也算是“人名”。

上面所举的“飞飞、颠颠俩”“飞、颠俩”“颠、飞俩”“杨仁刚和周小官俩”“狮牛俩”“牛吼俩”等，就是刘丹青（2009：111）所举的“小明小强俩”，也就是李倩（2013：15）所举的“梅子、玉子俩”，只不过刘丹青（2009：111）说没有“小明俩”的说法，而李倩（2013：15）说有“冬冬俩”。“冬冬俩”与“梅子、玉子俩”只是一步之遥。普通话没有跨过去，而有的方言跨过了这一步。钱锺书先生等作品的例子也跨过了这一步。又如：

（7）可王爷、海川爷俩一到门口，伙计不让啦，反倒摘灯上店门儿。（民国小说《雍正剑侠图》上）

《雍正剑侠图》上另有“陶大爷、刘三爷俩”“石老侠、张方爷俩”“何吉、何春哥俩”“徐源、邵甫哥俩”（2处）“振远和海川哥俩”，《雍正剑侠图》中有“海川跟侯振远哥俩”，《雍正剑侠图》下有“童海川、侯振远哥俩”等。上面这些说法，如果省略“爷”“哥”，就成为2个人名并列带“俩”，也就是“小明小强俩”“梅子、玉子俩”。

《雍正剑侠图》上另有“张老侠、海川老哥俩”“海川、南侠老哥俩”“海川、振远他们老哥俩”，《雍正剑侠图》中另有“赵远峰和赵小乔这爷俩”。上面例子要复杂一些，“哥俩”前还有“老”，“爷俩”前还有“这”。

（8）多给了几个钱，最后除去净剩，李、陆哥俩每人分得白银五万。（民国小说《雍正剑侠图》上）

上例并列的不是人名，而是人的姓，这比较特殊。

刘丹青（2009：111）在“小明小强俩”前举有“小明他（们）俩”，这种用法，在北京大学古代汉语语料库中也有类似例子，如：

（9）此时下请帖的蛮子哥俩也赶到啦，一看胜爷的光景，欧阳大爷说道：“胜三哥倘若一口气不来，我从此杀人放火，抢男霸女！……”（《三侠剑》中）

上例如果省略“哥”，就变成了“人名+俩”。所以，“人名+俩”其实是“人名+哥（爷）俩”或“人名+他（们）俩”的省略。这种用法《雍正剑侠图》更多，例如：

（10）金荣哥俩直摇头：“乔道爷，咱们不客气，八位庄主爷身居绿林，可嫉恶如仇，类似您的门户出身，恐怕是不能允许的。……”（《雍正剑侠图》上）

《雍正剑侠图》上另如“九龄哥俩”“小翠哥俩”“陆松坡哥俩”，《雍正剑侠图》中有“赵远峰爷俩”“杜勇哥俩”（2处）“良哥哥俩”，《雍正剑侠图》下有“方奎哥俩”“王环哥俩”。

陈士林、边仕明、李秀清（2009：54）说到彝语名词时说：“貌似名词与数词直接组合而实质上并不相同的，是在表示人的名词之后带‘特指数量词’ȵi^{44}‘俩’和ɣo^{33}‘们’。”例如：

a^{44}ʑi^{33}ȵi^{44}　小孩俩　　　su^{33}ɬi^{55}ȵi^{44}男青年俩

小孩　俩　　　　　　　　　　男 青年 俩

应该说，彝语中的“小孩俩”“男青年俩”还未达到河南固始方言“冬冬俩”的水平，但已比普通话“小明他（们）俩”更前进了一步。

（四）

据本校13级汉语言文字学硕士生余虹介绍，其家乡浙江天台方言中，“俩”的语义和用法都比较特殊，“×俩”中“俩”的意思为“们”，如：他俩=他们，即在天台方言中，“俩”不限定数量，既可以指两个人，也可以指一群人。例如：

（1）他俩去哪了？（他们去哪了）

（2）小明俩去市区看电影了。（小明他们去市区看电影了）

余虹说，天台方言中，“×俩”可以分为两种用法：“名词+俩”“代词+俩”。

“名词+俩”，其中名词可以是称谓词，也可以是人名。例如：

“称谓词+俩”：

（3）姐姐俩去大商场买衣服了。（姐姐她们去大商场买衣服了）

（4）妈妈俩在菜场买菜呢。（妈妈她们在菜场买菜）

（5）刘老师俩在三楼开会。（刘老师她们在三楼开会）

以上3例“俩”既可以表示两个人，也可以表示很多人。

“人名+俩”：

（6）张建俩在篮球场打篮球。（张建他们在篮球场打篮球）

（7）小张俩在办公室聊天。（小张他们在办公室聊天）

（8）王志俩在做什么？（王志他们在干吗）

以上例子的“俩”皆大于等于“两”，相当于“们”。“名词+俩”=“名词+他们”。

此外，值得注意的是，天台方言中，由特定关系的两个单数名词组合而成的“×俩”句式中，“俩”的位置不同，意思也会有很大的差异。如，“姐妹俩”在天台方言中指“姐妹们”，而“俩姐妹”则只是指“姐姐和妹妹两个人”。

因此，天台方言中的“俩”有别于一般用法，具有语言地理类型学意义。

第四节　量词“位”表自我

（一）

陆俭明（2007：33—34）说：

这里我想举一个属于功能学派的社会语言学方面的具体的小例子来加以说明。大家都知道，汉语里有一个用于人的名量词“位”。辞书上、语法书上，讲汉语量词的论著里，在谈到这个量词“位”时，都说这个量词只用于人，含敬称之意，不能用于说话人自身一方。请看一些辞书的注释：

《现代汉语词典》（第5版）：〈量〉用于人（含敬意）。《应用汉语词典》：〈量〉用于人（含敬意）。《商务馆学汉语词典》：〈量〉用于人（用于比较客气、尊敬的场合）。

譬如，我们不说：

(1) *我们系就我一位没有博士学位。(2) *我们三位都来自上海。

最近发现了一个新情况。上大酒楼、大饭店用餐，一进门，服务员热情迎上前问：“请问几位？”我们常常会脱口而出说：“我们五位。”“我们四位。”等等。注意：在上面的答话里，量词“位”就用在了说话人自身一方。这用得不对？还是有别的什么原因驱使我们这样回答？我就进行实地调查。调查地点是北京市海淀区海淀镇新开元大酒楼。调查的方法是，假装在酒楼门口等人，注意客人进门时服务员与顾客的对话。调查分三次进行，一共注意了163拨顾客进酒店时与服务员的对话。调查结果发现：其中有151拨顾客在答话中用“位”，约占93.6%；答话中用“个”的，只有12拨顾客，约占6.4%。

陆先生的观察很仔细，文中分析得很有道理，并且还认为，除了Grice（1975）的会话合作原则（cooperative principle）和会话含义学说以及Leech（1983）提出的会话礼貌原则（politeness principle）外，根据上面的汉语的语言事实，还“可以建立现代汉语另外一条会话原则——‘应答协调一致性原则’”。

（二）

其实，这种量词“位”用于自身用法并非最近几年才有，清代白话小说已可见到，例如：

（1）见了胜三爷等，俱各寒暄已毕，王九龄遂向院中相让，胜三爷说道：“贤侄有闲房吗?”王九龄说道：“你来了多少位? 小侄男有闲房四十余间呢。”胜三爷说道：“我们来了四十余位。”（清·张杰鑫《三侠剑》第6回）

上面的“我们来了四十余位”也是承接问话中的“你来了多少位”的答话，也是很自然的说法。因此说，这种“位”用于自身说法，并非只是最近才出现，而是有一定的时间了。这说明，中国人早就有“应答协调一致性原则”了，只是在过去的很长一段时间里，没有人注意罢了。

（2）把关的兵士问道：“您来了多少位呢?”萧三爷说道：“敝村中的乡亲跟我练粗拳笨脚的四十八位，我父子二人，共五十人。”（《三侠剑》第2回）

上例有变化，问句与前一样，但答句却是说别人时用的是“位”：“敝村中的乡亲跟我练粗拳笨脚的四十八位”，而说自己时，却未用“位”，而是说“我父子二人”。

陆俭明（2007：35）又说：

进一步调查的结果发现，答话不用“位”而用“个”的情况都属于下面一类例子：

(6)“请问几位?”“就我们哥儿俩。”

(7)“请问几位?”“就我一个。”

(8)“请问几位?”“三个。”

原来，少数应答时不用“位”的都不是宴请客人，都是自家人（包括跟好朋友一起）用餐吃饭。后来，在与台湾大学陈立元老师的通信中，她也为我提供了一个信息，与上面前后所谈情况相吻合。据陈立元老师说，台湾酒店小姐一般不用“位”，而是用“个”问话。客人应答则有两种不同情况。例子如下：

(9)“请问几个人?”“两个。”

(10)“请问几个人?”“我们四位。”

例（9）、（10）的区别在于：如果去吃饭的都是自己人，用“个”作答；如果是宴请客人，一定用“位”作答。

上面的话与例（2）是一致的。又如：

（3）迎到八老面前，控背躬身，叫道：“……大众问我镖行的人众有多少位，我对他们报告，不差二百来位。……”（《三侠剑》第3回）

上例是转述的话，在对答过程中，也是承接问话，针对“大众问我镖行的人众有多少位”的问话，称自己方时用“位”：“不差二百来位。”

（4）遂说：“众位，咱们共有多少位?”（清·贪梦道人《彭公案》第23回）

上例较为特殊，不是承接问话，而是对众人称自己一方为“位”：“咱们共有多少位?”

北京大学汉语语料库中还有称呼自己一方为“位”的例子，如：

（5）李桂姐家去了。连大姐、银姐和我们六位去。（明·兰陵笑笑生《金瓶梅》（崇祯本）第45回）

（6）他就是把栅栏门锁上啦，你想想咱们镖行八十余位，俱都会蹿房越脊，凭一个栅栏门就能把咱们挡住吗?（《三侠剑》第1回）

(7) 胜爷由兜囊中掏出二三百钱来，放在桌上说道："伙计，这是我们二位的茶钱。"(《三侠剑》第5回)

以上是明清白话小说。民国白话小说也有，例如：

(8) 老侠想了一下说："这样吧，我们二位只是印证一下功夫。这有一领席，咱二位在这席上较量一番。……"(王玥波《雍正剑侠图》第4回)

(9) "……我们二位坐下一谈吧。"(《雍正剑侠图》第50回)

上面的例子也用于对话中，但都不是承接问话，与前面有所不同。

当然，也有在问答过程中不用"位"的，例如：

(10) 蒋五爷说道："西廊下是绿林道的人，东廊下是镖行之人。但不知西廊下有多少位绿林中的魁首？"胜三爷答道："不过三百余人。"(《三侠剑》第3回)

上面的例子说明，虽然清末例子不多，属例外现象，但已呈现出称人量词"位"的一些新用法，只是以前未被人及时发现。现在这样的用法使用频率更高。

第三章　词缀

第一节　中缀“打”

“打”用法相当多，作动词、连词、介词、助词、词缀等，曹先擢（1996）、徐时仪（2001、2002）、郑剑平（2003）、黄碧云（2004）等有较全面的分析。郑剑平（2003）、黄碧云（2004）认为“打”有中缀用法。

（一）

黄碧云（2004）提到近代汉语有形容词重叠中间加中缀“打”的用法，不过比较少，只举如下1例：

（1）“单打单一世无婚配，精打精到老受孤凄，光打光长夜难支付。”（明·冯惟敏《僧尼共犯》第4折）

我们发现更多例子，也有双音节形容词。例如：

（2）（正旦唱）您脱空脱空，我朦胧打朦胧。（元·无名氏《桃花女破法嫁周公》第4折）

但目前只发现1例。单音节形容词有20多例，如：

（3）和尚相打光打光，师姑相打扯胸膛。（明·冯梦龙《山歌》）

（4）到了明日，张狼牙当先出阵，高叫道：“……你今日明打明的出来，我和你杀三百合来，你看一看。”（明·罗懋登《西洋记》第62回）

（5）内中也有游花僧人，只道成员外的小老婆出家，不知怎生

丰彩，往往走来摩揣，又从人头讨着了个实打实的风声，都不来了。(明·伏雌教主《醋葫芦》第12回)

(6) 四鬓精打精，强把光头罩。(明·佚名《续西游记》第47回)——另第89回有1例。

(7) 夏鼎道："……大哥若失了肥业厚产，与我一样儿光打光，揭账揭不出来，他们怕大哥做什么？……"(清·李绿园《歧路灯》第84回)

(8) 姑娘就是照师傅的话，实打实的，这么一点头，算你瞧得起这个师傅了。(清·文康《儿女英雄传》第27回)——另第32回有1例。

(9) 左右冲突，虽然着掛者无不毙命，奈将多士众，终不肯退，乃认定东面硬打硬出。(清·汪寄《海国春秋》第18回)

(10) 店家闻听这句话，他的那，眼望承差把话云："我瞧这小子不成器，早晚间，输他娘的精打精。"(清·佚名《刘公案》江宁府二部第3回)——另都察院二十四部第2回有1例。

(11) 唐答曰："若好讲，便不是番仔；若硬打硬，便是吕宋加溜巴。"(清·里人何求《闽都别记》第285回)

清·蒲松龄的《聊斋俚曲集》有好几例，如：

(12) 止有女婿人一个，或者他俩平打平，谁打过谁来谁得胜。(《翻魇殃》第1回)

(13) 仇福子净打净，都说他太无成，如今倒弄得有凭证。(《翻魇殃》第8回)

(14) 宗官已是不得意，进门又受老婆气，跳将起来喝的声："……也无钱，也无势，俺达挣下几亩地，我要撩个净打净，看你嗄法把我治！"(《俊夜叉》)——另有1例。

(15) 昨夜晚，做一梦，拾一锭，喜个怔，老婆孩子呱打腚，醒来还是净打净。(《穷汉词》)

(16) 出上捱了一顿打，浑身转了个精打精；精打精，气难争，倒弄的难听难听又难听。(《富贵神仙》第7回)

《聊斋小曲》也有，例如：

(17) 抓起骰来热了盆，一输输了个净打净。(《赌博五更曲》)

相比之下，《聊斋俚曲集》的例子更集中一些。

上面例子可见，“A 打 A”用法北方人在使用，南方人也在使用，似乎还是北方人的例子多。

(18) 我有甚么呢？那里有那板箱竖柜来？沿身打沿身。身上的衣裳，肚里的干粮，两个肩膀抬着个口，每日则是吃他家的。(元·无名氏《刘弘嫁婢》第1折)

上例“沿身打沿身”中的“沿身”其实是指“全身、浑身”，是名词，这也目前找到的唯一例子。

(二)

现代作品也有，例如：

(1) 于是，光打光，

钱到别人手里去了！(沈从文《赌徒》)

(2) 我不把你这老家伙篮子里的鸭子吃得光打光，也不算好脚色！(沈从文《鸭子》)

(3) “……你身上光打光，纵然起上手四个皮匠鞋夹板，别人说‘把钱摆上桌子再掉牌呀’……”(沈从文《赌道》)

(4) “罄罄干，光打光——老板借我点钱，好扳本。”(沈从文《石子船》)

北京大学现代汉语语料库也有例子，如：

(5) 抗日战争爆发以后，他那颗民族反抗的心燃烧起来，卷进了这场大风暴，他不顾千辛万苦去追赶中央军，可是结果落了个光打光；他怀着满腔的热情投入民军，可是不知不觉又作了土匪。

(6) 再说动弹不动弹一样，去年倒动弹来，满共打了七石粮，让日本人要了个光打光；一家四口人，不用说稠饭，喝稀饭也喝不开了。

(7) 牛：可，就说你不行哪，光打光闹那叫本事啊？

(8) 我们得到上级的指示，最近就作为武装部队拉出去，在铁道线上和鬼子明打明干了。

(9) 她也不绕弯儿，直打直地说："刚才我看见德怀同志，他好像……"

这种重叠形式中，"实打实"使用频率最高，连词典都收，如《现代汉语词典》。

黄碧云（2004）认为中缀"打"放在单语素形容词之间起强调作用。

（三）

方言中也有"A 打 A"，如江西南丰话（属赣语抚广片）有如下例子：

(1) 你以后要直打直的做人。

许宝华，宫田一郎（1999）"打"义项三十四是："〈助〉用在重叠的单语素形容词之间起强调作用。"方言点是西南官话的四川成都，例如：实打实跟你说。又如：

(2) 明打明就是叫人家饿肚皮啊！

南丰话还有"A 打 AB"的用法，例如：

老打老实、硬打硬实、稳打稳实、厚打厚实、确打确实。

这是形容词的不完全重叠（即只重叠第一个语素）形式，比较特殊，可以说是近代汉语"朦胧打朦胧"用法的后省略用法。南丰话中，"打"作为中缀的单双语素形容词除了强调意义之外，还包含着一些主观感情色彩，往往以积极向上的感情色彩为主，并且体现说话人对听者的一种鼓励和期望的主观色彩。

客家话也有"A 打 AB"，温昌衍（2006：171）举有如下例子：

认打认真、老打老实……

温昌衍（2006：171）认为它们有表示程度深化、强化的意义。

（四）

黄碧云（2004）讲到"打"作为"中缀"还可与量词和数词

相结合，表示数量之多。这种用法主要体现在方言中，“A 打 A”中的“A”更常见的是量词。

宁波话就有。朱彰年等（1996：50）收“打”，认为是词缀，用在重叠的量词中间。义项有二：

①表示无一例外的意思。例如：

考试个打个通过｜打牌回打回输掉。

②表示“一个一个地”或“一个一个的”等意思（其中“个”可用其他量词替换）。例如：

西瓜只打只买弗上算咯，是箩打箩买便宜｜儿歌：甘蔗节打节，能使买广橘｜歌谣：三月桃花朵打朵。

汤珍珠等（1997：204）收“打”，说是中缀成分，用在重复的量词中间，构成“A～A”的三字格。义项有二：

①表示无一例外。例如：

鸡蛋只打只坏掉掉个｜拨渠格貌一讲，乃则这下子个打个鲶响不吭气嚅｜吃饭毛打毛每一次要打噎。

②表示成某个数量单位地。例如：

荡头是劳保用品批发单位，毛巾、手套格星这些东西要捆打捆买个，根打根，只打只阿拉勿卖个。

阮桂君（2009：94）说到宁波方言量词重叠十分有特色的“A 打 A”，描述得更详尽。例如：

件打件（每一件）　　　　个打个（个个，每个）

只打只（只只，每只）　　双打双（双双，每双）

阮桂君（2009：94－95）说，重叠后的“A 打 A”式多了三种附加意义：

第一，表示“每一”，同于普通话。例如：

（1）个打个新鲜。（每一个都新鲜）

（2）连考三忙，忙打忙勿及格。（连续考了三次，次次不及格）

第二，表示多量，相当于普通话“一 A 一 A”格式。例如：

(3) 渠穿出来个衣裳套打套。(他穿出来的衣服一套一套的)

(4) 人拨蚊虫咬勒块打块肿起噹。(人被蚊子咬得一块一块都肿起来了)

第三,表示“井然有序”。例如:

(5) 厍两日要搬家,渠老早屋落个书箱打箱整好噹。(过两天要搬家,他早早地把家里的书一箱一箱地整理好了)

(6) 渠做生活交关仔细,田种勒株打株,像印板印过样啦!(他干活很仔细,田种得一株接着一株,像印板印出来一样)

阮桂君(2009:95)说,强调计量单位,一般要加后缀“个”,组成“个”字结构(与普通话“的”字结构相似)。例如:

(7) 随便诺块打块算还是分打分个算,总没零头和。(随你以块为单位算还是以分为单位算,总之是没有零头的)

阮桂君(2009:95)又说,当被修饰的是表示本身难以计算的事物的名称时,这种计量的意味更强烈。例如:

(8) 盒打盒个糖比散装个糖要贵。(盒装的糖比散装的糖要贵)

阮桂君(2009)没有明确说明“个”的词性。

从以上例子可见,宁波话的量词,既有物量词,又有动量词。其实,宁波话中,时间量词也能进入“A 打 A”式中,如:日打日(天打天)、月打月、年打年。但不如物量词和动量词那么常用。

许宝华,宫田一郎(1999)“打”义项三十二是:“〈助〉用在重叠的量词间表示‘每一’或强调其量之多。”方言点是吴语浙江宁波。如:件打件是的确良 | 他写的学习心得本打本。

义项三十三是:“〈助〉用在重叠的量词间强调量的齐整性。”方言点是吴语的浙江宁波。如:盒打盒的糖比散装的要贵。

我们以为,把“打”看作助词不如中缀更确切。

台州话也有。叶晨(2012)说台州方言的量词重叠“ABA”式有两种形式,既有“A 加 A”,也有“A 打 A”。前者主要是靠近温州的方言点,后者主要靠近宁波的方言点。从语言地理类型学的角度看，台州方言具有过渡性质。

又如：

(9) 豆角花开双打双，郎爱妹来妹爱郎。

赣语也有。李荣（2002）江西于都方言点也有“打”的类似用法，义项二十四如：

前后带相同的单音名词或形容词可构成“×打×”结构：斤~斤一斤一斤的；将近一斤 | 话事直~直说话直来直去。

但没有宁波方言那样说明这种用法的“打”是什么词性。同时，说“斤”是单音名词，也不确切，“斤”应是量词。

李荣（2002）在说到江西于都方言的“词汇语法特点”时说：

①单音量词重叠后，中间可插入“打”字，构成“×打×”结构。例如：

这只鱼子斤打斤重这条鱼有一斤来重。

偓底食起茶叶来，斤打斤买，从了唔买零星价我们喝茶，茶叶都是一斤斤地买，从来不零零散散地买。

佢去了介打介月他去了有一个月了。

偓介打介月都会去我每个月都会去。

你瓶打瓶介酒拿起来食，会□［ts‘u?］死你这样一瓶酒拿起来喝，会呛死。

瓶打瓶介都系好酒嘚瓶瓶都是好酒。

佢回打回都食晏昼边子起得来他每回都是快吃午饭了才起来。

有的单音节形容词重叠后，也可构成“×打×”结构。例如：

话事要转滴子湾，唔要直打直说话要婉转一点儿，不要直来直去。

䢀这样子算，你硬打硬就要吃几百块钱介亏如果这样算的话，你就要白白地吃亏几百块钱。

上面也没有明确说明这种用法的“打”是什么词性。

江西南丰话也有。例如：

(10) 他步打步都走得很辛苦。

(11) 你把那些盒打盒的糖拿过来，散的就不用了。

(12) 你一下子就洗了套打套衣服啊。

（13）你居然玩了十打十个小时的游戏。

南丰方言的量词加中缀“打”的形式中，只要是单音节量词，几乎所有的名量词、动量词都可以进入，不过，动量词中的同形量词中“看、摸”不能使用这种形式。

南丰方言还有数词重叠之间加中缀“打”的用法，非常特别，例如：两打两、十打十、百打百。又如：两打两十、四打四百一、五打五千一百、两打两万多。

宁波话也有“百打百”等说法，但没有南丰方言那么丰富多彩。

西南官话也有。许宝华，宫田一郎（1999）“打”义项三十一是：“〈助〉用在某些重叠的数词之间强调其数量是足足的。”方言点是西南官话的四川成都，例如：

（14）他总算过了十打十年松活生活。（沙汀《木鱼山》十七）

（15）你瞧瞧，半打半年都没有人抬客去。（艾芜《南行记续篇》）

上面也把“打”看作助词，似不妥。

张一舟、张清源、邓英树（2001）也说到“X打X”的用法。在“主观量范畴的表达形式”中有较详细的描述。书中认为，“X打X”是表示主观量大的表达形式。又分为表确数和表概数的两种。表确数的主观量大表达形式又有两种：n打nM式，一M打M式。表概数的主观量大表达形式也分两种：n打nM式，（一）M打M式。从中可以看出，成都话中“X打X”的特殊之处，如有“一X打X”式，例如：

（16）他喝了一瓶打瓶，还不醉么？

（17）一个人住一套打套房子。

不过，更为常见的格式是“一”略去不说。

王文虎、张一舟、周家筠等（1996）也收有此种用法的“打”字。

上面好多学者都把“打”当作助词，郑剑平（2003）把“打”

当作一个表示主观情态“量多”的“量度助词”。我们以为还是把它当作中缀更符合语言事实。

四川西充方言也有，王春玲（2011：31－32）说：

> 此重叠式的基式A为单音节名量词或动量词。如：件打件、条打条、窝打窝、双打双、亩打亩、丈打丈、碗打碗、车打车、回打回、场打场、遍打遍。时间准量词“年、月、天、晚”等也可构成这种格式，如：年打年、月打月、天打天、晚打晚。
>
> 当这种重叠式中的量词是表示容器类量词或某些集合量词，或入句后量词所跟的名词可以再切分成更小的物时，“A打A”前面可以加数词“一”，但不能加其他任何数词。如不能说“一件打件衣服、三双打双鞋”，可以说“一袋打袋米要吃好久哟、一窝打窝猪要吃好多粮食哟！”一窝猪一般有六七头以上。可以说“一头打头猪还不够吃啊？”“一头打头猪”指一整头猪肉，一整头猪肉可以分出很多小块猪肉。但不能说“我喂了一头打头猪”。这句的“一头打头猪”仅指一头猪，即养了一头猪，这猪不能切分出更多的个体。

王春玲（2011：32）还归纳了语法意义：一是“强调或主观上认为量多或足够量，入句后主要作定语，也可作主语、宾语”，二是“强调每一，表示遍指，‘A打A’相当于普通话的‘每一A’，前面不能加数词‘一’。表示这种语义的‘A打A’只能进入‘A打A都……’句式作主语或和后面的名词一起作主语。”

西南官话的贵州黔东南方言也有，如黔东南州地方志办公室（2007：206）也有“打”字的中缀用法，例如：

> 二、嵌“打”式
>
> （一）嵌于数词中间，后加量词。
>
> 五打五斤　三打三捆　四打四成
>
> （二）嵌于量词间，基数为一。
>
> 个打个　次打次　斤打斤　盆打盆

上面没有明确说明“打”是什么，而只是说“嵌”。

莫超（2004：84—85）说到甘肃白龙江流域中下游的两水、城关、汉王、洛塘、文县临江、城关、碧口、中庙8个方言点，还有一种加中缀表“量”的方法，中缀一般是“打”，构成“A打A”格式，实际属于量词的“构形”。这种“A打A”式，既可表物量，也可表动量。莫超（2004）明确说明“打”是中缀，与我们的看法一致。这种“A打A”式用法，一般在南方方言中存在，北方基本没有。白龙江的8个点的“A打A”用法，莫超认为是从西南官话中吸收过来的。有学者认为，“A打A”量词重叠形式只出现在南方方言中，北方方言没有。但从白龙江流域中下游也有“A打A”用法，说明这种看法并不准确。但总体说来，“A打A”量词重叠形式主要出现在南方方言中，这是语言地理类型学在量词重叠中的具体体现，具有地理语言类型学意义。

客家话也有，温昌衍（2006：170—171）说：

中缀有“打”，多位于两个相同的数目或量词之间，构成“A打A”式，表示数量大。

例如梅县话（谢永昌，1994，279页）：千打千、万打万、斤打斤、吨打吨、丈打丈、亩打亩、瓮打瓮、缸打缸、年打年、阵打阵。江西宁都话的表现更丰富（谢鸿猷，2000），有“A打A式”和“A打AB”式。在“A打A”式中，A可以是量词、数词及一些名词、副词。其中量词的结合面最宽，几乎所有的单音节量词都可以构成“A打A”式，例如；本打本（书）、双打双（鞋）、堆打堆（石子）、滴打滴（血）、瓶打瓶（酒）、桶打桶（水）、斤打斤（鱼）、年打年（时间）、朝打朝（工夫）、身打身（衫）、次打次（赢）、下打下（捏）、二打二（两油）、六打六（行字）、七打七（度电）、百打百（朵花）、千打千（只鹅）、千打千（学生），它们可表示“数多、量大、时长”的意义，并兼有“每一”的意义，动量词构成的“A打A”式还有“反复”义；名词主要是单音节的物质名词，其语法意义表示“满”“全”，例如：天打天（个星）、山打山（个花）；副词构成“A打A”式的例子很少，例如：

越打越、刚打刚。在“A打AB”式中，AB可以是量词、名词、形容词、副词，量词的例子如：厘打厘米、公打公里、毫打毫升，这其实是对“A打A”式的套用；名词的例子如：畚打畚箕、朝打朝辰、鼻打鼻公、肩打肩头，它们有“满、全”的意义；……

比较起来，“A打A”量词重叠现象在赣语、西南官话里更成熟，不光有单纯的量词重叠形式，还有“A打AB”重叠形式，也有“AB打A”重叠形式，也即数量不完全重叠形式，更有语言地理类型学意义。

可惜的是，《汉语大词典》，石汝杰、[日]宫田一郎（2005），许少峰（2008）等都未收“打”的中缀义。宋开玉（2008）、蒋宗许（2009）也都没有提到“打”的中缀义。

总之，“打”作为中缀用法，不但近代汉语有一些用例，现代汉语的一些方言也有其丰富的用法，在这些方言中是显性语法现象，这也算是为地理语言类型学提供了不可多得的语料。

李荣（2002：第2册1396）收“回打回”：“每回；回回：佢~都食晏昼边子快吃午饭时起得来。”方言点是江西于都。我们以为这不妥。这是一种固定的量词重叠格式，具有能产性、开放性的特点。

李荣（2002：第2册776）收“打”，义项24是：“前后带相同的单音名词或形容词可构成‘X打X’结构：斤~斤一斤一斤的；将近一斤 | 话事直~直说话直来直去。”我们以为，这种做法是对的，但注释有误。注释中说了两种词性，一是名词，一是形容词，但例子中的“直”是形容词，而“斤”应该是量词，而不是名词。

（五）

韦庆稳等（2009：28）说壮语中也有类似用法：“（5）两个相同的量词中间，可以用连词 çau⁵‘和’或 tok⁷‘又’连接。”例如：

pou⁴ tok⁷ pou⁴ hau³ pai¹.　　　　一个接一个地进去。

位　又　位　进　去

kei^{3}faːk^{8}mit^{8}nei^{4}, faːk^{8}çãu^{5}faːk^{8}bou^{3}to^{4}toŋ^{2}.

几　把　刀　这　把　和　把　不　相同

这几把刀，每把都不相同。

上面量词重叠中间加的是连词，与汉语加的是中缀不同。但语义上两者有相同处，如“把和把”表示的是“每把”，与汉语的“把打把”语义相同。

第二节　后缀“生”

（一）

近代汉语有“数量＋生”的用法，最早出现于唐代，例如：

（1）海鲸露背横沧海，海波分作两处生。（唐·元稹《侠客行》诗）

南宋也有例子，如：

（2）卦有两样生：有从两仪四象加倍生来底；有卦中互换，自生一卦底。（宋·黎靖德《朱子语类》卷67）

明代起例子多一些，例如：

（3）在房中仔细一看，他虽在厢楼上做房，后来又借他一间楼堆货，这楼却与妇人的房间同梁合柱，三间生，这间在右首，架梁上是空的，可以扒得。（明·陆人龙《型世言》第6回）

（4）这田弄得一片生，也不知个苗，分个草，眼见秋成没望了。（《型世言》第33回）

（5）红大道：“怎的叫石女儿？等我摸。”便一摸去，如个光烧饼，一片生的。（明·无名氏《一片情》第6回）

（6）其妇闻了哭倒在地道：“他怎的待我，我忍得丢了去嫁。且有这块肉在此，只当他在一般。你们要我嫁，我就吊死了，与他一块生去。”（明·桃源醉花主人《别有香》第4回）

（7）看见那人是两块生的脸，满面是血，披头散发。（清·心远主人《二刻醒世恒言》上函第12回）

（8）当初个航船来得高大，这个曹龙朱客人才是长大汉子，房舱里却坐得下，照式目下这种航船只好做两段生了困个哉！（清·山阴黄子贞松筠《双球珠》第11回）

（9）我里介末好像一字长蛇阵能，并排生跪下去。（清·曹春江《合欢图》第2回）

（10）众人看了他两个头是并排生的，真是怪不可言。（民国·佚名《上古秘史》第91回）

关于“生”缀的这种特殊用法，好多研究词缀“生”的学者都没有提及，如蒋礼鸿（1981）、刘瑞明（1987）、袁宾（1989）、刘坚等（1992）、石锓（1994、1996）、刘绪湖（1998）、刘志生（2000）、魏达纯（2004）、冯淑仪（2005）、蒋宗许（2009）、褚立红（2009）、王云路（2010）、周金萍（2012）、刘传鸿（2014）等。

《汉语大词典》把“太贪生”“太瘦生”“作么生”“何似生”“偏生”“可怜生”等的“生”都当作语助词，这显然与大多数人的看法不一样。《汉语大字典》认为后缀“生”只“用于形容词或代词后边，相当于‘然’、‘样’。”高文达（1992），吴士勋、王东明（1992），许少峰（1997）没有提到，连许少峰（2008）也没有提到。几本方言词典也未提及，如闵家骥等（1986）、闵家骥等（1991），吴连生等（1995）等。

蒋绍愚、曹广顺（2005：103—108）在第三章词缀中说到了后缀“生”，认为后缀“生”可用于形容词、名词、动词、疑问代词和副词后，表示情状或样态，但没有说到有放在“数量词”后面的。雷文治（2002：125）认为“生”作为后缀有如下几种形式：（1）形容词的后缀，（2）疑问代词的后缀，（3）近指代词的后缀，（4）副词的后缀，也没有提到有放在“数量词”后面的。张美兰（2001：142—145）在说到后缀“生”时，分为形容词后缀、名词后缀、动词后缀、疑问代词后缀、副词后缀五种，也未提及“生”的数量词后缀。曹广顺（1995：119）把“生”当作附录，放在第三章“事态助词”后，说：“我们在上面三节中曾多次指出，宋代是近代汉语事态助词发展最快，使用最多的时期，‘了、来、去’的迅速发展和普遍使用，使得一些原来不是事态助词的词，也向其靠拢，也显示出指明一种事态、具有结句功能的倾向，词缀‘生’就是这样一个词。”袁宾（1992）也把“生”当作词缀，但也未提到它放在“数量词”后面的情况。宋开玉（2008：378—385）详细讲到“生”缀，说可以用于形容词、名词、动词、疑问代词和副词后，表示情状，但也是未说到用于“数量词”后面，这可能是宋开玉研究的是山东籍作家的作品，而这些作品确实没有“生”缀的这种用法。

据目前所掌握的材料来看，“数量 + 生”用法最早是由张相（1985）提到的，他在举了元稹《侠客行》诗后说：“两处生之语，今犹用之。”张相先生是杭州人，可见，在张相先生的语感中有“数量 + 生”用法，其《诗词曲语辞汇释》最早是 1953 年 4 月出版。刘瑞明（2006：129）说：“日本著名语言学家太田辰夫 1958 年初版的《中国语历史文法》，首次把‘生’纳入语法体系。”但未及“数量 + 生”。石汝杰、［日］宫田一郎（2005）收有“生”缀的这种特殊用法，“生”义项三是：“〈助〉一般用在数量词后，表示这样的组合形式。可作谓语、状语。”只是此词典把“生”当作助词，我们以为还是当作词缀好。

石汝杰、［日］宫田一郎（2005）是明清吴语词典，可见，“数量 + 生”的用法，近代汉语主要运用于吴语区，至少是属于南部方言。《朱子语类》属于南方方言。《型世言》的作者陆人龙，是杭州人。据 360 百科介绍，《一片情》四卷十四回，不题撰人，但序后署“沛国樗仙题于西湖舟次”，就算不是吴语区人，也与吴语区有关。《二刻醒世恒言》，清代小说选集，雍正刻本封面题“墨憨斋遗稿”，明显是伪托，下集第一回首刊“新奇小说”，下题

"心远主人编次"，每回末均有总批即"芾斋主人评"，"墨憨斋"是冯梦龙书斋之名，就算不是冯氏所作，可能作者也是吴语区人。《双球珠》是弹词，其作者是山阴黄子贞松筠，从"山阴"来看，可能是浙江绍兴人。《合欢图》演唐伯虎、秋香等人的故事。当然也有北方人使用"数量＋生"，如唐代的元稹。

（二）

王敏红（2008）说，绍兴方言有一个比较特殊的词缀"生"，用在形容词、副词、数量词之后，构成"×生"形式。例如：

（1）伊人生得瘦生。——他人长得瘦。

（2）我偏生要实格套。——我偏要这样。

（3）东西太重，偌分两卯生拕。——东西太重，你分两次拿。

（4）我则伊是两个学堂生咯。——我和他是两个学校的。

（5）伢是一家生咯。——我们是一家的。

（6）㑚俩兄弟性格是两样生咯。——他们俩兄弟的性格是两样的。

（7）㑚一堆生来哉。——他们一块儿来了。

（8）伊拨好好交格碗掼成四化生哉。——他把好好的碗摔成四瓣了。

王敏红发现，把近代汉语的词缀"生"与绍兴方言的词缀"生"作比较，两者既有联系，又有区别。王敏红认为，例（1）中的"瘦生"、例（2）中的"偏生"的说法，仍是唐宋时"生"的沿袭。说到区别处，王敏红（2008：75）说：

但绍兴方言中的"生"有它的特殊性。首先，唐宋时"生"虽然使用广泛，可用在形容词、动词、名词、代词、副词之后，但在数量词后面的用例极罕见。而在绍兴方言中它却只能用在数量词后面，反而不再自由地与形容词、动词等其他词结合，这是一种非常特殊的现象。在《五灯会元》中仅见到一例"生"与数字相结合，其意义是表示事物量的状况，如："何故？渠无所在，渠无名字，渠无面孔。才起一念追求，如微尘汗，便隔十生五生。”（《五灯会元》卷第十八《荐福道英禅师》）但这一例“生”直接与数字相结合，而绍兴方言中“生”与数字之间必须有量词或名词，两者是有区别的。

王敏红（2008：75）又说：

再，一般学者认为“生”来源于魏晋整南北朝的词缀“馨”，但“馨”也不见在数量词之后的用例。因此从形式上看，绍兴方言中“生”的用法非常特殊。其次，尽管“生”的作用未变，都起描述、强调的作用，但加词缀“生”以后，唐宋时词的意义基本未变，如“贪生”就是言“贪”，“小生”就是言“小”，而绍兴方言中则有显著差别，如“三样东西”表示的是事物的数量，“三样东西生”表示的是事物的状态；“一家”仅指“一个家”，“一家生”则表明了人物之间的关系。两者所表述的意义明显不同，从这点上看，绍兴方言的“生”更具有实意性。

从以上例子可见，近代汉语的“数量+生”和绍兴方言中的“数量+生”几乎一模一样。因此说，绍兴方言中词缀“生”放在数量词后的用法，也是近代汉语的继承，这一点，王敏红（2008）没有提及。只不过，绍兴方言在这方面的确有延续，这就是绍兴方言中词缀“生”还可以放在“数量+名”后，王敏红（2008：74）举有如下例子：

两本生——两本书生

三样生——三样东西生

四袋生——四袋米生

王敏红（2008：74）也有数词直接加名词后再加“生”的形式，例如：

一个村堂生——一村堂生

一个学堂生——一学堂生

两只篮生——两篮生

以上的用法，近代汉语未见。

（三）

王敏红（2008）只说到绍兴方言的“数量＋生”用法。其实，现代方言并非只有绍兴方言有“数量＋生”用法，宁波话也有。朱彰年等（1991：234）收“生”：“词缀，多用在数量词后面：两剐～｜两隔～｜一排～｜三股～。”朱彰年等（1991：94）另在量词“汉”的注释中也举有例子：“幅：窗帘两～生｜衣裳前后～做勒长短咯。”朱彰年等（1996：61）“生”有两个义项，其二是：“〈词缀〉多用在数量词后面△两剐～｜两隔～｜一排～｜三股～。”朱彰年等（1996：73）另在量词“汉”的注释中也举有例子：“幅：窗帘两～生｜衣裳前后～做勒长短咯。”汤珍珠等（1997：208）也收：“后缀成分，用在量词后面，构成‘数＋量＋生’或‘指代＋量＋生’的三字格式：两隔～｜四股～｜做堆～摆的｜西瓜切勒四瓜～。”但未举“指代＋量＋生”的例子。汤珍珠等（1997：214）又收“两瓜生”：“两半儿。”例如：“木头从当中介劈落去，劈渠两瓜生。”又收“两样生”：“不一样。”例如：“大小两样生｜该对双胞胎相貌一色一样，性格会和个完全两样生。”又收“两隔生”：“形容不黏合；不贴切；有隔阂。”例如：“手骨磕断过嚅，总有眼两隔生。｜阿婆搭媳妇总归两隔生个。”

许宝华、宫田一郎（1999）词缀“生”也有用在“数量词”后面的用法：“作词缀，附于数量词（组）之后，表示事物的某种属性、状态或动作的方式。”方言点是吴语。如浙江金华岩下，如“堆一堆～还是两堆～｜一样～。”

吴越、楼兴娟（2012）在语法部分未提及后缀“生”，但在“缙云方言歌谣”中有如下的例子：

（1）一根柴爿六个跸，

破作两爿生。吴越、楼兴娟（2012：270）

上面2个“爿”，前者是后缀，后者是量词。

［日］大西博子（1999）的研究对象是杭州的萧山话，虽然在

后缀部分只提到“头”“子”“儿”，未提及后缀“生”。但［日］大西博子（1999：136）在“副词　连词　介词”部分的例子中有“数量生”，例如：

（2）我做尔一样生高。（我和你一样高）

（3）我则尔一道生去。（我跟你一起去）

上面的“一样生”就是“一样”义，“生”是后缀，“一道生”就是“一起”义，“生”也是后缀，符合“数量生”格式的要求。

［日］大西博子（1999：138）又举有“一道生”“一堆生”，同样符合“数量生”格式的要求。

李荣（2002）词缀“生”也有用在“数量词”后面的用法，例如：

金华：⑦后缀，用在数量词语后头，表示事物的状态或动作的方式：三层～｜分两堆～｜并转合成一个村～｜毛竹破转两爿～把笔竹劈成两半｜我亨跟渠一起～去个。

李荣（2002：175）在说到金华方言的特点时说：“生”是一个较特殊的虚词。“生”的作用一是加在数量词语后头，表示事物的状态或动作的方式，例如：三层生｜分两堆生｜我亨渠跟他一起生去个的。

上面例子中的“一个村生”与绍兴方言的扩展用法一样。说明“数量＋名＋生”这种用法也并非为绍兴方言所独有。

鲍士杰（1998）说的是杭州话，有“两起生”：“分开；不在一块儿：卖的米不是一淘的，是两起生的。”“两样生的”：“两样的。”“一排生：一个行列：大家坐～。”“一堆生：一起，一块儿：他们两个人住勒～得。”“一道生：一起，一块儿：我们从小～读书｜他们～上班。也作‘一淘生’。”“一样生的：一样的，多指相貌、脾气而言：姐妹俩个是双胞胎，相貌儿～，脾气也～。”

据我校07级对外汉语学生周利丽同学介绍，湖州方言中也有这种用法，如：一块生（一块），两半生（分成了两半）。2013年下半年，本人获得 2013 年浙江省高等教育课堂教学改革项目《在语言学概论课中培养学生科研能力》，因此，就后缀“生”对学习“语言学概论”课的 12 级对外汉语专业、13C 汉语言文学专业 1 班学生进行调查，又发现浙江吴语还有一些方言有“数量 + 生”用法，例如：

宁波市区的陈飘飘、李勇凯、唐晗怡同学：两半生，三排生。

宁波的张艳、舟山的王诗岚同学：一团生、一块生。

宁波镇海的李倩同学：三碗生，四只生，半瓜生（把西瓜切成半瓜生）。

宁波余姚的干露同学：一堆生、两间生。例如：

（4）这些东西最好分成两堆生。

（5）这些客人分两桌生坐。

宁波慈溪的赵开翼同学：

（6）“看病人去，东西要送几样生？”“三样生。”

（7）房间两间生。

查汤珍珠等（1997），宁波话中的量词共 147 个，例如：

把、枚、本、笔、匹、封、帖、味、埭、顶、锭、起、朵、顿、条、梗、根、领、部、炷、只、盏、张、场、出、床、管、支、棵、株、粒、瓜、块、口、个、爿、架、间、进、博、斢、件、篇、页、段、片、面、股、座、门、刀、缸、碗、杯、包、筒、缚、担、排、串、句、双、对、副、套、样、批、沓、票、窠、乓、拓、虎口、仞、成、身、毛、记、阵、尊、扇、幅、道、途、塔、团、堆、列、旅、班、蓬、局、拔、手、届、任、圈、一眼眼、滴、盒、书架、书橱、篮、袋、埕、桶、盆、壶、笼、听、盅、瓢、勺、畈、板、拍、泡、度、坒、份、沰、吊、摊、坛、令、离、支光、柱、住、节、级、渍、丘、潮、荚、剧、绞、裥、格、客、搭、汉、移、一潮、堆头、□［t‘ø］

上面的量词如果是单音节的话，凭我们的语感都可以用于“数量”后，双音节的“书架”“书橱”也可以，“一潮”也可以，找不到本字的“□［t‘ø］”也可以，但“虎口”“一眼眼”“堆头”似乎不能用于“数量”后面。

绍兴新昌的梁泽芳同学：

（8）每次一回来，他们兄弟姐妹几个肯定一堆生去玩了。

（9）这套房子的厨房和餐厅是两间生的呢，设计得真好。

杭州的余婷婷、金玮、陈佳艳、杨梦华同学：一路生、一刀生、一道生、一车生、一起生（意为一次性）、一回生、一篮生。

（10）个些东西最好分成两堆生。

（11）个考试最好一回生通过。

（12）我要把个个网给隔成两间生。

杭州萧山的方洁、孙荟同学：一排生（并排一排）、一卯生（指一次性的）、一伙生（指一个团伙，几个人）、一沓生（指一个地方）、一达生（指一趟）、一筏生（指一次）、一年生（指在当年一年之内）。例如：

（13）新农村的房子都是一排生的。

（14）一年生有很多事情要做。

杭州余杭的蒋赛乐同学：

（15）你家庭作业一次生做做好，再看电视！

杭州富阳的侯洁敏、汪利、孙争舸、俞麟靓同学：两间生：表示两间屋子的房子。又如：

（16）这些东西怎么放在一堆生，实在太乱了。

杭州桐庐的高静同学：

（17）这个东西一块生吃下去别剩下

（18）这个辣椒一桶生放在那里，别分两桶放

金华浦江的吴佳文同学：一堆生、两间生。例如：

（19）这些苹果最好分成两堆生。

（20）作业最好一次生完成。

金华武义的韩洁琼同学：

（21）他把东西分成两堆生。

（22）他把资料整合成一份生。

湖州的吴智敏同学：一堆生、三间生、两条生、几块生。例如：

（23）把东西放做一堆生。

（24）我家的房子分成三间生。

嘉兴的范瑶佳同学：

（25）苹果两只生。

（26）买的糕都是一大块（排）生的。

嘉兴海盐的杨雪丽同学：两块生、五条生。

金华兰溪的叶青同学：两块生、一碗生、四瓣生、一饼生。例如：

（27）做萝卜炖排骨，要把萝卜切成一块生，一块生的。

（28）吃西瓜，把西瓜切成八瓣生。

绍兴的史旦咪、金柯、王超同学：一堆生、两间生、两碗生、两杯生。

台州的李金娜同学：一块生。

台州椒江的许琴樱同学：一堆生、两间生、四个生。例如：

（29）一会我们打车去学校吧，四个生一辆车。

台州黄岩的黄超玲同学：一堆生、两间生、三把生、四件生、一碗生、两锅生。例如：

（30）屋里人吃味不一样，早饭要分两锅生烧。

台州天台的王婷婷同学：

（31）这只鱼很大，可以烧两碗生。

丽水缙云的胡晓锋同学：三碗生，两头生。

13 级汉语言文字学硕士生魏业群介绍："数量＋生"在诸暨方言中用得比较普遍。例如：

（32）我们造房子要造两间生。

（33）请$_{\text{把}}$蛋糕弄成三块生。

（34）扫地下$_{\text{扫地}}$，请$_{\text{把}}$垃圾扫到一堆生。

同是诸暨人的李丹红同学说也有“三段生”说法。

衢州龙游县的陈晓婕同学介绍，其家乡泽随村的口语中有如下的说法：

（35）来来来，你没事的话就把这些柴都砍了，然后堆成一堆生，不要乱摊一地。

（36）你好，师傅，我想把这个房间隔成两间生，不然感觉太大了。

（37）来，我们把这个甘蔗切成三段生，我们三个人刚好一人一根。

（38）这个蛋糕刚好可以切成四块生，我们大家一人一块。

嘉兴嘉善的王娟同学、嘉兴桐乡的凌海华同学、湖州市南浔区的潘玉萍同学、衢州（市区）的姜巧颖同学等未见介绍其家乡的“数量＋生”用法，还有待于进一步调查。

上面的调查发现，浙江吴语除了温州外，别的地级市都有“数量＋生”的说法。随着方言调查面的扩展，可能还会发现有更多的方言点有“数量＋生”用法。

（四）

上面全部是浙江吴语。此外，上海崇明话也有。李荣（2002）就提及：

崇明：⑦用在数量结构后，构成形容词：一埭～笔直一行那样｜两条～像两条那样。

虽然没有说明这是后缀用法，但实际也是后缀。

李荣（2002：43）收“一埭生”，是崇明话，义项有二；一是“一系列”：一埭生乱七八糟个事体一系列乱七八糟的事情。二是“一行”：排队排一埭生。

张惠英（2009：164）在说到崇明方言的“词头词尾”时说到“生”：“‘生’用作形容性词尾，多在‘一、两、个’组成的相当于量词结构的词末，形容‘像那个样子’。”例如：

一排生：几个小囡坐勒～（几个小孩坐成一排的样子）

一摊生：营生～做勿完（活儿很多很多做不完）。“一摊/一滩”指很多东西在一起

一簇生：沟沿上有～个茜（沟沿上有一簇一簇的荠菜）。

一团生：一张钞票拨夷揪勒～（一张钞票被他揪成团儿了）

一埭生：几家新房子起勒～（几家新房盖成一行的样子）

两样生：夷个人脾气～个（他的脾气跟我们不一样）

一爿生（成片的样子）

一条生（成条的样子）

个转生（跟人不同）

热气蓬生（热气腾腾的样子）

冷气摊生（很冷清的样子）

骨棱枝生（形容肌肉少骨头多的样子）

上面的“个转生”“热气蓬生”“冷气摊生”“骨棱枝生”虽然不是“数量+生”，但也是很有特色的，尤其是后面3个，“生”具有“……的样子”的语义，更具特点。

王洪钟（2011b：270）在第五章词汇部分的数词、量词部分举有如下的例子：

一摊生、一团生、一排生、一埭生、一簇生

以上例子与崇明话一样。因为崇明话与海门话实际上是同一个方言。

王洪钟（2011a：270）因为是语法的专题研究，未提及后缀“生”。

鲍明炜、王均（2002）说到前缀后缀，也未提及后缀“生”，但在词汇部分的熟语中举有如下的例子：“一趟光生。”此熟语是海门话，而与其此同义的，另外地区分别是：

南通：一网兜收

如皋：端锅箱儿

四甲：连锅端

这四条熟的释义是：彻底扫清。

“一趟光生”，“一趟”是数量短语，“光”是动词，与“收”“端”“扫清”等同义，而“生”就是后缀，因为海门是吴语区，上面说过，是有后缀“生”的。这“一趟光生”应该是“数量+生”的发展，与绍兴话中的“两本书生”“三样东西生”“四袋米生”分别是“两本生”“三样生”“四袋生”的发展一样，“一趟光生”是“一趟生”的发展。

从上面的方言地理分布来看，后缀“生”以江苏海门为最北部，南部可能以浙江的台州为最南端，因为目前未发现有温州点的描写，又据沈梦华同学说，台州的玉环县陈屿话没有“数量+生”说法，因为他们说的是平阳话，属于闽南语，和台州话不是一个系统，以浙江衢州龙游县为最西部，龙游靠近金华，而衢州人（市区）姜巧颖同学只介绍了“数量+头”：“一块头/两块头/五块头钞票。”未提及“数量+生”。

（五）

好多学者提到，后缀“生”在元代以后趋于衰落，如蒋绍愚、曹广顺（2005：107）说：“元代以后‘生’缀趋于衰落，前代盛行的‘（太）形容词·生’几乎不见，‘疑问代词·生’和‘副词·生’也主要见于‘怎生’‘好生’‘偏生’这三个凝固的形式。”石锓（1994：20）、石锓（1996：43）也说：“综上所述，近代汉语词尾‘生’做词尾的功能到元明时期已经消失。”刘志生（2000：110）说：“宋代以后，‘生’的结合能力衰退，元以后的文献中使用日渐减少，只作为构词素构成少数的几个词而残留下来。”王瑞英（2009：91）说：“宋代以后，‘生’的结合能力衰退，元以后的文献中使用日渐减少，只作为构词要素在少数的几个词中残留了下来。”王瑞英（2009：92）又说：“‘生’的结合能力逐渐降低，凝结于‘好生’、‘白生生’、‘俏生生’等少数词组里而残留于方言口语中。”陈云龙主编（2011：172）说：“宋代

‘生’缀继续使用，功能上略有扩展，元代以后趋于衰落。现代汉语中，后缀‘生’在广阔的方言区中延续着旺盛的生命力。”但也只提到“生”主要用于“太（大）+形容词+生”格式中，附于名词、动词、疑问代词、副词的用例较少，也是未提用于数量词后的“生”。

董秀芳（2011：299）说：

“生”的这种词缀功能在后代逐渐衰落了，但“好生、怎生”等派生词的生命力较长，直到明清的白话小说中还在使用，如：

沙僧道：“二哥，你是怎么说？不好生走路，就跌在泥里，便也罢了，却把大哥不知跌在那里去了。”（明·吴承恩《西游记》第四十九回）

好兄弟，起来好生睡。（清·曹雪芹《红楼梦》第六十五回）

又没打火处，怎生安排？（元·施耐庵、明·罗贯中《水浒传》第十回）

那贾琏越看越爱，越瞧越喜，不知怎生奉承这二姐。（清·曹雪芹《红楼梦》第六十五回）

可以说，派生词“好生、怎生”由于“生”的词缀意义的模糊化而逐渐丧失了其内部结构，变得类似于单纯词了。“好生”沿用至现代汉语，《现代汉语词典》有收录，但注明是方言用法。一般语言使用者已不清楚其中的“生”的来历了。

周金萍（2012：115）说：“明清时期，‘生’作为词尾只出现在‘怎生’、‘好生’、‘偏生’等几个固定的词中，起衬音作用。”“现代汉语中，除了个别方言词如‘怎生’、‘好生’等，以及像‘医生’这样的名词后缀。‘生’作为词尾已经不多见。”这样的说法也不符合汉语事实。

杨荣祥（2002）也说，现代很多南方方言中，还保留着一些“X生”形式的副词，如“偏生、怪生、好生”。其实，南方方言中还有“数量+生”的用法。

用在数量词后面的后缀“生”在宋代开始产生，后来似乎有一段时间处于“潜”的阶段，从明代开始又重“显”，一直沿用到现在的某些方言，并有所发展，而且可能还将继续沿用下去。可见，后缀“生”还是有一定的生命力的。

上面说过，“数量 + 生”的“生”表示“表示事物的某种属性、状态或动作的方式”，这与有的方言的“数量 + 囝”“数量 + 哩”“数量 + 头”和“数量 + 子”等的语义不同。

冯爱珍（1991：441）说，福建福清话的“囝”作为后缀，最基本的作用是，与名词量词结合，使其具有“小、少、短、细”的意义。又分为四点，其中“c”举有如下例子：

一角囝$_{\text{一角钱}}$　一滴囝$_{\text{一点儿}}$　滴囝$_{\text{一点儿}}$　滴滴囝$_{\text{一点儿}}$　一粒囝$_{\text{一小粒}}$
一两囝$_{\text{一小两}}$　一撮囝$_{\text{一小撮}}$　一行囝$_{\text{一会儿}}$　一下囝$_{\text{一会儿}}$　一歇囝$_{\text{一会儿}}$
一菩囝$_{\text{一小朵}}$　一碗囝$_{\text{一小碗}}$

冯爱珍（1991：441－442）说：

> C组的词根是量词或数量词，加“囝”表示量少或时间短。除了“一滴囝、一行囝、一歇囝”的数词只能用“一”以外，其他的数词可以换成“两、三”，如：“两粒囝、三碗囝”。“四”以上一般就不说了，这与“囝”本身是表示“小、少”有关。如果对实际量不少的东西，人们主观上觉得少，为了夸大其物量少，也可以用“四”以上的数字，如“四两囝酒、半斤囝肉”。但这必须要有说话的语境，一般不能这样说。

这也就是说，福清话的后缀“囝”也是表微标记。

温昌衍（2001：61—62）认为江西石城客家话的“哩”是表微标记，温昌衍（2001：61）说：

> 石城客话中，若主观认为某计量性数量短语所表示的数量微小，可在该短语后面附加表微标记“哩”（·li），该标记是短语的外加成分，表示数量微小，含义为“……的样子而已”（含普通话词缀“然”和语气助词“罢了”的含义）。例如：
>
> 问：底项事要做几工？这件事要做几天？
>
> 答：A.（要）三工。（要）三天。

B. （要）三工吧。（要））三天吧。

C. 要三工咧。要三天呢。

D. （要）三工（把）哩。（要）三天（左右）的样子而已。

A答是客观回答，不带有主观态度。B答带有推测性，这是使用语气词“吧”的结果。C答带有强调性，这是使用语气词“咧”的结果。D答带有“时间不长”的含义，这是使用表微标记“哩”的结果。这个回答还可以前加副词“夜”（相当于普通话“仅”“只”“才”）表示限止。

张其昀（2009：448）认为扬州话里的“数量+头”的“头”是表微标记，张其昀（2010）持相同看法。张其昀（2009：448）说：

扬州方言中，若主观认为某计量性数量短语所表示的数量微小，可在该短语后面附着一个“头”［tʻɣɯ³⁴］，表示数量微小，可称为表微标记。表微标记“头”与后缀“头”［·tʻɣɯ］的语音不同，性质更完全不同。后缀“头”是词的结构成分：而表微标记“头”是短语的外加成分。

（1）问：这事要做多长时间？答：A. 三天吧。| B. 要三天哩。| C. 三天头。

A答略带揣测语气——这是由语气词“吧”表示的，无言其“三天”时间之长短的语义倾向；B答带有夸大语气——这是由语气词“哩”表示的，有言其“三天”时间之长的语义倾向；C答未用任何表示语气的语气词，句子明显带有言其“三天”时间之短的语义倾向。C答言其时间之短的语义倾向，正是由表微标记“头”表示出来的。

卢惠惠（2012：129）说江西南康客家话中，虽然“子”是加在确切数字构成的数量词组之后，但是仍有主观上故意往小（轻、近、短）里说，同时也含有估摸揣测的意思，“子”是表微标记。

（1）嘅只鸡婆甘么瘦，看起来只有一斤半子这只母鸡这么瘦，看起来只有一斤半重。

（2）买了五十斤子米只买了大约五十斤米。

（3）花了一千块子钱只花了大约一千元钱。

（4）从屋里到县城三十里子路，一点子钟就到得了从家里到县城只有大约三十里路，一个小时就能到达。

而“数量＋生”不同，它可以表示小、少，也可表示大、多，主要看前面的数词，如果数词量大，就表示量大，如果数词量小，就表示量小，“数量＋生”本身看不出来。如一堆花生，如果只属于某个人，可说“一堆生”，如果是两个人分，分为两堆，可以说成“两堆生”，这表示数量少，如果是十人分，分成十堆，说成“十堆生”，那就表示其量大。所以，“生”不是表微标记。可见，同是汉语，因为不同的方言，“数量”后加不同的标记，其语义也是多种多样的。这样看来，“数量＋生”也是有其独特的语言类型学的意义的。

从方言地理分布的角度来看，上面所说的“数量大＋生”“数量＋团”“数量＋哩”“数量＋头”和“数量＋子”等大都属于南方方言。吴福祥（2013：33）说：“由此可见，方言语法史是汉语语法史不可或缺的组成部分，方言（特别是南方方言）语法史研究是当前汉语历史语法研究中亟须大力加强的一个研究领域。因此我们主张，汉语历史语法研究应该将基于历史文献的研究和基于方言比较的研究结合起来。”我们认为这的确是符合汉语事实、符合汉语方言事实的“的论”。

刘传鸿（2014：127）概括了“生”的功能：（一）用作形容词词尾，形容词可以是单音节的，也可以是双音节的。且“生”做形容词词尾时，常出现在“太＋形容词＋生”格式中。（二）用作名词词尾，使名词具有形容词功能，表某种状态。（三）接于动词或动词性结构之后，表状态，相当于“……的样子”。（四）放在疑问代词之后，构成“怎生、作摩（么）生、甚生、何似生”等词，充当状语、定语、主语、谓语。（五）“生”做副词词尾，构成“好生、偏生、怪生、甚生”等词。比较全面。但刘传鸿

(2014) 不同意“形容词+生”的“生”是后缀，认为是语气助词。刘传鸿（2014：128）说：(一)(二)(三)三种用法可归于同一类型，以“(太) +形容词+生”表示，这里的“形容词”兼包名词和动词。(四) 以“疑问代词+生”表示，(五) 以“副词+生”表示。

但我们以为，至少“数量+生”的“生”应该是后缀。不管是近代汉语还是现代汉语方言，“数量+头”“数量+哩”“数量+子”中的“头”“哩”“子”一般把它们当作后缀，那么，同是“数量”后的“生”也应该是后缀。“生”“团”“头”“哩”“子”(其实还有一个“数量+儿”用法) 是一个系列的产品。

附注

本文为2013年浙江省高等教育课堂教学改革项目《在语言学概论课中培养学生科研能力》(kg 2013262) 阶段性成果。

第三节　后缀“动”

(一)

明清白话小说有“××动”用法，例如：

(1) 只见耿埴在桶闷得慌，轻轻地把桶盖顶一顶起。那董文虽是醉眼，早已看见，道：“活作怪，怎么米桶的盖会这等动起来?”便蹱蹱动要来掀看。(明·陆人龙《型世言》第5回)

(2) 一到家中，迎着家婆，开门见他这光景，道：“甚模样！前日家中没米，情愿饿了一顿，不曾教你把衣帽来当。怎今日出去，弄得赤条条的？要赌，像朱家有爷阁在前边，身边落落动，拿得出来去赌。你有甚家计，也要学样？我看你平日只是叨贴他些，明日去了，将甚么去赎这衣帽?”(《型世言》第23回)

(3) 裘五福指着皮廿九的衣袖道：“这里边落落动的，岂不是

个彩色?”皮廿九道:“……这袖中是耿大娘子与我的银两,替亡妹买办棺木、衣衾。”(明·清溪道人《禅真后史》第3回)

(4)方爷也极信用他,他说的就是,所以极有顽钱,身边的银子也落落动。(明·西湖逸史《天凑巧》第3回)

(5)将入殓之时,蛆虫万万千千已勃勃动满身攒个不住。(明·周清源《西湖二集》卷5)

(6)他将包的坛头一打打开,取根竹棍往里一掏,下底辘辘动有物,又拨又动。(清·佚名《生绡剪》第1回)

明·西周生的《醒世姻缘传》用得最多,共有9例,如:

(7)于是杨太医心内绝不寻源问病,碌碌动只想如此歪念头,正似吊桶般一上一下的思量。(第2回)

(8)到了德州,天色未及晌午,只见从东北上油油动发起云来。(第8回)

(9)年纪不上五十岁,肉身约重四百斤。鼾鼾动喘似吴牛,赳赳般狠如蜀虎。(第15回)

(10)晁夫人唬得通身冷汗,心跳得不住,浑身的肉颤得叶叶动不止。(第20回)

(11)又算计那些族人,如今既有了儿子,许他们上门往来,况且止得七八个,每人与他五十亩地,都叫他们大家有饭吃,碌碌动寻思了半夜,天还不曾大亮,一骨碌跳起来,看了春莺,叫人熬了粥,看他吃了;又慢慢的掀开被子,看了娃娃,喜得晁夫人张开口合不拢来。(第21回)

(12)又羞又恼,垂了头,骑了一个骡子,心里碌碌动算计:“私下打又不可,当官呈又不行,五两银,两匹纱罗,扯脱了不可复得,怎生是处?”(第39回)

(13)薛婆子殷勤让酒,他那心里且碌碌动寻思这个。(第44回)

(14)他合该晦气上来:那素姐的歪憋,别人还没听风,偏偏的先钻到他的耳朵;别人还没看见,偏偏的先钻到他的眼孔;没要

紧自己勃勃动生气，有人解劝，越发加恼，一气一个发昏，旧病日加沉重。（第59回）

（15）白姑子夜间一宿不曾合眼，碌碌动算计起发骗钱。（第64回）

笔记小说里也有，例如：

（16）李十娘，名湘真，字雪衣。在母腹中，闻琴歌声，则勃勃动，生而娉婷娟好，肌肤玉雪，既含睇兮又宜笑，殆《闲情赋》所云“独旷世而秀群”者也。（明·余怀《板桥杂记》中卷）

（17）胡宝珠字瘦月，吴门人，年十六七，居钓鱼巷。母曰胡七，向为曲中老教师，家多养女，姬最娇娇，眉目如画。方其在母腹时，闻人歌声，即勃勃动，如《板桥杂记》之李十娘，故生而灵慧，管弦丝竹，一过即精。（清·捧花生《秦淮画舫录》卷上）

（18）前乎此一发许犹收敛未毕，后乎此一发许即黄泉之下苏苏动矣。（清·金圣叹《唱经堂随手通》）

上面的例子，从语义来看，都表示“……的样子”的语义，如例（1）的“蹱蹱动”是走路踉跄不稳的样子，例（2）的“落落动”是（银子）滚动的样子，形容银子很多，例（6）的“辘辘动”义同“落落动”，也是表示滚动的样子。

从语法功能来看，大多数作谓语，如例（2）的“身边落落动”，其次作状语，如例（1）的“便蹱蹱动要来掀看”，偶尔作补语，如例（10）的“浑身的肉颤得叶叶动不止”。与下面说到的方言中的语法功能比较起来，未发现有作定语的例子。

《型世言》作者陆人龙是浙江杭州人；《禅真后史》作者是清溪道人，即方汝浩，清溪道人是其号，河南洛阳人，但寓居杭州，应该受吴语影响；《天凑巧》作者是罗浮散家，又作西湖逸史，小说中又多吴语成分；《西湖二集》的作者是周楫，杭州人；《生绡剪》是汇集众作而成，目录题“集芙主人批评”“井天居士校点”，《弁语》署“谷口生漫题于花幔楼中”，目次下录谷口生、篱隐君、铁舫、浮萍居士、白迂、旧剑堂、勷园、一渔翁、不解道人、钝庵、瓮庵子、有砚斋、卷石草庵、无无室、抱龙居士等作者 15 人，15 位作者的真实姓名与生平不详，但从作品内容推测，可能均为明末清初江浙人。

《板桥杂记》作者是余怀，字澹心，原籍福建莆田，是明末清初一位著名的文学家，曾长期寄寓金陵，明代时的南京属于吴方言区。《秦淮画舫录》作者是捧花生，据考本名车持谦，江宁府上元县人，字子尊，号秋舫，《秦淮画舫录》所写乃是南京秦淮河一带的风月佳话，明代时的江宁府上元县也属于吴方言区。金圣叹（1608～1661），名人瑞，字若采，明末清初南直隶（清改江南省）苏州府长洲县（今江苏省苏州市）人，是吴语区人。

至于《醒世姻缘传》应该属于山东方言，但至少明代的吴语区北部的范围要比现在往北得多，山东大概是吴方言区的边缘，可能受吴语的影响。袁毓林、王健（2005：17）说“古吴语的北部边界基本上在古淮河”。所以，上面所说的南京、江宁府应属吴方言区。袁毓林、王健（2005：20）又说：

一般认为，《金瓶梅》的语言主要是反映山东（尤其是鲁南）方言的。对于《金瓶梅》中出现的这些南方话成分，至少可以有两种解释：有南方人增删添改，混入了吴语成分；当时鲁南方言中就有这些今天只存在于吴语和江淮方言的格式。鲁南距古淮河不远，古吴语对它会有一定程度的影响，五六百年前的鲁南地区应该比现在存留更多的吴语遗迹，上述例句可能就是这种遗迹的证据。

上面虽然说的是《金瓶梅》，但我们以为这同样可以用来说明《醒世姻缘传》的语言状况。

因此，古代作品后缀“动”的用法，主要用于吴方言区，也见于山东方言。

近代汉语有“××动”例子，但好多近代汉语词典未收，如陆澹安（2009a、2009b），高文达（1992），吴士勋、王东明（1992），许少峰（1997），白维国（2010）等，《汉语大词典》《汉语大字典》也未收。连许少峰（2008）作为大型的近代汉语词典也未收“动”的后缀义。上面有不少为吴语用词，石汝杰、［日］宫田一郎（2005）也未收。

近代汉语中，具有山东方言背景的《醒世姻缘传》有9个“××动”例子，但宋开玉（2008）作为专门研究明清山东方言词缀的专著，《醒世姻缘传》是其重要研究对象，但专著中却没有提到后缀“动”，似乎不应该。

郑奇夫（2007）、蒋宗许（2009）作为研究汉语词缀的专著，也未提及后缀“动”。张美兰（2001）第三章是近代汉语词缀，也未提及后缀“动”。

（二）

朱彰年等（1996：84）收“动”：

词缀。用在单音节动词或个别单音节形容词重叠式后面，构成形容词，有“……的感觉”“……的样子”等意思“忙忙动｜悻悻动｜戚戚动｜晕晕动｜戳戳动｜跳跳动｜拐拐动｜桌凳摆摆动｜虱生搅搅动｜旺旺动｜投投动。”

朱彰年等（1996：84）收“痕”：“恶心呕吐。”例子中有“胃里痕痕动”。

周志锋（2001/2006）说到“动”作后缀的用法。周志锋（2001：24）说：

这种“AA动”格式，现代方言是否继承下来了呢？笔者手头所有的《元明清白话著作山东方言例释》（董遵章著）、《山东方言词典》（董绍克、张家芝主编）和《济南方言词典》（钱曾怡编纂）均没有反映，但在宁波话里，却被完好地保存着。用“动”作形容词词缀，是宁波方言构词法的一大特点。

据周志锋（2001：24），宁波话的“AA动”语义上既有表示“……的样子”，如“戚戚动”形容提心吊胆、放心不下的样子；“跳跳动”形容跳动的样子；“拐拐动”形容摇摆不稳的样子；“摆摆动”形容器物摆动不牢的样子；“搅搅动”形容密集挨挤的样子。还有表示“……的感觉”的语义，如“晕晕动”形容有点发晕的感觉，因为这只能是人自己的内心感觉，不是外人视觉的感受；“戳戳动”形容皮肤轻微受刺激的感觉；“旺旺动”形容有点骄傲自大的感觉；“投投动”形容做事莽撞冒失，不够稳重的感觉。

除朱彰年等（1996）收“动”外，李荣（2002：3800（第4册））也收宁波话的“动”：“后缀。用在单音节动词或形容词重叠式的后面，表示‘有这种感觉，或有这种样子’：发热嚅，头晕晕~个｜毛线衫贴肉穿，戳戳~个｜该后生家投投~做事冒失、不稳重个。”

本人有2013年浙江省高等教育课堂教学改革项目《在语言学概论课中培养学生科研能力》，因此，就后缀“动”对学习“语言学概论”课的12级对外汉语专业和13C汉语言文学专业1班学生进行调查。据宁波市区的陈飘飘、李勇凯、陈静静同学介绍，宁波话还有“心里搭搭动”“这棵树被台风吹得摇摇动”等说法。又据张艳（宁波人）、王诗岚（舟山人）同学介绍，宁波、舟山话中另有“晃晃动”等说法。据干露、赵开翼同学介绍，宁波的余姚、慈溪话有“这个老人家走路摆摆动”“牙齿摇摇动”等说法。据李倩同学介绍，宁波镇海话有“头晕晕动”“心热热动”等说法。周志锋（2012：32）说：“现代吴方言除宁波话、舟山话外，天台话也有‘AA动’式，但意义与用法跟宁波话稍有差异。”可惜周志锋（2012）未举例。据李金娜、黄双双、许琴樱同学介绍，台州话有“我这个牙齿摇摇动，要掉了”“她们都说小白七七动，小红感觉小白私下还是很好的”“小白一口气喝了一大杯冰水，晚上感觉胃痠痠动”“小白家的狗被人打死了，她气得抖抖动”等说法，据黄超玲同学介绍，台州的黄岩话有“牙齿摇摇动”“胃痠痠动”“人抖抖动”“螺丝松松动”“走路蹦蹦动”“旋旋动”“颤颤动”等说法，如“酒喝多了，走路都颤颤动”“最近肚子吃坏了，胃老是痠痠动”。这与宁波话是相同的，都表示“……的感觉”“……的样子”。据王婷婷同学介绍，台州的天台话有“这个人荡荡动的，没什么出息”的说法，“荡荡动”有给人吊儿郎当不务正业的感觉的意思，并说天台话的“VV 动”，基本上是“给人……的感觉”。据沈梦华同学介绍，台州的玉环县陈屿话以讲平阳话为主，为平阳县转展迁入的闽籍人，方言属闽南语，有“我的牙齿摇摇动，要去医院拔掉了”的说法，可能与闽南话有联系，也有可能受台州话或温州话的影响。此外，据姜巧颖同学介绍，衢州话有“桌子摇摇动”“胃里痃痃动”等说法。据陈晓婕同学介绍，衢州龙游泽随村的方言中有“VV 动”，如“这小孩子才刚学走路不久，看，现在走的时候还是摇摇动”“我的这个牙齿早就闹闹动了，可是还没有掉下来”“你以后老了就脚挂起来抖抖动都不愁吃”“你看这个老人去年身体还是很棒的，今年走路都毛毛动了”“这个人赌博把钱都输完了，走路也都佝佝动，哪像以前走路都昂着头，眼里都没其他人的”等，“VV 动”都表示“……的样子”。

郑张尚芳（2008：217）说温州话也有“××动”：

念重叠式变调的“张张动、望望动、摸摸动、嬉嬉动、讲讲动”（前字轻声，“动”字也轻声）也表对人试行某种行动。

上面这种用法与宁波话等不同，从“表对人试行某种行动”来看，“××动”表示的是动词义。

郑张尚芳（2008：217—272）又说到“××动”的另一用法：

念连读变调的“摆摆动、坍坍动、摇摇动、涛涛动晃荡不定，涛指推、搙搙［$n\text{ʒ}^{6}$］动晃摆”则构成表示不稳定的样子的形容词。

上面这种用法与宁波话等相同，也是表示“……的样子”等意思。

又据本校 13 级汉语言文字学硕士生卓佳乐同学介绍，温州乐清方言也有“××动”，也有两种形式，例如：

（1）你平时也要稍微在邻居中走走动，这样才可以跟大家人熟起。

（2）其外向显，碰到不识的人都会讲讲动。

以上的“××动”也是表示对人试行某种行动，表示“××动”具有动词性。

（3）该床不牢，人站上去摇摇动。

（4）该人一点都不文静，你眙，其站那里，脚都抖抖动。

上面2例与宁波话等相同，也是表示“……的样子”等意思。

丽水的缙云话有如下的例子：

（5）撮撮动。——指喜欢在女人身上动手动脚的行为。（《缙云方言志》第670页）

上例显然与温州话的“走走动”“讲讲动”一样，也是表示“对人试行某种行动”，表示“××动”具有动词性。我们曾就“撮撮动”通过电子邮件向《缙云方言志》的作者吴越先生请教，吴先生回信说：

“撮撮动”的意思，是专门用来表示不庄重的男人对女人的动手动脚。缙云方言中，也有“牙齿摇摇动”这样的说法。这两种“动”，意义上应该是有所区别的。

缙云方言中，还有一个“［$ts^{h}\alpha^{41-33}/ts^{h}\alpha^{33}$］动”，意思是说某人因病因老走路不稳，趔趔趄趄。“［$ts^{h}\alpha^{41}$］”的本义，就是趔趔趄趄，东倒西歪。

另据胡晓锋同学介绍，缙云话既有“碰碰动”（碍事的意思），这与温州话的第一种形式相似，表示“对人试行某种行动”。又有“慢慢动”“松松动”“摇摇动”等说法，这与温州话的第二种形式相似，表示“……的样子”。因此，缙云话的“××动”与温州话一样，也有2种形式。

另据韩洁琼同学介绍，金华的武义话“××动”与温州话一样，也有2种形式。表示“表对人\物试行某种行动”，“××动”是动词。例如：

（6）老妈把弟弟的牙齿摇摇动，让牙齿更轻松地拔下。（这里的意思是把乳牙摇一摇，使它更好拔。）

（7）厨师把那块牛排切切动，让它更好腌制入味。（这里的意思是把牛排切一下。）

（8）把衣服抖抖动，挂起来。（这里的意思是把衣服抖一下，把衣服上的脏东西抖掉。)

(9) 把这盆花移移动。(这里表示的是人把花盆移动的行为动作。)

表示“……的感觉”“……的样子”,“××动”是形容词。例如:

(10) 小王站在雨中摇摇动。(这里表示的是小王站在雨中瑟瑟发抖的样子,有冻僵的意思。)

(11) 饭后走两圈松松动。(这里表示的是饭后走两圈,裤腰带好像有松动的感觉。)

“××动”的2种类型,我们以为是第1类出现得比第2类要早,因为第1类中的“动”虽然有点虚化,但还有动词义,而第2类中的“动”已虚化为后缀。同时,我们还找到如下的例子:

(12) 诗曰:“勒腰绣带飘飘动,□脚阴云霭霭生。”(元·佚名《秦并六国平话》卷下)

上例“飘飘动”与下句“霭霭生”对举,“动”与“生”都是动词,“飘飘”与“霭霭”都作状语。我们以为,第一类的“××动”就是从“飘飘动”等语法化而来。周志锋(2001:24)也说到后缀“动”有一个语法化的过程:

最后提一下,“动”作后缀,当是它语法化的结果。“AA动”的“动”原是动词,出现在与“动”义有关的词后面表示动作的样态。它虚化的契机是,在“AA动+VP”的句式中(上引小说十五例,除三例“落落动”外,均属这一句式),“VP”是句子的词义中心,“AA动”处于状语位置,“AA动”失去了句子中心的地位,因而开始虚化。当它彻底虚化成为词缀后,“AA动”就可以单独作谓语甚至作补语、定语、状语了。

我们认为,这样的分析符合语言事实。

明代白话小说《醒世姻缘传》中有多处“××动”,但现在的山东方言似乎已经不见了。12级对外汉语专业学生中有来自山东的,他们都未介绍山东方言有“××动”。又据周志锋(2006:

203）说，《元明清白话著作中山东方言例释》（董遵章，山东教育出版社，1985）、《山东方言词典》（董绍克、张家芝主编，语文出版社，1997）、《济南方言词典》（钱曾怡主编，江苏教育出版社，1997）都没有提及。这就是说，“××动”在现代方言中全部出现在南方方言中。

（三）

除浙江吴方言有“动”的后缀用法外，福建闽西长汀客家话也有“××动”的说法，黄伯荣（1996：258）在说到“福建闽西长汀客话动词的情态表示法”时说：“与普通话还有一点不同的是长汀话双音节的重叠式。长汀话双音节动词可成AAB式重叠，这重叠也使动词带上形容词的色彩，用作对动作行为的描写。”举有以下例子：

（1）跷动→跷跷动（晃动、摇摆）

凳子跷跷动。（凳子摇摆不稳。）

黄伯荣（1996：258）作了如下分析：

与单音动词的第一种重叠方式不同，这些双音动词由于重叠而带上了形容词的色彩，人们就像看见了鸡毛一根根耸起，身子缩成一团，头发直直翘起，水在锅里沸腾和口袋鼓鼓囊囊，凳子摇摆不稳的样子，显得很生动。这些动词也是由于带上了形容词的色彩，因而不带宾语。同样，它也不需状语的修饰和补语的补充说明。

上面的“凳子摇摆不稳的样子”就是用来说明“凳子跷跷动”的。这说明这种用法也确实是用来表示情态的，有“……的样子”的意思，与周志锋（2006：24）所说的“桌凳摆摆动”同义。

许宝华、宫田一郎（1999）未收“动”的这种特殊用法，吴连生等（1995）是吴方言词典，也未收。

李荣（2002：3535（第4册））收江西于都客家话有“掩掩动”一词，说：“形容微微晃动：桶里介水掩掩动｜塘里介水掩掩动｜着正一身掩掩动，一下都系绸子㖠。”显然，这里的“AA动”

与宁波话的语义是一样的，表示“……的样子”。但“AA 动”是一种结构，于都话中估计不大可能只有“掩掩动”一种搭配，如果“动”不止与“掩掩”搭配，这样，词典收“掩掩动”是不妥当的。宁波话有不少“AA 动”，如果都收入词典，那显然是不对的。总之，于都话对“动”的处理不如宁波话对“动”的处理。

刘斐（2012：140）说客家方言于桂片南康荷田话形容词重叠有“AAB”式，有“AA 动”“嘭嘭 B”“AA 叫”。“AA 动”的例子如：

□□［ȵiɔ̃^{41}ȵɔ̃i^{41}］动：因害怕而发抖的样子。

□□［lue^{11}lue^{11}］动：不停滚动的样子。

□□［liŋ^{11}liŋ^{11}］动：不停转圈的样子。

□□［pã^{11}pã^{11}］动：不停摔东西的样子。

□□［t^{h}ã^{11}t^{h}ã^{11}］动：发抖的样子。

□□［p^{h}iŋ^{41}p^{h}iŋ^{41}］动：不停挣扎的样子。

蠕蠕动：虫不停蠕动状。

转转动：不停转动的样子。

摇摇动：不稳固的样子。

滚滚动：不停滚动的样子。

眨眨动：不停眨眼的样子。

雄雄动：说话很凶的样子。

刘斐（2012：140）说：“在南康荷田话中，‘AA 动’中的‘动’是一个形容词后缀，表示‘……的样子’。”“AA 动”可自由地作谓语和补语，例如：

（2）渠丈人婆经常雄雄动他岳母经常说话很凶。

（3）昨日落雪冻渠崽弹弹动昨天下雪冻得他儿子不停发抖。

刘斐（2012：140）又说，形容人的词语和形容事物的词语之间其语法分布有所区别，形容人的 AAB 式形容词不能作定语，但加上结构助词“□［ke^{41}］”后可以作状语，例如：

（4）渠雄雄动□［ke^{41}］骂了一上午他很凶地骂了一上午。

刘斐（2012：140）又说，形容事物的 AAB 式形容词不能作状语，加上结构助词“□［ke^{41}］”之后才可作定语，但只举“嘭嘭腥”的例子，未举“AA 动”例子。

从上面所说来看，南康荷田话的“AA 动”表示“……的样子”，与宁波话等相同。

福建福州话中也有“××动”的说法，但语法意义与上面表情态的不同。如黄伯荣（1996：265）在说到“福建福州话动词的重叠”中提到这种用法：“（4）DD 动（转）表示动词 D 的‘到处 D’的意思，其感情色彩多表示不希望如此，或讥讽、责备等。”例如：

（5）伊蜀日都毛在家，七处甓甓动。（他整天都不在家，到处乱跑。）

（6）食一顿饭碗捧捧动！（吃一顿饭还端着碗到处走！）

（7）蜀把扫帚拖拖动。（一把扫帚到处拖着玩。）

（8）囝团哥真贱，蜀日都在门前街跳跳动。（小孩很淘气，整天在门前到处跑。）

（9）蜀日菜篮仔揣揣动。（整天拎着小菜篮到处走。）

（10）事计怀做，蜀街迸迸动。（事情不做，满街乱逛。）

黄伯荣（1996：263）还举有“甓甓动（到处跑）”。

卢继芳（2007：227）说到江西都昌阳峰方言中也有一种“××动”：

（1）说话人请求听话人朝着某种目标来做某事。

□［n^{352}］侬下昼没有事，记嘚□［ma^{33}］谷□［ha^{33}］□［ha^{33}］动。（你下午没有事，记得把谷子翻动）

□［ma^{33}］粥搅搅动，再□［ka^{324}］菜进去。（把粥搅动，再放菜进去）

上面的“××动”也是作动词用。

从语义来看，温州、缙云、武义话“××动”第 1 种用法表示对人试行某种行动，感情色彩似乎无褒也无贬，而福建福州话中的

“××动”是“到处 D”的意思，其感情色彩多表示不希望如此，或讥讽、责备等。

从语法功能来看，宁波话的“××动”主要用作谓语，也可以作补语、定语、状语。周志锋（2001：24）举有例子：

（11）牙齿拐拐动。（作谓语）

（12）汽车乘过，头晕晕动。（作谓语）

（13）油肉吃忒多，吃勒抬抬动。（作补语）

（14）投投动咯人，派勿来大用场。（作定语）

（15）小明戚戚动咯走进考场。（作状语）

而福建福州话、江西都昌阳峰话中的“××动”从上面所举例子来看，功能比较单一，都是作谓语用。

（四）

胡松柏、胡德荣（2013）说江西铅山太源畲话中也有“××动”，胡松柏、胡德荣（2013：250）在介绍形容词生动形式时有“XXA”式：

a　冰冰冷　笔笔直　喷喷香

□□［p‘iʔ^{4}　p‘iʔ^{4}］臭　□□［tɛʔ^{4}　tɛʔ^{4}］苦

b　摇摇动　爬爬动　跌跌倒　排排倒

c　翻翻起　翘翘起　指指起描写手指指指点点

□□［ŋɑu^{24}ŋɑu^{212}］起描写（头、肢体等）歪向一边

胡松柏、胡德荣（2013：250—251）分析说：

> 以上三组“XXA”式形容词，a 组中“A”为形容词，b、c 组的“A”本属动词，但它们重叠并后附“动”“倒”和“起”时就具备了形容词的功能，即不再表动作而是表状态了。如“爬爬动”是描写虫子蠕动的样子，“跌跌倒”是描写跌跌撞撞的样子，“眼翻翻起”是描写眼睛翻白眼的样子。

很显然，在表示“……的样子”等意思时，宁波话等还比较单一，只用“动”这一后缀，而江西铅山太源畲话却既用“动”，又

用“倒”和“起”。

据胡松柏、胡德荣（2013：4）介绍，就江西省而言，目前各地畲民使用语言有两类情况：一是使用“畲民居住地周边的本地汉语方言”，即呈包围态势的汉族区域的汉民作为主要交际用语的汉语方言；二是使用有别于“畲民居住地周边的本地汉语方言”的作为畲民内部交际用语的畲民自己的语言，即“畲族语言”，这种畲族语言即前述畲话，可以称作“江西畲话”。江西省绝大多数畲民聚居地，畲民在语言运用方面都已经为本地汉语方言所同化，没有了区别于本地汉语方言的本民族的畲族语言。胡松柏、胡德荣（2013：6）说：“综上所述，江西省的‘畲族使用的语言’就有4种类型：闽籍畲话，浙籍畲话，各畲民居住地周边的本地汉语方言，小溪畲民官话。前两类畲民用语属于‘畲族语言’，后两类畲民用语不属于‘畲族语言’。能够作为江西省的畲族语言代表的是闽籍畲话。”“本书考察研究江西畲话中的闽籍畲话。”因此，江西铅山太源畲话也很有可能是受近代汉语“××动”的影响，奇怪的是除了“动”外，还有“倒”和“起”，而且三者语义基本相同，但“倒”和“起”与“动”有不同的来源，而且“倒”和“起”的语法化过程还未知。

胡松柏、林芝雅（2008：285）说江西铅山话有“AA起”式：

“AA起”式是铅山方言中另一种单音节形容词重叠带后附后成分的形容词特别格式。上述“AA试”格式中的后附后成分“试”语义较虚，语源还不够显豁，仅以同音字记录。而“AA起”格式中的“起”则显见由动词虚化而来。

胡松柏、林芝雅（2008：285）说铅山方言中有许多“AA起”式词语。例如：

a. 乌乌起、瘪瘪起、尖尖起、凶凶起、兴兴起、翘翘起

b. 飞飞起、缩缩起、呲呲起、捞捞起、掀掀起、排排起、翻翻起、暴暴起、竖竖起、问问起、赖$_{阴平}$赖$_{阴平}$起

胡松柏、林芝雅（2008：286）分析说：

a. 组中的 A 是形容词。B 组中的 A 本属动词，但它们重叠并后附“起”就已具备了形容词的功能，即不再表动作而是表状态了。“AA 起”格式中的 A 因重叠也常常表示程度强化。说眼睛“翻翻起”，即指翻白眼翻得很厉害；说“脸”“乌乌起”，即指脸上黑黑的，沉着脸，脸色难看。不过它们的表义功能主要还在于描述状态，即形容翻白眼和脸色难看的具体样子。特别是 A 本属动词性的“AA 起”格式，主要是通过对具体动作的描述来表示事物性状的。说某人脚“拎拎起”，即以坐不住、老是提脚想走的动作形象来表明其不安于待在一处的样子。许多“AA 起”式形容词还由所表达的具体形象进一步发展出引申用法来。说某人嘴巴“尖尖起”，可以是实指其长相，也可以是描述其好说人闲话、坏话的秉性；而“问问起”一词则用来描述某些人七问八问问个不停好纠缠不清的行为特点。

胡松柏、林芝雅（2008：286）还说：

铅山方言中“起”做后附后成分的一个主要作用是附在动词之后充当动词的体标记。做动词体标记的“起”首先是表示动作的完成，例如“作业做起唠作业做好了”，再从表完成发展成表动作的持续，例如“撑起伞去学堂打着伞去上学”。“AA 起”格式中的“起”的语义由表持续衍生而来，格式所描述的状态通常是持续性的，强调事物一直处于某种状态之中。说某人脸“乌乌起”，意指其总是沉着脸，说鸡“飞飞起”，意指其扑腾扑腾地在飞个不停。

“AA 起”式形容词是铅山方言中极具表现力的一类形容词。

黄伯荣（1996：258）在说到“福建闽西长汀客话动词的情态表示法”时，除举有“AA 动”外，还举有以下例子：

（1）□起→□□起［tsʻaŋᵓ tsʻaŋᵓ ᶜʃi］（耸起）

鸡打架，毛□□起。（鸡打架，把毛耸起。）

（2）翘起→翘翘起（翘起）

头发翘翘起。（头发翘起来。）

（3）拱起→拱拱起（鼓起）

袋子塞到拱拱起。(口袋塞得鼓鼓的)

上面几例的“××起”，也是使动词带上形容词的色彩，用作对动作行为的描写，与宁波话等的“××动”有点相似，与江西铅山太源畲话中的“××动”“××倒”“××起”也差不多，与江西铅山话的“AA起”也近似。

说起“××起”，应该是方言接触的产物。胡松柏、林芝雅（2005：384—385）说到“赣东北吴语、赣语接触演变的表现”，共有11点，其中第11点是：

11. 赣东北赣语中也有一些吴语（主要是赣东北吴语）性的语法成分。例如：“AA起”式是赣东北吴语一类有特点的形容词构成格式，而铅山话与上饶话、广丰话一样也有许多“AA起”式重叠形容词：

乌乌起 尖尖起 凶凶起 翘翘起 竖竖起 缩缩起

曹志耘（2008：91）指出，说“问问起”的有：宁夏的中卫，属兰银官话。浙江的金华、浦江，属吴语，有2个点。这里的“起”是助词，表示尝试，义同助词“看”，“问问”等动词仍然是动词，而江西铅山太源畲话“翻翻起”“翘翘起”“指指起”中的“起”是后缀，江西铅山方言中的“起”应该也是后缀，两者是形同实不同。

附注

本文为2013年浙江省高等教育课堂教学改革项目《在语言学概论课中培养学生科研能力》(kg 2013262）阶段性成果。

第四章　介词与助词

第一节　介词“并列删除”现象

（一）

董秀芳（2009：26）说到“并列删除”现象，举了如下3例：

（1）你吃香蕉还是吃苹果？→你吃香蕉还是苹果？

（2）你坐公交车还是坐出租车上班？→你坐公交车还是出租车上班？

（3）你在家还是在办公室工作？→＊你在家还是办公室工作？

董秀芳（2009：26）接着说：

这反映了现代汉语中介词和动词的不同句法表现。介词不允许并列删除，表明介词在并列短语中出现的强制性比较强。一个功能项出现的强制性越强，表明其语法化程度越高（Lehmann1982，1995；吴福祥2005）。

其实，现代汉语中的介词也允许并列删除。这种语法现象吕叔湘（1984）早就发现，他在《“把”字用法二例》一文中举有一个特殊的例子——“能一气管两个不连在一起的宾语”的介词“把”字用法，例如：

（4）妈妈可慌了神，把地擦了又擦，桌子抹了又抹。

吕先生认为这个“把”字的用法在很多地方超出一般介词的用法。确实如此，这里的“把地擦了又擦，桌子抹了又抹”，我们一般说："把地擦了又擦，把桌子抹了又抹。"上例把后一个介词"把"承前省略了，的确是超出了一般介词的一般用法，用董先生的说法，就是介词的并列删除。

就是吕先生自己早在上个世纪40年代的著作中就用到过这种用法，例如：

(5) 我们把前者称为"主语"，后者称为"谓语"。（吕叔湘《中国文法概略》第54页）

现代汉语介词"把"的并列删除现象有不少例子，下面每位作者只举1例，如：

(6) 如若毫无影响，或竟把忤逆说成大孝，目不识丁说成通儒硕学，那个，大概也不至于吧？（张恂子《红楼梦新序》）

(7) 那鸟的全身羽毛比妈妈的头发黑得可爱，那双滴溜转的圆眼睛不住的向着孩子们凝视，一会儿把黑滑的小脑袋一歪，圆眼珠子一转，像想什么事似的，忽然它的蜡黄色的长嘴上下张开了娇声叫道："开饭，开饭。"（凌叔华《小哥儿俩》）

(8) 不过呢，巡警一天到晚在街面上，不论怎样抹稀泥，多少得能说会道，见机而作，把大事化小，小事化无；既不多给官面上惹麻烦，又让大家都过得去；真的吧假的吧，这总得算点本事。（老舍《我这一辈子》）

(9) 把心血呕尽，眼泪倾尽，和你们恣情开怀的一恸，然后大家饮泣收泪，奔向母亲要我们奔向的艰苦的前途！（冰心《南归——贡献给母亲在天之灵》）

(10) 汪太太早有计划，要把范小姐做给赵辛楣、刘小姐做给方鸿渐。（钱锺书《围城》7）

(11) 譬如说俄语动词有两种变位法，名词变格法有三种，如果我们因此把动词分为两个小类，名词分为三个小类，虽然根据的也是形态，但这种小类就没有什么意义，因为它完全不反映句法功能。

(12) 如果我们着眼于功能，不妨把具有基本功能的词称为实词，具有连属功能的词称为虚词。

（13）我把砚台砸了，毛笔也烧了，现在只有一个目标——中条山。

（14）女配种员的脖子像经了严霜的草茎，脑袋无力地垂在胸前，她回答道："……但是，我想，这是两码事，科学和政治，是两码事，政治可以翻云覆雨，可以朝秦暮楚，可以把白的说成黑的黑的说成白的，但科学却是严肃的。"

（15）周恩来病情加重，他颤抖地说："……可是这二十几年的时间，总应该把国家建设得好点，人民的生活多改善一些，去马克思那里报到，才感到安心。……"

（16）我把父亲的这个观点告诉了罗隆基，他把眼珠子一瞪，嘴角一咧，说："小愚，谁像你爸爸那么有福分，（19）57 年后，我是人去楼空呀！……"

（17）法文、德文、西班牙文也都把天想成阳性，地想成阴性。

（18）靠这几种手段，人们可以把有的说成无；无的说成有，把头换成脚，把脚换成头。

（19）王力《汉语孳生词的语法分析》把见母的"见"归入主动词，匣母的"见"归入被动词，释义分别是"看见"和"被看见，出现"。

上面都是并列删除 1 个"把"。

（20）若有那样细心，再把月化为日，日化为时，时化为分秒，我的世界当更不了不了！（朱自清《"海阔天空"与"古今中外"》）

（21）一切把糊涂当神秘，呐喊当辩证，自登广告当著作的人恐怕在这本梦想的书里，是没有地位的，不管他们的东西在世界上，不，在书架上占据着多大地位。（钱锺书《作者五人》）

（22）我们因之把嫩黄的叫为"少壮派"，灰色的叫"老成派"，褐色的叫"母大王"。（巴人《印尼散记·邻人们》）

（23）唯其如此，人们在把主题比喻为文章的灵魂，材料比喻为血肉，结构比喻为骨骼的同时，还把语言比喻为细胞。

上面4例并列删除了2个“把”。

(24) 若把动核记作p，作主事角色的动元记作a，作客事角色的动元记作b，作与事角色的动元记作c。

(25) 例(3)中，把“绅粮”误解为“身量”，“百姓”误解为“白杏”，“黎庶”误解为“梨树”，“小民”误解为“小名”，都是因为语音的相同或相近，造成了语音飞白。

(26) [10] 把眼睛还给眺望
把天空还给翅膀
路还给勇敢
海还给船
小孩还给梦想

上例是一首流行歌曲的歌词，后面三句受前面两句的影响，读者也一般会比较自然地将其读解为把字结构，即“把路还给勇敢，把海还给船，把小孩还给梦想”。

上面3例并列删除了3个“把”。

(27) 如温州“文革”中把“墨池坊”改为“文革巷”，“玉环殿边”改为“卫东巷”，“望江东路”改为“反帝路”，“百里路”改为“反修路”，“三官殿巷”改为“支农巷”，“蛟翔巷”改为“防修巷”，“花柳塘”改为“红心巷”等等。

上例并列删除了6个“把”。

以上充分说明，现代汉语中介词“把”的并列删除现象是比较多见的。而且就文体来看，有文学评论、小说、散文、学术著作、学术论文、诗歌、教材等，有大陆学者，有台湾学者，可见，是比较成熟的。大多和动词一起作谓语，也有个别作定语的，如例(21)、例(23)。

吕叔湘(1984)又说：“别的介词……能一气管两个不连在一起的宾语吗?”“别的介词能有第二种用法我一时还想不起来。”

其实，现代汉语中介词“将”也有并列删除用法，用例仅次于

“把”。下面也是每位作者只举1例，如：

（28）有些小说中，将大人说的话给小孩子说，男人说的话给女人说，混杂一起，使阅者不知道究竟是谁说的。（清华小说研究社《短篇小说作法》）

（29）常见近今有许多小说，著者因为要想将情节写得奇特一点，色彩描绘得浓厚一点，便弄得书中所举的人物，不像世上所应有的人物；书中所叙的事情，也不像世上所应有的事情——《啼笑因缘》却完全没有这个弊病。（严独鹤《〈啼笑因缘〉序言》）

（30）我将“文学杂志”的诗交给夏菁，“文星诗页”则交给子豪。

（31）鲁迅对归化所下的定义是：“改作，将事改为中国事，人也化为中国人。”

（32）还有部分中原人迁到福建一带，将福州改名为晋安，泉州改名为晋江。

（33）如果将西湖比宋词，钱塘江比唐诗，西溪则宛如语言和情感还来不及修饰的《诗经》：蒙昧、混沌又杂乱，杂乱中暗含着生命的秩序和神圣的清晰，或幽怨或热烈都率真直白，简单明了，如孩童般心无尘滓。

“以”字也有并列删除用法，例如：

（34）世上有如此不知肉体上的痛苦的女人，以及如此以残酷为乐，丑恶为美的男子真是奇事怪事。（鲁迅《随感录·四十二》）

上例“以”字结构也作定语。

（35）据太平闲人考书中之意，以《大学》为祖，《中庸》为宗，以《周易》演稍长，以《国风》正贞淫，以《春秋》示予夺，《礼经·乐记》，融会其中。（张笑侠《读红楼梦笔记》）

上例前面2句用并列删除，后面3句未并列删除，是正常用法。

（36）如《东君》写日神：“青云衣兮白霓裳，举长矢兮射天狼”，以云为衣，霓为裳，耀武长空，完全是一副潇洒而又威严的日神气概。

(37) 这些作品以男女私情为名，弘扬自由恋爱为实，具有反封建桎梏的积极意义。

(38) 白先勇出国之后，国内的同人以王文兴为主力，郑恒雄等为辅，但我们这三个外人也经常分担编务，有时甚至一连主编几期。

(39) 小阮畦春——晋阮籍之侄阮咸，人称小阮。后借以此为叔侄之称：以大阮为叔，小阮为侄。

(40) 在“V_1 (+ NP) + 使/令/教/交 (+ NP) + V_2/A”结构中出现的使役动词有“教”“令”，以“教”字句为主，“令”字句次之。

(41) Hawkins 认为领属关系的实质是以人为中心，以生命为主导，非生命为附属的构建模式（Hawkins1981）。

上例“以”字结构也作定语。

电视连续剧《决战华岩寺》中怀空大师有这样的台词：“以慈悲为怀，忍辱为重。”也是介词并列删除。

现代文学评论有并列删除 6 个“以”字，例如：

(42) 这是蔡元培《石头记索隐》的主张：以红影朱，石头影金陵，黛玉影朱彝尊，熙凤影余国柱，湘云影陈维崧，宝钗影高江村，宝玉影射废太子胤礽。(读云《红学杂记》)

“连”字也有并列删除用法，例如：

(43) （一）知识阶级中人和城市劳动者，还是隔膜得厉害，知识界人不但没有自身经历劳动者的生活，连见闻也有限，接触也很少；……（郎损（沈雁冰）《评四、五、六月的创作》）

(44) 我一看入港，连病也忘了，天热也忘了，终日看，通宵看，眼酸也不管，还不时打连珠的哈哈。(徐志摩《〈醒世姻缘传〉序》)

(45) 他连香烟都不抽，酒也不喝。

(46) 奶奶说：“……它那么不一般，却怎么连墙也垒不成，台阶也垒球不成呢?”

上面都并列删除1个“连”，也有并列删除2个“连”，例如：

（47）接着是又听说我们中国连Wilde也有了，Johnson也有了，Tagore也有了，什么也有了什么也有了……（刘复《骂瞎了眼的文学史家》）

（48）我一个人连吃也不想吃，说也不想说，花钱也不愿花。

“被”字也有并列删除用法，例如：

（49）他被李四骂了两声，王五踢了三下。

（50）有些成活已二三年了的小树，被人折、牛咬、羊啃，伤痕累累，可怜巴巴地立在公路旁，还不如没有这棵树好看。

（51）屈原、曹植、李煜、曹雪芹，便是将这种光影用文字组成篇章，保留得完整的几个人，这些人写成的作品，虽各不相同，所得启示必古今如一，即被美所照耀，所征服，所教育是也。

陈力（2007：27）举有如下的例子：

（52）庄稼被人踏、马踩、炮轰，都变得……

上面3例并列删除了2个“被”。

苗语也有，例如：

（53）tsa^{55}daw^{33}dau^{21}　[tsa^{55}nklw^{33} ntau^{33} a^{53} di^{21},

小王　被　小张　打　二　手

tas^{33}zaw^{21} da^{33} yi^{53} dw^{33}]

小龙　踢　一　脚

小王被小张打了二下，小龙踢了一脚。

苗语很可能是受汉语的影响，是语言接触的结果。

“给”字也有并列删除用法，例如：

（54）“……你到土地庙里去捐一条门槛，当作你的替身，给千人踏，万人跨，赎了这一世的罪名，免得死了去受苦。”（鲁迅《祝福》）

（55）什么私事都给采访们去传说，通讯员等去发表。（钱锺书《魔鬼夜访钱锺书先生》）

（56）骑马带子都露出来给千人瞅，万人看，也不害臊，也不识羞的。（周立波《暴风骤雨》）

“为”字也有并列删除用法，例如：

（57）其分数、倍数以及部分约数、零数、虚数表示法，均带有鲜明的近代汉语特点，为古代汉语所不备，现代汉语所鲜见。

“用”字也有并列删除用法，例如：

（58）他们因为所信的主义，牺牲了别的一切，用骨肉碰钝了锋刃，血液浇灭了烟焰。（鲁迅《“圣武”》）

（59）他们却立刻拿刀把蛋糕用右手拿着，左手托着，一大口一大口地吃了起来，吃得鼻尖上都沾上了奶油！

（60）但就在此幻觉之下，为迎接佳人的到来，她在水中筑起了新房；用荷叶做屋顶，用香草紫贝修砌墙壁铺垫庭院，厅堂中撒满香椒，用桂木做梁，木兰为椽，辛夷木的门楣用白芷花做装饰，薜荔枝叶编成帷帐，蕙草做隔扇，用白玉镇席，把石兰花散布到各处散发芳香……总之无不精美绝伦。

（61）“……明年轮到我当办，我用鲤鱼来代替！鸭蛋代鸡蛋！小碗代大碗！……”（鲁彦《黄金》）

上例并列删除”了2个“用”。

刘丹青（2003：142）举有如下1例：

（62）c. 他用蓝色的盆来洗脸，红色的盆来洗碗。

“比”字也有并列删除用法，例如：

（63）世界上还有比怀孕的少妇更可怜，年轻的母亲更可爱的吗？（老舍《我这一辈子》）

（64）“买一件纪念品吧，”那小贩
蹲在墙角招呼着游客
招呼白发登城的我
“不用了，”我应他以苦笑
凭历劫不磨的石砖起誓
我不是匆匆的游客，是归魂

正沿着高低回转的山势
归来寻我的命之脉，梦之根
只为四十年，不，三千里的离根
比屈原更远，苏武更长
这一块一块专疗的古方
只一帖便愈

“让”字也有并列删除用法，例如：

（65）因此，我完全同意何芸樵的观点，他曾经谴责现代小学教科书让熊哥哥这样说，兔弟弟那样说，进而指控动物使用了它们所不可能有的语言，使得兽类也像人类一样的奸佞欺诈。（林语堂《言论自由》）

（66）这一千多公顷的绿色处女地，文明的黑脚印不许鲁莽践踏的生态保护区，幸存于烟囱、挖土机、扩音器之外，为走投无路的牧神保留一隅最后的故乡，让飞者飞，爬者爬，游者从容自在地摇鳞摆尾，让窒息的肺叶深深呼吸，受伤的耳朵被慰于宁静，刺痛的眼睛被抚于翠青。

上例连用2组介词“让”的并列删除用法，各并列删除2个“让”。

（67）日前，英国《金融时报》中文网发表了《现行社保制度的“劫贫济富”效果》一文（下称“FT文”），文章称，“社保制度建立的初衷是改善人们尤其是那些穷人的境况，但当这个政策推行之后，它却似乎起到了‘劫贫济富’的作用，让穷者愈穷，富者愈富。”

就是吕叔湘先生在给王希杰先生《汉语修辞学》写的序言中也用到介词“让”的并列删除用法，例如：

（68）这个原则可以叫做“适度”，只有适度才能不让藻丽变成花哨，平实变成呆板，明快变成草率，含蓄变成晦涩，繁丰变成冗杂，简洁变成干枯。

上例并列删除了5个“让”。

“在”字也有并列删除用法，例如：

（69）野马跑得更远了，我们须在文学外去论文学，小说外去论小说。（俞平伯《谈中国小说》）

（70）在东京的青山墓地看，上野公园看，千鸟渊看……；在京都看，奈良看……；雨中看，雾中看，月下看……日本到处都有樱花，有的是几百棵树拥在一起，有的是一两棵花树在路旁水，边悄然独立。

上例前面部分并列删除了2个“在”。

（71）该文对北京大学《汉语方言词汇》中的温州方言词汇在记音上不纯正，释词上不准确，用字不恰当处作了大量更正。

上例并列删除了2个“在”。“在”字结构也作定语。

“到”字也有并列删除用法，例如：

（72）正如侯仁之教授在《中国古代地理学简史》中指出的那样：“……最初，他们必须知道到什么地方去捕鱼，什么地方去打猎，什么地方去采集作为食物的果实和块根等等。……”

上例并列删除了2个“到”。

“由”字也有并列删除用法，例如：

（73）虽然用叙述笔法也可以描写，但有对话则可由复杂变简单，板滞变活泼；还可以表现人物的年龄，性格，学识出来，是最要紧的。（六逸《小说作法》）

（74）最早的自由诗由郭沫若领头，艾青继之，对于破旧诗之陈规虽有作用，但是对于立新诗之法却未能竟其全功。

董秀芳（2009：28）说：

介词并列删除消失的确切时间，我们一时还无法确定。但这一点并不影响本文所要论述的主要问题，即通过古今介词的对比来探讨现实化过程所表现出的特点。

从上面众多的例子可以看出，现代汉语共有“把、将、以、连、被、给、为、用、比、让、在、到、由”13个介词有并列删除现象，有的还较常见，如“把”字。可见，现代汉语介词并列删除现象并非少见，是显性语法现象，更不用说“消失”了，因此，董秀芳（2009）说法不符合汉语事实。而且，我们乐观地预测，汉语介词以后会一直并列删除下去。

（二）

董秀芳（2009：26—27）说：

古代汉语中被一些论著认为介词的形式，实际允许进行并列删除，如：

杀人以梃与刃有以异乎？（《孟子·梁惠王上》）

此例中，“以梃与刃”是“以梃与以刃”删除后一个“以”的结果。可见上古汉语中“以”作为介词是允许并列删除的。如果把这个句子译成现代汉语，就不能使用删除形式：

*/?? 用梃还是刀杀人有区别吗？

用梃还是用刀杀人有区别吗？

董秀芳（2009：27—28）又说：

古代汉语中类似的介词并列删除的例子还有：

以天为盖，以地为舆，四时为马，阴阳为御，乘云陵霄，与造化者俱。（《淮南子·原道训》）

此例中介词短语处于动词之前，并列的实际不光是介词短语，而且也包括其后的动词短语，也就是说，是“以 + NP + VP”结构的并列。以上例子中有四个这样的结构并列出现，前两个结构中“以”出现，后两个结构中“以”被删除了，即“四时为马”当为“以四时为马”的省略，“阴阳为御”当为“以阴阳为御”的省略。

然亮才於治戎为长，奇谋为短。（《三国志·蜀书·诸葛亮传》）

此例中，“奇谋为短”是“於奇谋为短”由于与“於治戎为长”并列而删略“於”的结果。此例中的介词短语也处于动词之前。

把以上例子中的“以”和“於”判定为介词在研究古汉语的

论著中基本上没有争议，这样认定的主要依据是：其后带有名词，出现在一个动词性成分的前面，而且不再是主要动词。但在并列删除的特性上，以上例子中的“以”和“於”的表现与动词相同。因此可以说这样的“以”和“於”的介词性不如现代汉语中的相应形式强，其语法化程度相对较低。注意，“以”和“於”可以看做汉语中的老牌介词，早在先秦时期就有介词用例，但即使如此，其语法化程度至少直到中古时期仍与现代汉语中的典型介词有别。

在古汉语中寻找介词的并列删除的用例不是很容易，因为出现并列删除的句法环境并不是很常见。本文的目的不在于对介词的并列删除现象作穷尽性调查，因此举例以能说明问题为限。

我们也发现古代汉语介词并列删除的一些例子，如：

（1）故以智王天下者屏刑，力征诸侯者退德。（《商君书·开塞》）

（2）王公亦遽命驾，飞辔出门，犹患牛迟，乃以左手攀车阑，右手捉麈尾，以柄助御者打牛，狼狈奔驰，劣得先至。（《世说新语·轻诋》注引《妒记》）

（3）以情志为神明，事义为骨髓，词采为肌肤，宫商为声气……义脉不流，偏枯文体。（《文心雕龙·附会篇》）

上例并列删除3个“以”。

（4）文章当以理致为心肾，气调为筋骨，事义为皮肤。（《颜氏家训·文章篇》）

上例并列删除2个“以”。

（5）土人预备墨纸刷帚入其中，以手摸石壁，觉有罅隙若镌刻者，以墨刷其上，纸覆其上，印模而出，洞亦随闭。（宋·庞元英《谈薮》）

（6）大率平生乐处欲以天地为囿，江汉为池，适其天，斯为大快，比之盆鱼笼鸟，其钜细仁忍何如也。（清·郑板桥《潍县署中与舍弟墨第二书》）

（7）考《太公金匮》云：“……尚父乃以甲乙日拔其头箭，丙

丁日拔其目箭，戊己日拔其腹箭，庚辛日拔其股箭，壬癸日拔其足箭。……”（林纾《小说杂考》）

上例并列删除了4项。

文言小说也有，例如：

（8）即以铁钮系其颈，皮絳拴其腰，驱至鬼王之座下，告曰：“此即在世不信鬼神，凌辱吾徒之狂士也。”（明·瞿佑《剪灯新话·太虚司法传》）

（9）元大德二年戊戌，孛罗以故相齐国公子拜宣徽院使，奄都剌为佥判，东平王荣甫为经历，三家联住海子桥西。（明·李祯《剪灯余话·秋千会记》）

上例并列删除了2个“以”。

（10）郁乃商之刘仲，仲曰：“……若能以二百金为聘，四十金酬我，我当曲为成之。”（清·墅西逸叟《孀姝殊遇》）

（11）《太平御览》十二引《阴谋》所载，与此略同，同以祝融、元冥、勾芒、蓐收为四海之神，冯修为河伯之神，使谒者各以其名召之，五神皆惊云云。（清·梁章钜《归田琐记》卷7）

文学评论也有，例如：

（12）艺苑以高则诚《蔡中郎传奇》比杜贞文，关汉卿《崔张杂剧》比李长庚，甚者以施君美《幽闺记》比汉魏诗。（明·天都外臣《水浒传序》）

（13）更可喜者，如以一丈青配合王矮虎，王定六追随郁保四，一长一短，一肥一瘦，天地悬绝，真堪绝倒。（明·无名氏《又论水浒传文字》）

（14）予逊谢曰：“才子名姝，俱毓山川之秀，故以芝兰为性，琬琰为才。……”（清·烟水散人《合浦珠·序》）

（15）至于以弟子起，孝子结，一片天命民彝，殷然慨恻，又以玉楼、杏庵照出作者学问经纶，使人一览，无复有前此之《金瓶》矣。（清·张竹坡《第一奇书非淫书论》）

（16）今夫《红楼梦》之书，立意以贾氏为主，甄姓为宾，明

矣真少而假多也。(清·梦觉主人《红楼梦序》)

(17) 盖五行各有其事，而以土为君，木为观，职在使民，火为明，职在知人，金为主，职在止乱，水为臧，职在终孝，土居中央，而万物以生。(清·周之标《封神演义序》)

(18) 今我以《水浒传》为前传，《结水浒》为后传，并刊以行世，俾世之阅之者，懔然以惧，废然以返，俾知强梁者不得其死，奸回者终必有报。(清·王韬《水浒传序》)

(19) 谈狐说鬼者，自以纪昀《阅微草堂五种》为第一，蒲松龄《聊斋志异》次之，沈起凤《谐铎》又次之。(清·邱炜萲《菽园赘谈》)

上例并列删除了 2 个"以"。

(20) 彼以生活为炉，苦痛为炭，而铸其解脱之鼎。(王国维《〈红楼梦〉评论》)

明代笑话也有，例如：

(21) 如舟行讳住，讳翻，以箸为快儿，幡布为抹布；讳离散，以梨为圆果，伞为斗笠；讳狼藉，以郎槌为兴哥；讳恼躁，以谢灶为谢欢喜。(明·冯梦龙《古今笑·迂腐部第一·忌讳》)

学术著作也有，例如：

(22) 四声之辨，古人未有……旧说必以平叶平，仄叶仄也，无亦以今泥古乎。(明·陈第《毛诗古音考》)

以上介词是"以"。别的介词也有，例如：

(23) 时或男化为女，女化为男，由高岸为谷，深谷为陵也，应政为变，为政变，非常性也。(东汉·王充《论衡·无形篇》)

(24) 今蒙元戎慰恤，监护抚安，若非天地之重慈，安见军民之受赐?(元·脱脱等《宋史》)

上例从北京大学语料库所得。《汉语大词典》收"监护"，有"亦指负有监督管领之责的官员"义，如："及明宗为魏军所迫，时皇后曹氏、淑妃王氏在常山，使建立杀其监护并部下兵，故明宗家属因而保全。"(《旧五代史·晋书·王建立传》) 由上可见"监护”也可以是官名，是名词，这样才与“元戎”（这里是“主将；统帅”义，见《汉语大词典》）呼应。

（25）故佛在竖中求，横处成；涅槃在横处求，竖中人。（清·金圣叹《唱经堂语录·杂纂》）

（26）于圣人之书而能神而明之者，吾知其而今而后，始不敢于《易》之下作《易》传，《书》之下作《书》传，《诗》之下作《诗》传，《礼》之下作《礼》传，《春秋》之下作《春秋》传也。……于诸家之书而诚能搴裳去之者，吾知其而今而后，始不肯于《庄》之后作广《庄》，《骚》之后作续《骚》，《史》之后作后《史》，《诗》之后作拟《诗》，稗官之后作新稗官也。（金圣叹《第五才子书施耐庵水浒传》卷1）

上例2处并列删除了4个“于”。

（27）至《三国演义》为杭永年评，《西游》为汪澹漪评，《金瓶梅》为张竹坡评，则知者鲜矣。（清·俞樾《茶香室丛钞》）

上例并列删除了2个“至”。

清末政论文也有，例如：

（28）同时日本国的出洋人员回了国后，就把国政大变的变起来，西洋大儒的学说大倡的倡起来，朝廷若不依他们，他们就倡起革命来，所以能把日本国弄到这个地步。（清·陈天华《警世钟》）

“把”字并列删除现象在古代汉语中少见。

（29）叟曰：“人皆有心好道而不能修行，能好道复能修行，精神不退，勤久其事，不被声色所诱，名利所惑，奢华所乱，是非所牵，初心不变，如金如石者，难也，百千万人无一人矣，何谓好道也？”（前蜀·杜光庭《墉城集仙录》卷8）

上例并列删除3个“被”字。“被”字并列删除现象在古代汉语中也不多见。

（30）天积气耳，非若形质而有拘碍，盖愈高则愈清，愈清则愈寒，为神灵之所居，三光之所悬。（宋·赵彦卫《云麓漫钞》卷2）

（31）其为鬼所惑、怪所啖，抑或为盗所诱，均不可知，而此

人遂长已矣。（清·纪昀《阅微草堂笔记》卷12）

（32）诸流人虽各拟遣，而说者谓至半道为虎狼所食，猿狖所攫，或饥人所啖，无得生也。（清·佚名《研堂见闻杂录》）

上面2例并列删除2个“为”字。

以上可见，古代汉语中介词的并列删除现象也不罕见，而且时间跨度也大，从先秦到清末一直未中断。介词有“以”“由”“蒙”“在”“于”“至”“把”“被”“为”9个。与现代汉语不同的是，古代汉语以“以”为最多。

（三）

近代汉语中，介词“把”字的并列删除现象更多，据我们不完全统计，下面的作品中都有，而且有的甚至很多，例如《朱子语类》《西厢记诸宫调》《遇恩录》《全相平话五种·乐毅图齐》《元朝秘史》《西厢记》《裴少俊墙头马上》《东堂老劝破家子弟》《还牢末》《唐三藏西游释厄传》《牡丹亭》《明珠记》《尼姑思凡》《霸亭庙》《永团圆》《清忠谱》等。以上的文体比较杂，有语录、诸宫调、史书、平话、戏曲等。

明清白话小说例子更多，例如：《西游记》《明刻话本四种·王魁》《醒世恒言》《二刻拍案惊奇》《金瓶梅词话》《韩湘子全传》《清夜钟》《魏忠贤小说斥奸书》《型世言》《西洋记》《艳史》《痴人福》《西湖二集》《醋葫芦》《醒世姻缘传》《醉醒石》《醒风流》《钟馗斩鬼传》《钟馗平鬼传》《快心编》《十二楼》《连城璧》《隋唐演义》《说唐后传》《善恶图全传》《金屋梦》《儒林外史》《忠孝勇烈奇女传》《红楼梦》《野叟曝言》《绣屏缘》《姑妄言》《后红楼梦》《飞龙全传》《终须梦》《五虎平西》《儿女英雄传》《续红楼梦》《温凉盏》《女仙外史》《跻春台》《海公小红袍全传》《施公案》《黑籍冤魂》《负曝闲谈》《回天绮谈》《中国现在记》等。

子弟书也有，例如：

（1）应伯爵一边吃酒一边听话，听到此把眉儿一皱脸儿一沉，说求人的事儿你且慢讲，像那种财主的脾气也难认真，那西门素日虽说偏待我，也不过席前酒后一时的新。（清·佚名《续钞借银》）

也有并列删除2个“把”的，例如：

（2）惟我知之，把腿儿相压，脸儿相偎，手儿相携。（明·李日华《南西厢记》第31出）

（3）［生低答］和你把领扣松，衣带宽，袖梢儿着牙儿苫也，则待你忍耐温存一晌眠。（明·汤显祖《牡丹亭》第10出）

（4）把老头巾早摔开，烂丝绦来撇下，破蓝衫都抛送。（明·张韬《霸亭庙》）

（5）只是黄天监那个狗才，当初我要用着他，所以把酒馆与他吃、衣服与他穿、大船与他坐，如今新郎是自己做了，还要他做甚么？（清·李渔《意中缘》第17出）

（6）劝你把疑根杜，亲爷早唤，阿母忙呼。（清·李渔《巧团圆》第33出）

以上是戏曲，小说更多，例如：

（7）妲己自把乌云髻松，金冠袅弹，霞鬓散乱，走入殿上，哭见纣王。（元·佚名《武王伐纣平话》卷上）

（8）尚师徒哪里是伍云召对手，看看又战不过了，尚师徒又把马头上的毛一拔，那马又嘶呖呖一声叫，口中又吐出一口黑烟，望云召的马一喷，那追风马惊跳起来，把头一竖，前蹄一仰，后蹄一蹲，把云召从马上翻跌下来。（清·佚名《说唐前传》第19回）

（9）把头一低、袖一摆、一只金莲朝后一起。（清·佚名《五虎平西》第105回）

（10）顾先生也不破他的杆子，只把右腿一撤，左腿一趄，前身一低，纪献唐那条杆子早从分脊梁上面过去，使了个空。（清·文康《儿女英雄传》第18回）——第25回另有“把小眼皮儿一搭撒，小脸儿一括搭，小腮帮子儿一鼓”。

也有并列删除3个“把”的，例如：

(11) 轻薄鬼把眉一挤，眼一弄，鼻子一嗤，嘴一咧就要想跑，早被穷鬼抓将过来，攒了几攒，搠了几搠，竟是比灯草还轻，空有一身轻肉，并无一点子骨头。(清·烟霞散人《钟馗平鬼传》第15回)

(12) 他把房官荐卷比作“结胎”，主考取中比作“弄璋”，中了副榜比作“弄瓦”，到了留作备卷到头来依然不中，便比作个“半产”。(《儿女英雄传》第35回)

(13) 管家过去，把衣帽拿来，顶帽放在桌上，靴子摆在榻前，袍套放在榻上，请老爷起身，替他穿戴。(清·彭养鸥《黑籍冤魂》第14回)

也有并列删除4个“把”的，例如：

(14) 遂把八戒吊在东廊，沙僧吊在西边，唐僧吊在中间，白马送在槽上，行李收将进去。(明·吴承恩《西游记》第33回)

(15) 二人把被儿裹着，手儿挽着，脚儿勾着，嘴儿偎着，舌儿衔着，呼呼的正是睡去。(明·伏雌教主《醋葫芦》第20回)

“将”的并列删除用例也较多，下面的作品都有，而且有的还很多，例如《朱子语类》《宣和遗事》《元秘史》《桃花女破法嫁周公》《梧桐雨》《人兽关》等，以上的文体有语录、史书、戏曲。白话小说例子更多，例如《金瓶梅词话》《醒世恒言》《韩湘子全传》《封神演义》《辽海丹忠录》《西湖二集》《后水浒传》《醉醒石》《忠孝勇烈奇女传》《凤凰池》《说唐前传》《隋唐演义》《快心编》《金屋梦》《姑妄言》《生花梦》《梦中缘》《野叟曝言》《双龙传》《吴江雪》《后红楼梦》《续红楼梦》《红楼复梦》《儿女英雄传》《七剑十三侠》《绿野仙踪》《跻春台》等。

也有并列删除2个“将”的，例如：

(16) 凡教去处，将坚石撞碎，崖子冲破，深水横断。(元·佚名《元秘史》卷10)

(17) 懒将这杜诗温，韩文叙，柳文学。(明·兰陵笑笑生《金瓶梅词话》第77回)

（18）［丑换飘巾、艳服，作娇态上］缓步入官舱，先将这话儿温，态儿妆，胆儿雄，心儿壮也。（清 · 李渔《意中缘》第 14 出）

也有并列删除 4 个“将”的，例如：

（19）佛教最为害道，今纵不可遽灭，合与改正，将佛氏改为宫观，释迦改为天尊，菩萨改为大士，罗汉改为尊者，和尚改为德士，皆留发顶冠执简。（宋 · 佚名《宣和遗事》亨集）

也有并列删除 5 个“将”的，例如：

（20）不期的太仆名帖相邀，满心欢喜，便欣然将胡须制得光光，衣裳穿得楚楚，巾儿带得方方，牙儿漱得白白，方舄鞋儿着得齐齐整整，白骨扇儿揩得干干净净，一程来见太仆。（清 · 烟霞散人《凤凰池》第 12 回）

“以”也有并列删除现象，例如《敦煌变文》《朱子语类》《三朝北盟会编》《汉宫秋》《包青天奇案》《西游记》《初刻拍案惊奇》《禅真后史》《隋史遗文》《咒枣记》《飞剑记》《醒世姻缘传》《俗话倾谈》等。

也有并列删除 2 个“以”的，例如：

（21）立有一臣［言］：“以脚入象厩中者截其脚，手牵象者当截其手，眼视象者当挑其眼。”（《敦煌变文 · 太子须大拏经》）

（22）天下只是这道理，终是走不得，如佛老虽是灭人伦，然自是逃不得，如无父子，却拜其师，以其弟子为子，长者为师兄，少者为师弟。（宋 · 黎靖德《朱子语类》卷 126）

（23）以朱砂为父，水银为母，黑铅为子，用文武之火，收日月之精，七还九返，炼成了金丹。（明 · 邓志谟《咒枣记》第 14 回）

（24）既而教纯阳子炼丹之法，以白汞为母，朱砂为父，黑铅为子，置一座日月炉，用一般文武火，七回九转，炼得个丹药而成。（明 · 邓志谟《飞剑记》第 3 回）

（25）世上有这一伙烧丹炼汞之人，专一设立圈套，神出鬼没，

哄那贪夫痴客，道能以药草炼成丹药，铅铁为金，死汞为银。（明·凌濛初《初刻拍案惊奇》卷18）

也有并列删除4个“以”的，例如：

（26）今是则五福以长命为第一，有钱为第二，平安为第三，好善为第四，好死为第五，而功名贵格不在内焉。（清·邵彬儒《俗话倾谈二集·借火食烟》）

也有并列删除5个“以”的，例如：

（27）夫最上乘乃无上至真之妙道也，以太虚为鼎，太极为炉，清静为丹基，无为为丹母，性命为铅汞，定慧为水火。（明·清溪道人《禅真后史》第60回）

“连”也有并列删除现象，例如《西游记》《痴人福》《醒世姻缘传》《照世杯》《闪电窗》《姑妄言》《奈何天》等。

也有并列删除2个“连”的，例如：

（28）你看世上最误事的是人身上这一腔子气，若在气头上，连天也不怕，一也不怕，王法、官法也不怕，霎时就要取人的头颅，破人的家产。（清·酌元亭主人《照世杯》第4回）

“被”也有并列删除现象，例如：

（29）舞榭歌台，风流总被雨打风吹去。（宋·辛弃疾《永遇乐·京口北固亭怀古》）

（30）尝见一僧云：“今人解书如一盏酒，本自好；被这一个来添些水，那一人来又添些水，次第添来添去，都淡了！”（黎靖德《朱子语类》卷102）

（31）则被这枷扭得我左侧右偏，人拥得我前合后偃。（元·关汉卿《窦娥冤》第3折）

（32）一日，痛到极处，叫新妇到床前，细气低声曰：“……被灶君奏天，婆婆又告发。……”（邵彬儒《俗话倾谈二集》下卷“砒霜钵”）

“为”也有并列删除现象，例如：

（33）不知女子当以德与节为主，节是不为情欲所动、贫贱所

移、豪强所屈，坚贞自守；德是不淫、不盗、不贪、不悍、不妒，骄奢、懒惰、利口、轻狂。（明·陆人龙《型世言》第16回）

上例并列删除2个“为”。

（34）况天恩隆重，千古罕见，若一一敷陈，必有可观，岂不为朝廷生色、处士增光？（明·周清源《西湖二集》卷3）

（35）迩来为穷愁所迫，炎凉所激，于难消遣时，恨不自撰一部世情书，以排遣闷怀。（清·张竹坡《竹坡闲话》）

“自”也有并列删除现象，例如：

（36）自西门而入县中，前街行过后街，南巷游过北巷，思要寻一个阀阅门第尊贵的父母投胎托生。（邓志谟《飞剑记》第1回）

上例并列删除2个“自”。

（37）据值日阴阳生毛林呈称：嘉靖三十四年十二月十二日半夜子时，地震响声自西北来，东南去。（明·佚名《戚南塘剿平倭寇志传·赵文华劾本天官》）

“从”也有并列删除现象，例如：

（38）师曰：“从眼根返源名文殊，耳根返源名观音，从心返源名普贤。……”（宋·普济《五灯会元》卷4“长沙景岑禅师”）

（39）日从东畔升，西畔沉。（黎靖德《朱子语类》卷1）

“向”也有并列删除现象，例如：：

（40）若是学语之流，不自省己知非，直欲向空里採花，波中取月，还著得心力么？（《五灯会元》卷13）

“与”也有并列删除现象，例如《王粲登楼》《西游记》《野叟曝言》《占花魁》《金瓶梅回评》等。

下面2例并列删除了3个“与”，例如：

（41）那猴在山中，却会行走跳跃，食草木，饮涧泉，采仙花，觅树果，与狼虫为伴，虎豹为群，獐鹿为友，猕猿为亲，夜宿石崖之下，朝游峰洞之中。（明·吴承恩《西游记》第1回）

（42）我怎肯与鸟兽同群，豺狼作伴，儿曹同辈。（元·郑光

祖《王粲登楼》)

“往”也有并列删除现象，例如：

(43) 往山南一滚，滚杀五千；山北一滚，滚杀五千；从东往西一滚，只怕四五万砑做肉泥烂酱！(吴承恩《西游记》第74回)

“在”也有并列删除现象，例如《金瓶梅词话》《西游记杂剧》《飞剑记》《照世杯》《醒世姻缘传》《蜃中楼》《五色石》《续红楼梦》等。下例并列删除2个“在”，例如：

(44) 丈夫生在世上，伟然七尺，该在骨头上磨练出人品，心肝上呕吐出文章，胼胝上挣扎出财帛。(酌元亭主人《照世杯》卷2)

下例并列删除3个“在”，例如：

(45) 却说乾系屯吃醉了酒，遍身流汗，将手儿在脸上抓一抓，身上扒一扒，脚上搊一搊，腿上揸一揸，指甲里藏有几多黑垢，遂做成一个团儿，约有樱桃般大，示着众人说道：“此一粒灵丹，有能再拜我者，吾以此丹饵之。”(邓志谟《飞剑记》第10回)

“用”也有并列删除现象，例如《金瓶梅词话》《隋史遗文》《钟馗斩鬼传》等。下例并列删除了2个“用”，例如：

(46) 也是合当有事，祸便是这般起，于是一把手采过大姐头发来，用拳撞、脚踢、拐子打，打得大姐鼻子流血，半日苏醒过来。(兰陵笑笑生《金瓶梅词话》第92回)

“到”也有并列删除现象，例如：

(47) 复到五松岩救出二姐，岩底救出丞相，东岩救出二宫女，和气马避魔汤一盏与他解了妖毒。(明·朱鼎巨《南海观音菩萨出身修行传》第25回)

“替”也有并列删除现象，例如：

(48) 快替我捶他几拳，捏他几下。(清·李渔《奈何天》第13出)

“赶”也有并列删除现象，例如：

(49) 赶着春梅叫大姑，迎春叫二姑，玉箫是三姑，兰香是四

姑，都见过礼。（兰陵笑笑生《金瓶梅词话》第46回）

（50）平昔这妇人嘴儿乖，常在门前站立买东买西，赶着傅伙计叫傅大郎，陈经济叫姑夫，贲国叫老四。（《金瓶梅词话》第24回）

上例并列删除了2个“赶”。魏红（2012：158）说：“‘赶’还有介引称呼对象的用法，特点是后面一般用‘着’字，即为‘赶着’的形式。所组成的介词结构引进称呼的对象，只与称谓动词搭配，如‘叫’。明清山东方言文献中这类用法，《金》中出现12例，《醒》中出现15例。”冯春田等（2012：561）说：“‘赶着’用于介引称谓对象，《金》13例，《醒》6例，《聊》2例。”数据不一。据目前所掌握的材料来看，具有介词删除现象的只出现在《金瓶梅词话》中。

“蒙”也有并列删除现象，例如：

（51）今蒙齐天大圣相邀，我天尊符召，到此捕你这妖精。（吴承恩《西游记》第66回）

关于介词并列删除现象，不同学者有不同说法。吕叔湘（1984）把它当作介词的特殊用法。冯春田（1991：57）认为介词并列删除现象是“合用”，是“承前省略”，从结构关系上说，也可说是一个“把”字辖两项“N + VP”。其实，上面所举好多例子是一个介词辖3项甚至更多的“N + VP”。刁晏斌（2001：58—59）也认为是“省略”，严格说来是“合用”。蒋冀骋、吴福祥（1997：589）也提到这种用法，认为是“同一个介词控制两个或两个以上的宾语”。这种说法也不确切，因为这介词并非只是控制“宾语”，其实也与后面的谓语有联系。

陈力（2007：27）说：

这些句子里的被动部分，在现代汉语口语里说出来都会觉得有点儿别扭。语感上总感觉应在每个并列项（N_2VP）前加一个“被”以引入施事才更顺畅。比如把（23’）说成：

（23’）庄稼被人踏、被马踩、被炮轰，都变得……

即便形式上没有这个“被”，说话人和听话人也倾向于在潜意识中加上一个“被”。这是因为在说现代汉语的人的脑子里，“被”已经凝固成被动标记了。而书面语中之所以合法保留了这种没有“被”的格式，是否在提示我们：在历史上“被”曾经以“遭受”义统领其后的具体遭受内容，无论这一内容是一个词，还是一个复杂的结构。

我们以为陈力（2007）的说法不符合汉语事实。介词“并列删除”现象是一种显性语法现象，使用频率较高，介词的面又广，语感上并无“别扭”，是一种很正常的语法现象。

（四）

有些介词并列删除现象，不但并列删除了相同的介词，也并列删除了相同的定语或宾语等。例如：

（1）把春梅或是赶了，或是休了。（元·杨文奎《儿女团圆》第1折）

（2）教傅伙计把货卖一宗，交一宗。（明·兰陵笑笑生《金瓶梅词话》第79回）

（3）终日把人家活活的恼杀，活活的嗃杀，活活的气杀！（清·蒲松龄《聊斋俚曲·禳妒咒》）

（4）也罢，把他拔下簪珥，剥下衣服，脱下鞋子，撇在十锦塘上，奈何这小贱人一番。（清·李玉《占花魁》第23出）

（5）其实也不曾理得什么事，倒作成了那个魏实甫，自从湖墅设局起后，把米施舍一半，变卖一半，早弄下了好几个钱，因便装潢门第，招留奴婢起来。（清·大桥式羽《胡雪岩外传》第10回）

（6）钟文岳见旗军弃营逃走，传令军兵放箭射去，炮石打去，如飞蝗雨点相似，把将旗军杀的杀死、射的射死，此时杀得清军尸横遍野，血流成渠。（清·佚名《三春梦》第24回）

（7）又添聘了冷血、天竺、天僇三位赫赫有名的大文豪，把内容改的改良，照的照旧，居然又轰轰烈烈的燃起来了，教看报的如

何不喜？（报癖《论看〈月月小说〉的益处》）

（8）作者如不尽量把他展开，分析，将如一幅卷拢了的西洋名画，究竟不能使读者领略到丝毫之美，这如何展开最易表现，如何分析最易使表现强烈……（宓汝卓《小说的“做”的问题》）

（9）我们要在现代小说中指出何者是新何者是旧，唯一的方法就是去看作者对于文学所抱的态度；旧派把文学看作消遣品，看作游戏之事，看作载道之器，或竟看作牟利的商品，新派以为文学是表现人生的，诉通人与人间的情感，扩大人们的同情的。（沈雁冰《自然主义与中国现代小说》）

（10）说得更简单些，一位中国作家只要真能把中文写好，写美，就已经尽了他爱国之责了，因为历史和文化就在那语文之中。

（11）因为我们无论把“的”字分析为三个不同的语素，或是归并为一个，都找不到跟它们分布范围相同的别的语素。

（12）这有点像废名的文体了，把小说当诗写，当绝句写。

（13）逻辑文的贡献，恰如胡适评价所说：“他的欧化，只在把古文变精密了，变繁复了；使古文能勉强直接译西洋书而不消用原意来重做古文；使古文能曲折达繁复的思想而不必用生吞活剥的外国文法。”

以上例子把宾语“春梅”“货”“人家”“他”“米”“将旗军”“内容”“他”“文学”“中文”“‘的’字”“小说”“古文”也并列删除了。

（14）小妖道：“把这宝贝的底儿朝天，口儿朝地，叫他一声，他若应了，就装在里面贴上一张‘太上老君急急如律令奉敕’的帖子，他就一时三刻化为脓了。”（明·吴承恩《西游记》第33回）

（15）把身上小衣缝连了膝裤，衫儿连了小衣。（明·陆人龙《清夜钟》第2回）

（16）“把他的凤冠抓掉了，衣服扯掉了，赶了出去！”（清·吴敬梓《儒林外史》第29回）

（17）那和尚登时翻转面皮，说道：“……怎么，你把我的酒

也泼了，盅子也摔了！……”（清·文康《儿女英雄传》第5回）

（18）怎能个成就了姻缘，就死在阎王殿前，由他把那碓来舂，锯来解，磨来挨，放在油锅里去煠。（清·佚名《尼姑思凡》）

（19）宝钗一旁笑道：“……可记得旧年三四月里，他在这里住着，把宝兄弟的袍子穿上，靴子也穿上，额子也勒上，猛一瞧倒像是宝兄弟，就是多两个坠子。……”（清·曹雪芹，高鹗《红楼梦》第31回）

（20）第一，在修饰关系（限制关系）的结构中，词是可以分等级的；把主谓结构中的主语定为甲级，谓语定为乙级，把动宾结构中的动词定为乙级，宾语定为甲级，那就是牵强附会，完全是唯心的理论了。

以上例子把定语“这宝贝”“身上”“他”“我”“那”“宝兄弟”“主谓结构中”“动宾结构中”也并列删除了。

（21）若把这天理不放下相似，把一个空底物放这边也无顿处，放那边也无顿处；放这边也恐攧破，放那边也恐攧破。（宋·黎靖德《朱子语类》卷117）

（22）鲍师道：“……把那上好的素菜，其性滋润者，蒸熟捣烂，干燥者，炙炒磨粉，加以酥油、酒酿、白蜜、苏合、沉香之类，搜和调匀，做成熊掌、驼峰、象鼻、猩唇，各项珍馐样式。……”（清·吕熊《女仙外史》第31回）

（23）我也就老实不客气的把金君四五回的原稿，一面点窜涂改，一面进行不息，三个月功夫，一气呵成了二十回。（清·曾朴《孽海花代序——修改后要说的几句话》）

（24）她的写异性爱的文字不多，写自己的两性间的苦闷的地方独少的原因，一半原是因为中国传统的思想在那里束缚她，但一半也因为她的思想纯洁，把她的爱宇宙化了秘密化了的缘故。（郁达夫《中国新文学大系·散文二集》）

（25）创作者描写一篇作品，对于作品里的事物，也应该具有这样的辨别力，把该事物底个性一一辨别出来，一一描写出来；前代的作品，被写的人物，都是埋没个性的千篇一律的人物；如写男子必是才子佳人，写女子必是美人烈妇，那样呆笨的描写法，现在是极不宜学的了。（俍工编著《小说作法讲义》）

（26）在这一类的作品里，我尝试把中国的文字压缩，捶扁，拉长，磨利，把它拆开又拼拢，摺来且叠去，为了试验它的速度、密度和弹性。

（27）“不过”作副词虽也表示对范围的限制，但与“只”有一定区别，它还带有把所限制的事项往小里说、往轻里说的语气，这种用法上古时期已出现，近代汉语中仍沿用，如：（略）

以上例子把定语、宾语“一个”“空底物”“那上好”“素菜”“金君四五回”“原稿”“她”“爱”“该事物”“个性”“中国”“文字”“所限制”“事项”也并列删除了。

（28）文学的真实性的获取是在把握着感性的人类的活动的实践之认识，自然主义者才以描写范围的量的多寡来作决定，所以作为自然主义文学的特色，是在把一切事物不论价值地加以观察，加以罗列。（陈君冶《论写实小说答穆木天》）

上例把定语、宾语“一切事物”，状语“不论价值地”也并列删除了。

（29）乌鸦的故事：上帝要拣最美丽的鸟作禽类的王，乌鸦把孔雀的长毛披在身上，插在尾巴上，到上帝前面去应选，果然为上帝挑中；其他鸟类大怒，把它插上的毛羽都扯下来，依然现出乌鸦的本相。（钱锺书《读〈伊索寓言〉》）

上例把相同的定语、相同的宾语“孔雀”与“长毛”并列删除了。

（30）天尊道：“这‘儿女英雄’四个字，如今世上人大半把他看成两种人、两桩事：误把些使气角力、好勇斗狠的认作英雄，又把些调脂弄粉、断袖余桃的认作儿女。……”（清·文康《儿女英雄传》缘起首回）

（31）我们可以“随心所欲”地把 b 看成和 a 一样，或和 c

一样。不过“b 像 a”和“b 像 c”是不相容的，即互相排斥的，我们不能同时把 b 看成又像 a ，又像 c 。

上 2 例把宾语“他”“b”，谓语“看成”也并列删除了。

（32）我认为寓言要不得，因为它把纯朴的小孩教得愈简单了，愈幼稚了，以为人事里是非的分别、善恶的果报，也像在禽兽中间一样公平清楚，长大了就处处碰壁上当。（钱锺书《读〈伊索寓言〉》）

上例把定语、宾语和谓语动词、补语标志“得”都并列删除了。

“将”也有并列删除变式用法，例如：

（33）今日且将自家写得出、说得出底去穷究。（黎靖德《朱子语类》）

（34）我被许多狼仆抢至舟中，那万俟公子百般凌虐，已将我拔去簪珥，剥去衣服、鞋子，撇在十锦塘上。（李玉《占花魁》第 24 出）

以上例子把宾语“自家”“我”也并列删除了。

（35）急纵筋斗，跳起去，将葫芦底儿朝天，口儿朝地，照定妖魔，叫声“银角大王”。（明 · 吴承恩《西游记》第 35 回）

（36）奴兵乘胜驾云梯附城，守城人一见奴兵上城，便已逃走，被他大开城门，放进兵马，将城中资蓄尽行掳掠，妇女恣意奸淫。（明 · 陆人龙《辽海丹忠录》第 5 回）

（37）将西门庆作过恶册放在一头，善册放在一头，那恶册重有千斤，善册轻无二两，把个天平架子坠倒地地。（清 · 梦笔生《金屋梦》第 6 回）

（38）袭人遂将昨日与母亲作三周年脱孝念经，哥子花自芳私自约人相看，今日竟来插戴，以此气忿，将那东西砸碎，庚帖扯坏，自家情急刎颈，欲寻自尽的话从头哭诉一遍，要求太太作主救命。（清 · 陈少海《红楼复梦》第 1 回）

（39）懒将这杜诗温，韩文叙，柳文学。（明 · 兰陵笑笑生

《金瓶梅词话》第 77 回）

（40）［丑换飘巾、艳服，作娇态上］缓步入官舱，先将这话儿温，态儿妆，胆儿雄，心儿壮也。（清·李渔《意中缘》第 14 出）

（41）望眼莫教穿，先将这步儿延，意儿偏，却更似爱孤眠，憎娇面也，才不致眼生花，眼生花，混媸妍。（清·李渔《奈何天》第 19 出）

上面几例把定语“葫芦”“城中”“西门庆作过”“那”“这”也并列删除了。

（42）我以为情绪有开展，挥发，分析，具体化的必要，这种将自己的情绪开展，挥发，分析，具体化，企图将自己的感情表现得格外强烈，企图别人了解，感受我们的情绪，格外深厚的手续 OPERATION，便是我之所谓“做”了。（宓汝卓《小说的“做”的问题》）

上例把定语、宾语“自己”“情绪”也并列删除了。

“被”也有并列删除变式用法，例如：

（43）则被这枷扭得我左侧右偏，人拥得我前合后偃。（元·关汉卿《窦娥冤》第 3 折）

上例把定语“这”也并列删除了。

（44）那周、杨、左、万一班大臣，被他今日弄死一个，明日弄死一个。（明·金木散人《鼓掌绝尘》第 36 回）

（45）说真的，假若我们今天能精巧的运用大众语，写成美好的话剧，能普遍的被大众接受，欣赏，它还不就变成了大众文艺么?

上 2 例把宾语“他”“大众”也并列删除了。

（46）于是她日夜被她底婆婆手打，脚踢，口骂，说他是被她弄死的。（柔石《人鬼和他底妻的故事》）

上例把定语“她”，宾语“婆婆”也并列删除了。

（47）因为识字或会写字底人也被看为神圣，为高尚，无形中

造成一种士大夫底阶级意识。（许地山《中国文字底将来》）

上例把谓语“看”也并列删除了。

“连”也有并列删除变式用法，例如：

（48）这一弹连那窗棂儿都弹得摇战，灯影儿都拨得昏黄。（清·南岳道人《蝴蝶缘》第4回）

上例把定语“那”也并列删除了。

“在”也有并列删除变式用法，例如：

（49）素姐……先在相于庭脸上左眼污了个黑圈，右眼将胭脂涂了个红圈，又把他头发取将开来，分为两股，打了两个髻子，插了两面白纸小旗，也在狄希陈面上一般图画；……（明·西周生《醒世姻缘传》第58回）

（50）按规定的暗号，在门的上半截敲了两下，下半截敲了三下，当中敲了一下。

上2例把定语“相于庭脸上”“门”也并列删除了。

“从”也有并列删除变式用法，例如：

（51）老头子提一面铜锣，从屯子的南头敲到北头，东头敲到西头，还一面喊……（周立波《暴风骤雨》）

上例把定语“屯子”也并列删除了。

（52）我们从他们身上感受了什么，发现了什么，又学到了什么？

上例把定语宾语“他们身上”也并列删除了。

“共”也有并列删除变式用法，例如：

（53）念翩翩龙种，怎共那鱼虾为伴，鲸鲵相靠？（清·李渔《蜃中楼》第3出）

上例把定语“那”也并列删除了。

“和”也有并列删除变式用法，例如：

（54）地上并没有风，可是四下里发着寒气，车辙上已有几条冻裂的长缝子，土色灰白，和冰一样凉，一样坚硬。（老舍《骆驼祥子》）

上例把宾语“冰”也并列删除了。

“由”也有并列删除变式用法，例如：

（55）汉字由籀变篆，由篆变隶，变楷，变草都和所用来书写字的工具：刀、漆、笔、丝绸、纸，有连带关系，多因趋向利便而改变。（许地山《拼音字和象形字的比较》）

上例把宾语“篆”也并列删除了2个，且并列删除了2个“由”。

“以”也有并列删除变式用法，例如：

（56）若以《水浒传》之杀人放火为诲盗，抗官拒捕为无君；吾恐卢梭、孟德斯鸠、华盛顿、黄梨洲诸大名鼎鼎者，皆应死有余辜矣。（燕南尚生《〈新评水浒传〉叙》）

上例把定语“《水浒传》”也并列删除了。

（57）所以说文字以简单为美则可，以简单为上，为正轨，则不可。（许地山《拼音字和象形字的比较》）

上例把宾语“简单”也并列删除了。

“为”也有并列删除变式用法，例如：

（58）也许女人都会在这个年龄产生第二个恋爱高峰吧。的确，我常为这种感情而流泪，而激动，而痛苦，而自责；但我还是在死去活来地爱，急风暴雨地爱。

上例把定语、宾语“这种感情”也并列删除了。

“让”也有并列删除变式用法，例如：

（59）假使窗外的人声物态太嘈杂了，关了窗好让灵魂自由地去探胜，安静地默想。（钱锺书《窗》）

上例也并列删除了宾语“灵魂”。

（60）忠心耿耿地让人玩弄你，欺骗你，完了你还搭上一个我。

上例把宾语“人”也并列删除了。

（61）伞季不论在冬在夏

我总系念伞下的你的感觉

让我撑永爱为春

永爱为秋（四）

上例把宾语“我”和动词“撑”都并列删除了，似乎更特殊。

（62）他们因此困惑不解：为何原本妙趣横生、极富语言魅力的语文学科，会让教师教得、学生学得、师生考得如此之苦！

上例也很特殊，不仅并列删除了介词“让”，也并列删除了谓语后面的补语“如此之苦”。

（63）江玫并不追究路为什么这样长，她甚至希望路更长一些，好让她和齐虹无止境地谈着贝多芬和肖邦，谈着苏东坡和李商隐，谈着济慈和勃朗宁。

上例也很特殊，不仅并列删除了宾语“她和齐虹”，也并列删除了状语“无止境”。

“给”也有并列删除变式用法，例如：

（64）某一种语言里产生的文学就给那语言限止了，封锁了。（钱锺书《谈中国诗》）

上例也并列删除了相同的代词“那”和宾语“语言”。

“跟”也有并列删除变式用法，例如：

（65）恋爱跟火同样的贪婪，同样的会蔓延，同样的残忍，消灭了坚牢结实的原料，把灰烬去换光明和热烈。（钱锺书《谈交友》）

上例也并列删除了相同的宾语“火”。

现代汉语共有“把、将、以、连、被、给、为、用、比、让、在、到、由、跟、和”15个介词，古代汉语共有“以、由、蒙、在、于、至、把、被、为”9个介词，近代汉语共有“把、将、以、连、被、为、自、从、向、与、往、在、用、到、替、赶、蒙、共”18个介词，除去一致以外，共有26介词有并列删除现象：“把、将、以、连、被、为、自、从、向、与、往、在、用、到、替、赶、蒙、由、给、比、让、于、至、共、和、跟。”比崔山佳（2010）所说的17个又多了8个。我们完全有理由相信，随着阅读面扩大，也许会发现更多介词有并列删除现象。

张斌（2010：222）也说到介词的并列删除现象：

此外，在连贯和并列复句中，处于后句的介词短语中的介词常可以承前省略。如：

老头子提一面铜锣，从屯子的南头敲到北头，[　　] 东头敲到西头，还一面喊……

按规定的暗号，在门的上半截敲了两下，[　　] 下半截敲了三下，当中敲了一下。

我们在例（49）、例（50）中已经说过，上面 2 例是介词并列删除现象中的变式，因为不但省略了介词，而且把定语“屯子”“门”也并列删除了。

（五）

至于为什么介词有“并列删除”现象呢？刁晏斌先生未提及，吕叔湘先生在上文中说：“这都使人想起‘把’的动词来源，比较：‘你请不请我吃糖？’‘让老张三点钟来，小李四点钟来。’”我们认为，吕先生的看法很有道理。因为介词是从动词虚化而来，动词能带宾语，介词也能带宾语；动词常有承前省略的用法，一个动词可连接带好几个宾语，介词受其影响，也具有这种用法。例如：

（1）开元十三年二月丙子改豳州为邠州，鄚州为莫州，梁州为褒州，沅州为巫州，舞州为鹤州，泉州为福州，以避文相类及声相近者。（《旧唐书·玄宗本纪》）

（2）学得不到家，往往沦幽默为滑稽，讽刺为骂街，博学为炫耀。

（3）例如称水为碧虚，天为圆苍，酒为琥珀，花为冷江，草为寒绿，月为吴刀或寒玉（见《江上团团帖寒玉》），剑为玉龙或神光，银河为“玉烟青湿”，为“银湾晓转”，为“天江碎碎银沙路”等，都是例子。

上面 3 例是典型的动词并列删除，如果例（1）把“改”移位到“为”前面，并在原“改”的位置上加上“把”，就成了介词并列删除了；例（2）把“沦”移位到“为”前面，并在原“沦”的位置上加上“把”，就成了介词并列删除了；例（3）把“称”移位到“为”前面，并在原“称”的位置上加上“把”，就成了介词并列删除了。

能愿动词也能并列删除，例如：

（4）凡人之能言语动作，思虑营为，皆气也，而理存焉。（《朱子语类》卷4）

现代汉语也有，例如：

（5）对于生活，他们也很严肃，可是愿意沉静地注视，安详地接受，不肯加以意识流地割裂。

（6）连当时与共产党领导的革命没有太密切的关系的冰心的《英士去国》与《到青龙桥去》，同样地也会通向革命，引向革命。

既然连能愿动词也能并列删除，那么，介词当然也能并列删除。

第二节　“V介了N”

（一）

最早提到“V在了N”格式的是丁声树等（1961：59－60），书中举了2例老舍的作品，如：

（1）吃完饭，他躺在了炕上，头枕着手心，眼看着棚顶。（老舍《骆驼祥子》十三）

（2）看着屋中的东西，都是她的，她本人可是埋在了城外。（《骆驼祥子》二十）

但书中说，“‘在’字后头平常不加‘了’字”。

蒋平（1983：11—14）指出，汉语存在“V在了N”格式，这“V”有自动的，也有是被动的。这“V”可以是单音节，也可以是双音节。这“N”是“表处所的名词性词语”。并认为，“V在了

N”同“V 到了 N”“V 给了 N”一样，已为人们所接受，并乐于运用。

廖礼平（1984：50—53）发表了不同看法，说：“我认为‘V 在了 N’的格式不合乎普通话的语法规范，不必去提倡使用这样的格式。”廖先生的理由中有他考察了中学语文课本所选鲁迅、郭沫若、茅盾、叶圣陶四位著名作家的 34 篇文章中，使用“V 在 N”格式的句子共 252 句，但没有一句使用“V 在了 N”。廖先生还认为，“V 在了 N”与“V 在 N”格式虽在形式上有明显的不同，多了一个“了”字，但两者在语义的表达上却一样。并认为，老舍只是偶尔使用北京方言的说法罢了。最后，廖先生还引用丁声树等（1961）说法，认为，这也似乎暗示了普通话规范的语法是不在“在”后加“了”字的。

蒋平（1984：56—58）再次认为，应承认“V 在了 N”格式是规范的。那么多人都那么说，恐怕搞语法研究的人用“不规范”三字很难否定得了。

那么，到底谁是谁非呢？下面谈谈我们的看法。

（二）

我们认为，“V 在了 N”符合汉语语法规范。

虽然丁声树先生等不承认“V 在了 N”的合法性，连朱德熙先生也是如此。这与现代汉语中“V 在了 N”较少见或面不广有一定关系。但这种格式，改革开放后出现频率显然大大提高了，出现了众多的例子，也引起了更多语法学者的关注。邢福义先生是突出的一位，他多次提到这种格式，不但如此，也指导访问学者写了论文。（董晓敏 1997）邢福义（1997a）提到过这种格式，不过未详细展开，但邢福义（1997b）作了详尽分析。

蒋同林（1982）也说到“V 在了 N”，只不过不是专门讨论“V 在了 N”。黄婉梅（2003）也提到“V 在了 N”，虽也不是专门讨论“V 在了 N”。

胡裕树（1987）认为：在语音上，“V＋P＋N”中的停顿在介词之后；如加上动态助词，要加在介词后。

陈昌来（2002：114）举有几个“V在了N”的例子，如：

（1）书掉在了水泥地上。

（2）钢枪扛在了肩上。

（3）蜡烛插在了蛋糕上。

陈昌来（2002：143）又举有如下1例：

（4）书放在了桌子上。

陈昌来（2002：115）说：

“动＋介”后加动态助词“了”的现象在现代汉语里是较为普遍的，在我们调查的115万字的语料中发现了80多例，不仅单音节动词后的介词后可以加“了”，而且双音节动词后面的介词后也可以，如：

他平时的心思大部分都操持在了家事上。

……滑落在了后面的人堆里了。

李宗江（2003：312）说：“在现代汉语中我们可以见到用助词把介词和介词宾语隔开的情况，如‘放在了桌子上、转向了后方’，这都是介词短语语序的转移带来的后果。”

占勇以此格式作为硕士论文选题（2003），发表了好几篇论文，如：占勇（2005a）、占勇（2005b）、占勇（2009）。占勇多次说“V在了N”格式是合语法规范的，如占勇（2005a：80）说：“这一格式的合法性，现在的学者已不再持有异议。”占勇（2009：44）说：“现在，对这一格式的合法性，学者们已不再持有异议。”

确实如此，现在应该没有人反对这种格式的存在，怀疑这种格式存在的合理性、合法性了。

董秀芳（2011：282）在说到“动介的重新分析”时提到了“V在了N”：

现代汉语中有一类动词加介宾构成的结构，可以记作V＋P＋NP，其中P（介词）与其宾语NP（名词短语）构成一对直接成分，共同充当动词的修饰语（adjunct），V（动词）和P（介词）不在同一层次上，但当二者都是单音节时，它们就有黏合为一个词的强烈倾向。如：

他来自北京。

妈妈躺在床上。

他走到学校。

以上例子中的“来自、躺在”都有成词倾向。这一点可以从下面的这个事实中得到证明：如果句子中有“了、着、过”等动词的体标记，那么这些体标记只能加在动介整体之后，而不能加在动词之后。对比下面的两个句子：

a. 妈妈躺在了床上。

b. *妈妈躺了在床上。

a. 他走到了学校。

b. *他走了到学校。

a句中体标记在动介组合之后，句子没有问题；b句中体标记加在动词之后，介词之前，句子就不合法。

我们在学术论文中也发现有“V在了N”，例如：

(5) 4.2节的“给”，由于它阻隔了动词“卖”和［接受者］“他”的结构关系，从而使“卖”变成仅仅表示给予物的处理，这样，从全句看，“使获得”义主要落在了“给”上。

(6) 二是“比”字虚化的原因，贝罗贝认为是通过晚唐开始的“比”字逐渐推动其动词意义而虚化成介词而实现的；黄晓惠认为是通过重新分析的突然实现来完成的；石毓智则认为从明至清，“似”字结构解体，原因是汉语单句结构的改变：$S + VP_1 + O + VP_2 \rightarrow S + VP + O$，其功能落在了意义用法与之都很接近的“比”字式上，这个时期完成了形比句中两个比较主体的语序从上古到今天的转变。

(7) 在下边的这个例子里，停顿断开了“要说”与话题“李大妈”的联系，上文又没有可以作话题的成分，“要说”处在了一个前提和后面的推论之间，于是它的篇章连接作用就被凸现出来了。

（8）那么，既然“状态形容词 + 旧名词化标记形式（实质已为状态形容词词尾）”用来描述一个事物，具有了谓词性，那么使整个“状态形容词 + 旧名词化标记形式（实质已为状态形容词词尾）”结构名词化的重任就自然而然地**落在了**新生的名词化标记的身上，“状态形容词 + 旧名词化标记 + 新名词化标记”就逐渐被人们重新分析为“状态形容词 + 状态形容词词尾 + 新名词化标记”。

上面 4 例的宾语“N”较抽象，它并不表具体的处所等，分别是文字“给”、字式“比”、“推论”、“名词化标记”，这也可以说是“V 在了 N”格式的新发展。

“V 在 N”与“V 在了 N”确有不同之处。蒋平（1983：14）说：

> 必须指出，并不是所有的“V 在 N”格式都接受“V 在了 N”格式的类化。换句话说，并不是所有的“V 在 N”格式里都能插入“了”。

文章说有两种情况：一是 N 是单音节的表示处所或跟处所有关的名词，如“放倒在地”“卧病在床”“失业在家”“交织在心”等。二是 N 是单音节的方位词，如“流落在外”“计算在内”“冲锋在前、退却在后”等。

董晓敏（1997：105）认为，“了”的出现受这样那样语表形式的制约，有 5 种情况：

1. “了”和“将、要”之类词语相排斥，因为将来时间与“了”的完成意义相抵牾。

2. “了”和“总、老”之类词语相排斥，因为“总、老”等表示的是经常、习惯等恒续时间，与“了”的完成实现的阶段性意义相左。

3. “了”和“不、没（有）”之类词语相排斥，因为“不、没（有）”等表示的是未然，与“了”的已然性相矛盾。

4. 在连动式前项，“了”不出现，因为连动式的各项是作为一个整体来表述主体事物的，在连续的各项之中不允许有表示完成实现的时体成分“了”介入其中。

5. V 是述宾结构动词，“了”不出现。

邢福义（1997b：38—39）也分析了为什么有时说成“V 在了 N”，什么时候不能或不大能说成“V 在了 N”的现象，共有 4 种情况：

1. 加“了”，是为了强调行为已经定位实现。

2. 如果行为尚未实现，而且词面上出现“可以、将要”之类未然性词语，那么不能加“了”。

3. 即使行为实现，但如果行为游移，跟 V 的联系缺乏定位性，不大能加“了”。就是说，N 所表示的方位处所应该是相对确定的，而不是泛指性的。即使是用疑问代词“哪里”，也是求代某个确定的方位处所。

4. “V 在了 N”总是居于句末，有煞句作用。它或者出现在整个句子的末尾，或者出现在一个分句的末尾，如果出现在句子中间，即使行为已经实现，而且具有定位性，也通常不加“了”。

我们觉得这样的归纳分析很有道理，符合语言事实。所以，廖礼平（1984：52）认为，“两者在语义的表达上却是一样的”“这都说明‘V 在 N’格式‘在’后有无‘了’字所表达的意义并未发生变化”等说法是不正确的。

（三）

我们认为，“V 在了 N”不是新兴用法。

蒋平（1984；58）说：

“V 在了 N”是近年来用得越来越多的格式，也可以说是一种新兴的格式。因为是新兴的格式，在茅盾、巴金、叶圣陶等作家的作品中找不到，这是不足为奇的。又因为是新兴的格式，在要求选择有定评的文章作为课文的中学语文课文中暂时找不到，这也是不足为奇的。

邢福义（1997：41—42）说："上述的类化轨迹是合乎逻辑的，其合法性是很难怀疑的。""口语是书面语的基础，但是书面语并非口语的简单复制，而是有其自身的发展规律。句法格式的规律性类推衍生，便是书面语发展的重要轨迹之一。口语里本来没有'V 在了 N'，老舍写《骆驼祥子》时使用这一格式，应是从'V 到了 N'之类推衍而来。后来，特别是近十多年来，这一格式按其自身利益规律进一步推衍，于是发展成了一个跟'V 到了 N'平行同用的颇有生命力的格式。"

董晓敏（1997：103）说：

0.3 "V 在了 N"结构在二三十年代作品中罕有出现，到八九十年代，这一结构的使用逐渐频繁起来。例如曹禺的话剧《日出》中没有这类结构，曹禺、万方根据话剧改编的电影文学剧本中却有：

(1) 终于，他衰弱地靠在了一根电线杆上。（转引自邢福义《语法问题发掘集》第 333 页）

今天"V 在了 N"结构在现实语言中，特别是在书面语中已成为全国东西南北中普遍接受和采用的格式。

占勇（2003：1）说：

0.2 这种格式在二十世纪二、三十年代出现频率极低。据我们所见，最早的用例见于郭沫若诗集《女神》中："太阳照在我后方，把我全身的影儿投在了左边的海里。"（《沙上的脚印》）

占勇（2005：80）、占勇（2009：44）都持同样看法：

其实，这种看法也不符合汉语事实。我们通过考察发现，"V 在了 N"在明代白话小说中已有，例如：

(1) 却恨吴山偶然撞在了他手里，圈套都安排停当，漏将入来，不由你不落水。（明·冯梦龙《喻世明言》卷 3）

上例完全与现代汉语的"V 在了 N"一模一样，宾语也是表处所的名词性词语。清代白话小说例子更多，如：

（2）谁知这一泼，把个宋奇生的魂竟泼在了他家，一日不住的五七遍在他家门口走。（清·曹去晶《姑妄言》卷13）

（3）仗自己身体灵便，半空中翻身，脚冲下沾实地，还要纵身上来，焉知晓不行，登在了天宫网上。（清·石玉昆《小五义》第5回）——第27回另有“就坠在了地上”，第73回另有“就跪在了平地上”，第87回另有“二位好汉暗暗的随在了背后”，第180回另有“抄包的扣儿系在了兰娘的胸前”。

（4）兰娘儿早把他背将起来，用大抄包兜住他的臀部便往背后一背，抄包的扣儿系在了兰娘儿的胸前。（石玉昆《续小五义》第56回）

（5）用抓墙绳拴在秀英腰中，阮小爷纵上墙头，双手将绒绳一拉，秀英又双手抓住绒绳，两脚蹬着砖墙，阮英这才将佳人拿在了墙头以上。（清·半闲居士《小八义》第54回）——第59回另有“阮英将两个铁梁铁箍的水桶挂在了这牛的两犄角”，第63回另有“我还能藏在了何处?”，第69回另有“跪在了阮英的面前”，第70回另有“与那位骑马的又住在了一个院内”，第85回另有“二马盘旋杀在了一处”“二人杀在了一处”，第89回另有“打在了孔平的脸上”。

（6）赫大雄用锤招架，二人杀在了一处，一个在马上，一个在步下。（清·姜振名、郭广瑞《永庆升平前传》第73回）

（7）这十二位英雄身入王府银安殿，好似打在了天罗网内，再想出离王府，势比登天还难。（清·张杰鑫《三侠剑》第2回）——同回另有“坐在了尘埃”，第4回另有“就站在了北面”“来在了店房”“将四位小弟兄落在了后面足有一里来地”，第5回另有“站在了尘埃”“将银龙背在了身上”“元宝形就躺在了尘埃”“我在那边掉在了臭沟里啦”“丫环婆子早吓的藏在了桌子底下去啦”“倒在了尘埃”，第6回另有“掷在了护庄河内”“到在了擂台那儿”“俱到在了大茶棚内喝茶”“他二人兔起鹘落战在了一处”“你我今日到在了擂台之上”“将贾明放在了夹棍之上”“落在了尘埃”“两个僧人也杀在了一处”，第7回另有“他将皇爷家的黄金宝印掷在了十海岛的海眼”“二人打在了一处”。

（8）走堂答应来得快，站在了大人面前把话云：“一壶烧酒是二两，六个老钱快拿铜。”（清·佚名等《刘公案》第80回）——第81回另有“就坐在了上边”，第91回另有“放在了僧人他的嘴唇边”。

（9）徐胜想到这里，只见姚谎山将手中光闪闪的一把中耳尖刀，长有一尺六寸，宽有三寸有余，衔在了嘴内。（清·贪梦道人等《彭公案》第82回）——第136回另有“搁在了西里间”，第142回另有“签筒打在了墙上”，第187回另有“捆上搁在了西院”，第246回另有“打在了姚广寿的左肩之上”，第267回另有“吐在了他的嘴里”，

（10）跑堂的叫刘七，来到柜房说：“来的这几个人语音不对，形容各别，背着个大包袱，我瞧象个人，搁在了西里间，他们在外头坐着，不叫我进去。”（清·贪梦道人《续彭公案》第36回）——第42回另有“签筒打在了墙上”，第79回另有“将两只船并在了一处”。

（11）飞云说：“虽已拿住这六个人，他可没杀，捆上搁在了西院。……”（清·贪梦道人《再续彭公案》第7回）——第66回另有“打在了姚广寿的左肩之上”。

（12）正赶着那美貌妇人一口唾沫，吐在了他的嘴里，纪逢春一张嘴就咽了，傻小子还直嚷：“好香。”（清·贪梦道人《三续彭公案》第6回）——第78回另有“我被扣在了红龙涧”。

（13）老大人闻听，不慌不忙，把一条口袋一铺，就坐在了上边。（清·佚名《刘公案》都察院24部第2回）

（14）说着往后一倒，睡在了炕上。（清·李百川《绿野仙踪》第23回）——同回另有“睡在了炕上”，第32回另有“六七路军兵搅在了一处大战”，第33回另有“将盔甲马匹弃在了路上”“跌在了地下”，第38回另有“翻在了江面”“一个个陆续寻在了一

处”，第 41 回另有“如玉守在了旁边”，第 44 回另有“也丢在了地下”，第 57 回另有“跪在了帘前”，第 65 回另有“跪在了帘前”，第 71 回另有“便跪在了地下”，第 75 回另有“就倒在了船内”，第 78 回另有“便丢在了地下”，第 87 回另有“与蕙娘、周琏挤在了一堆”，第 97 回另有“落在了半山”。

（15）白氏把一张矮脚炕几摆在当中，让伯和睡在几那边，自己和女儿就睡在了几这边。（清 · 吴趼人《恨海》第 1 回）

（16）张凤先说道：“……那时不过偶然存在了个不忍之心，去梁官人家通个信，也并不是望甚么酬谢。……”（清 · 吴趼人《九命奇冤》第 18 回）

清 · 蒲松龄的《聊斋俚曲集》也有，例如：

（17）我今在那边，我今在那边，改名宫升字子迁，科京举中在了国子监。（《富贵神仙》第 12 回）

清代的弹词也有，例如：

（18）飘去飘来三四转，落在了，长华小姐酒杯中。（清 · 陈端生《再生缘》第 22 回）——第 45 回另有“落在了，表兄手内更悲哀”，第 53 回另有“跪在了，孟相龙图学士傍”，第 57 回另有“放在了，小案之中立定身”。

弹词因为讲究节奏，所以“V 在了”后面用上了逗号，其实，去掉逗号话也通，因此也属“V 在了 N”。

查阅北京大学汉语语料库，发现如下 1 例：

（19）赫大雄用锤招架，二人杀在了一处，一个在马上，一个在步下。（清 · 贪梦道人《康熙侠义传》第 73 回）

下面 2 例较特殊，如：

（20）于通的船头一动，将两只船并在了一处。（清 · 贪梦道人《彭公案》第 179 回）

（21）手下人答应出去，带进一个女子，年有二十余岁，举止端庄，相貌不俗，来到上房台阶跪下，口称：“大人在上，难女王媚娘，原籍是京都人氏，跟我父亲在外省做官，后扶柩回籍，行至

中途，被山贼掠抢，我母亲殉难，我被扣在了红龙洞。……”（贪梦道人《彭公案》第339回）

例（20）“V在了N”前面还有“将+宾”结构作状语；例（21）用的是被动句。这2例说明，这种格式已较成熟。

上面说过，“N”是表处所的名词性词语。下面2例中的“N”较特殊，如：

（22）儿子篑初取在了第十一名。（清·李绿园《歧路灯》第87回）

（23）到在了那个时候，子川你千万照顾着老方丈的余党，恐怕有暗算贫道之人。（清·张杰鑫《三侠剑》第6回）

例（22）是“第十一名”，但仍隐约有表处所义；例（23）是“那个时候”，显然不是表处所，但这只是例外。

查北京大学汉语语料库，发现民国小说也有不少例子，如：

（24）申儿听了刘公的话，嗵地一声跪在了地上，哭着说：“您老对我们父子的恩德，我今生来世都报答不尽，怎么能说离去的话，正好您老没有孩子，如果您不嫌弃，就让我作您的儿子吧！”（曹绣君《古今情海》卷7）——又有卷12“把家安在了浙江”，卷16“把他锁在了门内”，卷22“把他留在了宫里”，卷24“女儿生在了外面”“睡在了上面”“放在了床铺的屏风上”，卷28“压在了少女的身上”，卷31“趴在了地上”。

（25）所以，不仅多数的文学家、画家留在了南方，而且许多著名的匠人也留在了南方。（齐秦野人《武宗逸史》第9章）——又有第10章“坐在了地上”，第21章“把头偏在了一边”。

（26）婷宫中，赫连婷却故意殷勤献酒，不让魏主早寝，捱到了赫连英等聚在了一室的时候，便有一个赫连婷的心腹宫娃，特地从外面走进赫连婷宫中，故意慌慌张张。魏主起疑便叱问何事，那个宫娃伏在地上，只是叩头，却不肯说出。（张恂子《隋代宫闱史》第6回）——又有第34回“丢在了一边”，第71回“躲在了树上”。

(27) 也没看见老人家怎么晃身，离孔秀有三丈挂零，一阵风似地就站在了孔秀的身旁。(常杰淼《雍正剑侠图》第7回)——又有第21回“流在了船板上”，第25回“走在了您的贵宝地”，第28回“挂在了自己身上”“把这好几百斤重的老虎背在了自己的身上”，第32回“绕在了一处”“把罪名加在了海川的身上”，第54回“打在了一处”，第59回“坐在了旁边”，第70回“放在了前殿的台阶下”，第72回“把和尚围在了当中”。

以上充分证明，清代作品确有不少例子；至于那些民国小说，或与郭沫若同时，或稍早一些，或稍迟一些，郭沫若的例子也并非孤例。

(四)

范继淹（1982：74）说：

C式还有一种可能性的、表示已然的手段，在动词和“在”之后加“了”：

(12) 扔在了床上 | 倒在了地上 | 摔在了地上 | 掉在了地下

即使合乎规范，适用范围也有限。双音节动词没有这种形式（＊围绕在了四周 | ＊寄存在了车站）。单音节动词很多也不能这样用（＊吃在了口里 | ＊醒在了床上 | ＊走在了前头）半个世纪以来，从郭沫若、老舍等人的作品到现在的书面语和口语，这种用法并未得到广泛的发展，至少尚未定型。将来有可能发展，有可能消亡，也有可能局限在某种条件下使用。目前只能记录在案，存而不论。

朱德熙（1987，又2001：89－90）虽然承认书面语里有“V在了N”说法，他在注释中说：“单音节动词造成的‘V在了＋处所词’的句式，例如：‘吃完饭，他躺在了炕上！她本人可是埋在了城外’（老舍《骆驼祥子》），书面语里可以见到，口语里也不说。”但认为“V（双音）在了N”不合法，他说：“对于我们来说，重要的是把常见的、已经在语言里生了根的句式跟那些只是偶然出现、身份还不太明确的句式区别开。合法的句式的出现频率不一定都很高，不过不合法的句式的出现频率一定极低。下边举一个实例来说。有的文章提出，双音节动词跟单音节动词一样也能造成‘V 在了 + 处所’的句式。”在举了张廷竹和路遥两位作家的 8 个“V（双音节动词）在了 N”例子后，又说：“这种句式口语里没有，书面语里也极为罕见。文章里一共引了十二个例子，其中倒有八个集中在两位作者的两篇作品里，如上文所引。仅仅凭这十来个例子恐怕还不足以证明由双音节动词组成的‘V 在了 + 处所’的句式已经在书面语里站住脚了。”

邢福义（1997b：37—38）列举了大量“V（双音）在了 N”例子，而且发现这些双音节动词其内部结构并不单纯，有联合式（大多数）、后补式（使用频率比联合式低得多，但不是个别现象）、偏正式（使用频率跟后补式大体相同）、动宾式和主谓式（都只发现一例）。

邢福义（1997b：39—40）说：

> 上述事实表明了“V（双音）在了 N”格式的用例数量和使用者数量都不能算少。通过长期的跟踪观察，还可以得到一个结论：这类格式的使用是开放的，而不是封闭的。谁肯花时间再看上若干本《小说月报》或《中篇小说选刊》，一定又可以找到更多新的用例，从而举出更多使用者的名字。

事实正是如此，占勇（2003：39）、占勇（2005a：83）都有一个附录：《动词用法词典》中能够进入“V 在了 N”结构的动词表，共有 123 个个双音节动词能进入“V 在了 N”结构。朱赛萍（2014：79）说：

> 吕叔湘（1963）认为“软瘫在了地上、飞奔向了很远的地方”都是非法的，但今天我们已经不能认同吕先生那个年代的语感，“软瘫在了地上、飞奔向了很远的地方”这类“$V_{双}$在了 N”有了很高的合法性。我们利用 CCL 现代汉语语料库共检索到进入“$V_{双}$在了 N”格式的全部双音动词形式为 206 个；通过人民网主站检索系

统，我们更是收集到822个进入“$V_{\text{双}}$在了N”格式的双音动词形式，如“瘫软在了、瘫倒在了、瘫坐在了、瘫痪在了”都是在这些语料库中出现的表达形式。

显然，朱赛萍（2014：79）的数据比占勇（2003：39）、占勇（2005a：83）的数据还要多。

不仅如此，邢福义（1997b：41）还发现更复杂的现象，例如：

（1）我真喜欢北大荒的豆油，……好像把一个秋天成熟的谷草玉米和豆子，统统都压缩收藏在了这里，调出了这样深沉明洁丰富的金黄色。

（2）于是女作家们在坐累了的时候就素性躺在或趴在了床上，这一点儿也不妨碍大家的聊天和侃。

（3）有一种理论，认为新写实主义作家把自己都隐藏在或者叫做埋没在了自己作品里。

邢福义（1997b：41）说，例（1）先用两个双音节动词“压缩收藏”，然后再用“在了”。这是“V在了N”中V的扩展。例（2）先用“躺在”“趴在”，再用“了”。其中的“躺”和“趴”都是单音节的。例（3）先用“隐藏在”和“埋没在”，再用“了”，其中的“隐藏”和“埋没”都是双音节的，这是“V在了N”中“V在”的扩展。

占勇（2005a：80）认为“广义的动词应包括形容词。我们在收集语料时发现‘老、横、竖、斜、硬、软、呆、木、僵’等形容词也可以出现在‘V在了N’结构中。因为它们是不自主的，不能带客体作宾语，进入格式后只是表示状态，相当于表静态的动词。因此我们权且把它放入内动词一类。”例如：

（4）丁人众无言了，双方就僵在了那里。

（5）龙门石就如一块跷跷板似的斜在了那里，进不去也出不来。

（6）再往前走一里多路，一座吊桥横在了溪流上。

（7）会议室猛地鸦雀无声。所有人都惊得像木雕呆在了自己的座位上。

不过，上面例子有的并不是形容词，而是动词，如“斜”，《现代汉语词典》收有 3 个义项，义项二是动词：“倾斜：~着身子坐下。”我们以为，例（5）中的“斜”也是动词。又如“横”，《现代汉语词典》收有 11 个义项，义项三也是动词：“从左到右或从右到左（跟‘竖、直、纵[1]’相对）：门口~着一根木头 | 一队飞机~过我们的头顶。”例（6）中的“横”也是动词。又如“呆”，《现代汉语词典》收有 4 个义项，其三是：“同‘待’（dāi）。”而这个“待”（dāi）就是动词：“停留：~一会儿再走。”例（7）中的“呆”是同“待”（dāi），也是动词。

占勇（2005a：80）还有一个名词活用为动词的例子：

（8）他感到有热辣辣的东西从腿上淌下来——他禁不住小便在了裤子里。

事实确实如此，这说明“V 在了 N”随着社会的发展变化而不断地发展变化着。

需要补充的是，“V（双音）在了 N”的出现时间还可大大提前，我们发现清末作品已有动词是双音节的了，例如：

（9）廷桢想了一下，然后回答道：“办法是再好没有，不过该英商已于去年冬十二月十二日请牌下澳，附搭港脚快船回国；伶仃洋趸船内，有港脚船二只亦于同月二十八日启碇回国；今年正月二十日又有港脚船、美利坚国船、小吕宋船等共计十八只，与前船一同驶去，旋据探报移泊在了洲洋面，该处为夷船回国必经之路，移泊该处，无非探听风声。……”（清·佚名《林公案》第 46 回）

民国小说也有 1 例，如：

（10）我们若埋伏在了一处，他们却偷空逃了，仍是没有用的。（《隋代宫闱史》第 71 回）

虽然目前只发现上面 2 例，但在汉语发展史上是很重要的。也就是说，“V 在了 N”格式在清末或民初已出现双音节动词。

（五）

我们认为，“V 在了 N”格式经历了一个动态的发展过程。

不可否认的是，改革开放前的现代汉语里，这种格式总体上说使用频率较低，好多著名作家未用这种格式，我们查阅了《冰心散文全编》，没有发现 1 例“V 在了 N”，我们阅读了 9 卷本的《余光中集》，也只是发现 1 例，如：

（1）千簇的绝峰啊比峻比白

虚罩在了无牵挂的天穹下

但也不是说现代作品只有郭沫若和老舍作品有“V 在了 N”格式，我们发现萧红的散文中有 7 例，如：

（2）正是拔坡的时候，他的话和轿轩的声响搅在了一起。（《滑行》）

（3）于是乎不但小外甥，三姨二姑也都聚在了一起。（《呼兰河传》第 2 章）——《呼兰河传》1940 年写于香港，1941 年由桂林河山出版社出版。另如第 4 章有“就像一朵红花开在了墙头上”“就像太阳照在了瞎子的头上了”，第 5 章有“邻居家的若染在了脑门上”，第 6 章有“一戴就把帽边很准确的切在了黑白分明的那条线上”，第 7 章有“他不知道他已经处在了怎样的一种艰难的境地”。“N”大多是具体的，但“处在了怎样的一种艰难的境地”中的“境地”却是抽象的。

吴伯箫的散文中也有 6 例，如：

（4）虽说，敌人已布满了中原，混进了户户家家，作了户户家家底主人，但，你要明白，忿怒锁在了每个中国人底心里，血液都被狠毒煮沸了，即使怒不敢言，笑里也可以藏得住刀子！（《羽书》）

（5）不过山野僻地，人民智识浅陋，要维系人心，坚强组织，他们不去讲道理，说原由意义，却去拜把师，画符念咒，将天大的神圣行动罩在了迷信的网里。（《路罗镇》）

(6) 原想维护财产，财产却把在了别人手里；想保全性命，性命则交给了神祇儿戏。(《路罗镇》)

上例前面用“把在了”，后面用“交给了”，都是“V 介了 N”结构。

(7) 然后困难地掩盖上些土，像了结了最后一件心事，两手一松，身子沉重地压在了土上。(《文件》2)

(8) 嘉陵宝塔底影子慢慢落在了后边，延安远了。(《出发点》)

(9) 那时我正在海边一个学校里同另一群青年人作伴，平日只怕有暮气，只怕意识精神落在了青年人底后边；及至见到了先生，才晓得自己还是个孩子，怕什么呢？(《范明枢先生》)

茅盾的作品也有，例如：

(10) 像突然受惊而四散躲藏起来的小鸡又一只一只慢慢地躲躲闪闪地从角落里走了出来，梦境的节目也零零碎碎在他记忆中浮起。这是惊慌和喜悦，辛酸和甜蜜，过去和未来，现实和梦想，搅在了一起的。(茅盾《报施》)

巴金的作品也有，例如：

(11) 她把信放在了手提包里，又往外面走。(巴金《寒夜》十一)

胡风的作品也有，例如：

(12) 在被丢掉了的初稿里面，相当于蒋纯祖的那个人物，是走上了比他更年青、更单纯，也就能够直线突进的、在这里的少年陆明栋所走的路，但这里的蒋纯祖却留在了后方，承受了痛苦的搏斗，而且终于倒下了。(《青春底诗——路翎长篇小说〈财主底儿女们〉》)

李广田的散文有 10 例，如：

(13) 虽然有时候也还想起些家乡的事来，但一个人放浪既久，终日在打算着逃出命运的摆布，梦想着些虚无的事物时，家乡的影子也就益显得模糊了，关于哥哥的事情也就忘在了一边。(《投荒

者》）

（14）而且，有些人，他们也并不是不曾把一部分的精力，耗在了实际生活上，他们也并不曾能够免于感受到这两重生活的不调和。（《寂寞》）

（15）生活，总是这样散文似地过去了，虽然在那早春时节，有如初恋者的心情一样，也曾经有过所谓“狂飙突起”，但过此以往，船便永浮在了缓流上。（《秋天》）——另有“年年是落在了后边的”。

（16）外面的生命正峥嵘呢，我们却关在了囚笼里，即便梦，也梦不到外面是如何美丽。（《小孩与蚂蜂》）——另有“小孩早已又蹲在了窗下”。

（17）这样说着一头扑在了祖母的怀里，祖母摸着我的头顶，说，“好孩子，自己 玩吧。”（《悲哀的玩具》）

（18）于是我就被关在了学堂里，一直到现在。（《雉》）

以上都选自《画廊集》，出版于 1936 年 3 月。

（19）我眼见有多少十七八岁的孩子都垂头丧气，害得神经衰弱症，他们就连到操场上打球的时间也没有，虽然学校明明定有运动时间，然而他们仍旧把运动时间用在了读书上，但是这样的结果在功课方面却还不一定是胜利。（《路》）——1937 年 2 月 2 日，岱庙。选自《雀蓑记》，出版于 1939 年 5 月。

（20）结果这一次应酬的责任是落在了我的身上，我也就不再推辞，因为我早已醒了，而他们还要多睡一会。（《养鸡的县官》）——1937 年 12 月 11 日。选自《圈外》，出版于 1942 年 3 月。

李广田的诗歌也有 1 例，如：

（21）湿苔染上了门楣，蜗牛停在了墙角。（李广田《归梦》）——原载 1931 年 8 月《华北日报》副刊。

上例前面用“染上了”，是述补结构，后面用“停在了”，是“V 在了 N”格式。

李广田的作品都是 20 世纪 30 年代的。

孙犁的作品中较多，共有23例，例如：

（22）家境贫寒，有很多债务，一个寡老的母亲，几个弱小的弟弟，这就像许多绳索抛在了他的身上。（《少年鲁迅读本》第1课“家”）

（23）冲到了大船上，

白脖要还枪，

三小队的手榴弹扔在了大船舱，

打得他们见了阎王。（《采蒲台》）

上例前面用“V到了N”，后面用“V在了N”。

（24）他打扫得很仔细，房顶上的灰土、蜘蛛网全扫净了，地上的东西，看看用不着全搬了出来，一篮破马蹄铁，一捆干豆荚，一盆谷糠，问好铁匠的女人，放在了外间。（《老胡的事》）

（25）“太阳转在了西方，灿烂的红光，射在东窗。”（《文艺学习》第二章）

（26）你和娘 齐把我 抬回村里

放在了 土地庙 烂草里边（《比武从军》）

以上都写于新中国成立前。下面的例子写于新中国成立后，例如：

（27）接连过了几条小河，队伍渐渐拉散了，我因为动作迟缓，落在了后面。

（28）我想这一决定，在我——你之间应该是重要新闻，所以放在了头条地位，马上通知你。

（29）这一纲领不只对作者是一种提高，对读者也是一种提高，因此，他把它写在了书的前面。

（30）大伯为了办事从容，把喜日子定在了腊月二十。

（31）小满儿来到石碾旁边，一转身，把大笸箩放在了地下。

上面2例“V在了N”前面还有“把+宾”结构作状语。

（32）随后而来的是黎大傻和他的老婆，夫妇两个每人手里提着一只死兔子，像侍卫一样，一左一右，站在了六儿的身旁，向远处张望着指点着。

(33) 她已经参加了妇女救国会，参加了妇女自卫队，早就认定自己是这组织里的一员了，可是现在看来，还有着一个距离，她被姐姐关在了门的外边。

上例用于被动句。

(34) 她立在烟囱的旁边，头顶上是满天的星星，不知道从哪里来的霜雪，落在了屋檐上。

(35) 三十晚上，春儿看看没风，就把变吉哥送给她的灯笼，挂在了篱笆门上。

上例“V 在了 N”前面还有“把 + 宾”结构作状语。

(36) 田耀武用手电筒一照，就抱起一枝冲锋枪，向她扫射，她把文件投给春儿，倒在了跑马场上。

(37) 榜示以后，春儿也跟着人们跑到大门口墙壁上去看榜，她从最后面找寻自己的名字，她的心怦怦地跳着，然而她的名字却列在了榜的前端。

(38) 这并非讹传，一天上午，女学生姗姗而来，坐在了我的门板上，这就是柳溪同志。

(39) 他说，写了一些诗，带来了，因为怕我没时间，放在了李湘洲那里。

(40) 作家却把重点放在了前面，就使这篇小说成为京华街道巷尾谈论的逸闻轶事。

(41) 本来就够逼命的了，老伴又出了一件岔子，她因为怕又来抄家，把一些日用的钱，藏在了破烂堆里，小女儿不知道，把这堆破烂倒出去了，好容易才找回来。

上面 2 例“V 在了 N”前面还有“把 + 宾”结构作状语。

(42) 但如果有人真的写出了成功之作，刊在了头条，一炮打响，随即获奖，一举成名，那又怎么说呢?

(43) 她忽然看见有一张五元的票子，掉在了她的筐子下面。

(44) 漏去亦有原因，我把小标题写在了稿纸边缘。

马烽、西戎的《吕梁英雄传》写于20世纪40年代，最早是1945年开始在《晋绥大众报》上连载（1949年1月于兴县高家村写的“后记”中说：“这本书，开始写于一九四五年春天。”），共有29例，如“两个人眼光碰在了一起”（第7回）、“‘噗通’一声倒在了地上”（第15回）、“爪子搭在了他的身上”（第19回）、“见是李元元倒在了雪里”（第21回）、“喊着就坐在了地上”（第26回）、“把地雷都放在了炕上”（第29回）、“雷石柱把会议又引在了正题上”（第31回）、“那位同志便被摔在了钉板上”（第39回）、“马上惊的愣在了一边”（第41回）、“全身一软便坐在了太师椅子上”（第42回）、“桦林霸和康顺风被卷在了人海里”“两个汉奸被踩在了脚底下”（第44回）、“只见门口那两个黑影蹲在了一块”（第48回）、“李德泰悄悄地蹲在了一旁”（第49回）、“‘卜通’跪在了地上”（第54回）、“趴在了地垅后边”（第56回）、“都记在了笔记本上”（第60回）、“又住在了关帝庙里”（第62回）、“说着也挤在了炕上”（第62回）、“大家一齐趴在了山峁峁后边”（第63回）、“便把地雷绑在了电线杆上”（第63回）、“一个敌人按着肚子蹲在了地上”（第63回）、“爆发管的火线钉在了地上”（第65回）、“人躲在了门后”（第72回）、“其余的伪军们见门一开，都闪在了两旁”（第72回）、“老武把这事记在了本子上”（第73回）、“看了一阵，便都坐在了草铺上”（第75回）、“一下把右边的水桶摔在了地上”（第76回）、“便碰在了洞顶上”（第78回）。

到了20世纪50年代，“V在了N”格式用得更多，冯志的《敌后武工队》，作者有“写在前面”，时间为“一九五八年十一月一日”。结尾和又有“一九五六年三月初稿于保定，一九五七年十二月修改于北京，一九五八年七月定稿于北京，一九六三年一月校订于天津”的话，小说中也有“V在了N”，共有15例，例如：“枪声逐渐甩在了他后面”（第2章）、“不在意地扔在了当屋”（第3章）、“又把挎进来的一篮子红枣放在了炕上”（第8章）“扣在了头上”（第 12 章）、“很匀实地趴在了墙上”（第 14 章）、“一条寸半宽的皮带也煞在了腰间”（第 20 章）、“鬼子军官一头攮在了地上”“狗吃屎地趴在了地上”（第 22 章）、“跳过来的刘魁胜一巴掌捂在了大伯的脸上”（第 23 章）、“这些人好像队前点名般的都站在了他的面前”（第 24 章）、“将两个没启盖的瓶子托在了手掌上”“都扣在了老松田的身上，洒在了方砖漫砌的地上”（第 25 章）、“当啷掉在了地上”（第 26 章）、“贾正不知道什么时候早站在了他的身后边”（第 27 章）。

《烈火金刚》（本名应为《烈火金钢》）是作家刘流所著的一部抗战题材小说，于 1958 年 8 月 1 日前夜写完，“V 在了 N”用得更多，共有 53 例，例如：“给摔在了地下”“把自己的伤都忘在了脖子后头”“落在了地下”“掉在了地下”“只是把枪丢在了史更新的手里”（第 2 回）、“就倒在了地下”（第 3 回）、“他又把那颗手榴弹拿在了手里”（第 4 回）、“连拉连尿就瘫在了地下”“李金魁和解文华早闪在了后边”（第 9 回）、“他一眼看见何大拿父子跟在了毛驴太君的后边”“倒在了地下”（第 11 回）、“立时一个屁股墩儿坐在了地下”（第 12 回）、“玉兰就噗通一声也倒在了地下”（第 14 回）、“倒在了地下”（第 15 回）、“藏在了炕下”“两根结在了一块儿”（第 16 回）、“这个民兵随着枪声倒在了地下”“所以他急忙一个后仰躺在了地下”“把个日本兵整个的摔在了地下”（第 19 回）、“又躺在了血泊里”“放在了炕上”“抽得解文华又‘哎哟’的一声坐在了地下”“所以他们父子两个就落在了最后”（第 20 回）、“连人带车子都倒在了地下”“可就把这两支枪都插在了腰里，把子弹也都带在了身上”“肖飞把他们父子两个的四只手捆在了一块儿”（第 21 回）、“一把就把药包子抓在了手里”（第 22 回）、“她就呆在了洞口以内”“她拿着这支小六轮子儿就守在了这儿”“也都趴在了地下”（第 23 回）、“和几个失掉了联系的民兵碰在了一起”“一屁股坐在了地下”“连田耕、齐英、金月波和警卫员小白、小张也都跟着跪在了地下”（第 24 回）、“何志武因为是犯在了他的手下”“盒子炮也丢在了水底”（第25回）、“房上的人站在了刁世贵的面前”（第27回）、“落在了铁杆儿汉奸的手里”“一看到酒肉摆在了眼下”（第27回）、“白山抱着田耕倒在了地下”（第28回）、“这两颗炮弹才落在了他们屁股后头”“史更新坐在了望哨的旁边”“其余的民兵都拉在了后边”“又一颗鬼头掉在了地下”“他们就慌忙躲在了一旁”“又有两个鬼子兵倒在了地下”（第29回）、“他扒了一身日本军装穿在了身上”“把盒子炮掖在了腰里”“武男义雄的战刀早落在了他的脖子上”“脑袋瓜子‘咕咚’一声就掉在了地下”“就给吊在了何大拿后院的大槐树上”“手枪也掉在了地下”“整个地倒在了地下”（第30回）。

以上可见，在上世纪40、50年代，“V在了N”是运用得较多的。

还有，“N”绝大多数是具体的处所的名词或短语，也有表示抽象的处所名词或短语。如：“然而他们仍旧把运动时间用在了读书上”（李广田《路》）、“他不知道他已经处在了怎样的一种艰难的境地”（萧红《呼兰河传》第7章）、“忿怒锁在了每个中国人底心里”（吴伯箫《羽书》）、“将天大的神圣行动罩在了迷信的网里”（吴伯箫《路罗镇》）、“仿佛都醉在了骀荡的东风里”（吴伯箫《海上鸥》）、“作家却把重点放在了前面”（孙犁《小说杂谈·小说的取材》）、“雷石柱把会议又引在了正题上”（马烽、西戎的《吕梁英雄传》第31回）、“落在了铁杆儿汉奸的手里”（刘流《烈火金刚》第27回）。这也就证明，“V在了N”格式已经成熟。

据我们现在所掌握的数据来看，所有现当代作家中，老舍先生用“V在了N”格式最多，共有283处，其中小说236处，剧作等47处（剧作14处、散文25处，曲艺2处，新诗1处，自传4处）。小说最早的如《小坡的生日》，例如：

（45）“记得把红绸子扔了，扔在了哪儿呢？……”（十八　醒了）

《小坡的生日》在1929年下半年离英滞留新加坡时所写，1930

年于上海完成，发表于1931年1月至4月《小说月报》第22卷第1号至第4号。生活书店1934年7月初版。

20世纪30年代的作品中“V在了N”例子更多，如《离婚》1处，写于1933年，《也是三角》2处，见《赶集》，良友图书印刷公司1934年9月初版，《牛天赐传》2处，在一九三四年三月廿三日动笔的，八月十号，老舍的日记上记着：“《牛天赐传》写完，匆匆赶出，无一是处!”《上任》1处，见《樱海集》，人间书屋1935年8月初版，《末一块钱》1处，见《樱海集》，《月牙儿》2处，见《樱海集》，《不说谎的人》1处，载1936年5月3日天津《益世报》，《番表》1处，载《谈风》1936年10月第1期，《新时代的旧悲剧》2处，见《蛤藻集》，开明书店1936年11月初版，《新韩穆烈德》3处，见《蛤藻集》，《文博士》10处，1936年于青岛写成，发表于1936年10月至1937年7月《论语》第98期至第109期、第111期至第112期、第114期至第115期，香港作者书社1940年11月初版，《骆驼祥子》17处，写于1936－1937年，《我这一辈子》5处，创作于1937年抗战前夕，《小人物自述》3处，1937年于青岛所写，未完成，发表于1937年8月《方舟》第39期，《敌与友》1处，载《抗战文艺》1938年7月第1卷第12期，《蜕》12处，1938年于武汉所写，未完成，发表于1938年2月至1939年3月《抗到底》第4期至第13、14期合刊、第16期至第19期、第21、22期合刊至第23期，《杀狗》2处，见《火车集》，上海杂志公司1939年8月初版，《人同此心》4处，见《火车集》，《小木头人》5处，见《贫血集》，《不成问题的问题》5处，见《贫血集》，《一筒炮台烟》3处，见《贫血集》。

写于20世纪40年代的小说如《恋》1处，见《贫血集》，文聿出版社1944年3月初版；《火葬》21处，发表于1944的1月至6月《文艺先锋》第4卷第1期至第6期，晨光出版公司1944年5月渝初版；《四世同堂》125处，具体为第一部《惶惑》46处，1944年于重庆写成，发表于1944年11月10日至1945年9月2日

《扫荡报》，良友复兴图书印刷公司1946年1月初版。第二部《偷生》58处，1945年于重庆写成，发表于1945年5月1日至12月15日《世界日报》，晨光出版公司1946年11月上、下册初版。第三部《饥荒》21处，1947年至1948年间于纽约写成。此部书前二十段（六十八——八十七）发表于1950年5月至1951年1月《小说》第4卷第1期至第6期，百花文艺出版社、四川人民出版社1979年初版本。《鼓书艺人》2处，1948年至1949年间于纽约写成，因中文原稿遗失，根据英文译本 The Dram Singers（1952年纽约 Harcourt Brace and Company 出版）由马小弥再译为中文，人民文学出版社1980年10月初版。

写于20世纪50年代的小说中的用例少了，这与老舍先生在新中国成立后主要写作剧作有关。《无名高地有了名》2处，1954年于北京写成，发表于1955年《解放军文艺》1月号至4月号，人民文学出版社1955年5月初版；《正红旗下》四：1处，1961年至1962年间于北京写成，未完成，发表于1979年3月至5月《人民文学》第3期至第5期，人民文学出版社1980年6月初版。

以上的小说有不少"V在了N"例子，充分说明早在老舍写作《骆驼祥子》前，就已有一些"V在了N"的用法，也就是说，"V在了N"是老舍一贯的用法。一是数量多，有200多例；二是时间跨度长，从20世纪30年代初到60年代一直在运用，从未中断过。而且有多种文体，如剧作有14处，全写于新中国成立后，如：《方珍珠》1处，《残雾》1处，《大地龙蛇》1处，《归去来兮》4处，《面子问题》1处，《全家福》3处，《秦氏三弟兄》2处，《西望长安》1处。散文也有25处，有的写于新中国成立前，有的写于新中国成立后，如：《敬悼许地山先生》1处，《出口成章·青年作家应有的修养》1处，《和工人同志们谈写作》1处，《我怎样写〈剑北篇〉》1处，《我怎样写〈小坡的生日〉》1处，《闲话我的七个话剧》1处，《我的几个房东》1处，《八方风雨》5处，《一封信》2处，《宝地》1处，《悼赵玉三司机师》1处，《一年来文协会务的检讨》1处，《血点》1处，《文章下乡，文章入伍》1处，《三年写作自述》1处，《从盖老的〈打店〉说起》1处，《散文并不"散"》1处，《十年笔墨》1处，《我怎么写的〈春华秋实〉剧本》2处。此外，曲艺也有，如《覃本秀自述》2处。新诗也有，如《新诗》1处。自传也有，全出现在第4章，有5处。

老舍的作品也有双音节动词的例子，这说明老舍的作品承接了清末和民国的例子，如：

(46) 他安坐在了南京。(第二部《偷生》五十六)

上例的"安坐"是动词。还有如下的例子：

(47) 那无心中的，袖子撩下一个茶杯，摔碎在了地上。(《火葬》十七)

上例的"摔碎"是动词性中补短语，也是很有特点的。

以前的中学语文课本中选有老舍《骆驼祥子》的一节，题为《在烈日和暴雨下》，其中也有"V在了N"，例如：

(48) 坐车的仿佛死在了车上，一声不出的任着车夫在水里挣命。(《骆驼祥子》十八)

上面的例子也说明，在1949年新中国成立后，"V在了N"也有人在运用，这是作家风格的延续。如老舍的作品，从20世纪30年代初到60年代中期，一直在运用。又如孙犁的作品，从现代延续到建国初期，又延续到改革开放以后，直到1992年，与当代汉语连接起来了。所以，从明末开始，"V在了N"基本没有长时间的中断。而且，我们可以乐观地说，上面所举的例子肯定不是全部。

朱德熙（1987，又2001：89）说："对于我们来说，重要的是把常见的、已经在语言里生了根的句式跟那些只是偶然出现、身份还不太明确的句式区别开。合法的句式的出现频率不一定都很高，不过不合法的句式的出现频率一定极低。"从上面众多的例子可以充分说明，汉语中"V在了N"应该是"常见的、已经在语言里生了根的句式"。

袁毓林（2004：355）说："必须指出的是，在北京话等北方官话中可能也有'动词 + 方位介词 + 了 + 处所词语'这种格式。"在举了老舍的 3 个例子、郑万隆的 2 个例子、范继淹的 4 个例子后，袁毓林（2004：355 –356）又说："这种形式偶尔在书面上出现，在口语中一般是不能说的；即使这种形式是合格的，但是省去方位介词'在'的'动词 + 了 + 处所词语'形式肯定是不合格的。"

袁毓林（2010b：322 –323）说："在现代汉语中，介词和动词在功能上的一个重要的区别是：动词可以带'着、了、过'等体标记，介词不能带这些体标记。那么说话人为什么要突破层次构造和介词的分布两重限制，把'了'置于介词之后呢？一种可能的解释是：说话人想强调，在'动词 + 介词 + 宾语'结构中，处所宾语在深层次上从属于'动词 + 介词'结构。这种用法，从 20 世纪 30 年代老舍的作品一直到现代书面作品，虽然没有得到广泛的发展，但是也没有消亡。并且，原来这种用法只限于书面语中，现在则在口语中也屡见不鲜；原来'动词 + 介词 + 了 + 处所'中的动词限于单音节的，现在则双音节的也很常见。"

显然，说北京话等北方官话"可能"有"V 在了 N"格式，语气似乎不够肯定。我们以为语气应该更肯定些，从上面的例子可以清楚地看出，我们有充分的理由认为，现当代作品中"V 在了 N"并非少见，比起清代、民国作品，应该有了很大发展。如果我们扩大阅读面，肯定会发现更多的"V 在了 N"例子。

朱德熙（1987，又 2001：89）说："研究书面汉语语法比研究口语语法难，还有另外一个重要原因，就是对于书面语语句的可接受性（acceptability）不容易作出判断。一种句式是否能说，往往会引起争论。这说明有些书面汉语句式的可接受性只有程度上的差别，不像口语里的句式那样界限分明。"事实确实如此，就是"V 在了 N"格式也是如此。如《冰心散文全集》，就没有一处用"V 在了 N"。收有长篇小说《倪焕之》的《叶圣陶文集》也没有出现一例“V在了N”。就是老舍先生的作品，也不是篇篇、部部都用“V在了N”格式。这就与“可接受性”有关，也与作家的风格有关。但我们可以有充分的理由相信，“V在了N”格式这种用法已经得到广泛的应用并又有新的发展。

（六）

我们发现，近代汉语也有“V到了N”“V给了N”句式。

好多学者在说到“V在了N”格式时，还提到了“V到了N”“V给了N”等句式。蒋平（1983：14）说：“可见，不管V是单音还是双音，‘V在了N’句式同‘V到了N’‘V给了N’的句式一样，已为人们所接受，并且乐于运用。”蒋平（1984：58）说：“正如不能因为“V给N”“V到N”“V向N”的成立而否定“V给了N”“V到了N”“V向了N”的成立一样。”董晓敏（1997：103）列了一张“V在了N”“V到了N”“V给了N”和“V向了N”4种格式的使用频率表后说：

表中数据显示：“V在了N”的使用频率仅次于“V到了N”而远远高于“V给了N”和“V向了N”，“到、给、向”构成的“V介了N”结构是人们一贯认可的格式，而“V在了N”的规范性却在80年代引起过语法学者的关注和争议。今天大量语言实例已充分肯定了“V在了N”的规范化地位。

邢福义（1997b：40）也说：事物的比较，必须放在同等级、同类项的水平线上来进行。评估“V在了N”的使用数量，最具有可比性的格式应该是“V到了N”。文章在比较了陈铁军的《老杂碎》（“V在了N”2例，“V到了N”3例）和阎连科的《年月日》（“V在了N”9例，“V到了N”1例）后又说：“这个小统计也许不能说明太多的问题。但是，至少可以由此知道，‘V（双音）到了N’和‘V（双音）在了N’在使用频率上互有高低。如果说‘V（双音）在了N’是罕见的，那么‘V（双音）到了N’同样是罕见的。然而，有谁怀疑过‘V（双音）到了N’的合法性？”

邢福义（1997b：40）认为，“V在了（N）”结构衍生于“V结了（N）”格式。由于受到“V结+了”这个强势格式的影响，介词“在”和“到、给、向”只要用到动词后边，便很容易附向动词，成为结果性后补成分，于是“V介N”便很容易转化为“V结（准动）了N”，这就是说，“V在了（N）”格式建构在“V结了（N）”格式的基础之上，有强势格式的背景，得到强势格式的有力支撑。而占勇（2009）认为是语法化的结果，但他认为是现代汉语才形成，这是不符合语言事实的。我们认为，类推和语法化这两者都有可能，两者有可能是同步进行的。也就是说，一种重要的格式的形成，可能不是单方面的原因造成的，而是由多种因素促成的。

朱赛萍（2014：76）说：

涉及这一格式产生原因的相关文献不多，目前见到的有邢福义（1997）、占勇（2009）、崔山佳（2011）。邢福义（1997）采用“类推”说，认为该格式来自“V到了N”格式的类推作用；占勇（2009）认为“V在了N”格式是“在”语法化的结果；崔山佳（2011）认为“V在了N”格式是语法化+类推的结果。他们都对促发语法化的根本动因未加论证。

朱赛萍（2014：75）在“提要”中说：

本文从历时角度考察“V了在N”到“V在了N”这一变化过程，探讨促发这一历时演变的动因与机制。初步结论是：明代始现的“V了在N”中“在”为动词，清代开始成规模出现的“V在了N”，是动词“在”虚化的结果。“了”位置的变化，不仅与“在”的虚化密切相关，更是核心重音原则的直接体现。

朱赛萍（2014：78）又说：“综上，我们认为明代‘V了在N’是连动式，这个格式中的‘在’是动词。”

我们以为，从“V了在N”到“V在了N”这一变化过程，涉及两个方面的内容，一是“在”的虚化，二是“了”的移位，比较复杂。再说“V了在N”是连动式，而“V在了N”是一般的动宾结构，结构比较简单。我们是不是还可以有别的思路呢？我们发现，古代白话小说还有这样的格式，例如：

（1）那单可及素号骁勇，心里欺负着李思安兵少，却被李思安将兵马藏伏在四处了，写着了书来单可及军前索战；那单可及恃勇，便轮刀上马出阵接战。（宋·佚名《新编五代史平话》梁史平话卷上）

（2）佛印禅师圆寂在灵隐寺了，亦得为至尊古佛，二人俱得善道。（明·洪楩《清平山堂话本》话本卷3）

（3）夫人欢喜，就留在身边了。（明·冯梦龙《喻世明言》卷2）

（4）柳耆卿却是疏散的人，写过词，丢在一边了，那里还放在心上。（《喻世明言》卷12）

（5）杨知县都记在心里了。（《喻世明言》卷19）

（6）王爷听说："没下稍的狗畜生，不知死在那里了，再休提起了！"（明·冯梦龙《警世通言》卷24）

（7）遂把马拴在庭中太湖石上了，拔出剑来。（明·凌濛初《拍案惊奇》卷3）

（8）赵尼姑忙在暗处叫出卜良来道："雌儿睡在床上了，凭你受用去！……"（《拍案惊奇》卷6）

上面的例子我们可以用"V在N了"来概括，从"V在N了"到"V在了N"的演变只是把"了"移位就可以，比"V了在N"到"V在了N"这一变化过程要简单。

朱赛萍（2014）把崔山佳（2011c）作为参考文献。朱赛萍（2014：77）说，"V在了N"在明代没有用例，明之后逐渐增多。但崔山佳（2011c：41）举有《喻世明言》卷3的"撞在了他手里"的例子，明代是有例子的，朱赛萍（2014：77）的说法显然不符合语言事实。

需要补充的是，我们发现，近代汉语也已有"V到了N""V给了N"句式。根据目前所掌握的材料来看，最早出现的"V介了N"中的"V给了N"格式，宋代就有了，例如：

（9）龙颜大悦，便支给了金银绢帛各五千匹两，犒赏诸军，宣郭威加侍中枢密大使。（宋·佚名《新编五代史平话》周史平话卷上）

但目前只发现以上例子，以后也只有明代的例子。而且也有动词是双音节的例子，如：

（10）素姐骂道："……我把这点子命交付给了他，我那鬼魂，你可也禁不住我，可也凭着我悠悠荡荡的在京城里顽几日才托生呀！……"（明·西周生《醒世姻缘传》第77回）

（11）且言施公与众好汉回转沙家集顺隆店内，吩咐给了船人官价，叫幕友写本人奏圣上：薛家窝之事，某某等出力，有功人等。（清·佚名《施公案》第233回）

（12）书中交代，和尚用搬运法，把老道的钱，都搬运完了，都施舍给了这妇人。（清·郭小亭《济公全传》第119回）

由此看来，"V给了N"格式比"V在了N"要成熟一些。

但数量最多的是"V到了N"（它的出现时间可能略晚于或相当于"V在了N"，最早例子是《醒世恒言》，而"V在了N"最早例子是《喻世明言》）。也有动词是双音节的，例如：

（13）玉帝在玉清宫吩咐圣母之后，即命内侍仙官摆驾到了通明殿。（明·朱名世《牛郎织女传》第8回）

（14）县丞迎接到了公馆，谒见过，复到城上查点。（明·佚名《明珠缘》第26回）

由此看来，"V到了N"也比"V在了N"要成熟一些。

明清白话小说中未发现有"V向了N"。但民国小说已有，下面是采自北京大学汉语语料库的例子，如：

（15）可是武宗还是不放手，这纽儿也累了，半推半就，束手就擒，在回过脸时，才看清这人就是那个京官，干脆把整个身子倒向了武宗。（《武宗逸史》第12章）

（16）管门的不睬，那小贩大怒，就把两个石狻猊旋向了北。（《清朝秘史》第70回）

（17）两个眼珠，却射向了内室。（《隋代宫闱史》第29回）——另有第77回“转向了他处”。

北京大学汉语语料库中还发现“V往了N”，如：

（18）夏主赫连昌逃往了上邽，夏国的后妃公主，俱被魏兵所获，献与魏主焘，魏主便将夏后夏妃没入掖庭。（民国小说《隋代宫闱史》第5回）

现代作品也有，例如：

（19）报纸上二号大字的某处独立，拥某人为都督等标题，一日总有几起；城里的谣言，更是青黄杂出，有的说“杭州在杀没有辫子的和尚”，有的说“抚台已经逃了”，弄得一般居民，乡下人逃上了城里，城里人逃往了乡间。（郁达夫《大风圈外》）

当代汉语中例子更多，例如：

（20）在农业发展的新阶段为解决好"三农" 问题采取的一项重大举措，又是事关各省农村改革、发展、稳定的大局，所以，决定将被扩大试点的二十个省的省委书记或省长，国务院有关各部的部长，几乎尽数赶往了中国中部的这座城市。

（21）然后通过各种手段运往昆明，犯罪嫌疑人在本地集中加工、包装，大部分运往了沿海市场，牟取暴利。

（22）不久，一封交蒋介石亲自审阅的绝密电文便自拉萨发往了重庆曾家岩侍从室。

（23）当天，车队前三批装完货物便星夜兼程地送往了北京。

（24）可是，5月，他在山西看到频谱仪的1/3销往了农村。

（25）祝和孝就是这样，在自制的《种子质量合格证》上，大笔一挥，填上“纯度”“净度”“发芽率”等等诸项，再盖上自己公司的大印，堂而皇之地送往了安徽。

（26）德国博物馆和私人收藏家那里搜缴到的累计长达3公里的档案卷宗运往了苏联。

（27）关于创办“特区”的指示一下达，谷牧副总理即率国家计委副主任甘子玉、段云，国家进出口委副秘书长李灏等组成了一个工作小组，飞往了南方。

（28）有一阵子，曼德拉很为儿子马尔伽多着急，因为他不肯上学，是格列高里出面，硬是把孩子送往了学校。

（29）40 多封信发往了日本方面的有关大学。

（30）虽然“文革”一开始，这些书已被宣布为“封、资、修毒草”，我却不愿烧毁，一直偷偷保存着，如今处于危难中，仍然舍不得抛弃，匆匆挑拣了一箱最爱读的书，带着我的小女儿躲往了朋友家。

（31）她想不通，便开始写申诉信，她想到了当年长征时在一起的康克清，便托人将信从武汉寄往了北京。

（32）而母亲也认为这没什么不对，便随他一同调往了辽宁。

（33）公司购进一批价值 20 余万元的铝锅、铝壶，因对方预测不准，部分产品出现滞销，仪征铝制品总厂闻讯后，帮助该公司将部分滞销产品发往了广西，由于客户增强了对仪征铝制品总厂的信任感，现在该公司年经销铝制品达 100 万元以上。

（34）马上，这个历史性的决定被取名为“翠鸟加五最后确认无疑”的代号，发往了各个部队。

（35）这样想着，她就晕厥了过去，所有的意识和思想都飘往了天空，她的身子似乎腾空而去，痛楚也跟着消失。

（36）他开始想象他的母亲，在无依无靠的时候，这个只有九岁的孩子，想象没有面对未来，而是过早地通往了过去。

（37）于是我简单地将这件事写成七八百字，郑重地征得文学部主任同意，盖上了文学部的公章，寄往了《北京晚报》。

（38）我被送往了一家医院。

（39）他当日就带人赶往了包头郊外。

（40）他不认为光是古典芭蕾，是唯一一种表现形式的，在当时，柴可夫斯基，契诃夫这样的人，他们都在一起来追求芭蕾艺术的完整，使得通往了 20 世纪的舞蹈桥梁，奠定了很多的基础，同时俄罗斯的芭蕾舞学派

(41) 花开两枝，各表一家，就在宋黑子骑着一头瘦马正往家赶的路上，这边的晁盖也带着吴用等三个人一路飞跑到了晁家庄，从村口的大地窖里挖了各自分得的金子珠宝，一伙人连夜马不停蹄的赶往了阮氏三兄弟那里汇合，打算就此聚齐先上梁山，“至于还在大牢中的倒霉蛋儿白胜，就等将来有空的时候再说吧。”

(42) 尽管他没有能够看出多娜的梦是她向他移情的迹象，可是，5年来他一直在利用病人的梦来获取无意识的材料，而且很有成果，后来，他把释梦叫做“通往了解精神生活中无意识状态的成功之路”。

还有1例动词是双音节，如：

(43) 妻子王丹阳因林彪“一号命令”，随单位搬迁往了胜利油田，两个孩子只好寄养在研究院一位工人师傅家中。

“往”也是介词，义同“向”，上面的例子也是“V介了N”，也是类推的结果。因此，这种“V介了N”的结构共有5种系列产品：“V给了N”“V在了N”“V到了N”“V向了N”“V往了N”。而“V往了N”是别的学者未注意到的“V介了N”现象。

第三节　“有着”带具体宾语考察

(一)

邵敬敏(2011：229－230)说：刘月华“代表性著作是《实用现代汉语语法》”，“这是专门为从事对外汉语教学编写的，注重语言事实，描写细腻详尽，是一部很有特色的教材”。事实确实如此。但该书也有白璧微瑕之处。

刘月华等(2002：397－398)说：

除了上述用法外，有时在一些动词后面用“着”与不用“着”意义上没有什么不同，但用“着”语气缓和些。例如：

①人民这个概念在不同的国家和各个国家的不同历史时期，有

着不同的内容。

②我们的会议包括六百多位代表，代表着全中国所有的民主党派、人民团体……

③他写了一篇充满着爱国主义热情的文章。

刘月华等（2002：398）在第一个例子后有一个注解：“‘有’后用‘着’时，宾语只能是抽象名词。”

我们对此有不同看法。

《汉语大词典》收“有着”：“存在着；具有。”例如：

（1）但是中外的杀人者却居然昂起头来，不知道个个脸上有着血污。（鲁迅《记念刘和珍君》）

上例“有着”的宾语是“血污”，显然是具体的宾语。

别的作家作品也有很多例子，如：

（2）可现在的欧洲不是由一位最卓越的智者来统治，而是受这样有着血盆大口的人物所支配—墨索里尼、希特勒等。（林语堂《英国人与中国人》）——此文另有“有着血盆大口”。

（3）美女可能有着漂亮的躯干，可也还有难看的细瘦小腿和不匀称的脚。（林语堂《裸体的好处》）

（4）因为一向梳辫的缘故，梳的方向与发的本来方向不同，剃去以后每人头上有着白白的一圈，当时有一个名字，叫做奴隶圈。（夏丏尊《光复杂忆》）

（5）把翅用显微镜检查时，可以看见特别的发音装置，前翅的里面有着很粗糙的炉状部，另一前翅之端又具有名叫“硬质部”的部分，两者磨擦就发声音。（夏丏尊《蟋蟀之话》）

（6）在这些夜里，他那生活的模样儿啊，短短儿的身材，肥肥儿的个儿，甜甜儿的面孔，有着浅浅的笑涡；这就是他的梦，也正是多么可爱的一个孩子！（朱自清《〈忆〉跋》）

（7）艺术的女人便是有着美好的颜色和轮廓和动作的女人，便是她的容貌，身材，姿态，使我们看了感到“自己圆满”的女人。（朱自清《女人》）

（8）白中透红的面颊，眼睛上有着金黄的长睫毛，显出和平与秀美。（朱自清《白种人——上帝的骄子！》）

（9）回家去，家家温暖的灯光下，有着可口的晚餐，亲爱的谈话。（冰心《新年试笔》）

（10）直至现在，梦中若重过学生生活，梦境中还常常有着C女士，她或在打球，或在讲演，一朵火花似的，在我迷离的梦雾中燃烧跳跃。（冰心《我的同学》）

（11）其中有这样的画题："有着无瑕的子宫的圣母。"（张爱玲《忘不了的画》）

（12）我不喜欢《圣安东尼之诱惑》，那似乎是他偏爱的题材，前后共画过两幅，前期的一张阴暗零乱，圣安东尼有着女人的乳房，梦幻中出现的女人却像一匹马，后期的一张则是淡而混乱。（张爱玲《谈画》）——此文另有"有着结实可爱的手腕"。

（13）我们是在二层楼上有着壁炉的课室里面读着英文课本。（萧红《一条铁路的完成》）

（14）他们有着结实的身体，有着坚强的腕力。（巴金《家》）

（15）在我们面前有着各色各样的人。（周扬《典型与个性》）

（16）这说明，中华民族有着几万万忠勇的男女，中华民族是不可侮的力量！（孙犁《论通讯及通讯写作诸问题》第3章）

（17）有着几条深深的皱纹的他的前额上，还有一点黑泥没擦净。（周立波《暴风骤雨》）

（18）她的身段非常苗细，脸上有着密密的雀斑，可是这并不能掩盖她那出众的美丽。

沈从文的作品用得最多，例如：

（19）正因为是还有着所谓军民两长的清乡剿匪的委令，我们的同乡伯伯叔叔们，一到了砦里，在未来以前就已有了命令，所传的保甲团总，把给养就接接连连送上来了。（《入伍后》一、学吹箫的二哥）——此文另有"有着许多钱"。

（20）但是老天的安置，却是这样的巧，真纯热烈的爱却偏放到一个相貌不扬的女人心中：我这人，至少是和一般人的那样通俗与平凡，我要的，却是一个有着美的身体的女人。(《长夏》)——此文另有“有着嫩白的脸儿”。

(21) 这世界，正有着人自己来捧自己的场，得到不少人敬服与怜悯者，这非凡聪明我哪里能学到？（《不死日记》七月一日）——另七月十三有“有着那等等作妻的女人在”、七月十七有“有着这样的天赋特厚的人在”。

(22) 名叫玖的为一年约十六岁，有着俏丽身材，以及苍白秀美脸庞的女孩子。(《冬的空间》第1章)

(23) 在另外一些较小较笨的机械中，有着青年的团团的脸与稀疏短发的学徒，也在那里莫名其妙的用钻用凿尽着自己吃饭以外的责任。(《大城中的小事情》)

(24) 照营规，点了这次名以后，这一天算已告结束了，大家一直可以挨到明天清早点名再见面，因此凡是这里土著有着那军营中朋友情人的，听到吹号以后就可各以路途远近猜详他们的到来。(《连长》)

(25) 但在同类中，就有着那类连做梦也加以嘲诮的攻击的人，这种人在我们身旁左右就真不少！(《老实人》)——此文另有“有着书两本”。

(26) 在平时，这些人中也有着三两个在少年心中是认为知己者在。(《好管闲事的人》)

(27) 是穿青色洋服，有着那通常女子所爱的一种索里习惯，以及殷勤的天才。还有着钱。(《焕乎先生》)

(28) 我又随到这些本来有着男子陪着走的年青女人后边听他们谈话。(《怯汉》)

(29) 但在自己这方面，似乎反而成了一种有用的节拍，唱着喊着，在这些虽有着人的身体的躯干上就可以源源不绝地找出那牛马一样的力量，因此地方文化随到交通也一天一天地变好了。(《爹爹》)

（30）别人的示威，实是别人的权利，谁个人能够因为世界上有着孤独男子，便放弃了同自己爱人随时调情的自由？（《旧梦》）——此文另有“有着杰克所谓可以随便的人在”“有着如像戏台上打锣打鼓的那种人”“有着这样一个弟弟”“有着那年青的女人”。

（31）他四顾一切争着要祈福的女人，全有着年青美健的身体与洁白如玉的脸额，全都明明白白的把野心放在衣外，企图与这年青神之子接近。（《晚上的事》）

（32）在友中，我曾在心上深深有着几个人。（《杂谈》）——此文另有“有着不少的人的”。

（33）在同一地方，有人是正在用着炮舰示威抢着中国的钱的，又有着是用长枪大刀法律制度迫着人出钱的，又有着是站在法律相反的利益下威迫绑票的，又有着……从炮舰转到拉拖，从武力转到亲昵，全是为得要活：然而在某一种状态下活着的人，同另一种扒呀偷呀以至于把身子来零零碎碎的卖呀的人生活又怎样不同！（《南行杂记》）

（34）家中有着弟妹的，或者还正将着日间从水里摸到的铜子，炫耀给那弟弟妹妹看。（《游二闸》）——此文另有“有着那病瘫的母亲”“有着那比自己更小的一辈”“有着一位同样好看品貌的‘舵把子’”。

（35）枯草间有着放光细劲枝梗带着长穗的狗尾草类植物，种子散尽后，尚依旧在微风中轻轻摇头，在阳光下表示生命虽已完结，责任犹未完结的神气。（《白魇》）

上面众多例子中，“有着”后带有具体的宾语，应该不是偶然的语法现象，而是很成熟的用法。而且，我们有充分理由相信，这绝对不是现代汉语的全部。

而且多数作者都是现代著名作家，有的还多次使用，特别是沈从文，不是一时的、偶然的“心血来潮”。应该是正常语法现象。

（二）

当代作品中也很多，北京大学语料库中有更多例子（“有着”共有 19398 条）。下面是《中国儿童百科全书》中“有着”带具体宾语的例子，如：

“珊瑚海中有着世界最大的珊瑚礁——大堡礁”“东沙群岛有着丰富的水产”“地中海北岸有着高大的阿尔卑斯山脉”“波斯湾海底、沿岸有着世界上最著名的油田”“里海地区有着丰富的石油、天然气资源”“基武湖底还有着大量的沼气”“岛西南沿海的布科礁有着远近闻名的‘海底公园’”“有着著名的海滩——棕榈滩”“青藏高原上有着白雪皑皑的雪峰，晶莹耀眼的冰川和湛蓝的湖泊”“高原的西北方有着大片沙漠”“东欧平原上不仅有着丰富的煤、铁、石油、锰等矿藏资源”“这里有着厚厚的永久冻土层”“地下有着丰富的矿藏等待开发”“所谓风箱峡，是因为这里的悬崖裂缝中有着一只只看去似风箱那样的东西”“洞内有着造型奇特的各种景物”“有着皇室的太庙（现已改建为劳动人民文化宫）”“有着建于 11—16 世纪的老城”“有着许多著名的广场、教堂和宫殿”“沿街有着古董店、钟表店、工艺品商店等”“广场下面有着庞大的地下商场和地下铁路中心站”“还有着‘中国宫’和‘北海草堂’”“有着粗壮的匍匐根状茎”“即使生存着的鱼、虾、贝、蟹也有着和别处不同的奇特形态和颜色”“我国有着漫长的海岸线”“有着一双美丽的大眼和一对修剪过的眉毛”“黄河两岸有着许多名胜古迹”“这种有着层层屋檐的木塔看上去像是多层的楼阁”“大平台有着当今世界上最宽的台阶”“有着各种各样的音响”。

以上可见，单是《中国儿童百科全书》就有数量可观的“有着”带具体宾语的例子。

下面是我们平时阅读时所积累的例子，如冰心在解放后的散文中仍继续使用“有着”带具体宾语，例如：

（1）我这个在美国学习过，到美国访问过，有着许多美国同学和朋友的人，怎能不感到加倍地欢欣鼓舞呢?

(2) 这个“小花”有着黑白相间的长毛，脸上的长毛连眼睛都盖住了。

以上冰心的用例，显然是她解放前作品的自然延续。

别的作家作品也有，例如：

(3) 那些早上从你房里偷偷溜出的有着长发和丰满身体的是何许人? 嬉皮士? 神仙?

台湾作家余光中作品也有，例如：

(4) 俯视我完成那苦修的工作的，是北极星，那有着长髯的北极星。

以上是散文，诗歌也有，例如：

(5) 我们将有一座
费一个春天造成的小木屋，
而且有着童话般红色的顶
而且四周是草坡，牛儿在啮草
而且，在澳洲。

王红斌 (2009：68 -71) 也举有几个例子，如：

(6) 只是下眼皮上有着因疲倦而现出来的青色。

(7) 周瑞成有着一张尖尖的嘴，但面目还是很清秀的。

(8) “你们是干吗的，司机?” 有着一双冷冷的大眼睛的陈伟玲问。

(9) 她望着这个有着那么一颗漂亮头颅的男人心中诧异，为爱情悲伤，但悲伤的爱情又治愈了她心中的伤口。

(10) 那是个朴素干净学生打扮的少女，有着一张非常年轻瓷器般光洁的脸蛋和略显单薄但已发育的苗条身材。

以上可见，当代作品中“有着”带具体宾语的例子就绝对量来说，大大超过现代作品。

(三)

不仅如此，近代汉语也有“有着”带具体宾语的例子，如：

（1）姥姥道："……今这个寄儿，他见有着许多金银付在我家，就认义他做了儿子，传我家事，也还是他多似我们的，不叫得过分。"（明·凌濛初《二刻拍案惊奇》卷19）

上面是明代例子，清代白话小说也有，例如：

（2）麒麟灯下，有各样兽灯围绕，见各项兽类，无不齐备。两边有两位圣贤，骑着两盏兽灯，也有着对联一副，悬于左右。（清·鸳湖渔叟《说唐》第13回）

（3）信面上是一个绍兴酒坛子，上面有着七个钉子，这是和尚的花押。（清·香婴居士《济公全传》）

（4）诸神道："……日前法师有着小神等按户按名分散之谕，小神等恐临期照册施放，未免耽延功夫，且人神交会之际，亦难久持。……"（清·李百川《绿野仙踪》第39回）

（5）五姐儿道："……本庄刘太公家自己有着一辆车子，我叫五哥儿去借来用用，可以使得。"（清·吴趼人《恨海》第5回）

清末白话小说天虚我生的《泪珠缘》中"有着"带具体宾语的例子更多，例如：

（6）葛云伯笑道："……这个字号虽然是二太太的陪嫁产，但是他老人家只知道自己有着六十万的资本，至于别人有多少资本添在里面，自己逐年利息收入多少，支用过了多少，他老人家也从来没有抄过一篇帐去看看。……"（《泪珠缘》第85回）

（7）（藕香）又向宝珠道："……上头有着一位太太要你奉养，自己有着这许多妻妾，下面少不得添出十个八个孩子。……"（《泪珠缘》第88回）

（8）蘧仙道："……我当初也替宝珠担着心事，以为宝珠是个写意惯了的人，什么事都不问，一分了家，'苦'字儿便上了头，直到此刻，方知宝珠是个天生成的福人，上头有着一位贤明圣善的慈母，下面有着几位聪明智慧的夫人，说玩笑便玩笑，说正经便正经，不比那些荒嬉无度、知乐不知苦的一班膏粱子弟。……"（《泪珠缘》第91回）

（9）香玉道："……若是家里有着玉人儿似的，虽然看的泥人儿也还可爱，却总没心思要这泥人儿去供列在玉人儿堆里，在泥人儿自分也配不上。（《泪珠缘》第83回）

（10）这苏丽君和秦珍本来很要好，叵奈秦珍家里有着一妻一妾，又添上些家务，忙个不了，偶中来转一转，便自去了，丽君因此不无有些觖望；又加秦珍的年纪要比自己大上一半，幸而不是嫁与秦珍的，所以也没什么拘束。（《泪珠缘》第84回）

北京大学语料库还有如下例子：

（11）远望假山背后，有着许多亭台楼阁，船厅里面……（清·不题撰人《乾隆南巡记》上）

（12）他们八个人儿，拨到了渌猗亭，都有着座儿了，比咱们散职儿高得多呢。（清·坑余生《续济公传》中）

民国小说也有，例如：

（13）先挖开一座坟，里面仅有几十片烂木头；再掘开一墓，连棺木都没有，只有些长胡子，大靴子，不知是什么样的男子；最后终于挖掘到一个穿弓鞋的尸体，官吏很得意，但再仔细一看，死人的头骨上有着一根根白发，又吃惊地把它扔掉。（曹绣君《古今情海》卷18）

（14）这天津是北京的咽喉，有着重兵在此，一者防捻匪北窜，二者洪秀全既占踞南京，难保不发生野心，派兵直犯京师。（李伯通《西太后艳史演义》第6回）

（15）但是孝棋传授议和方法，是指示陈郭二位一条明路，叫他去见美人陆得明，俄人毕尔庚，有着俄美居中调停，不愁和议不成，中国不得便宜。（《西太后艳史演义》第10回）

（16）想起来，这回关系很大，他是慈禧的心腹，是光绪帝的仇敌，比如光绪帝在前崩驾，有着慈禧做个靠背，自然是富贵荣华，终身不失；万一慈禧先行宾天，哼哼，光绪帝便大权在握，岂不是立时飞祸，要杀便杀，要剐便剐吗？（《西太后艳史演义》第31回）

陆士谔的《清朝秘史》中更多，例如：

（17）我家里还有着老太爷老太太，劝他们两老，须知我做儿子的死在异域，也是分所当然，移孝作忠，古人是常说的。（第6回）

（18）轿子到东华门停下，承畴出轿抬头瞧时，见东华门额上，写着“文德坊”三字，点头道：“怪通鞑子都称西华门做武功坊，东华门做文德坊，原来门额上有着这么几个字。”（第7回）

（19）陈兵部听说还要斫脑袋儿呢。你想想，你们中原有着这么一位不知好歹的主子，国家事情，要坏不要坏？（第7回）

（20）田贵妃的老子田皇亲，名叫田畹的，有着数百万家计，家里盖着名园，蓄着声伎，金珠玉帛，锦绣绫罗，更是堆山溢海。（第8回）

（21）吉特后道：“……我有着含芳、蕴玉、补恨、消愁，也尽够使唤了。……”（第12回）

（22）你们想想，闽中有着这样的主子，讨厌不讨厌？（第16回）

（23）佛住笑道：“忙什么，咱们现有着数万乡勇，贼子来了，只一鼓便杀他个片甲不回。”（第42回）

（24）现在的日子，宛如笼里头的鸟，有着翅膀子不能飞，有着双足不能走。（第47回）

（25）也是机会凑巧，福建制台调了个方维甸，军机处又有着大学士戴衢享，戴方二公，都是很有远见的，文武一心，边廷同意，百请百允，得手应心。（第49回）

（26）遇春道：“山东好在有着个刘青天，这刘青天虽然是个文官，开起仗来真拼命，听说比了武将还要利害呢。”（第51回）

（27）这时光，省河里亏有着个碣石镇总兵黄飞鹏飞炮拒敌，轰毙英兵一人，轰伤三人，英人才退了去。（第55回）

（28）现在裕钦差有着葛、郑、王那样的良将，却把他都用到绝地上去，白白送掉性命，岂不可惜！（第62回）

（29）原来此时牡丹、武林二春，都有着极美丽极柔媚的宫眷，南朝粉黛，北部胭脂，会萃一堂，引得文宗不时临幸，恩遇十分优渥。（第74回）

（30）众人都道："军门大人，我们未始不愿力战，无奈家里都有着老母妻子，战死了没人奉养。……"（第102回）

（31）可怜藏人白有着金矿，啼饥号寒，却穷到个赤精！（第125回）

（32）现在我即以我论，家中也有着龙钟老父，庶母幼弟，少妇稚儿，乃竟勇往直前，一瞑不视，究竟我心肺也在摧割，肝肠也在寸断！（第137回）

综上所述，"有着"带具体宾语，从明代开始一直到当代，中间从未中断过，是一种显性语法现象。"有"字既可带具体宾语，也可带抽象宾语。显然，"有着"也可这样带。不过，也应当承认，当代作品中，学术著作、学术论文中也常用"有着"后带宾语，"有着"后带抽象宾语的比例大大提高了。也就是说，"有着"带宾语有一个自身发展变化的过程。

第四节　浙江方言"VV看"及其他

（一）

赵日新（2013：180—181）在说到"走"和"跑"义时说：

浙江地区的情况最为复杂，请参看下页的局部示意图2。《汉语方言地图集》中有浙江省84个点的材料，其中"［行］—［走］"（1），"［行］—［跑］"（3），"［行］—［跳］"（1），"［行］—其他"（1）；"［跑］—［射］"（3），"［跑］/［走］—［跑］"（2），"［走］—［走］"（2），"［跳］—［跳］"（2），"［跳］—［跑］"（2），"［跳］—［射］"（2），"［立=］—［跳］"（2），"其他"（9）。14个点为"［走］—［跑］"（16%），

替换过程已经完成；13 个点为“［走］—［逃］”（15%），8 个点为“［走］—［跳］”（9.5%），7 个点为“［走］—［射］”（8.3%），7 个点为“［走］—其他”（8.3%），5 个点为“［走］—［奔］”（6%），“〈行走〉”义的词形替换已经完成，而“〈奔跑〉”义的词形替换尚未完成。

我们十分赞同赵日新（2013）的观点。确实如此，虽然浙江绝大部分属于吴语，但一般所谓的北部吴语与南部吴语差别巨大，不能交流。除本身十分复杂的吴语外，还有徽语、闽语、畲语等。浙江方言的复杂，可能有多种原因造成，但也可从语言地理类型学的视角来观察。

目前看来，从语言地理类型学的角度来研究方言，语音和词汇的成果多，而语法相对来说就薄弱了。这似乎与以前语言学家的观点有关，认为方言的差别主要是语音，其次是词汇，至于语法差异很小。连李方桂、赵元任、王力这样的大家都有这样的想法，更何况一般的人。桥本万太郎（2013：25－26）说：

过去语言学家认为，汉语尽管有许多方言，不过这些方言的不同只限于发音不同与此相应的词汇不同；至于词序的差别是很细微的（李方桂教授：“Languages and dialects”，*The China Year Book*. Commercial Press，1937，pp. 59～65，Shanghai；赵元任教授：*mandarin Primer*. Cambridge：Harvard University Press，1948，p. 7；王力教授：《中国语文讲话》，北京，开明书店，1950，第 11 页）。近年来“方言”的记录趋于精密，调查工作从汉字发音的不同转向当地语言的音系、词汇和句法结构等方面。于是，句法上也存在重大差异的这些现象变得清晰起来。

只是在朱德熙先生的大声呼吁且身体力行下，方言语法研究才蒸蒸日上，到现在仍是方兴未艾。

本文以浙江方言“VV 看”及其他为例，从语言地理类型学的视角作一番探讨。

（二）

明清时期，浙江籍作家作品有不少“V一V看”例子，如：

（1）张尚书闻得李老许多神奇灵应，便叫人接他过来，把女儿八字与婚期，教他合一合看，怕有什么冲犯不宜。（明·凌濛初《初刻拍案惊奇》卷5）

（2）赵聪怫然变色，摊着手道：“……等我去各处问一问看，是如此时，我还便了。”（《初刻拍案惊奇》卷13）

（3）众人道：“岂有又逃的理？分明是你藏匿过了，哄骗我们。既不在时，除非等我们搜一搜看。”（《初刻拍案惊奇》卷15）

（4）相士道：“相人功名，先观天庭气色。前日黄亮润泽，非大魁无此等光景，所以相许。今变得枯焦且黑滞了，那里还望功名？莫非先辈有甚设心不良，做了些谋利之事，有负神明么？试想一想看。”（明·凌濛初《二刻拍案惊奇》卷8）

（5）员外叫讨了他八字来，与外甥合一合看。（《二刻拍案惊奇》卷9）

（6）蒋生不知何意，但自家心里也有些疑心，便打点依他所言，试一试看，料也无碍。（《二刻拍案惊奇》卷29）

（7）妻子道：“……既有地方的，便到那里去寻一寻看也好。”（《二刻拍案惊奇》卷36）

凌濛初为明代浙江乌程（今浙江湖州吴兴织里镇晟舍）人。

（8）月仙道：“呆子，既是朋友，那有将私情告诉之理。这是你晓得我家有此人，心下起莫须有之疑，冒一冒看，可是么?”（明·西湖渔隐主人《欢喜冤家》第3回）

（9）丘妈见他如此心热，道：“夫人，你把此物摸一摸看，还像生的么?”（《欢喜冤家》第4回）

（10）元娘道：“既如此，你且先把女命来排一排看。”（《欢喜冤家》第5回）——第26回另有1处。

编者为西湖渔隐主人，其真实姓名不详，或说是杭州人高一苇。

(11) 王喜道："这所在有这妇人？非仙即佛。又道文登相会，这话也不解。但坐在这圈中，若有鞑子来，岂不被他拿去？且坐了试一试看。"（明·陆人龙《型世言》第9回）——第35回另有1处。

(12) 任天挺拿了对水心月道："有甚主儿么？可拿去卖一卖看。"（《型世言》第32回）

陆人龙为杭州人。

(13) 急急转身走入家中，细细搜索，不见一毫踪影，暗暗道："毕竟是张母眼花，这女从何而来？且试一试看，委是有无？"（明·周清源《西湖二集》卷29）

编纂者周楫字清源，杭州人。

(14) 韦母就把从前的话对她述了一番，道："丫头，你是晓事的人，替我想一想看，还是该许他不该许他？"（清·李渔《十二楼·拂云楼》第4回）

(15) 皇上道："你方才说他生得方面大耳，有些福相，不知他与寡人的面貌，还是哪一个生得齐整，赐你抬起头来，相一相看。"（清·李渔《连城璧·寅集》）

(16) 知县道："别的官府问他，他未必就答，只怕本县发去的文书，他没有不回之理，诸兄不信就试一试看。……"（《连城璧·亥集》）

李渔为浙江兰溪人。

(17) 岳大爷道："且请来试一试看。"（清·钱彩《说岳全传》第9回）

钱彩为杭州人。

(18) 罗通睡梦中听得仔细，连忙床上坐起身来，听一听看，只听隐隐战鼓发似雷声。（清·鸳湖渔叟《说唐后传》第7回）

(19) 宝庆叫声："……爹爹你自去想一想看，主意要紧，所以说酒能误事。"（《说唐后传》第35回）

（20）叔宝说：“老将军，要俺帅印，圣驾面前各把本事比一比看。”（《说唐后传》第36回）

“鸳湖”即浙江嘉兴南湖，作者应为嘉兴人。

（21）宝珠叫暂不通姓名，待我认一认看是不是。（清·天虚我生《泪珠缘》第35回）

天虚我生为杭州人。

戏曲也有，例如：

（22）〔旦〕这个套数，一法使人可疑，待我试猜一猜看。（明·徐渭《翠乡梦》第2出）

徐渭是浙江绍兴人。

（23）〔末〕你拿手来，我与你相一相看。（明·徐元《八义记》第12出）

徐元是浙江杭州人。

（24）取来比一比看！（明·叶宪祖《素梅玉蟾》第7折）

叶宪祖是浙江余姚人。

下面是清代李渔的例子：

（25）［副净］料想不至于此，你且去教一教看。（《蜃中楼》第7出）

（26）［小生］这等你且念一念看（《蜃中楼》第8出）

（27）（生）仔细听一听看。（《蜃中楼》第13出）

（28）（小生）是个甚么法子，请说一说看。（《意中缘》第13出）

（29）这等，你且妆扮起来，待我认一认看。（《意中缘》第13出）

（30）或者是他认的干爷也不可知，你便进去问一问看。（《意中缘》第16出）

（31）有个绝妙的方法在此，你且猜一猜看。（《凤求凰》第22出）——第26出另有1处。

（32）快取镜子来，待我照一照看。（《奈何天》第28出）

（33）（小旦）我儿，你是极聪明的，且猜一猜看。（《比目鱼》第14出）

（34）你且讲一讲看。（《比目鱼》第17出）

（35）只是一件，他昨日赠我的玉搔头，不要忘在旅店之中，待我摸一摸看。（《玉搔头》第12出）

（36）我见他临过的时节，头上掉下一件物事来，不知是甚么东西，你下去寻一寻看。（《玉搔头》第12出）

（37）你且立在这画边，待我比一比看。（《玉搔头》第12出）。

还有这样的例子，例如：

（38）钱氏道："我见房里床侧首，空着一段有两扇纸风窗门，莫不是里边还有藏得身的去处？我领你们去搜一搜去看。"（《初刻拍案惊奇》卷31）

上例"V 一 V"前后都有一"去"字。

还有"V 一 VO 看"，例如：

（39）对张运使道："……我每可同了不肖子，亲到那地方去查一查踪迹看。"（凌濛初《二刻拍案惊奇》卷17）

还有"VV 看"。例如：

（40）〔旦指丑云〕你认认看这是谁？（明·徐渭《女状元》第3出）

（41）张大道："且说说看。"（凌濛初《初刻拍案惊奇》卷1）

（42）巫娘子道："……既然爱我，你叫他到我家再会会看。……"（《初刻拍案惊奇》卷6）

（43）媒婆道："且替你们说说看，只要事成后，谢我多些儿。"（凌濛初《二刻拍案惊奇》卷15）

（44）妻子还在床上睡着未起，沈一连声喊道："……我得一主横财在这里了，寻秤来与我秤秤看。"（《二刻拍案惊奇》卷36）

（45）韦梅轩道："……我们且替你说说看。"（陆人龙《型世言》第38回）

（46）媒婆起身道：“……我去与他寻寻看。”（西湖渔隐主人《欢喜冤家》第7回）

（47）林尚书道：“……你们且去说说看，我若见时，一定撺掇。”（明·杨尔曾《韩湘子全传》第25回）

杨尔曾是杭州人。

（48）岳元帅大笑道：“……你试回转头去望望看。”（清·钱彩《说岳全传》第30回）

（49）倪完道：“……帅爷试说与小官听听看。”（《说岳全传》第61回）

（50）且说那众小弟兄在大王庙中，等了半日，不见岳雷转来，韩起龙道：“待我去寻寻看，为何这半日还不来？……”（《说岳全传》第64回）

（51）咬金说：“畜生，不要学我为父，呆头呆脑，拿斧子来耍与父亲瞧瞧看。”（《说唐后传》第6回）

（52）尉迟恭道：“……本帅不识，你来念与我听听看。”（清·鸳湖渔叟《说唐后传》第37回）

（53）吴用说：“虽如此说，宁可再寻寻看，倘或有之，不惟我可预防，并且乘那厮不知，就可从此处出奇制胜。”（清·俞万春《荡寇志》第122回）

（54）吴用听罢，沉吟了一回，又暗想道：“……如今休管他，且做做看。”（《荡寇志》第129回）

（55）道婆笑道：“比有茶叶的高多哩，你吃吃看。”（《荡寇志》第140回）

俞万春为浙江绍兴人。

（56）门生之内寻寻看，父女奇逢未见凭。（清·陈端生《再生缘》第43回）

陈端生为杭州人。

（57）婉香道：“……让我找找看，若好用，你便拿一副去。”（清·天虚我生《泪珠缘》第8回）

(58) 宝珠笑道："……让我想想看，难道多的也有了，倒为着这个儿坍台么？"(《泪珠缘》第12回)

(59) 夏作珪道："……刚誊了，请爷瞧瞧看，可用得用不得。"(《泪珠缘》第17回)

还有"VV+O+看"，例如：

(60) 等我套套渠看，十四官！(明·周履靖《锦笺记》第13出)

周履靖为浙江嘉兴人。

(61) 不免推推门看，见门是开的。(西湖渔隐主人《欢喜冤家》第1回)

(62) 还是春妍道："……快去回上房里请大夫来诊诊脉看。"(天虚我先《泪珠缘》第9回)

(三)

浙江作家的现代文学作品中也有"VV看"用法，其中郁达夫作品中多一些，例如：

(1) 身边摸摸看，他的皮包里，还有五元余钱剩在那里。(郁达夫《银灰色的死》)——另有1处"摸摸看"。

(2) 他算算看这五元余钱，断不能到上等的酒馆里去吃一个醉饱，所以他就决意想到他无钱的时候常去的那一家酒馆里去。(《银灰色的死》)

(3) 他想想看，"The solitary reaper"诗题只有如此的译法。(《沉沦》)——另有1处"想想看"。

(4) "朴呀，朴，你自家想想看，我年纪也老了……"(《烟影》)——另有1处"想想看"。

(5) 肉麻当有趣，我实在被他们弄得坐不住了，把腰部升降了好几次，想站起来走，但一边想想看，底下横竖没有几出戏了，且咬紧牙齿忍耐着，就等它一等吧！(《迷羊》)

(6) 更把嘴巴一举，叫我自家上车厢里去寻寻看。(《迷羊》)

（7）“那么你快下来去开坛去罢，今天挑来的那两坛酒，不晓得好不好，请郁先生尝尝看。”（《迟桂花》）

（8）拿了几块给我，他自己也拿了一块嚼着对我说：“这是我自己用葛粉做的干粮，你且尝尝看，比起奶油饼干来如何？”（《瓢儿和尚》）

（9）秋高气爽，风日晴和的早晨，你且骑着一匹驴子，上西山八大处或玉泉山碧云寺去走走看；（《北平的四季》）

（10）老翁看了我们的食欲旺盛，就又推荐着他们自造的西湖藕粉和桂花糖说：“我们的出品，非但在本省口碑载道，就是外省，也常有信来邮购的，两位先生冲一碗定尝尝看如何？”（《半日的游程》）

（11）你且想想看，南宋亡国，伯颜丞相，岂不是由临平而入驻皋亭的么？（《临平登山记》）

也有“VVO看”，例如：

（12）他心里想说：“你且问问你自家看吧！”（《银灰色的死》）

（13）他摸摸身边看，袋里还有四五张五角钱的钞票剩在那里。（《银灰色的死》）

（14）他摸摸表看，那银饼大的表也不在身边。（《沉沦》）

（15）想去买些零食充一充饥，然而他摸摸自家的袋看，袋里只剩了一角二分钱在那里。（《沉沦》）

（16）他摇摇井上的唧筒看，呷呷的响了几声，却抽不起水来。（《沉沦》）

（17）他摸摸身边看，乘电车的钱也没有了。想想白天的事情看，他又不得不痛骂自己。（《沉沦》）

（18）“他是我的同学。现在在上海阔绰得很。他提倡的人生艺术现在大流行了。你若没有事情，我就替你介绍，去找找他看罢！”（《血泪》）

（19）陈不干什么，我不过问问你看，想把你的思想引到你幼

小时候的回想里去。(《孤独》)

(20) 因为当时我的各方面就职的希望，早已经完全断绝了，只有这一方面，还能靠了我的枯燥的脑筋，想想法子看。(《春风沉醉的晚上》)

(21) 他摇摇头说："这儿可没有来过，或者小月红知道也未可知，等她回来的时候，让我问问她看。"(《迷羊》)

(22) "操你的，我要打倒你们这些资本家，打倒你们这些未劳而获的畜生，来，我们来比比腕力看。……"(《杨梅烧酒》)

(23) "好吧，我们来比比脚力看。"(《出奔》)

(24) 我是曾在太平府以上九江以下的扬子江头看过伟大的芦花秋景的，所以这一回很想上太湖去试试运气看，看我这一次的臆测究竟有没有和事实相合的地方。(《感伤的行旅》)

(25) "吃吃狗肉看！"(《大风圈外——自传之七》)

(26) 一本是 Beresford 的*Revolution*，想看看英国这一位新进作家的态度看。(《村居日记》)

也有"V 一 V 看"，例如：

(27) 冯世芬听了这些话后，低头想了一想，就说："……我今晚上回去，就可以替你先去说一说看。"(《她是一个弱女子》)

(28) ……等一等，让我再想一想看，究竟有没有什么没有经难过的事情了，……自家死还没有死过；(《零余者》)

(29) 譬如你那位同乡的亲戚老 H 家里，你可以先去试一试看。(《给一位文学青年的公开状》)

丰子恺的作品也有，例如：

(30) 青年的园友们，试想想看：这种刻苦、坚忍、谦虚、知足的精神，我们应该如何钦佩！(《立达五周年纪念感想》)

(31) 点起一支烟来，津津有味地探问他："……讲点给我听听看！"(《作客者言》)

(32) 我想用手去摸摸看，但又逡巡不敢，恐怕再污了我的手。(《作客者言》)

（33）而林先生心照不宣，课毕时把门推开，探出头来望望看。（《记音乐研究会中所见之二》）

巴人的作品也有，例如：

（34）“你们想想看，一个可怜的尼姑！……”（《隋民》第3章）——同章另有“你们想想看”。

（35）“那么叫个人来试试看也好。”张明经一脖子的高兴，“敏心！敏心！——你下来，剪个头给老先生看。”（《隋民》第4章）

（36）我问一问看。（《费娜小姐》第2幕）

俞平伯的作品也有，例如：

（37）有时困不着，就想试一试看，怕不怕且由他，做个梦再说，然而无效。（《古槐梦遇》）

鲁彦的作品也有，例如：

（38）请医院的医生来，必须喊轿子给他，打针和药钱都贵，他说总须六元钱才能请来，他既然这样说，娘在走投无路的时候也必须试一试看。（《菊的出嫁》）

如果我们扩大浙江籍作家作品阅读面，肯定能找到更多例子。

（四）

傅国通（1978：120）说浙江方言有“VV看”：“动词重叠后加助词，表示‘试作一下’的意思。其中助词‘看’已被普通话所吸取，如‘讲讲看’‘写写看’。”

杨葳、杨乃浚（2000：17）说绍兴话有“动词重叠，后缀‘看’：有尝试之义。”如“听听看、吃吃看、尝尝看、试试看、看看看”。

方松熹（2002：191－192）说义乌话有“VV起儿”的说法：

“起儿”这个语素，在义乌话里可以作重叠式动词的后缀，构成“AA＋起儿”，以表示“试一试”“试试”的意思，如“用用起儿”就是指“用用看”。这种用法不见于普通话。例如：

食食起儿（吃吃看）　　讲讲起儿（讲讲看）
想想起儿（想想看）　　敲敲起儿（敲敲看）
洗洗起儿（洗洗看）　　穿穿起儿（穿穿看）
听听起儿（听听看）　　做做起儿（做做看）
开开起儿（开开看）　　烧烧起儿（烧烧看）
打打起儿（打打看）　　写写起儿（写写看）

方松熹（2002：192）又说："此外，'起儿'还可以用在'动动宾'之后，表示'试试'的意思。"如：

望望中医起儿（看看中医看）　做做生意起儿（做做生意看）
听听声音起儿（听听声音看）　食食草药起儿（吃吃草药看）
洗洗衣裳起儿（洗洗衣服看）

以上可见，方言中"看"类助词是多种多样的。

阮桂君（2009：46）说宁波话"动词重叠加'看'，是尝试体的加强式。"阮桂君（2009：46 – 50）举有例子，如："商量商量看""试试看""问问渠看""看看看""听听看""吃吃看""讨论讨论看""问问阿爷看""打打电话看""忖忖看""贷贷看""检查检查看""踏踏看"等。

浙江嘉善方言也有，形式更多样。徐越（1998：73 – 74）说：

VV + 看还可以有下列三种变化形式：

1. V 一 V + 看。即单音节动词重叠后，中间插入嵌音"一"，强调动词的尝试意味。例如：

等一等看　　用一用看　　汏一汏看
讲一讲看　　碰一碰看　　尝一尝看……

2. VV + 宾 + 看。即动词重叠带宾语构成动宾词组，再加后缀"看"。例如：

看看中医看　　吃吃青菜看　　着着西装看
望望伊看　　做做生意看　　画画油画看……

3. VV + 补 + 看。即动词重叠带补语构成动补词组，再加后缀"看"。例如：

旋旋紧看　　　揩揩清爽看　　　倒倒干净看

写写端正看　　涂涂红看　　　　烘烘干看……

以上动词重叠带结果补语加后缀“看”。

敲敲开来看　　走走过去看　　　推推进去看

拉拉出去看　　塞塞进去看　　　拖拖出来看……

以上动词重叠带趋向补语加后缀“看”。

相比之下，嘉善方言的“VV＋补＋看”更有特点，既有“VV＋结果补语”，又有“VV＋看”，是两者的结合，还有动词重叠带趋向补语加后缀“看”，形式更多样，更具有语言地理类型学意义。

曹志耘（2008：91）调查“问问看”的“看”。说“问问看”的最多，例如浙江就有以下方言点说“VV看”：

嘉善、平湖、嘉兴、海盐、海宁、桐乡、崇德旧、德清、湖州、长兴、安吉、孝丰旧、武康旧、余杭、杭州、萧山、临安、于潜旧、昌化旧、富阳、桐庐、分水旧、新登旧、建德、寿昌旧、绍兴、诸暨、上虞、嵊州、新昌、余姚、慈溪、镇海、鄞州、奉化、舟山，全属于吴语，共有36个点。

（五）

李珊（2003：46）说到《红楼梦》还有“VV瞧”和“V一V瞧”表尝试的说法，例如：

（1）你出去站一站瞧，把皮不冻破了你。（第51回）

（2）贾政道：“你试试瞧。”（第92回）

李珊（2003：46）说以上“瞧”的说法，“但资料中仅见此二例，都见于《红楼梦》”。

这个说法不准确，据目前所掌握的材料，“V一V瞧”不只《红楼梦》这一处，又如：

（3）因递与贾兰道：“我看这文章竟都还可以巴结呢，你看一看瞧。”（清·嫏嬛山樵《补红楼梦》第42回）

因为是《红楼梦》的续书，上例很可能是受《红楼梦》的影响。

“VV瞧”的说法更多，例如：《红楼梦补》有“试试瞧”（第15回、第20回、第41回）。《红楼复梦》有“听听瞧”（第1回）、“合合瞧”（第8回）、“穿穿瞧”（第9回、第24回）、“数数瞧”（第33回）、“问问瞧”（第56回）。《冷眼观》有“想想瞧”（第29回）。

周志锋（1998：270－271）也说到这种用法的“瞧”字，他说：“补用在动词或动词结构后面表示试一试。”举有《清风闸》的2个例子，如：想想瞧（第6回）、试试瞧（第14回）。并说：“今扬州方言犹有这种说法，参《扬州方言词典》174页。”《清风闸》中还有例子，如：想想瞧（第6回、第16回）。

《泪珠缘》中更多，有10例，例如：

（4）又道：“爷回头想想瞧，我来这几个年头，可曾干着什么错儿？……”（第8回）——另有1处。

（5）柳夫人道：“……听说你做个好诗，背给我听听瞧。”（第8回）

（6）丽云忍不住笑道：“……你且慢点儿笑他，你自己想想瞧？”（第10回）

（7）软玉冷笑道：“……你回头想想瞧，去年我在惜红轩住的时候，你怎么讲的？……”（第13回）

（8）宝珠便仍到袅烟房里来，把老婆子们差遣开去，向晴烟问道：“这几天我没回来住，我知道春柳儿闹的不成样儿，你们总知道底细，讲与我听听瞧。”（第13回）

（9）一路想道：“……今儿且和他谈谈瞧。”（第21回）

（10）婉香道：“……你合着眼睛想想瞧，便似身入其境的样儿。”（第26回）

（11）心里想道：“这味儿我倒没尝过，几时请这位爷也这样的试试瞧。”（第32回）

（12）宝珠笑道：“……咱们试穿穿瞧。”（第72回）

（13）婉香笑道：“赛儿姐，你爱穿空上，我现成的有着呢，你试穿穿瞧。”（第 73 回）

（14）秦文笑道：“我不用这个，但问问瞧。……”（第 78 回）

（15）赛儿因道：“奶奶试记记瞧，那时候穿的什么衣服便容易找了。”（第 85 回）

（16）藉香因冷笑道：“我约摸算算瞧，每人一头珠花，倒也不好算呢，只不知道万丰里到底有多少钱存着，几时你也得去查一查账，自己有个把握，不要回来弄得尾大不掉。……”（第 85 回）

（17）藉香道：“我也这样想过，或者明儿等他回来，且试试瞧。……”（第 88 回）

（18）蘧仙道：“……回来你试尝尝瞧，包管你明儿也喜欢吃这个呢。”（第 92 回）——另有 2 处“尝尝瞧”。

（19）说着又开一瓶，试倒了半杯，尝一尝道：“这是柠檬酒，香味倒也很好，你试试瞧。”（第 92 回）——另有 1 处“试试瞧”。

（20）秦珍道：“这边想来没得女客，试教锄药去看看瞧。”（第 95 回）。

《泪珠缘》还有“VVO 瞧”的说法，例如：

（21）赛儿笑向婉香道：“听他呢，试搜搜他瞧。”（第 16 回）

上例前面还有“试”字。

《泪珠缘》还有双音节动词重叠后带“瞧”的例子，例如：

（22）袁夫人掉下泪来道：“……你是个最有见识的人，所以把你请来，先和你商量商量瞧，是揭穿呢，还是闷着呢?”（第 88 回）

《泪珠缘》还有这样的例子，例如：

（23）宝珠笑道：“……姐姐你试猜瞧?”（第 9 回）

（24）又问小鹊道：“……你去问声沈元家的瞧。”（第 19 回）

上面的“瞧”也是表示尝试。

作者天虚我生原名陈栩，字栩园，号蝶仙，生于 1879 年，杭州人。浙江方言似乎不用“瞧”。《泪珠缘》是模仿《红楼梦》的作品，前面已经说过用了不少“VV 看”，而“VV 瞧”的用法很可能是受《红楼梦》的影响。

（25）不是丽君夸口说；我与你，大展文才试试瞧。（《再生缘》第 72 回）

弹词《再生缘》的作者为杭州女诗人陈端生。《再生缘》有“VV 瞧”用法，大概也是受《红楼梦》的影响。

相比之下，“VV 瞧”出现得较迟，《红楼梦》才始见，比“VV 看”要迟得多，数量上也远远比不上，使用者的地域面也狭窄。据曹志耘（2008：91）调查，说“问问瞧”的有：河南的鹤壁，属晋语。云南的昭通、会泽、马龙、富源、大理、保山、楚雄、临沧、思茅，属西南官话，有 9 个点。其实，还有江苏的扬州话、南京话也有，属江淮官话，安徽的合肥话和六安话也有，也属江淮官话。没有发现吴语区有使用“VV 瞧”的。

从语言地理类型学角度来看，“VV 瞧”主要在江淮官话区中运用，云南的一些地方是因为移民的原因，有学者考证，在明清时期，江南、江西、湖广、南京一带有大量人口迁徙到云南一带，他们把那里的方言也带到云南去了，而且一直用到现在，以致云南方言有一些与吴方言、江淮方言有联系。（王健 2007：253）而河南的鹤壁可能是例外。

（六）

戴昭铭（2003：147）在说到“尝试体”时说，真正的动词尝试体，在北京话中用动词重叠形式加“看”构成。在天台方言中，与北京话动词“看”（去声）对应的是动词“相”，于是天台方言的尝试体也就是在动词重叠形式后加上这个“相”构成，与北京话的“VV 看”具有对应性。书中举有如下例子：

问问相、讲讲相、写写相、吃吃相、读读相、走走相、讨论讨论相、活动活动相。

黄伯荣（1996：197）在说到“浙江话的短时体”时说：

现代汉语单音动词重叠后加“看”表示“试一下”的意思，但在浙江某些地点方言中，后加的这个“看”还可以是别的什么，这也是特别的。如遂昌、武义、宣平、永康等地用“望”（如“讲讲望、写写望”），三门等地用“相”（如“忖忖相”，即“想想看”的意思），平阳等地用“胎”（引者按：“胎”应该是印错了，或者是记错了，因为据后面的“AA 眙”格式来看，“胎”应该是“眙”字才是）（如“吃吃胎”即“吃吃看”意思），兰溪、义乌等地用“亲”（如“望望亲”，即“看看看”），黄岩等地用“起”（如“想想起”即“想想看”意）。

黄伯荣（1996：198）在说到“浙江温州话的短时体”时说：AA 眙（看。或可写作觑）式。表示对某一动作试一试的意思，后边不可带宾语。例子有：“做做眙、张（看望）张眙、吃吃眙、用用眙、讲讲眙、著（穿）著眙、开开眙”等，并说：“其他方言也有类似用法。”

黄伯荣（1996：198）在说到“浙江磐安县尚湖镇袁村话的短时体”时说，说到“添”字：

“添”作为动态助词，经常放在单音节动词的重叠形式之后，帮助表示“动作时间短暂”或“尝试一下”的意思。“添”相当于上海话“想想看、看看看”中的“看”。如：

想想添、食食添、尝尝添、写写添、唱唱添、望望添。

颜逸明（1995：224）说，吴语东瓯片的瑞安话说“眦”，如：吃吃眦、张张眦、看看眦、戴戴眦、问问眦。

王文胜（2012：242）有一张表格，说到普通话的“试试看”，浙江丽水市各县市说法如：

遂昌：试试望；龙泉：试试瞅；庆元：试试望；松阳：试试望；宣平：试试望；丽水：试试望；云和：试试相；景宁：试试望；青田：试试□（no^2）；缙云：试试望

丽水市至少有 4 种说法，一是“望”，最多，有 7 个，“瞅”“相”“□（no^2）”各 1 个。

曹志耘（2008）的调查面更广。据曹志耘（2008：91），说“问问相”的有浙江的宁海、天台、三门、临海、仙居、黄岩、温岭、乐清台、玉环、云和，属吴语，有10个点。

说“问问睇”的方言点有浙江的景宁畲。

说“问问望”的有浙江的永康、武义、缙云、丽水、宣平旧，属吴语，有5个点。

说“问问望～促”的有：浙江的遂昌、松阳，全属吴语，有2个点。

说“问问促”的有：浙江的淳安、遂安旧，属徽语，有2个点；浙江的开化、常山、衢江、龙游、江山，属吴语，有5个点。

说“问问觑”（眙）的有：浙江的永嘉、乐清瓯、温州、瑞安、洞头、文成、平阳、苍南吴，属吴语，有8个点。

说“问问映”的有浙江泰顺闽，属闽语。

说“问问瞭”的有浙江庆元、青田，全属吴语，有2个点。

说“问问添”的有浙江的汤溪旧，属吴语。

说“问问起”的有浙江的金华、浦江，属吴语，有2个点。

说“问问起儿”的有浙江的义乌、东阳、磐安，全属吴语，有3个点。

说“问问青”的有浙江的兰溪，属吴语。

这些助词中，有的本身应有“看”的义，与“看”是同义词，有的可能是因为无本字，用的是替换字，但其本身可能是一个与“看”同义的字。

以上可见，浙江方言动词重叠后带尝试助词除有“看”“瞧”外，还有“相”“睇”“望”“促”“觑（眙）”“映”“瞭”“瞅”“添”“起（起儿）”“青（亲）”等11个，还有“□（no^2）”。其中“瞅”和“□（no^2）”是曹志耘（2008）未见的用法。而且，这些复杂的现象，主要出现在浙江南部和西部，如浙江北部的湖州、嘉兴、杭州（除淳安、遂安旧，历史上属严州），中部的宁波（除宁海，历史上属台州）、绍兴基本一致，一般说“VV看”。总之，浙江话的这些说法，主要是吴语，还有徽语、闽语、畲话，但只有4个点。

上面的例子充分说明语言地理类型学特点，浙江南部因为行政区划，因为山川阻隔，因为人口迁徙，所以方言十分复杂，在表示尝试的范畴时就显得十分复杂。就是同一个地区，如丽水就有4种说法；就是同一种说法，也横跨不同地区，如“相”，如宁海（现属宁波，不过历史上属台州）、乐清台（乐清现属温州，但乐清台的语言属台州），尤其是云和，属丽水。

（七）

曾有学者认为，动词重叠是汉语特有的语法现象。其实，从语言类型学角度看，重叠并非只是汉语语法特有现象，作为一种语法手段，它广泛分布在世界上好多语言中。据张敏（1997），汉语重叠式的构形模式几乎每一种都曾在某个或某些其他语言中出现，表达的核心也无一不为某个或某些语言的重叠式所表达，其他语言里还含有大量汉语没有的重叠方式和语义类型。我们通过查阅《中国少数民族语言简志丛书》和几十种《××语概况》和《××话概况》等，发现就重叠情况而言，有的重叠是汉语所没有的，有的语法意义也是汉语所没有的。但就动词重叠后带“看/瞧”等表示尝试的类型来看，确实是汉语动词重叠形式一个重要参项，具有类型学意义，从浙江籍作家的近代汉语、现代汉语与方言的多方位、多角度地考察中可见一斑。刘丹青（2005：219）说：“中国是一个语言方言资源丰富的大国，还有很多重要的语言事实和由此可能获得的理论概括尚未进入国际上类型学研究的视野。”贝罗贝、徐丹（2009）说：“近年来，汉语的历史语法研究为语言研究开辟了一个新的天地：类型学。”这样看来，浙江籍作家和浙江方言中的动词重叠带助词“看/瞧”等表示尝试的多样性、丰富性，充分体现了语言地理类型学的特点，是很好的很典型的样本，能为语言地理类型学作出贡献，当然也能为语言类型学作出贡献。

第五章　定语与状语

第一节　“人称代词”带定语

（一）

关于人称代词前带定语（下面以“M + PP”表示）的现象，学术界有争议，而且争议还较大。有的学者认为汉语没有或很少有这种用法。陈承泽（1982：29）对“M + PP”格式持否定态度，他明确指出代词与名词的区别就是代词前面不能加修饰语。这是最早对“M + PP”作出如此判断的学者。

王力（1985：370）说：“人称代词前面有修饰品，依中国语的习惯，人称代词的前面是不能有修饰品的；现代书报上却常见有这种说法了。”王力的说法影响很大，此后大多数学者持相同看法，但各种说法不完全一致。

刘世儒（1963）认为，代词一般不常受定语修饰，这是它和名词不相同的地方。

吕叔湘（1999/1944：240）说：“但是从别的结构关系上可以区别，代词前面不能加数量词，一般也不能加形容词。”

吕冀平（1983：113）在说到“人称代词语法特点”时说：“2. 一般不受别的词类的修饰；只有书面语里偶尔出现‘大病初愈的我、心情愉快的他’，这种说法口语里是不说的。”

丁声树等（2004：42）说：“一般的名词、动词、形容词都能有修饰语。下面分段来说。别种词，除个别情形外，就不大能有修饰语了。例如代词，原则上是不受修饰的，尽管文学作品里有……这种例子，口语里是不通行的。”

赵元任（1979：151）说：“无论有‘的’没有‘的’，形容词照例不修饰代词。‘可怜的我’，‘一个无产无业无家可归的我’，书面上能见到，说话时听不到。”

朱德熙（1982：81）说：“人称代词和名词的区别是名词前边可以有修饰语，人称代词前边一般不能有修饰语。”

范晓（2001：31）说，“代名词有时也可充当名核，但在汉语里用得很少，在文艺作品里偶尔出现”。

刁晏斌（1999：278）说，“近代汉语中，人称代词不能接受其他词语的修饰，而现代汉语中，却出现了一些这样的用例”，刁晏斌（2001a：11—12）表达了同样的看法。

周建设（2005：250）在说到“代词的语法特点”的第2点时说，“除人称代词外，代词不受其他词或短语修饰。人称代词在某些情况下可以受修饰”。

兰宾汉、邢向东（2006：下册32）在说到“代词的语法特征”时说：“（2）代词一般不受别的词类修饰。在书面语中会出现代词被修饰的情况，如‘取得了巨大成功的他’‘初为人母的我’等，这种说法只用于人称代词。”

全国外语院系《语法与修辞》编写组（2007：45）在说到“代词的语法特点”时说：“2. 一般不受别类词修饰。在书面语言中有时也见到“生活在新中国的我”的说法，可看作特殊用例。”

卢建（1998：14）说这种用法是“新兴句”，是“五四以后出现的”。

也有的说古代有，但数量少。王希杰（2000：293—294）说：“汉语的人称代词，传统用法本是不受修饰的，虽然偶尔也有受修饰的用例。例如西周生的《醒世姻缘传》第三十八回中：‘刚才过去的不是那嗔你溺尿的他么？’但是五四以后，修饰人称代词逐渐地多起来了，……这种用法显然是在印欧语言的影响下才出现的。刚刚出现的时候，颇能给人以耳目一新的感受的。然而时间久，逐渐地都习惯了，也就失去了新奇感。”

张凤琴、冯鸣（2004：55）也说“定语 + 人称代词”这一结构是新兴的。虽然文中还用明清时期的例句说明这一结构的产生应有其内在因素，文章中既举了冯梦龙《挂枝儿》、西周生《醒世姻缘传》、王廷绍《霓裳续谱》、逍遥子《后红楼梦》白话文艺作品的例子，也举了唐顺子《答茅鹿门知县书》和袁枚《小仓山房尺牍卷五》的文言例子。但文章中说：“如果说因为其数量甚少，尚处在‘潜语法现象’阶段，但毕竟为‘五四’以来这种结构的涌现提供了内在可能性。”

也有学者认为是外来句式。王力（1957）明确指出“M + PP”是“日化”用法，他认为“M + PP”“这种形式是中国原来语法所没有的。这种新语法恐怕只是日化，不是欧化。但若说是欧化，也可以说得通。法语里‘moi qui…’‘toi qui…’之类也是常说的。英语等语里，系词用于同位时，译成中文也可以使代词受修饰。例如‘I thought you would know, being a friend of the family.’可译为：‘当时我以为和那家有交情的你，一定会知道这件事。’又如‘Having been sick so much, I have learned to take good care of my health.’可译为‘这样常常害病的我，已经学会了好好地当心我的健康了。’这样翻译，可以和原文的结构更相似，本身的结构也紧凑些。”

北京师范学院中文系汉语教研组（1959）在谈到称谓代词被修饰时，指出按汉语的老习惯，“你”“我”“他”等一般不大被定语修饰，“五四以后，因为受日语的影响，也可以这样办了”。

孙维才（1990：32）最后说：

从以上几种修饰语看来，日语和汉语的人称代词的语法功能正向名词方向发展，其趋势表现在修饰人称代词的语法现象在日益增多。而汉语和日语中的这种现象确实是欧化而来的。这种现象，在日语里出现的早些，是在明治维新以后，在汉语里要晚些，大约在五四时期，而多见于鲁迅和郭沫若等名家的文章中，因为他们大多留过洋，受其影响很大。而这种欧化现象，现在都已被吸收了，日化，汉化了。

孙维才（1990）的意思是说，汉语中“定语 + 人称代词”来源于日语，而日语又来源于英语等。

赵博源（1998：30）说：“日语的人称代词可以受定语的修饰，而汉语的人称代词不受定语的修饰，更不受长定语的修饰。”赵博源（1998：31）又说：

二、汉语人称代词不受定语修饰。

以上句子的两种汉译文，a 的译法照搬日语句子的语序，不符合汉语的表达习惯。有人根据这种“日式表达方式”认为汉语人称代词也可以有定语修饰。这是一种“是存在的都是合理的”的观点。

事实是：存在的未必都是合理的。姑且不说长句，即使短句，人称代词一经定语修饰，势必使句冗长、累赘，没有一个中国人真正在口语里是如此说话的。

只有调整原文的语序，按照 b 的译法，才真正符合汉语的表达习惯。

赵博源（1997：25）也说到同样的意见：“日语中人称代词也能受定语修饰，但这在汉语中不符合表达习惯，显得别扭。”

刁晏斌（2001b：162）说：“‘五四’以后，由于受日语的影响，加之汉语中本来就有类似的形式，所以这种形式才为更多的人所接受，最终成为一种比较流行的形式。”刁晏斌（2007a：64）也有类似的看法。

魏志成（2007）也认为源自日语，梁启超是现代意义上使用“定语 + 人称代词”结构的第一人。魏志成（2010：203 – 204）又说：

但在代词的转化现象中，有一点非常值得提出，那就是代词向名词的转化现象。从总体上看，代词与名词的主要功能极为相似。但代词转化为名词后，具备了名词的另一种功能，即被前置修饰语限定的功能，如“有了四千年吃人履历的我”中的“我”之前的修饰语，这种结构可以表述为“M + PP”结构（即“修饰语 + 人称代词”，英语为 Modifier + Personal Pronoun）。依据魏志成（2007）的考察，“M + PP”结构“古已有之”，但是从20世纪初就开始流行起来的“M + PP”结构首先是从日语输入的，后来又由于英语（或法语）的影响，强化了这个结构在早期现代汉语中的流行。这种代词名词化的使用曾经一度受冷遇，因为它是个外来语结构。但是，自20世纪80年代以来，这种结构又逐渐“流行”起来，不仅在笔头，而且在口头，包括中央电视台。

以上是“日化”说。

詹开第（1982：352）说：“汉语的人称代词及指人的专有名词前原来是不大带修饰语的。在《骆》中，人称代词及指人的专有名词前却有时出现了修饰语，这是一种欧化句式。采用这一新的语法形式的不独老舍一位。”

甘玉龙、秦克霞（1993：62）说：“‘五四’以后，在书面语中出现了一种代词带修饰语的欧化句法，但在口语中人们并不这么说，没有群众基础，也缺乏民族性，不能看作一般规律。”

倪宝元（1994：142）在说到“欧化句”时举有“M + PP”例子。

谢耀基（2001：18）在说到欧化现象时，就讲到“人称代词、专有名词前面加上修饰成分”的问题。

游汝杰（2003：94）说到因受西方语言影响“五四”以后汉语语法有新的发展，其中就举有“人称代词带定语”。

石定栩、朱志瑜（2000：201）说：“人名之类的专有名词或代词原先是不能受定语修饰的（王力 1939a），现代汉语的文学作品中偶尔有人会用，但并不常见（刘月华等 1986）。”又说，“受英语的影响，香港书面汉语中这类用法越来越多”。

张宝林（2006：37）说到“欧化语法现象”时，也提到“人称代词带修饰语”，书中说：“按汉语的习惯，人称代词前本来是不能有修饰语的，但现代的书报刊物上乃至歌词当中，这种用法已经很常见。（参王力1985：370）”

以上是“欧化”说，一般认为是指英语。

还有受俄语影响的说法。杨开三（1987：28）说：

现代汉语的代词尽管与俄语的代词一样，也是用来代替人或物的，但它有自己的特点，例如人称代词不能受别的词限定修饰，这一点就有别于俄语。“五四”前后，一些作品和译文书函，曾一度流行什么“美丽的你”“幸福的他”“用功的你们”“十个他们”之类，标新一时。但从三十年代以来，人们不再这样使用，恢复了汉语人称代词的固有特色。近些年来，随着外语学习的普及，在翻译和创作中，一些人有意无意地生搬外套，把俄语代词可以带定语的形式，强加于汉语，影响汉语的纯洁与正确表达。

在举了4个例子后，文章又说：“显然，上列句子都是违背汉语人称代词不能带定语这一习惯用法的。”

范晓（2003：150）认为，“……的他”“……的你”这样的格式源自他族语。

张斌主编（2010：10）说：“开放性系统却不同，外部因素可以影响内部的结构，如汉语受外语的影响，曾出现一些新的结构形式，如人称代词带上长定语，这是‘五四’时期受外语的影响才出现的。”

以上虽然未说明何种语言，只是笼统说“他族语”“外语”。

除了上面所说的“欧化说”“日化说”等以外，“定语+人称代词”还有所谓的“综合说”。刁晏斌（2006a：348）认为是多源的：

目前，在没有确凿证据的情况下（我们认为，要找出这样的证据并非易事），我们不妨认为汉语人称代词带定语的外来影响是多源而不是单一的。

总结以上所说，就是，现代汉语人称代词带定语这一形式是汉语传统用法的继承和外语的影响这两方面因素共同作用的结果。

刁晏斌（2006b：51—52）又提到这种用法：

再比如代词，虽然在语法研究中一向不太引人注意，但是如果从史的角度看，也非常值得关注，涉及到的问题主要有第三人称代词的性别区分和人称代词带定语等，这些发展变化与古代（近代）汉语和外语的影响密切相关，而它们本身也有一个比较曲折复杂的发展过程，因此包含了相当丰富的内容，应当深入发掘。

刁先生仍然认为这种用法是与“古代（近代）汉语和外语的影响密切相关”的。

汪化云（2009：19）认为，王希杰（1996）的看法显然是正确的。汪先生认为，对现代汉语中“人称代词受修饰”结构来源的合理解释应该是：这种结构的普遍使用，是汉语中固有的特殊语法结构受外语语法影响而迅速发展的结果。

当然，也有不同的看法，如许德楠（1957）认为应当承认“M＋PP”格式的合法性。张崇（1991）举有2个近代汉语的例子。吕叔湘（2002：282－283）说：“加语有限制性和修饰性之分，三身代词本身已经极其确定，无所用其限制，上面这些例句里的加语都是修饰性的。只有《庄子·田子方》里的‘忘乎故我’和梁启超《清代学术概论》里的‘不惜以今日之我与昨日之我宣战’，那倒是限制性的例子。”韩陈其（1984）也有不少例子。韩陈其（2005：77—80）也持同样观点。

太田辰夫（2003：95）则认为是修辞技巧。

崔山佳（2004、2008b、2008c、2008d、2009a、2011a、2013c）都认为“M＋PP”是汉语固有的语法现象。

（二）

现代文学的“M＋PP”例子也是很多的，一些学者已经有了不少研究，如：洪琳（2002），张凤琴、冯鸣（2004），戚东华

（2005），江治刚、李军花（2006），刁晏斌（2007a），鲁莹（2008），张莹（2009）等都举有现代作品不少“M+PP”例子，可参看。据我们对《沈从文全集》（北岳文艺出版社，2003，小说、散文等17册）统计，沈从文共使用“M+PP”539例。其中超过10例的作品有：《阿丽思中国游记》：75，《旧梦》：67，《呆官日记》：26，《春天》：23，《中年》：12，《元宵》：12，《篁君日记》：10。尤其是《阿丽思中国游记》《旧梦》2部小说，竟然分别有75例、67例，可见使用频率之高。据目前所掌握的情况来看，沈从文作品使用“M+PP”最多。

下面说当代汉语中“M+PP”的情况。何雅娟（2010：56）说：

20世纪50—70年代，由于文化或意识形态的影响，汉语中定语修饰人称代词的结构（以下用“M+PP”表示。M为英语modifier/修饰语的缩写；PP为英语personal pronoun/人称代词的缩写）被视为不规范的语言现象而几乎“绝迹”。根据洪琳（2002）的统计性研究，从1966年到1986年共20年间的25万字的语料中，只有一例人称代词带修饰语的形式。但自20世纪90年代以来，现代汉语中广泛存在“M+PP”结构。根据对2005年4月1日至4月30日的《厦门日报》和《厦门晚报》中有关“M+PP”结构进行的统计性调查，我们得知：两份报纸共出现了84处“M+PP”结构，平均每份报纸每天出现1.4处（魏志成，2007）。如今，中小学生的作文题目中有《自信的我》《妈妈眼中的我》等，这些表明“定语+人称代词”结构的规范性已是不容置疑了。

何雅娟（2010：60）又说：

“M+PP”结构在翻译中的美学效果研究，有利于阐释该结构在几乎绝迹的情况下复现并充满生机的原因。

其实，说中华人民共和国成立后到改革开放之间的一段时间内，“M+PP”很少用或几乎“绝迹”并不只是何雅娟这么说。如何烨（2004：133）说：

3.2　“定语＋人称代词”结构　由于篇幅的关系，在这里仅对“定语＋人称代词”结构在语料中出现的频率作一讨论：在1956年的语料中，尚未出现此结构。在1982年语料中，该结构出现两例，且在同一篇文章中。

这2例如：

(1) 他5岁起在父亲的诱导下学画画。小朋友们捉迷藏，玩打仗都打不动了的他，却迷上了父亲买来的一本本画册、小人书。(1982年5月25日文学版面)

(2) 十年动乱开始了，一心想上专业美术学校的他却走进了工厂的大门。(1982年5月25日文学版面)

洪琳（2002：59）也只举如下例子：

(3) 数学老师……又对涨红脸不知所措的我说：“背吧!”（谭竹《一生有多长》）

江治刚、李军花（2006：130）说：

值得一提的是，“五四”以后这种形式日渐消隐，使用频率一直很低。据统计，“进入第二阶段（即1949年至1966年）这样的用例就几乎看不到了。”（刁晏斌，2001）据统计，在1966年到1986年的二十年间的25万字左右的语料中只出现一例人称代词带修饰语的形式。

魏志成（2005：73）也说：“但是在20世纪50—80年代的汉语中也是不常见到这种结构的。”

魏志成（2007：412）说：“汉语在进入20世纪以前，人称代词的确很少受到定语修饰（以下用‘M＋PP’表示，M为英语modifier/修饰语的缩写；PP为英语Personal Pronoun/人称代词的缩写）；但现代汉语中，‘M＋PP’结构却普遍存在，尤其是自20世纪90年代以来，——虽然这种结构在20世纪50—70年代几乎‘绝迹’。”

刁晏斌（2006：22—24）把现代汉语分为四个阶段，第二阶段是1949年到“文化大革命”开始，第三阶段是“文化大革命”时期（1966—1978）。刁晏斌（2006：346）说：

第二阶段中，类似的用例数量锐减，我们在本阶段的语料库中仅检索到2例，且都出自比较“文”的《青春之歌》：

（7）我已经不是去年的我了。

（8）大家都把视线转向了坐在八仙桌旁举着酒杯的他。

第三阶段也只有2例，即；

（9）平常说话顺顺溜溜的我，给他这么一问，怎么也回答不出了。（《广大的战线》）

（10）（他）说着又转过头来对愣在一旁的我夸张起来……（同上）

刁晏斌（2001）对现代汉语分了三个阶段，1949年建国以后到“文革”结束属于第二阶段。刁晏斌（2001：164）认为“M + PP”在第二阶段几乎没有了，他说：

进入第二阶段，这样的用例就几乎看不到了，我们对人称代词在此期三种语料中的使用情况进行了检索，结果没有发现一例这样的形式。

刁晏斌（2001：前言14）又说到这样的话：“而在我们考察的第二阶段的三部作品中，却没有一个这样的用例。”

刁晏斌（2001）所用的第二阶段的三种语料分别是：吴强的长篇小说《红日》前五章，约10万字；冯德英的长篇小说《迎春花》前十章，约12万字；抚顺市革委会革命大批判写作组《怎样看形势》，约3万字。三者相加共约法25万字。

显然，单是3部作品，单是25万字，并不能说明什么问题。对某种语法现象，不同的人有不同的使用习惯或是风格。

其实，刁晏斌（2001：前言8）对冰心先生作品中的“M + PP”用法作了统计，统计的结果是：第一卷（1919—1922年）中有34例，第六卷（1962—1978年）中有7例，第八卷（1986—1994年）中有19例。这说明第二阶段还是有用例的。

我们也发现中华人民共和国成立后的一些例子，如：

（4）但还可以说一说写作这一册子时的我的工作环境。

（5）日子回到当年，他又是年轻的他了。

1950 年 12 月，杨朔以《人民日报》特约记者身份奔赴抗美援朝战场，写出大量战地报道，创作了反映抗美援朝生活的长篇小说《三千里江山》，荣获朝鲜民主主义人民共和国颁发的二级国旗勋章。

（6）哥哥！父母和弟弟都死在敌人手里了，父亲、母亲和弟弟已经被残杀了，剩下来的我也只有死了。

上文也写于抗美援朝时期。

孙犁的作品也有几例，例如：

（7）思想交战起来，进步的力量指使他：想到今天的自己，想到妹妹和母亲，想到一切新社会对工人阶级的奖掖和照顾，澄清了这一可耻的暗流。

（8）一加上个他，就放心了。

（9）那时的我，真好像父亲死了似的那么悲伤。

（10）初初来到这个溪边的我，环境给我的印象和引起的联想，不免感到十分惊奇！

（11）活了再加三年便是六十个年头的我，一直是打杂下来的，干过的行业也不少，就是没有正经的；如果这也算做一“家”，倒也可以名之曰“杂家”，——我心里这样想。

（12）这敌情倒好，咱已经有了这么一股人马，漫不说一个李宝泰，十个八个他可算个甚！

（13）作为一个共产党员的我，应当怎样努力负起自己的责任，以做到无愧于党员的称号呢？

（14）你要被捕的话，那影响的不光是你，很可能是你后面的我，我后面的他。

（15）为什么偏偏该年纪较大的我来埋葬你呢？

（16）十七岁的他，怕只有七岁孩子那么高。

《人民日报》也有，例如：

(17) 中国和尼泊尔——她们不是姊妹吗?
喜马拉雅山连接起来的她们,
难道不是美丽动人吗?

《人民文学》也有,例如:

(18) 显然,这是因为队里的雨衣不足分配,而作为队长的他,便带头让给别人穿了。

《剧本》也有,例如:

(19) 好容易盼来了个你。

罗广斌、杨益言出版于1962年的革命体小说(红色经典小说)《红岩》也有,例如:

(20) 也许,许云峰认为这些人比颇有工作经验的自己容易控制、指挥吧?

以上是我们搜集到的大陆20世纪50—60年代的例子,共有30处。虽然总体说来使用频率比现代汉语是大大降低了,但绝对不能说是“几乎‘绝迹’”的。而且,这些肯定不是那个时间的全部例子。

(三)

相比50—60年代来,70年代的例子也不少。冰心先生的散文中确实有不少“M+PP”的例子,如:

(1) 这时,住在我们对门的李奶奶,正抱着生下不久的我,坐在妈妈的床边。另如“那时远在异国的我”“幼小时代的我”。20世纪1970年,冰心先生单是散文就有5例。

20世纪70年代末还有一些例子,如:

(2) 这不只是我短于交际,少见世面,也因为小川和敬之对久病的我,无微不至地关怀照顾,才留下了如此难以忘怀的印象。

不仅文学作品,学术论文也有,这说明这种用法的成熟性,例如:

(3) 作为既是译者又是读者的我们,希望今后更多地翻译出版一些这方面的著作，理由很简单：语言研究也需要借鉴。

（4）刚满二十一岁的他便有以身许国的志向，……

（5）我们在本书中看到的他，既不是生而知之的天才，也不是头带光圈的圣人……。

（6）一九三八年初，父母等把刚生下四五十天的我寄养到湖南乡下姑母家里……。

（7）作为中国人民的一分子，作为一个作家的我，敢有歌吟动地哀。

（8）年仅三十二、三岁的他，不仅两鬓灰白，似乎连眉毛和上唇的小胡子也掺杂了不少银丝。

（9）至于那时的我呢，正和一个从常德师范毕业习音乐美术的表兄黄玉书，一同住在常德中南门里，每天各需三毛六分钱的小客栈中，说明白点，就是无业可就。

沈从文的新中国成立前的作品经常使用“M + PP”，20 世纪 50 年代还在运用，这也说明使用“M + PP”是他一贯的风格。

还有标题直接用“定语 + 人称代词”的，例如：

（10）看看今天的你！——致越南当局

至于 1980 年后的 80 年代，“M + PP”的使用频率更高。例如：

（11）现在你正说什么？爱人？什么叫爱人？眼前的这个他？过去的那个他？他们?!

（12）她是个华侨，出身于富裕的家庭……却比在国内出生的我能吃苦，能耐劳。

（13）“难道有两个我吗?”

（14）这时，有人撬开门上的锁，把正在发愣的我推进屋里，又锁上了门。

（15）我跟在他的身后跑出去，去追那个过去的我。

（16）谁都没有笑脸，谁都不愿意开口，连从外国的我们，好像也可以尽情任意地赞扬周总理，也找不到人可以和他谈谈……。

（17）二十五岁的她，还没有爱过什么人，是因为没有碰到呢，还是因为世界上根本没有这个人?

(18) 郑子龙每每看着圆圆，就像看见青年时代的自己。

(19) 诗贵有我，我也是这样主张的。这个我，必须联系人民，联系时代，这也是没有争论的。

(20) 当油然而生、连自己也无法理解的那异样的兴奋和萌动，突然间从心田里破土而出的时候，惶惑中的我们究竟能理解它的几分含义呢?

(21) 这间屋子，我所以记得是西房，因为每天早晨，阳光射在我身旁的纸窗上，就会给正在病中的我无限安慰和希望。

(22) 我跑到渠边一照，水中间映出满头是花的我——……

(23) 四十三岁的她，脸上似乎没有稍许的幽怨。

(24) 战士们把东倒西歪的我，扶进了吉普车内……

(25) 你的长发抽疼了我的脸，这时我才发现身边有个你。

(26) 不是别人，正是他，她的他。

(27) 橱和桌子之间的一席空地，正好摆平一米七八的她。

(28) 回想起那时的她和他，有多少内容可以编成歌来唱!

(29) 今天的我也许已经衰老了，他想。

(30) 不过，那时饿得挣饭的我，和现在坐在金陵饭店转盘上的我，确是同一个我，常云饱汉不知饿汉饥，我则昔为饿汉，今为饱汉。昔我是英雄欤? 狗熊欤? 说是英雄，按以上所“交代”者，自然够不上。但若说是狗熊，我也不太甘心承认。若今我觉得昔我是丢人，则昔我亦可觉得今我是忘本。有的同志忘性太大，回忆过去的时候，一切都已升华为光荣、伟大、洁净的境界。我平日也常忘掉那点渺小。但是当我想起来时，便无法躲避。今我既不能蔑视昔我，昔我也不能否定今我。

(31) 我可不是上小学时候的我了，我皱皱鼻子说:“您甭跟我使计——我知道您干吗把我叫过来，才不是为作文的事呢，您是不愿意我坐那儿听爸爸和马叔叔聊天!”

(32) 朋友，我无论如何是对得起你了，因为在你妻子的眼皮底下，我帮助你塑造了一个完整的你，这最后一笔收得是多么有力呵，绝对雄性的。

(33) 只剩下一个活着的我和一个几乎死去的他。

(34) 虽说都已十年了，对乡村的他记忆犹在。

(35) 何况，我所记忆中的他们，经过多年的过滤，也不是原来的他们了。

(36) 诚然，一心想成为画家并在为此进行着不懈努力的我确确实实是错过了一次机会，但我一点不后悔。

(37) 前几天还因斗殴互相打伤躺在监狱医院里的他和他，今晚又在一起跳起狮子舞来了，这真是不可思议的事情。

(38) 当时党的六中全会在延安中央党校召开，年仅 15 岁的我正在这里学习。

(39) 西装革履的他，陪着美国人在农场的田野上闲逛……

标题也有，例如：

(40)“分裂”的他和她

(41) 他的世界与世界的他——刘再复散文诗人格意象初探

(42) 高原的他们

以上可见，20 世纪 80 年代“M + PP”的例子更多。

（四）

与此同时，台湾作家作品中也有不少“定语 + 人称代词”的例子，下面是余光中先生作品的例子，如：

(1) 然而吴望尧、黄用、痖弦、罗门四人，莫不有才；就已具才华的他们而言，这句话仍是可靠的。

(2) 我们似乎以高速梦游于一个不知名的世纪；而来自东方的我，更与一切时空的背景脱了节，如一缕游丝，完全不着边际。

(3) 来自东方的我，对于这种游牧式的交际，向来最感头痛，但为了仰慕已久的大诗人，只好等下去。

(4) 我可以很诚恳地说：对于读诗、译诗、写诗、编诗、教诗、评诗皆略有经验的我说来，《石室的死亡》中的不少段落实在难以感受——如果不是难以“了解”的话。

(5) 莎士比亚的剧本是为伊丽莎白时代的观众写的，也是为二十世纪的我们写的。

(6) 写诗已逾十年，并且译过诗，编过诗刊，写过诗论，现正在外文系讲授英美诗的我，绝无意在此伪作谦逊之态，把自己说成与诗绝缘的人。

(7) 把林亨泰先生的作品和杜甫的作品作一比较，我们不难看出：这首现代诗只有一个观点，只有客观的物体，只有一双眼睛，而唐诗有好几个观点，有客观的物也有主观的我，且使物我交往相互作用，而于眼睛以外，还有其他感官和主动的意念。

(8) 新婚后的他，生活在女性的长期陪伴中，乃展现了他妩媚的一面。

(9) 异教徒的我在教堂外，在异国的夜的空气中。

(10) 那就要看这个“我”的品质是否精纯，容量是否博大，艺术是否圆熟了。

(11) 我总怀疑，韩老夫子的自我，他的 libido，是从散文的世界逃逸到诗的世界里去的。

(12) 但此等人物与个性，只存在于他的小说或戏剧中，并不是在此世界真有这一人与此一个性之存在，而且也并不是他作者之自己。

(13) 所谓我，就是艺术家的自我，而物，就是物质的世界，也就是自然。

(14) 前半生的我陪葬在这小木匣里。

(15) 一个我，接着另一个我，纷纷死去。真的我，究竟在何处呢?

(16) 立在这座钢筋的瞭望塔上，立在二十年前的这一边，他抚摸二十年前的自己，自己的头发，自己的幼稚，带着同情与责备。

（17）因为这只是过渡，逝者已逝，来者犹未来，你是无牵无挂的自己。

（18）中学时代的他，围在千山之外仍是千山的四川，只能从地图上去嗅那蓝而又咸的活荒原的气息。

（19）叶芝对生活的态度，与他恰恰相反；叶芝的洋溢的生命力，使他的作品永远在寻求，永远在变，使三十岁的他和七十岁的他前后判若两人，而后者比前者对生活更为执着，更为热爱。

（20）诗中主词，一目了然，应该是第一人称的“我”。

（21）于是，本来没有宗教问题的我们，竟在诗中为神的死去一再举行哀悼；工业革命尚未成功，竟预支感情，哭诉机器的野蛮，大城市的无情迫害。

（22）愤怒的我，立刻和他展开论战，为莎翁洗刷莫须有的罪名。

（23）不过这种自我的表现，有一个微妙的分寸，这个“我”便无法与“你”交通，更丧失了“他”的独立性与具体感，也就是说，超过这个分寸，“我”就因为太泛滥，太朦胧，而不具社会性与时代性了。

（24）身为山中人的我们，在攀过落基山或阿尔卑斯山之后，再回到自己的山中来，感觉自然不同。

（25）梦蝶人的境界，渺渺茫茫，王羲之尚且不能喻之于怀，何况魏晋已远，二十世纪的我们。

（26）才五六年，那一个自己，竟然已经有一点像标本了。

（27）如果我能够从那扇窗口飞出去，他想，嗡嗡地飞出去，像一只自由的黄蜂，飞出去，把不属于自己的自己留在这里。

（28）一瞬间，他幻觉自己就是舅舅，而站在风中稚髫飘飘的那个热切的孩子，就是二十多年前的自己。

（29）艾略特曾强调诗应“无我”，这话我不一定赞成，可是拟持以转赠他的师兄庞德，因为理想的译诗之中，最好是不见译者之“我”的。

(30) 因为飞跃之后，玻璃的新世界将破成千面的寂寞，再出水已经是另一个自己。

(31) 伞季不论在冬在夏
我总系念伞下的你的感觉
让我撑永爱为春
永爱为秋

同样为台湾作家的琼瑶也有这种用法，例如：

(32) 我已经毁了半个你，我必须手下留情，让另外半个你在省立×中好好地待下去!

(33) 这一年中，隐居在山上的您，我不知道有没有什么变化?

(34) 我把整个自己都搬进去了。

(35) ……每个自我，对于每个人来说，都是种极限，很少有人超越自我。

(36) ……该死的你，把热水瓶翻倒在手上，为了逃避唱歌给我听!

(37) 第一次看到小双这样装饰，一个小妇人！年轻的小妇人！却比少女装束的她更具有女性的磁力。

(38) 而她欠他的这笔账，她只能以全部的自己来纪念偿还!

(39) 好了，别发呆了，你的他在叫你呢!

(40) 我看到的他，就和你一样，也像鸡蛋壳似的，那么脆弱呀!

台湾作家三毛的作品也有，例如：

(41) 小小的我，唯一的活动，便是在无人的午后绕着小院的水泥地一圈又一圈地溜冰。

港台作品另如：

(42) 照片册内陆续地爬出一个一个往日生活相片里的人物，系着小辫的她，踢着一条宽阔大短裤的他，结红蝴蝶的她，蜡了油亮亮一层发乳的他，每一个的样子都很像。

以上可见，在海峡对岸，也直接继承了现代文学中的传统，

“M + PP”照样在正常使用，其使用频率也是较高的。

（五）

张莹（2009：17 - 18）说：

被饰代词的这个组合能力使我们一下联想到了名词，名词有一个很重要的语法特征就是能受数量词修饰。下面我们把被饰代词和名词的语法特征作个比较。

1. 形态上：被饰代词和名词中指人的词语都能加“们”表复数。

2. 组合能力上：被饰代词和名词都能和“一个”之类数量词组合，组合之后产生定心关系。

3. 造句功能上：被饰代词和名词都能充当主语、宾语，一般不单独充当谓语。

通过比较，我们可以看到，被饰代词和名词不仅意义上有共同之处：都表示人或事物，而且还具有几乎一模一样的语法特征。被饰代词和名词具有如此平行的共同点绝不是偶然的。

我们以为，上面的分析很有道理，也就是说，汉语中有“数量词 + 名词”，它是定中短语，也有“数量词 + 人称代词”，它也是定中短语。

鲁莹（2011：15）说到“人称代词能带定语的语义原因”时，说：

人称代词能带定语，受其修饰和限制，与自身特性有关，语义原因在于：

第一，人称代词一般不受定语修饰，因为人称代词在话语中一般是有定的。我，表自称。你，表对称。他，表旁指。这些在对话中都是默认的。这是人称代词作中心语受到质疑或是关注的原因。

第二，从语义属性来看，人称代词与一般人物名词的所指有共性，因此可受修饰。

第三，在语言实际交际中，人称代词的所指可能不是有定的，需要修饰语加以限定。

第四，人称代词的所指对象的属性等附属信息不一定是确定的，需要用修饰语来指明。这是由于人称代词指称的抽象性所造成的。人称代词虽有确定所指，但是这种指称通常是抽象的，缺乏具体语义特征，“我”“他”“你”虽是人称代词，但仍和名词一样，能够并且需要定语修饰，以获得更丰富和精确的语义。

第五，人称代词具有生命性。语言学界（Comrie1981，Croft 1990）一般认为的生命度等级是，第一、二人称代词＞第三人称代词＞专有名词＞一般指人名词＞动物＞植物（转引自高顺全2004）。人称代词所具有的生命性使其与时间、空间、领属、行为等范畴发生联系，这些范畴通过定语的形式对人称代词作出相应的修饰和限定。

我们以为，以上五点大多可信。既然“人称代词与一般人物名词的所指有共性，因此可受修饰”，既然“人称代词虽有确定所指，但是这种指称通常是抽象的，缺乏具体语义特征，‘我’‘他’‘你’虽是人称代词，但仍和名词一样，能够并且需要定语修饰，以获得更丰富和精确的语义”，那么，“人称代词”就应该像名词一样，既可以受形容词、动词、区别词等修饰，也可受“数量词”等修饰，因为“数量词”修饰名词。鲁莹大概是不会否定的吧。既然“人称代词所具有的生命性使其与时间、空间、领属、行为等范畴发生联系”，那么，“人称代词所具有的生命性”也应使其与“数量”范畴也发生联系。

我们发现，一些学者也否定或无视汉语中“数量词＋人称代词”这种用法的存在，或许是受英语的影响。一般认为英语没有量词，所以也就没有数量短语作定语的现象。张斌（2010：1）说：“相对于印欧语系语言而言，汉藏语系的语言在语音上有一个显著的特点，即每个音节一般都有一个固定的声调，借以区别意义。在词汇上的特点是有量词，不过汉藏语系内部各语言的情况也不完全相同。有些语言（如藏语、景颇语等）量词并不太多，汉语属于量词十分丰富的语言。”马庆株（2008）说：“与常用外国语相比，量词是汉语的特点。因为印欧语系语言没有量词，以印欧语为蓝本的汉语语法便长期没有设立量词这个词类。”蒋冀骋（2008）说：“量词是汉藏语系语言区别于印欧语系语言的重要特征。”英语的词作句子成分一般比较单纯，如副词作状语，名词作主语或宾语，动词作谓语，形容词一般作定语或表语，不像汉语那样是多功能的。黄伯荣、廖序东（2008：下册7）说：“因为汉语的实词（动词、形容词）大都是多功能的，即每类词大都能充当多种句法成分，例如‘批判’就是个多功能词，既能作谓语，也能作主语、宾语、定语、状语。只因它作谓语、带宾语的用法是主要的、经常的，其他用法是次要的、有条件的，再加上它能作动词式的重叠（形态）和表示动作意义，才把它认做动词。”黄伯荣、廖序东（2008：下册20）说：“代词有代替、指示作用。它跟所代替、所指示的语言单位的语法功能大致相当，就是说，所代的词语能做什么句法成分，代词就能做什么成分。如果按句法功能划分，代词可以分为代名词、代谓词、代副词”。汉语中，“一个”修饰人名更是常见，单是《红楼梦》中就有“一个宝玉”“一个薛宝钗”“一个袭人”“一个探春”“一个张华”“一个香菱”“一个晴雯”“一个嫦娥”“一个包勇”“一个邢夫人”等说法，这里的“一个”也是作修饰语，也是作定语（崔山佳2008）。

汉语是汉语，英语是英语，汉语有丰富的量词，和数词、指示代词结合组成“量词短语”，充当名词的定语，当然也可以用来充当代指代名词的人称代词的定语。

刘丹青（2005：219）说：“中国是一个语言方言资源丰富的大国，还有很多重要的语言事实和由此可能获得的理论概括尚未进入国际上类型学研究的视野。”我们以为，与印欧语系的语言比较一下，汉语中的“数量短语 + 人称代词”可能更具有特色，更具有语言类型学的特征。

第二节 “永远”作定语状语

（一）

朱德熙（2011：95）说：

划分词类要根据词的语法功能，即词的用法。接着就碰到一个问题，一个词的某种用法（或说法）能不能说，由谁来决定？比如，英语 eternal city 可以译成“永恒的城市、不朽的城市”（指罗马），但是，有人译作“永远的城市”，并类推出“永远的校园、永远的情人”之类的表达。“永远”原来是副词，如果这里的“永远”还是副词，那么，副词不能加“的”做定语的语法规则就要打破了。

刁晏斌（2006：215－216）说：

在语法化的理论中，有一个重要的术语，这就是单向性，是说语法化只能循着由实到虚，或由较虚到更虚这样一条路向前发展，而不可能出现相反的情况，即由虚到实，或由更虚到比较虚。但是，有没有任何例外的情况？也就是说，有没有反方向的语法化？在当代汉语中，有的现象似乎可以这样来看待。

比如，很多人把副词划入虚词，而一段时间以来，我们看到了不少副词用为形容词来修饰名词的句子，这就不妨看成是一种反方向的语法化现象。比如“永远”，“为了永远的告别”（《中国人口报》99.11.8）之类的用法就相当多，此外还有以下的用法：

（4）好的寓言是永远的。（《动物寓言》，《当代》99.2）

（5）一切依然好像发生在昨天，一切其实已经成了永远。（《那个年代中的我们》）

袁毓林（1995：158－159）说：

比如，“永远”本来是副词，它只能修饰谓词。但是，现在不少人把它当作“永恒”的同义词使用，加上“的”后去修饰名词，例如："永远的朋友""永远的友谊""永远的校园"等。如果大家承认这些新用法是合格的，那么"永远"就在副词的功能之下又获得了区别词的功能，成为兼类词（参见§7）。

袁毓林（1995：159）还有一个注解说："朱德熙先生认为'永远的'修饰名词是用'永远的'翻译英语 eternal（永久的、永恒的）的结果。（见朱先生 1988 年在第五次现代汉语语法学术讨论会上的讲话）。"

（二）

《汉语大词典》中"永远"义项有三：①长远；永久。②一直；从来。③晋代隐居于庐山的两个高僧惠永与惠远的并称。其中义项①的例句有：

（1）我亦不敢宁于上帝命，弗永远念天威。（《书·君奭》）

（2）永远只以今来所管五百八十八村为定，所贵事事循旧，不至张皇。（宋·苏轼《乞增修弓箭社条约状》）

（3）今欲有凭，立此过继文书，永远存照。（《儒林外史》第 25 回）

（4）我将因此堕落到无边的孽海，永远不得超脱。（黎烈文《舟中》）

（5）他们勇敢、坚韧，永远不向困难低头。（杨朔《英雄的时代》）

《现代汉语词典》中"长远"是形容词："时间很长（指未来的时间）：～打算丨眼前利益应该服从～利益。"《现代汉语词典》中"永久"是形容词："永远；长久。"《现代汉语词典》中"长久"也是形容词："时间很长；长远：～打算丨这种混乱状况不会～的。"

由此看来，《汉语大词典》义项①的"永远"是形容词。因为汉语中，不但副词可作状语，形容词也能，而不像英语，副词与形容词有明确分工，副词只能作状语，而形容词主要作定语。因此，

"永远"的形容词用法在《书·君奭》中已有，时间久远。

《汉语大词典》义项②的例句有：

（6）这几年永远不曾接过我伯父一封信，从前听说在宜昌，此时不知还在那边不在。（《二十年目睹之怪现状》第80回）

（7）他自己虽然教英文，而永远不在平常谈话的时候夹上英国字，他也永远不穿西装。（老舍《四世同堂》三八）

《现代汉语词典》中"一直"有三个义项，都是副词：①表示顺着一个方向不变。②表示动作始终不间断或状态始终不变。③强调所指的范围。《现代汉语词典》中"从来"也是副词："从过去到现在（多用于否定式）。"看来，《汉语大词典》义项②的"永远"是副词。

我们以为，《汉语大词典》义项①是形容词，义项②才是副词。上面7例"永远"全作状语，但意义有别，不能混淆。汉语不是英语，汉语中的词有多功能的特点，副词能作状语，形容词也能作状语。《汉语大词典》上举《尚书》例中的"永远"前面有"弗"，所以，此"永远"应该是形容词，而不是副词，因为否定副词"弗"可以修饰形容词，而不能修饰副词"一直；从来"。例（2）～例（5）中的"永远"只能用"长远；永久"来解释，而不能用"一直；从来"来解释，因此也应该是形容词，而不是副词。所以，副词"永远"能作状语，形容词"永远"也能作状语。总之，"永远"符合"语法化只能循着由实到虚，或由较虚到更虚这样一条路向前发展，而不可能出现相反的情况"。

（三）

我们在北京大学语料库中发现一些"永远"的例子，如：

（1）惟怀永远，感慕崩心。（《全刘宋文》）

（2）谯、沛未复，茔陵永远，于居于处，瘖寐疚怀，何心何颜，抚兹归运。（《全梁文》）

（3）今理运惟新，贤戚并建，感惟永远，触目崩心，可追封长

沙郡王。(《艺文类聚》五十一)(《全梁文》)

(4) 夫人清河张氏，先君徂比，日月永远，痛心如初。(《唐代墓志汇编续集》)

(5) 故汉魏之书，皆有异传，今即略而不载，是刊繁文，徽猷不坠，昌胤永远。(《唐代墓志汇编续集》)

(6) 九原不作，痛存殁之殊伦；一指倪齐，知後先之共荆嗣子麗等，如有望而不至，若将游而更旋，攀几筵而永远，惧陵谷之徂迁，式刊贞石，载德幽泉。(《唐代墓志汇编续集》)

(7) 弟子尼博通三藏，才行清高，生事竭仁孝之心，礼葬尽精诚之志，追痛永远，建塔兹山。(清·陆心源辑《唐文拾遗》)

(8) 徽猷永远，比德皇英。(《旧唐书》)

(9) 朕顷遭家冤，近平内难，倏临祥制，俯迫忌辰，音容永远而莫追，号感弥深而难抑。(《旧五代史》)

(10) 及举兵，又问之，杲通曰："今岁籥首，王者不宜建功立事，若俟来岁入朝，则福祚永远矣。"(《宋史》)

(11) 后来有子思孟子，其传亦永远。(《朱子语类》)

我们也发现一些例子，如：

(12) 祈扣备至，始言曰："……以其不甚永远，故不欲奉告。"(宋·洪迈《夷坚志》夷坚支戊卷第十)

(13) 余谦在旁边说道："……你看那有生活的人家，到底比那清闲人家永远些。"(清·无名氏《绿牡丹》第17回)

(14) 云雨归来会巫山，定做夫妻永远。(清·郭小亭《济公全传》第129回)

(15) 鱼水之恩真永远，莫贪片刻梦巫云。(清·陈端生《再生缘》第47回)

上面的"永远"都处于谓语的位置上，那绝对不可能是副词，而只能是形容词。

(16) 国家，反好长久永远，千年不败，咳！(民国小说《宋史演义》)

上例“永远”与“长久”并列，都作谓语，“永远”也不可能是副词。

刁晏斌（2007b：57）举有2个例子，如：

（17）信誓事须要便了，此所系万年永远，须是各说得重则好。（《燕》）

（18）不若问朝庭多增岁币，又无水旱之虞，岂不永远？（《靖》）

刁晏斌（2007b：57）说：“另有两例中的‘永远’是作谓语或谓语中的一部分的。”这话很对。但刁晏斌（2007b：57）还是把“永远”作副词处理。我们以为这不妥当，因为，副词是不能作谓语的，否则倒是要打破语法规则了。

（四）

“永远”也有作宾语的例子，如：

（1）常恐时岁海变，陵谷注沉，曜徽猷之永远，镌玉石而旌记。（《唐代墓志汇编续集》）

（2）故吏某官姓名等，痛徽猷之永远，惧陵谷之迁贸，乃传芳金石，式昭不朽。（清·陆心源辑《唐文拾遗》）

（3）军有终身，有永远。二死之外，有凌迟，以处大逆不道诸罪者。（《明史》）

（4）而军有终身，有永远。永远者，罚及子孙，皆以实犯死罪减等者充之。（《明史》）

（5）无信一人之言，必参诸公论；毋狃一时之近，必稽之永远。（《明史》）

以上是北大语料库中的例子，我们也发现一些，如：

（6）里人施舍，虽多寡悬殊，皆不可不书姓名以垂永远，故各附于丁公、宋公及诸缙绅之后。（明·李乐《见闻杂记》卷11）

（7）说着连拍惊堂木，冲冠发乍怒生嗔。吴皂役，叩头口把“大人”叫：“……大人那，辈辈为官传永远，子孙万代受皇恩。

……”（清・佚名《刘公案》六合县十二部第3回）

（8）年隧流永远，事与浮云失。（清・里人何求《闽都别记》第7回）

上面几例的“永远”（除例（4）中的“永远者”外）也都处于宾语位置，那也绝对不可能是副词，而是形容词或是名词。“永远者”是“者”字结构，“永远”也不可能是副词。

现代作品也有“永远”作宾语的例子，如冰心的作品就有，例如：

（9）我恭祝《晨报》的前途，如日之升，自去年到今年，自今年到明年，以至永远。（《冰心文集》第1卷）

（10）无限的宇宙，因此遗留，直到永远。（同上）

（五）

“永远”还有作定语的用法，例如：

（1）昌龄又献议导河大伾，可置永远浮桥，谓：“河流自大伾之东而来，直大伾山西，而止，数里方回南，东转而过，复折北而东，则又直至大伾山之东，亦止不过十里耳。……”（元・脱脱等《宋史》）

上例“永远”处于定语的位置，修饰“浮桥”，也只能是形容词。

民国白话小说中有不少，例如：

（2）就是一对夫妻永远的住所了。（佚名《上古秘史》）

（3）夫妻配合，原想他组织一个永远的家庭，享受永远之幸福的。如若常常要离异，那么永远之家庭从何而组织，幸福从何而享受呢？（《上古秘史》）

（4）准答道：“这总非永远计策，臣且去诘问来使，再行复命。”（蔡东藩《宋史演义》）

（5）不久复重续旧，竟谓从此天长地久，作永远之欢娱。（许啸天《明代宫闱史》）

（6）今回帝国政府，与中国政府所以开始交涉之故，一则欲谋因日德战争所发生时局之善后办法，一则欲解决有害中日两国亲交原因之各种问题，冀巩固中日两国友好关系之基础，以确保东亚永远之和平起见，于本年一月向中国政府交出提案，开诚布公，与中国政府会议，至于今日，实有二十五回之多。（许金城《民国野史》）

（7）朕甚望我国民之忠勇，不日即得永远之和平，以大光我邦家也。（陆士谔《清朝秘史》）

（8）秦次珠摇了摇头道："这是永远的凭据，永远的纪念，如何能洗！"（不肖生《留东外史续集》）

（9）黎是韦道："我今衙的信已经发出去了，这回的仇人做定了，再不努力，一拳打他不死，便留下永远的后患。……"（《留东外史续集》）

以上是北大语料库的例子，我们也发现一些，如：

（10）私忖道："……不若使女儿也与他勾上，方是永远之计。……"（明·天然痴叟《石点头》卷4）

（11）造物忌盛满，人心多觊觎。不谓阖阁中，深此永远图。（清·东鲁古狂生《醉醒石》第15回）

（12）那人道："我已约下船只，只你丈夫回来，做个了当，就与你一帆风，永远的快活。"（清·嗤嗤道人《警寤钟》第5回）

（13）陶氏见媳妇两眼定了，神色如狂，走向观音佛前，口便哼哼道："是我心最毒，只为贪淫好色，欲药死婆婆，与何敬山结永远私好。不想做这样事，天怒神殛，触犯了菩萨。"（清·坐花散人《风流悟》第6回）

（14）族中老成的随开口道："三侄说话，到也出自本怀。但分书各别，难保后世无言，终非永远之计，大侄之言亦是。"（清·吕熊《女仙外史》第5回）

（15）骆太太道："正是呢，即今我家老爷去世，公子清闲，虽可暖衣饱食，但恐日后有出无人，终非永远之业。"（清·无名氏《绿牡丹》第17回）

（16）湘云道："……蓉小大奶奶道：'我是再不得回去的了，家里也没有什么牵挂，先前对二婶娘说要立永远基业的话，如今祭田、义产眼见就可办成了。'"（清·沈懋德《红楼梦补》第33回）

（17）尚多二万一千余金，以一半寄送秋鹤家中，另提五千为七子山永远祭费，三千金给燕卿日用。（清·梁溪司香旧尉《海上尘天影》第60回）

（18）藩台道："……兄弟既同令兄相好，将来回省这后，替老兄想个法子，弄一笔永远经费。……"（清·李宝嘉《官场现形记》第33回）

（19）喝叫拖下去打，又打了三百板，然后判了个永远监禁。（清·吴趼人《二十年目睹之怪现状》第95回）

（20）一面写个禀帖禀复汪中堂，也只含含糊糊的，说和尚所偷赃物，已讯明由府上领去；和尚不守清规，已判永远监禁。（《二十年目睹之怪现状》第95回）

（21）即如吾们老祖黄帝，当日战胜蚩尤，驱除苗族的伟绩，岂不是永远纪念呢！（清·曾朴《孽海花》第29回）

以上是白话小说的例子。以下是笔记小说的例子，如：

（22）遂为吾郡永远之利。（明·许浩《复斋日记》上卷）

（23）己巳北狩，学士周叙自南京贻王文端书曰："……宜鉴覆辙，为宗社生灵永远之谋，失今不图，噬脐莫及。……"（明·焦竑《玉堂丛语》卷7）

（24）此本为权宜之计，非永远定制也。（清·梁溪坐观老人《清代野记》卷上）

（25）俾中国得转相授受，为永远之利也，非如雇买轮船之徒取济一时可比。（清·陈其元《庸闲斋笔记》卷11）

（26）朕每以此廑怀，该伊犁将军不可不实力妥办，以裕永远之规。（清·方濬师《蕉轩随录》卷10）

上面例子中的"永远"都处于定语的位置上，有的用"的"作定语的标记，有的用"之"作定语的标记，也不可能是副词。

清代宁波契约文书也有“永远”作定语的例子，如：“立此永远卖契存照”（《克有卖田契》《毛昌增卖田契》《宝三卖田契》）、“立此永远卖契为照”（《位英卖田契》）、“立此永远契存照”（《荣循卖屋契》）、“立永远卖契”（《毛林高卖田契》）。

崔山佳（1997）举有钱锺书作品的例子，崔山佳（2008d：454—457）举有不少古代作品“永远”作定语的例子，如戏曲《黑旋风》，小说《醒世恒言》《拍案惊奇》《西湖二集》《隋史遗文》《隋唐演义》《说唐前传》《梦中缘》《红楼梦》《绿野仙踪》等，诗歌《霓裳续谱》，奏折，文学评论等，文体多样，说明“永远”的形容词用法的成熟性，可参看。

现代作品中“永远”作定语的例子也很多，作者有鲁迅、郭沫若、朱自清、周作人、柔石、巴人、叶圣陶、老舍、钱锺书、曹禺、萧红等作家，也有政治名人如李大钊、毛泽东、蒋介石，具体可参看崔山佳（2008d）。

（六）

《汉语大词典》“永”义项⑤是：“永久，永远。”例如：

（1）匪报也，永以为好也。（《诗·卫风·木瓜》）

（2）夷首斗望及诸村首领悉赴监自陈，愿贷死，永不寇盗边境。（《宋史·蛮夷传四·西南诸夷》）

（3）人类历史上的春天可就不然了。这种春天永不会老，更不会残，一年四季，满眼都是开不尽的新鲜花儿。（杨朔《迎春词》）

我们以为，注释中的“永久，永远”是形容词，所以，义项⑤的“永”应该是形容词。

《汉语大词典》“永”义项⑥是：“终；一直。”例如：

（4）亟令人委曲科检箧蕴，庶睹遗记，而永无一札。（南朝·梁·陶弘景《冥通记》卷1）

（5）他永不相信靠一次蚕花好或是田里熟，他们就可以还清了债，再有自己的田。（茅盾《春蚕》三）

(6) 父亲永是那么阴沉、那么峻严，仿佛历来就不曾看见过他有笑脸。(李广田《悲哀的玩具》)

我们以为，注释中的“终；一直”都是副词，所以义项⑥的“永”是副词。这样就与“永远”的两个义项对应起来了，也就是说，“永”先有形容词用法，《诗经》已有，后才有副词用法，南朝·梁才有。同样，“永远”也是先有形容词用法，后才有副词用法。

《现代汉语词典》“永”义项一是副词：“永远；久远：～久｜～恒｜～世｜～不忘记。”“永远”的注释是副词：“表示时间长久，没有终止：先烈们的革命精神～值得我们学习。”

我们觉得这仍是老眼光。“永”的注释中，有“永远”“久远”，“永远”是副词，但“久远”却是形容词。《现代汉语词典》“久远”的注释是形容词：“长久：年代～。”《现代汉语词典》这里陷入两难境地，要么承认“永远”有形容词义，要么承认“久远”也只是副词。这里的矛盾是，承认“永远”是副词，而承认“久远”是形容词，但把两者并列在一起。

同时，《现代汉语词典》收“永恒”，是形容词：“永远不变：～的友谊。”这里，“永”是“永远”，“恒”是“不变”，“永远”作状语。也收“永世”，是副词：“永远，也指终生：～长存｜～不忘。”也收“永久”，也是形容词：“永远；长久。”这里却是“永远”与“长久”并列在一起，而且承认“永远”是形容词了。

对照《现代汉语词典》几个注释，我们以为是有问题的。如“永久”是形容词，其注释就有“永远；长久”。“永远”是副词，但注释中的“长久”却是形容词，两者并列或对释，显然不妥。如果“永远”既是形容词，又是副词，那才符合语言实际。“永”“久”“恒”“远”“长”都是形容词，“长远”“永久”“长久”“永恒”“永远”都是形容词，它们的组合是同义并列。因为“永远”常用，后来在“长远；永久”义的基础上又语法化为“一直；从来”义，因此就有了副词义。“永”的例子中，“永久”“永恒”中的“永”是形容词，“永世”“永不忘记”中的“永”是副词。

即“永”与“永远”一样，既有形容词用法，也有副词用法。词典把“永久、永恒”与“永世、永不忘记”并列在一起，似不妥。

最近看到邢福义、谢晓明（2013：5－7），第三部分“面向未来：论实互动的几点思考”有五点思考，其（五）是：

（五）必须处理好理论与传承与推陈出新的关系。任何理论都不可能包打天下，随着语言事实的不断挖掘，一些语言理论的假设很容易被证伪。今天的理论说来还头头是道，明天遇到反证时就会被一套新理论取而代之，让人觉得好像经不起时间的考验。实际上理论的嬗变是一种常态，我们应该采取宽容的态度。理论要传承，但不要故步自封、墨守成规，而是要不断推陈出新，这样才能让理论永葆青春，更加贴近语言事实。比如“永远”这个词，各种词典上都标注为副词。然而，深入发掘语言事实，就可以发现问题并不那么简单。

在举了“总理心中永远的痛”（《人民日报》2011 年 5 月 11 日）、“一笔永远的精神财富”（《人民日报》2011 年 5 月 13 日）、“服务到永远”（《人民日报》2010 年 8 月 11 日）、“一直走到永远永远”（《人民日报》2011 年 3 月 23 日）4 个“永远”作定语、宾语的例子后，邢福义、谢晓明（2013：7）说：“这里出现的‘永远’也是副词吗？应该用什么态度和方法来应对诸如此类的问题呢?”确实如此，连最新的第 6 版的《现代汉语词典》还是把“永远”当作副词。

综上所述，“永”同“永远”一样，都是既有形容词用法，又有副词用法，先有形容词用法，后有副词用法，符合“语法化只能循着由实到虚，或由较虚到更虚这样一条路向前发展，而不可能出现相反的情况”，是正常语法化现象。同时，“永远”既是形容词，又是副词，既能作状语，也能作谓语，也能作宾语，也能作定语，这样“永远”的词性才全面，才符合汉语事实。所以，“永远”的定语用法始终没有打破语法规则。

第六章　动宾结构

第一节　动词拷贝句

（一）

王力（1989：246—247）说：

后来这两种形式都罕见了，代之而起的、最常见的形式是重复一个动词。例如：

因为他办强盗办得好。（老残游记第三回）

或者说话说得不得法，犯到他手里，也是一个死。（同上第五回）

所以有些上司不知道，还说某人当头当得勤。（官场现形记第十三回）

这个人人品倒也没有什么坏处，只是一件，要钱要得太认真。（二十年目睹之怪现状第三十七回）

王先生上面所说的重复一个动词的用法，后来一般被称为“重动句”或“动词拷贝句”。据王先生的意思，这种句式在清末才产生，因为他所举的例子都是清末四大谴责小说中的三部。

李讷、石毓智（1997：32，38）认为：“动词拷贝结构（verb copying）的产生和发展是最近两三百年的事情，根据我们的考察，直到《红楼梦》时代才开始。”“根据本文的分析可知，动词拷贝结构是一种非常年轻的句法格式，只有大约两三百年的历史。”石毓智、李讷（2001：216，228）持同样看法。李讷、石毓智（1997：33）说：

根据补语的语义特征和结构特点，动词拷贝结构可以分为以下四类：

（一）补语是时间词

（5）a. 他看书看到两点。

b. 他睡觉睡了一个小时。

c. 我等车等了很长时间。

（二）补语为单纯的形容词

（6）a. 他看书看累了。

b. 她办事办成了。

c. 他喝酒喝醉了。

（三）补语为“得”字结构

（7）a. 她念书念得很快。

b. 她开车开得很稳。

c. 她吃饭吃得不多。

（四）动补之后另有宾语

（8）a. 他切菜切破了手。

b. 他学英文学坏了眼睛。

c. 他扫地扫弯了腰。

李讷、石毓智（1997：33）说：“动词拷贝结构的发展是不平衡的。”这是对的。但又说：“在清代的文献中只能见到一、二类，三、四类还没有出现。”这不符合汉语事实。

戚晓杰（2006：102）认为，汉语动词拷贝句的产生要远早于此。因为在《红楼梦》之前的《聊斋俚曲集》中共发现23例动词拷贝句，其中《姑妇曲》1例、《慈悲曲》4例、《丑俊巴》1例、《禳妒咒》2例、《富贵神仙》2例、《磨难曲》6例、《增补幸云曲》7例。并认为，《聊斋俚曲集》中动词拷贝句形式多样，构成方式灵活，共分为三种：（一）补语是时间词，举4例；（二）补语为单纯的不及物动词，举3例；（三）补语为“得”字结构，举9例。此外，还可以是表数量、表处所的词，举2例。戚晓杰（2006：105）又说：“以上《聊》动词拷贝句所呈现的结构特性，表明此种句式在《聊》中已相当成熟，动词拷贝句的产生可能要远早于《聊》，至少在《聊》中所体现的山东方言中。当然，这个问题尚有待于进一步探究。”

周园（2006：24）赞同这种观点：“动词拷贝结构是一种非常年轻的句法格式，大约只有两三百年的时间。”

我们发现清初已有“补语为‘得’字结构”的动词拷贝句，例如：

（1）他就做了叫化了，依旧还轻财重义。自己要别人施舍，讨来的钱钞又要施舍别人。财主人家见他讨饭讨得清高，做人做得硬挣，又且通今识古，会做几首粗浅诗词，都不把他做乞儿看待。（清·李渔《连城璧·寅集》）

（2）秦母原有病，因想儿子，想得这般模样。（清·褚人获《隋唐演义》第15回）

（3）真个望儿望得眼穿，哭夫哭得泪干，那知长孙陈却与甘氏夫人在夔州受用。（清·笑炼阁主人《八洞天》卷2）

（4）不意天黑，有个某刮棍，吃酒吃得大醉。（清·石成金《雨花香》第二十二种“宽厚宝”）

（5）秦母原没有病，因想儿子想得这般模样的，听见儿子回来，病就好了一半。（清·无名氏《说唐前传》第10回）

以上小说虽然都是清代作品，但都比《红楼梦》要早。《连城璧》作者是李渔，是由明入清之人。《隋唐演义》《八洞天》成书于清初。《雨花香》成书于雍正四年（1726），也要早于《红楼梦》。《说唐前传》成书于清雍正、乾隆年间，可能也略早于《红楼梦》，而且此例与《隋唐演义》有关。

清代的歌谣中这种复动“V得”句更为多见，例如：

（6）害相思，害的我，害的我刚刚的止剩下一口游气儿，斜倚

着门，拄着一根拐儿，坐着一个草墩，咳咳哟，单等那顺便的人，他与我捎书传信。（清·王廷绍《霓裳续谱·害相思》）

（7）想你想的肝肠断，盼你盼的眼儿穿。（《霓裳续谱·想你想的肝肠断》）

（8）等你等到黄昏后，盼你盼的眼儿穿。（同上）

（9）想你想的肝肠断，盼你盼的眼儿望穿。（清·华广生《白雪遗音·想你想的》）

（10）等你等到黄昏后，盼你盼的添上了忧愁。（《白雪遗音·等你等到》）

（11）想郎想的俺光睡觉，寒蝉不住在枝头上叫。（《白雪遗音·十二月》）

这种“V得”句中的助词“得”，在近代汉语中还可用助词“的”字，如例（6）~例（11），特别是例（12），前一句用“的”字，后一句用“得”字，更可见二者是一样的。

以上是清代作品。《霓裳续谱》是清代中叶以前各种俗曲唱词的作品专集。清王廷绍点订，乾隆六十年（1795）刊刻。据卷首王廷绍序文所述，此书所收的唱词全是曲师颜自德搜集习唱并觅人记录的底本。虽然刊刻时间比《红楼梦》要迟一些，但这不是原创，是“搜集习唱并觅人记录的底本”，是收录，所以，有的可能与《红楼梦》同时，有的甚至比《红楼梦》要早也是可能的。《白雪遗音》也是清代中叶的俗曲总集，它是继《霓裳续谱》行世九年之后刊行的，所以，也有可能存在着与《霓裳续谱》同样的情况。

更难得的是明代的民歌也有这种动词拷贝句式，例如：

（12）害相思，害得我心神不定。（明·冯梦龙《挂枝儿·相思》其三）

（13）想冤家，想得我恹恹憔瘦。（《挂枝儿·相思》其五）

（14）害相思，害得十分沉重。（《挂枝儿·梦》其三）

（15）害相思，害得我伶仃瘦，半夜里爬起来打丫头。（《挂枝儿·打丫头》）

(16) 害相思，害得我伶仃样，半夜里爬起来打梅香。(《挂枝儿·打梅香》)

(17) 数归期，数得我指尖儿痛。(《挂枝儿·数归期》)

因为在古代没有标点符号，所以，在歌谣中，如果第一个动词后面的宾语是单音节的，现在的标点者一般不在后面加逗号，如果是双音节的，有的标点者在后面加了逗号。但这并不影响整个句子。如："害相思，害得我心神不定"，虽然中间用了逗号，但它仍然是单句，而不是复句，"害相思"后不用逗号，句子也通。所以，"想冤家"等的后面逗号是可以去掉的。

这种动词拷贝"V得"句，明代小说也有，只是很少见，例如：

(18) 秦母原没有病，想儿子想得这般模样，听见儿子回来，病就去了一半。(明·袁于令《隋史遗文》第17回)

上例与例(2)和例(5)有关系，是此例最早。

这种动词拷贝"V得"句，明代戏曲也有，也是很少见，例如：

(19) 子胥，你报冤也报的够了。(明·孟称舜《二胥记》第26出)

李讷、石毓智(1997：36)说：

自《红楼梦》时代之后，动词拷贝结构就常见于各种反映口语的资料中。下面两例来自本世纪初写成的《老残游记》。

(46) 未到一年，站笼站死两千多人。(三回)

(47) 因为他办强盗办的好，不到一年竟有路不拾遗的景象。(四回)

至此，本文开头所讲的四类动词拷贝结构都已具备。例(46)是动补之后又带宾语，属第四类；(47)的补语为"得"字结构，属第三类。

石毓智、李讷(2001：225)同。

其实，上面的例子充分说明，第三类补语为"得"字结构的例子的确不是《红楼梦》才始见，而是明代已经并非罕见，且在多种文体中出现。

我们又发现，这种“得”字的动词拷贝句还可上溯到南宋黎靖德的《朱子语类》，例如：

(20) 而今见面前人都恁地衰，做善都做不力；便做恶也做不得那大恶，所以事事不成。(卷43)

(21) 见人做官做得如何，见说好底，自是快活；见说不好的底，自是使人意思不好。(卷59)

(22) 圣人说数说得疏，到康节，说得密了。(卷67)

(23) 不要将一个大底言语都来罩了，其间自有轻重不去照管，说大底说得太大，说小底又说得都无巴鼻。(卷117)

(24) 庄周曾做秀才，书都读来，所以他说话都说得也是。(卷125)

(25) 后来见荆公用兵用得狼狈，更不复言兵。(卷130)

刘子瑜（2008：253）说：“此外，《朱子语类》中还有数例重动式‘V得C’程度述补结构”，并说上面例（24）与现代汉语“V得”重动句的形式不完全一样，“V”和“V得”“V得”和补语之间插有副词，现代汉语是不允许的，不过，其形式已与后代的重动句非常接近，可视作重动句的早期过渡形式。而例（25）是典型的重动句，《朱子语类》极罕见。重动句通过动词重复能使补语的语义指向得以明确，明确地指出补语对述语动词所表示的动作或动作结果的评价。

对于“V”和“V得”“V得”和补语之间插有副词的问题，刘先生说“现代汉语是不允许的”，这是不符合现代汉语事实的。李临定（1986：243）说：

> 状语也常位于第二个动词的前边。如：
> 当过骡马店的伙计，喂牲口一定喂得好
> 这法则起作用似乎起得太慢了（王蒙）
> 缺点心眼？她打牌可打得那么精？（老舍）

上面3例中的第二个动词前都有状语，王蒙的例子中第二个动词和补语之间插有副词“太”。另外，老舍的例子中第二个动词和补语之间插有代词“那么”。李临定（1986：243）又举如下的例子：

哥哥恨国王恨得直咬牙，并且心里像刀绞似的（期刊）

上例第二个动词和补语之间也插有副词“直”。

李临定（1986：245）又举如下的例子：

你告诉我得太晚了（张抗抗）（告诉我告诉得太晚了）

上例括号里第二个动词和补语之间也插有副词“太”。

我们认为，《朱子语类》中的动词拷贝句已经是比较成熟的了，不仅例（24），而且例（20）、例（23）中的第二个动词前后也有副词插入，也是与现代汉语一致的，也是典型的动词拷贝句，而且更复杂一些。

元·佚名的《元朝秘史》也有如下的动词拷贝句，如：

（26）既说罢，札木合说：“……如今安答欲教我做伴当，做伴时不曾做得伴，如今你将众百姓收了，大位子定了，无可做伴。……”（《元朝秘史》卷9）

2个动词之间也有副词插入。

李讷、石毓智（1997：33）说：“在清代的文献中只能见到一、二类，三、四类还没有出现。”

我们发现，明代白话小说已有第二类格式，例如：

（27）香姐道：“雨落天留客，正好吃酒吃醉了，就在此睡了，何必忧他。”（明·西湖渔隐主人《欢喜冤家》第8回）

而且与“得”字动词拷贝句一样，这种用法《朱子语类》也已有，例如：

（28）先生谓祖道：陆子静答贤书，说个“简易”字却说错了。（卷124）

（29）后世子孙见他学周公、孔子学不成，都冷淡了，故又取一时公卿大夫之显者，缵缉附会以成之。（卷137）

《朱子语类》还有如下的动词拷贝句，例如：

（30）这般人不惟无得于书，胸中如此，做事全做不得。（卷19）

（31）而今见面前人都恁地衰，做善都做不力；便做恶，也做不得那大恶，所以事事不成。（卷43）

例（30）第二个动词前也有副词“全”，例（31）第二个动词前也有副词“都”，与上面例（20）、例（23）、例（24）一样。

《朱子语类》还有如下例子：

（32）某每到，即以法晓谕，定要如此，亦使磨底磨得子细，审底审得子细。（卷106）

上例“磨底”和“审底”不是动宾结构，而是“磨”字短语和“审”字短语，但动词也是“重复”了，“拷贝”了，也是动词拷贝句的一种。

《朱子语类》还有如下例子：

（33）伊川云：“穷理岂是一日穷得尽！穷得多后，道理自通彻。”（卷105）

（34）且更穷理，就事物上看。穷得这个道理到底了，又却穷那个道理。如此积之以久，穷理益多，自然贯通。穷理须是穷得到底，方始是。（卷119）

（35）又曰：看书且要依文看得大概意思了，却去考究细碎处。（卷121）

上面3例与动词拷贝句也有一定的联系，中间隔了“岂是一日”“须是”“且要依文”，是更复杂的动词拷贝句。又如：

（36）与陈尉说治盗事，因曰：凡事，须子细体察，思量到人所思量不到处，防备到人所防备不到处，方得无事。（卷106）

以上可见，《朱子语类》中的动词拷贝句有一定的数量，且有多种形式，给后世动词拷贝句的发展奠定了基础。

据目前所掌握的材料来看，动词拷贝句北宋已有，例如：

（37）今天下却似一个万顷陂，要起卒起不得，及一起则汹涌，

遂奈何不得。(《河南程氏遗书》卷第二上，宋·程颢、程颐《二程集》)

(38) 明道说：仁宗一日问："折米折几分？"曰："折六分。"怪其太甚也，有旨，只令折五分。(《河南程氏外书》卷第十二，宋·程颢、程颐《二程集》)

(二)

戚晓杰（2006：103）说：

(二) 补语为单纯的不及物动词（没有发现补语为单纯的形容词的情形）。如：

(1) 才买了两间屋，就估着天那大。做贼做发，做贼做发，还进房来把人拿。(《聊·富贵神仙》第9回)

(2) 王小说："每日拿响马拿不着，响马来了咱家里了！"(《聊·增补幸云曲》第3回)

(3) 骂人已是骂不服，拉着还打坠骨碌，妈妈呀，不走只怕吊了裤。(《聊·姑妇曲》第2回)

明代已有这样的格式，例如：

(1) 香姐道："雨落天留客，正好吃酒吃醉了，就在此睡了，何必忧他。"(明·西湖渔隐主人《欢喜冤家》第8回)

上例的补语"醉"为不及物动词。又如：

(2) 熨斗儿熨不开眉间皱，快剪刀剪不断我的心内愁。编花针编不出鸳鸯扣，两下都有意，人前难下手。(明·冯梦龙《挂枝儿·耐心》其一)

(3) 写情书，写不尽我相思帐，直直的写几句教他细细详。(《挂枝儿·病》其三)

上面2例的"编不出""写不尽"，相当于《聊斋俚曲集》的"拿不着""骂不服"，都是动补结构。但不同的是，上2例在"VOVR"后面还带了宾语，符合李讷、石毓智（1997：36），石毓智、李讷（2001：225）所说的第四类格式。这也说明，这种格式明代已有。

（三）

李讷、石毓智（1997：33），石毓智、李讷（2001：217）说到有一种“看书看到两点”的动词拷贝结构。《红楼梦》也有，例如：

（1）上次他告诉我，说在家里做活做到三更天。（第32回）

（2）姑娘们把我丢下了，叫我蹦头蹦到这里来。（第44回）

例（1）“VOV到”后面跟的是时间名词，例（2）“VOV到”后面跟的是处所名词。

但戚晓杰（2006）未举这种例子，可能《聊斋俚曲集》未见。但我们发现，明代作品也已有“VOV到”动词拷贝结构，例如：

（3）诗人评此二君，评到个去处，说刘项者，固当世之英雄，不免为二妇人，以屈其志气。（明·兰陵笑笑生《金瓶梅词话》第1回）

（4）那玉楼道：“六姐，教他烧了拿盒子拿到这里来吃罢。……”（《金瓶梅词话》第23回）

（5）不防他娘一丈青走来后边，看见他孩子，揪着头角儿揪到那前边，凿了两个栗爆，骂道：“贼祸根子小奴才儿，你还少第二遭死，又往那里听他去！”（《金瓶梅词话》第42回）

例（3）虽然中间有逗号，但实际上去掉逗号句子也通顺。

清代白话小说也有，例如：

（6）便道：“……即妾自兵火以来，流离到金溪地面，寄食于悟真庵中，因卖针指卖到他家，姐姐一见垂青，便承姐姐携带他家，亦深蒙花氏养育之恩，他待妾身就如待姐姐一般，所以妾亦拜他为恩母，恩爱如此深厚。……”（清·李修行《梦中缘》第15回）

（7）古云：送佛送到西天。（清·乌有先生《绣鞋记》第2回）

这种格式古代歌谣更多见，例如：

(8) 等你等到黄昏后，盼你盼的添上忧愁。（清·王廷绍《霓裳续谱·等你等到黄昏后》）

(9) 今生恨你恨到来生，把奴那美满的恩情生拆散，好梦儿不成，落了一场空，只落得，娇滴长叹一声，泪珠儿湿透了红绫。（清·华广生《白雪遗音·梦多情》）

(10) 等你等到黄昏，盼你盼的添上了愁。……（《白雪遗音·等你等到》）

(11) 盼冤家，盼到了黄昏时候，此一刻，不来了，必有缘由。（《白雪遗音·盼冤家》）

(12) 送郎送到杨柳湾，手攀杨柳怨青天；今日鸳鸯来分散，好似狂风折柳尖。（清·无名氏《送郎歌·送郎送到杨柳湾》）

(13)（一）送君送到北京城，北京城里闹哄哄，今朝有酒今朝醉，忘记了八国联军来破京。（清·痛国遗民《最新醒世歌谣·送郎君》）

在（二）、（三）、（四）、（五）、（六）中又分别有如下句子："送郎送到天津城""送郎送到大连湾""送郎送到凤凰城""送郎送到欧罗巴""送郎送到美利坚"。

以上是清代歌谣，明代民歌也有这种格式，而且也不少见，例如：

(14) 送郎送到大路旁，二人携手泪汪汪，好似鸳鸯才戏水，又被风吹散两行。（明·丘齐山《新镌分门定类绮筵雅令·杭城四句歌》）

(15) 送郎送到大江头，江水滔滔几时休，若把相思比江水，只流不尽许多愁。（《新镌分门定类绮筵雅令·杭城四句歌》）

(16) 约郎约到月上时，郞了月上子山头弗见渠。……（明·冯梦龙《山歌·月上》）

(17) 送郎送到灶跟头，吃郎踢动子火叉头。……

送郎送到屋檐头，吃郎踢动子石砖头。……（《山歌·送郎》）

(18) 约郎约到夜合开，郁了夜合花开弗见来。(《山歌·夜合花》)

(19) 送郎送到五里墩，再送五里当一程。…… (《山歌·送郎》其一)

明代戏曲也有这种格式，不过不多见，例如：

(20) 小子自来生得馋，寅时吃酒吃到酉，牙齿疼把来挫一挫，肚子胀将来纽一纽，充饥吃了三斗米饭，点心吃了一大缸。(明·杨柔胜《玉环记》第14出)

(21) 你看月看到小姐房里去，你早则招了，如今又到抵赖！(明·孟称舜《娇红记》第20出)

这种复动句在 V_2 前也可有状语，例如：

(22) 送情人，直送到门儿外。……
送情人，直送到花园后。……
送情人，直送到城隍庙。……
送情人，直送到无锡路。……
送情人，直送到丹阳路。……
送情人，直送到河沿上。……
送情人，直送到黄河岸。…… (冯梦龙《挂枝儿·送别》)

(23) 我的哥呵，小妹子想你直想到桃李花儿谢！(《霓裳续谱·三月里清明节》)

上面的“VOV到”格式，后面的宾语也是既有时间名词，也有处所名词。

李讷、石毓智（1997：36）举了如下例子：

(24) 请人请到四五次不来，也只得罢了。(明·冯梦龙《醒世恒言》卷29)

李讷、石毓智（1997：36）说：“可是例（37）已经跟今天的没有什么差别了。”石毓智、李讷（2001：224）同。既然说此例与今天的动词拷贝句没有什么差别了，那应该承认动词拷贝句在明代已有。同时，上例的“VOV 到”与我们所举的不同。因为上例的“VOV 到”中的“到”要理解为“了”，表示“已然”，与《红楼梦》的例子差不多，例如：

（25）外头只有一位珍大哥哥，我们还是论哥哥妹妹，从小儿一处淘气淘了这么大。（第 54 回）

（四）

戚晓杰（2006：104）举有清·蒲松龄《聊斋俚曲集》如下例子，例如：

（1）老王，你抬人抬在天上，灭人灭在地下。（《聊·增补幸云曲》第 18 回）

周园（2006：25）也举有如下例子：

（2）拍马屁拍在马屁股上。

刘东升（2008：19）也举有如下例子：

（3）小家伙撒尿撒在裤裆里了。

这种结构形式明代也有，我们称之为“VOV 在”格式，例如：

（4）约情人，约定在花开时分。（明·冯梦龙《挂枝儿·花开》其一）

（5）约情人，约定在花开时分。（《挂枝儿·花开》其二）

清代也有，例如：

（6）送郎送在大路西，手拉着手舍不的，懒怠分离。（清·王廷绍《霓裳续谱·送郎送在大路西》）

（7）八日昏时看参星，占岁中之水旱。谚云：“参星参在月背上，鲤鱼跳在镬楹上。参星参在月口里，种田种在石臼里。”（清·顾禄《清嘉录》1 月）

介词“在”后面有的是时间补语，有的是处所补语，这又与“VOV 到”句式一样。

古代笑话也有，例如：

（8）矮人乘舟出游，因搁浅，自起撑之，失手坠水，水没过

顶。矮人起而怒曰："偏我搁浅搁在深处。"（清·游戏主人《笑林广记·搁浅》）

还有这样的格式，我们称之为"VOV出"格式，现代汉语就有，例如：

(9)《险！下河摸鱼摸出六枚炸弹》

(10)《铜盘河里摸鱼摸出上百个子弹壳》

(11)《学生摸鱼摸出炸弹　民警及时排除隐患》

(12)《摸鱼摸出"皇帝大印"村民下河一听赝品一哄而散》

(13)《摸鱼摸出"顺治玉印"疑是赝品等待确认》

上面只是举例而已，且只举"摸鱼摸出"。其实还有许多种"VOV出"结构。这样的动词拷贝结构明代歌谣已有，例如：

(14) 哭情人，哭出他银一锭。（明·冯梦龙《挂枝儿·哭情人》，见《中国艳歌大观》第95页）

以上这种结构，是李讷、石毓智（1997：36），石毓智、李讷（2001：225）所没有概括的，也为戚晓杰（2006）所未提到，可能也是《聊斋俚曲集》所未见。但现代汉语是常见的。

（五）

李讷、石毓智（1997：36）举了《红楼梦》5个动词拷贝句例子，其中有1例是：

(1) 别人不过拣各人爱吃的拣了一两样就算了。（《红楼梦》第44回）

李讷、石毓智（1997：36）说："例（42）的情况特殊，它的结构是（$V+O_1$）＋（$V+O_2$），其中的O_1和O_2之间有整体和部分的关系。这种情况，更常见的是用处置式来表示。"石毓智、李讷（2001：224）同。

戚晓杰（2006：104－105）也讨论到"VO_1VO_2"，说：

需要讨论的是，动词拷贝句可否体现为"（$V+O_1$）＋（$V+O_2$）"格式的问题。《聊》中存有"（$V+O_1$）＋（$V+O_2$）"格式可理解为动词拷贝句的现象如：

二姐道："他是诮我。我有愿在前，不接平人，等着接皇帝。原是我没有造化，接皇帝接下你了。"（《聊·增补幸云曲》第14回）

戚晓杰（2006：105）说："本文原则上是把'（$V+O_1$）+（$V+O_2$）'格式排除在动词拷贝句之外的，但不忽略两者之间意义上的联系性。"

我们发现，明代民歌也有这种"（$V+O_1$）+（$V+O_2$）"格式，例如：

（2）尽着人将我两个千腾万倒，做鬼须做风流鬼，上桥须上奈何桥。（冯梦龙《挂枝儿·坚心》）

（3）结识私情须要结识长久好私情，买肉须要买坐豚精。摸奶要摸蒸饼奶，亲嘴须亲红嘴唇。（冯梦龙《山歌·长情》其一）

（4）结识私情没结识个老人家，老人家做事慢他他，后生家见子人来三脚两步闪开子去，老人家还要的搭搭摸蒲鞋。（《山歌·老人家》其一）

（5）结识私情等结识个老人家，先弗为跳槽吃醋上结子闲冤家。（《山歌·老人家》其二）

（6）结识私情没要结识暴后生，渠好似新出螃蜮无肚肠。（《山歌·老人家》其三）

（7）讨个姐儿没讨个小人家个秧，宁可增钱大人家强。（《山歌·大人家阿姐》）

（8）嫖小娘儿没嫖个胖婆娘，宁可增钱瘦个强，你弗见肥猪肉吃子一星两星便觉油烟气，骨炙儿牙得里头香。（《山歌·瘦妓》）

（9）嫖小娘儿没嫖个活骷髅，宁可增钱把壮个收。（《山歌·壮妓》）

上面有的是肯定式，有的是否定式，但都是"VO_1VO_2"，也就是有两个"述宾"结构，"述"是同一个"述语"，宾语有的相同，如例（2）的"鬼""桥"，例（3）的"私情""奶"，例（8）的

"娘"，有的不是同一个宾语，如例（4）~例（7）、例（9）。

总而言之，李讷、石毓智（1997：36），石毓智、李讷（2001：225）所说的四类动词拷贝结构，戚晓杰（2006）所说的《聊斋俚曲集》绝大部分有了（有三种格式），明代都已有，有的宋代已有，而且出现在多种文体中，可见应该是一种比较成熟的结构了。我们有充分的理由相信，随着搜索范围的扩大，肯定能发现更多的例子，说不定还能发现更早的例子。当然，现代汉语的动词拷贝结构又有所发展，呈现出更加丰富多彩的现象。

第二节 "买贵了"等带宾语

（一）

朱德熙（1982：126—127）说：

9.3.3 带结果补语的述补结构跟动词一样，也有及物与不及物的区别。能带真宾语的述补结构是及物的，不能带真宾语的述补结构是不及物的。值得注意的是述补结构之为及物的或不及物的跟充任述语的动词及物不及物没有必然的联系。举例来说，"哭"是不及物动词，可是述补结构"哭哑"却是及物的，因为可以说"哭哑了嗓子"。反之，"买"是及物动词，可是述补结构"买贵了"却是不及物的，因为只能说"这辆车买贵了"，不能说"*买贵了这辆车"。

朱德熙（1982：127—128）又说：

9.3.6 上文说述补结构跟动词一样，也有及物不及物的区别。不过情形又不完全一样。不及物动词只能跟一个名词性成分相联系，不及物的述补结构却不受这个限制。例如"这本书我买贵了"。"买贵了"虽是一个不及物的述补结构，可是它同时带了两个体词性成分："他"是"买贵了"的施事，"这本书"是"买贵了"的受事。只是因为"买贵了"是不及物的述补结构，所以"这本书"

只能放在主语的位置上，不能放在宾语的位置上。

以前的语言事实确实如此，就连清末白话小说也是如此，例如：

(1) 先打开一副，祝母笑道："这副是我的陪嫁产，我做闺女的时候是我家老太爷看见便宜，只给他八百五十两银子买的。这一副可是买贵了。"（清·陈少海《红楼复梦》第27回）

(2) 我说道："找着他也是无用。他是有东西卖给你的，不过你自家上当，买贵了些，难道有甚么凭据，说他是骗子么?"（清·吴趼人《二十年目睹之怪现状》第5回）

例 (1)"这一副"是"买贵了"的受事，放在主语位置，没有放在宾语的位置上。例 (2) 中的受事"东西"承前省略了，如果要放，也只能放在主语位置上。

（二）

但是，语言是发展的，随着社会的变化而变化，随着社会的发展而发展。我们发现老舍先生的《四世同堂·惶惑》有"买贵了东西"的说法，例如：

(1) 为报复这个失败，他故意的不过问家事，而等到哥嫂买贵了东西，或处置错了事情，他才头头是道的去批评，甚至于攻击。

施春宏（2008：150）说："这只能说是特例，由于前后对举的语势推动而使'买贵'带上了宾语。在对比焦点结构中，某些原有的句法约束可以松动或改变。"按施春宏（2008）的说法，后有"处置错了事情"，所以才有前面的"买贵了东西"。

施春宏（2008：150）在"由于前后对举的语势推动而使'买贵'带上了宾语"一句后还有一个注释："给'买贵了'表预期结果的实现设置一个合理的语境要比给'挖浅'表预期结果的实现设置一个合理的语境困难得多。这实际牵涉到致事动作对结果控制程度的高低。"

但我们发现网络上有"买贵了"带补语的说法，例如：

我的东风小康买贵了很多，要发泄啊……

电脑买贵了很多

系“蒙罗丽莎”拣了相，好唔开心，买贵了好多！

上面例子中，“买贵了”后面带的是“很多”“好多”，它们应该作补语。

还有这样的说法：

买贵了多少？

我买贵了多少？

我的电脑买贵了多少？

“买贵了”后面带了“多少”，而“多少”据《现代汉语词典》的说法是“疑问代词”，义项有二，义项一是“问数量”。在这里似乎应该作宾语。因为可以作如下的回答：

买贵了 10000 元。

买贵了 1000 元。

买贵了 100 元。

我们再看下面的说法：

最后却被导游和那些销售员误导了，买贵了六百多七百……

买房子你买贵了两百万！

数码相机买贵了 900 块，可以退吗？

买票前的门口还要检查行李，到最后买票时才发现票价竟比在出发地买贵了接近 50 元。

上面例子中，“买贵了”后面带的是数量词，而这量词是名量词，名量词是作宾语用的。也证明我们上面所作的回答“买贵了 10000 元”等是可以用的。

再看下面的例子：

为什么好多人买贵了机器还帮 js 叫好？

买贵了化妆水?!

《杭州楼盘价被炒家推高。外来客买贵了上海房价》

《月饼厂买贵了鸡蛋》

评估房价，避免因不懂而买贵了房子更后悔一辈子

我妈妈就因为买贵了一把菜而懊恼不齐，而我是想要悠闲，失去很多挣钱的机会！

诚如燕子所言，虽然到最后我依然还损失着不少的钱（因为之前我的苹果买贵了几乎3000块钱，补回来东西也就1000块钱），但毕竟我得到了一些磨练，一些谈判的经验。

我们在中国知网上也搜索到名为《是谁买贵了房子?》的文章，刊登在《杂文月刊》(选刊版) 2008年第2期上。

上面例子中，“买贵了”后面带的是一般的名词，作宾语用。

以上这些用法，与朱德熙先生所说的是“背道而驰”了，是“不规范”的。但我们又感觉不到这样说不顺，不“规范”。同时，与施先生所说的“在对比焦点结构中，某些原有的句法约束可以松动或改变”不同，上面的例子不是在对比焦点结构中，某些原有的句法约束也是可以松动的。还有，施先生说：“给‘买贵了’表预期结果的实现设置一个合理的语境要比给‘挖浅’表预期结果的实现设置一个合理的语境困难得多。这实际牵涉到致事动作对结果控制程度的高低。”我们看来，“买贵了”表预期结果的实现并非比给“挖浅”表预期结果的实现设置一个合理的语境困难得多。而且，随着网络的进一步发展、普及，“买贵了”带宾语的用法会更多，因为，“买”这个动作，显然比“挖”这个动作要常用得多。

宋文辉（2004：14，17，18）三次说“他们把菜买贵了”“我把菜买贵了”“他把菜买贵了”是不合法的。

其实，网络上也有类似这样的说法，我们觉得也并非不合法，例如：

想好了，不管他把碗摔破，把油壶碰翻，把菜买贵了。

早晨不吵晚上必定吵。不是嫌她把菜买贵了，就是说她把地扫了。再不就是骂她把衣服补坏了，反正吵架已经成为老头每天的课程。(《政治荷尔蒙》第6章)

“批发市场的菜便宜很多！你总是把菜买贵了。我还不是为了

节省点，你还不识好。”（《爹妈》）

最后搞得我婆婆还来跟我说：“媳妇，我不可能把菜故意买贵，或者假报钱啊，我只有一个儿子，我搞点钱能贴给哪个呢？”（《我和我婆婆的关系》）

那时，南溪人认为人突然增多了，会把菜买贵，而南溪当官的也没有远见，就被当时江安县官千方百计做工作，还拿出了自己的一部分薪俸去争取，终于争取来了。（《走进江安》）

又如：

（2）操刀鬼曹正冒冒失失说，查一查是谁把房子买贵的？

也有“别把菜卖贵了”的说法，例如：

伊藤洋华堂建设店，别把菜卖贵了！（标题）

与前相对，还有“卖贱了”的说法，明·吴承恩《西游记》就有，例如：

（3）佛祖笑道：“……但只是经不可轻传，亦不可以空取，向时众比丘圣僧下山，曾将此经在舍卫国赵长者家与他诵了一遍，保他家生者安全，亡者超脱，只讨得他三斗三升米粒黄金回来，我还说他们忒卖贱了，教后代儿孙没钱使用。……”（第98回）

（4）臣等着惊，复去拜告恳求，佛祖道：“此经成就之时，有比丘圣僧将下山与舍卫国赵长者家看诵了一遍，保佑他家生者安全，亡者超脱，止讨了他三斗三升米粒黄金，意思还嫌卖贱了，后来子孙没钱使用。”（第100回）

上面的“卖贱了”也未带宾语。

现在网络上有如下说法：

不能卖贱了自己的设计

为卖贱一头猪20年夫妻分居　丈夫不甘示弱起诉离婚

自己倒觉得理不直气不壮而用小的价钱卖贱自己的品质，真是可悲之极！

这年月什么最值钱，谬论、怪行最值钱，如芙蓉姐姐卖人肉卖贱了自己不说，竟然把市面上的什么猪肉、鸡肉都给卖贵了！

打个不恰当的比喻，自己好比衣服，卖贱了价别人只会说衣服不好，不会说钱不好。

221，2200元？可能是当地代理商抬高卖价，不想卖贱它吧？

上面例子中，“卖贱了”也带宾语。还有如下说法：

有些地方人，比如四川人，做游郎，来到我们村上，有时把东西卖贱得心痛了，便嘟嘟囔囔讲脏话。

上例中，“卖贱”后面是“得”，表明后面又带了补语，这是极少见的，目前只发现1例。

下面例子中，是“卖贵”与“卖贱”连用，这也很少见：

我们打算卖贵南京还是卖贱南京？

上例前后对举，看不出是前者推动了后者，还是后者推动了前者。因为两者按前面的说法都是不合汉语规范的。

网上还偶有“买贱了”带宾语的例子，如：

大款们“车辚辚，马萧萧”百万金钱缠在腰，买贵了市场买贱了股票，又把款手伸向了学校。

上例是“买贵了”与“买贱了”并列使用，各自带有宾语，但也是看不出是前者推动了后者，还是后者推动了前者。又如：

话说耳机这个东西，买贵了上百的有，买贱了一两元也能搞定，如果不是发烧友，平常听歌区别能有多大？

上例也是“买贵了”与“买贱了”并列使用，也各自带有宾语，同样看不出是前者推动了后者，还是后者推动了前者。又如：

可惜本人是“无产阶级”一个，怕买贱了楼主作品，只能精神上支持了。

同道啊，以前买了PSP就认识了个妹子，PSP尘封啊。分手一个月不够PSP正版买贱了自己，干脆入PSV，现在每天…

同学：在此我尊重你为同学，但请你自重，多年来，我们从对你排挤到渐渐缓和，而近日，你的一番自认为有正义感的举动却引起众人的非议，请你在指责他人时扪心自问下，难道你没有做过抄答案，画画，上课开小差，逃体育课一类的事吗？自然，我是不便评论，但公道自在人心，或者说证据自有人知道。或许你有难言之隐，但是你的这种处事方式我们不敢恭维，一次次地在上课时突然无征兆发表言论，这样的动作按老邱的话来说“得到存在感，却买贱了自己”请问你愿意这样吗？真心的希望你在最后几个月让同学给你留下好印象，至少让同学尊重你，我在此可以这么和你说，本人将和你升入同一所高中，尽管大概不是一个班，至少也算七年同学，我希望在我的脑海中仅有的几个七年同学留下美好的回忆。

也偶尔有宾语用介词“把”提前的例子，如：

没办法，所要人事老祖宗的规矩，他们以前只收一条希尔顿，佛祖说他们把驾照买贱了，所以现在要一条红云！我无为，也无所不为！

我们在四年前曾经搜索过“买贱了”带宾语的用例，却未能找到例子，但现在却能搜索到了。因此，我们可以有充分的理由相信，在“买贵了”等带宾语的影响下，“买贱了”带宾语的例子会多起来。

语言是复杂的，又是发展变化的，我们不能仅仅凭借感觉，而是要注意搜索语言事实，不但要关注书面语，还要重视口语，不但要关注报刊等书面语，还要注意网络语言。自媒体时代，人人都是作家，人人都是记者，人人都是评论员，网络语言更具个性化。

网络语言比一般的书面语言发展得要快一些，需要我们好好地、仔细地研究，不能一概否定。上面的例子充分说明，网络语言是有其独特的研究价值的。

第三节　“吃饱了饭”与“喝醉了酒”

（一）

施春宏（2004：531）说：

本来“V 醉”类只能用于隔开式而不能带宾语，但由于“V

醉”和“吃饱”一样，已经熟语化了，从而带上了宾语。这只能看作这类动结式句法配置方式的例外现象。如果是没有变成熟语化的表达，这种结构式就不能带宾语。如“饮—乐、饮—酣”就没有带宾语的现象，都是用隔开式：

(47) 晋侯饮酒乐。(《左传·昭公九年》)

(48) 秦王饮酒酣，曰：“寡人窃闻赵王好音，请奏瑟。”(《史记·廉颇蔺相如列传》)

其他主体同指而 V_1 又带受事宾语的也同样不能将受事移到 V_1V_2 的后面。

施春宏（2005：17）持相似看法，说：

我们觉得还可以作进一步分析。这种表达得以成立的关键在于“醉”和“饱”的语义蕴涵着其关涉的对象“酒”和“饭”，而且这种语义蕴涵度要高于“喝”和“吃”对“酒”和“饭”的语义蕴涵度，也就是说，“酒”和“饭”对“醉”和“饱”而言，是默认值（default)，对语境没有特殊的依赖性，在表达中可以缺省，缺省时语义上完全没有损耗；从语义还原的角度看，“喝醉”和“吃饱”完全可以还原成“喝醉酒”和“吃饱饭”，而语义上没有增加新的信息。它们之间存在着这样的语义关系：

(43) 他喝醉了酒 = 他喝醉了 ≈ 他醉了（≠他喝了）

我吃饱了饭 = 我吃饱了 ≈ 我饱了（≠他吃了）

这种默认值如果换成增加了新的语义信息的成分，如“茅台(酒)”“红米饭”之类，则不能够成立。可见，这种结构式只是一种习惯表达法，一旦进行扩展，则同样遵循界限原则。“吃饭、喝酒”还有“睡觉”是生活中至为重要的事情，“吃饱、喝醉、睡醒(睡醒了一觉)”又是极其自然的事情，所以这些动结式已经具备了熟语性。从根本上说，“酒、饭、觉”只是动结式“喝醉、吃饱、睡醒”的影子论元（shadow arguments)，相当于同源宾语(cognate object)，是动结式语义所蕴涵的，而一般论元通常不能通过语义蕴涵关系推导出来。这里的“饭”“酒”“觉”不是动结式

"吃饱""喝醉""睡醒"的真正意义上的自由宾语（free object）。

此前，李临定（1986：189）指出：

17.7.1.3　动$_1$是"吃""喝"的句子比较特别。它的名$_{受}$只限于"饭"和"酒"，缺乏类推功能。比较：

吃饱了饭：? 吃饱了米饭

? 吃饱了面条

喝醉了酒：* 喝醉了茅台

* 喝醉了二锅头

李临定（1986：189－190）又说：

但是如采用 17.3 节的句型（重复动$_1$），便没有这样的限制。如：

吃饭吃饱了

吃米饭（面条）吃饱了

喝酒喝醉了

喝茅台喝醉了

这说明，当动$_1$是"吃""喝"时，以 17.3 节句型为常用形式，而本节句式（"饭""酒"在动$_2$后边）则是特殊形式。

李临定（2011）观点同。

郭锐（1995）则将它们作为动结式整合的例外情况，从词语的凝固程度方面作了说明。他指出，"喝酒""吃饭"跟"睡觉"一样，已凝固为一个离合词，"吃饱饭""喝醉酒"是离合词"喝酒""吃饭"嵌入一个补语形成的。郭锐（2002a）也说：

我们在 2.2 中谈到"吃饱了饭"一类例子与一般的述结式带宾语不同。关于这类结构，我们还发现以下几个事实：

1. 缺乏类推性，比如下列平行的结构不成立：* 吃胖了饭、* 吃饱了面、* 喝晕了酒、* 听呆了故事。2. 宾语只能是虚指的，不能是有指的，特别是不能是定指的，如下面的说法不成立：* 吃饱了这碗饭、* 喝醉了一杯酒、* 开累了一辆车。3. 可接受性对不同人来说有较大分歧。

此后，赵琪（2008：119）也持类似看法，说：

不能不提的是，第二大类 c 小类动结构式的语例里有一个例外，即（22）：

（22）他喝醉了（酒）/吃饱了（饭）。

按照构式的要求，“他喝醉了/吃饱了”宾语位置是空位，如果分别加上宾语“酒/饭”，则因为承担结果论元的不是及物动词而不符合这个构式的准入条件，应该成为第一类动结构式的语例，即占据宾语位置的是构式的受事。可从语义上来讲非常明显，“酒”不能经历“醉”的变化，“饭”也不可能有“饱”的结果。所以加了宾语“酒/饭”的这两句既不能由第一类动结构式产出，也不能由第二类动结构式产出，是不合法的。根据石毓智（2000，2003）对动补结构的研究，由于高频率的共现，“喝、吃”分别与“醉、饱”动补融合达到了词汇化的程度，再分别加上酒、饭惯用法化。三个成分中的任何一个都不能被其他词语代替，“喝醉酒”与“吃饱饭”已不再是句法结构，不与语法规律直接发生关系。

董秀芳（2011：205－206）也说：

补语根据其语义指向可以分为三类：指向主语、指向宾语、指向动词。指向动词的一类比较少（虚化为体标记的补语就属于这一类），因而由指向动词的补语与动词形成的述补式复合词就比较少。指向宾语的一类比指向主语的一类更容易与述语黏合而发生词汇化，《现汉》中收录的述补式复合词大都是补语成分指向宾语的。这是因为补语指向主语的一类大都不能带宾语，而带宾语是使用述补结构在句法格式中被挤压成词的关键因素（董秀芳 1998）。当指向主语的一类补语在一定情况下带上宾语时，其成词性也高于不带宾语的一类。如：

他喝醉了酒。

他吃饱了饭。

以上例中的补语“醉”“饱”都是指向主语的，但是其后还出现了宾语，这些宾语在一定程度上是语义上羡余的（redundant），因为补语的语义中已基本或说常规地蕴含了其语义："醉"中已包含了"酒"的语义，"饱"中已包含了"饭"的语义。因而"酒"和"饭"完全可以不出现，句子仍然可以表达相同的意思。但正是带宾语的功能使得"喝醉""吃饱"在感觉上更接近于一个单一的动词。

通过共时与历时考察，我们发现，汉语中"吃醉"或"喝醉"除了主要与"酒"搭配以外，还可以与别的对象搭配。网上就有"喝醉了茅台（酒）"等的例子，如：

（1）什么时候"喝醉"茅台酒的机构清醒了，大盘底部也就接近了。

（2）据说建这厂是……一个泰国小商喝醉了茅台，随口一句话而成，去去来来的领导像走马灯更换，没有一个懂技术，甚至不惜当众制止北京轻工设计院的技师来厂对工人讲解水银对人体的危害常识。

（3）陈毅、贺龙二元帅也很挚爱茅台酒，更有铁娘子撒切尔夫人喝醉了茅台酒、卓别林认识了真正的"男子汉"等等故事，读来一如饮酒，令人陶醉。

（4）直到今天，人们还对周恩来喝醉了茅台酒的故事津津乐道，然而很少有人知道，朝鲜战争期间，美国总统杜鲁门和他的继任者艾森豪威尔，曾三次对中国进行"核讹诈"。

（5）富人：视金钱如粪土，潇潇洒洒游九州，山珍海味尝个遍，喝醉醇香茅台酒，莺歌燕舞蹦蹦擦，美女帅哥怀中来，问君年味有几何？纸醉金迷味道浓。

上例在"茅台酒"前还有定语"醇香"，说明宾语可以是有指的。

（6）妈妈，你别像爸爸喝醉了五粮液茅台酒那样糊涂啊……你还记得爸爸第一次喝醉了酒吗？

上例是"五粮液"与"茅台酒"并列。

网上还有"喝醉啤酒"的说法，例如：

（7）朋友们小聚，朋友亲自下厨，我差点喝醉了（啤酒＋黄河），能在这发照片很不错了！

（8）本报讯：5 月 31 日晚约 12 时许，一位喝醉啤酒的 42 岁男子，跨越湘子桥护栏去小便，不慎坠江溺水身亡。

还有在“喝醉了”与“酒”之间加了“几次”的用法，例如：

（9）我的妻子怀孕 20 多天喝醉了几次酒有什么妨碍吗？

北京大学汉语语料库还有如下例子：

（10）地上的君王与他行淫。住在地上的人喝醉了他淫乱的酒。

上例“酒”前还有定语“他淫乱”，说明宾语是可以有指的。

这是我和斋木犀吉一生中第三次会见之夜，他喝醉了威士忌和我谈论他对日常冒险的看法。

上面几例虽然没有明确写上“酒”字，但“威士忌”是酒名，同“茅台”“五粮液”一样。再如：

（12）迷本圆明，将本有无相之真如，转为阿赖耶识（如正常人吃醉了老酒相似）。

（13）当时报刊上记载：他演金松“在大街吃醉了残茶剩酒”四句散板，气力充沛，韵味十足。

上面 2 例的“酒”前有定语“老”和“剩”，说明宾语是可以有指的。同时，上例还说明“吃醉”也可带宾语“残茶”，因为据说“茶”也可使人“醉”。

现代汉语也有用例，例如：

（14）我当时虽则还不能十分欣赏它们的好处，但不知怎么，读了之后的那一种朦胧的回味，仿佛是当三春天气，喝醉了几十年陈的醇酒。（郁达夫《孤独者》）

上例在“酒”前既有“醇”字，还有“几十年陈”，说明“酒”前确实可带定语，宾语确实是可以有指的。

（15）此外偶然和尚喝醉了高粱，高声抗辩，或者为了金钱胜负稍有纠葛，都是随即平静，算不得什么大事。（周作人《山中杂信》）

上例虽然没有“酒”字，但与上面所说的“茅台”“白兰地”“威士忌”一样也是指“酒”。“喝醉了高粱”“吃醉了老酒”“喝醉了啤酒”“喝醉了威士忌”“喝醉了白兰地”等是同样的用法。由上可见，从理论上来看，“喝醉了”后面可以带任何的酒名，并不限于“啤酒”或“茅台”或“白兰地”或“威士忌”。

不仅如此，古代汉语语料也有“吃醉了老酒”的说法，例如：

(16) 谁知典韦吃醉了老酒，倒在帐中，正自好睡。(民国·徐哲身《汉代宫廷艳史》第115回)

现代汉语语料更有“喝醉了血”的说法，例如：

(17) 他们的地喝醉了血，他们的尘土因脂油肥润。

(18) 你们吃我为你们所献的祭，必吃饱了脂油，喝醉了血。

(19) 我又看见那女人喝醉了圣徒的血，和为耶稣作见证之人的血。

上例在“酒”前有定语“圣徒”，说明宾语是可以有指的。虽然上面几例都是翻译作品，但总是用汉语翻译的。

以上可见，“喝（吃）醉”后面可以带很多宾语，并非只有“酒”。

清末白话小说还有“灌饱了黄汤”的说法，例如：

(20) 那知冯主事倒不在意，已是灌饱了黄汤，满面绯红，少不得应酬一番，合周翰林拱手为礼，又向伯集见面。(清·李伯元《文明小史》第31回)

上例的“黄汤”就是“酒”，补语“饱”的语义也指向主语。

现代作品还有“噇醉了酒”的说法，例如：

(21) 这家伙噇醉了酒，在台上忘词儿，被赛帘秀狠狠地批了一顿。(田汉《关汉卿》第1场)

“噇”的意思是：“吃喝；没节制地吃喝。”（《汉语大词典》）补语“醉”的语义也指向主语。

晚清白话小说有“吸醉了烟”的说法，例如：

(22) 旁人听了大笑道：“……我道这般大惊小怪为着什么大

事，原来只为着他们两人吸醉了烟。”（清·陈景韩《新西游记》第2回）

网上还有如下例子：

（23）问题：烟抽醉了有何办法

补充问题：怎样快速解决抽醉了烟身体的难受？

最佳答案：喝红糖茶水，躺下休息。

补语“醉”的语义也指向主语。

2010年4月，青海省玉树地区发生了强烈地震，因为是高原，出现了“醉氧”的说法，例如：

（24）从没下过高原的卓玛一家虽然满心欢喜和好奇，但是都出现不同程度的醉氧。

以上充分说明，与“醉”搭配的动词，除了“吃”“喝”以外，还有“灌”“噇”与“抽”，虽然例子不多，但说明动词是可以类推的。同时，其宾语更是可以类推，不但可带“酒”，还可带具体的酒，还可以是别的可喝的东西，如“茶”，甚至是“血”。这些充分说明，“‘喝、吃’分别与‘醉、饱’动补融合达到了词汇化的程度，再分别加上酒、饭惯用法化”的说法，是不符合汉语事实的。同时，“酒”等前面有定语，说明并非虚指，而是可以有指的。

（二）

相比之下，“吃饱”比“喝醉”带宾语的可接受度要高，搭配的对象更多，这是因为“吃饭”是我们一天三餐必不可少的，而“喝酒”绝大多数的人是不“喝”的，汽车驾驶员（包括自驾车）也是在一般情况下不喝酒的，“喝酒”不像“吃饭”和“睡觉”，对绝大多数人来说，它根本不是生活中至为重要的事情。“吃饱”宾语的类推功能更强，网上有不少例子，如：

（1）我们五人一桌，五菜一汤，很快吃饱了米饭，来到街上，小邓把我们引到旁边中法文对应的“巴黎蓬皮杜免税中心”，全部是眼花缭乱的法国香水，各种皮具，地下室则是各种名牌手表，从几百欧到几万欧，应有尽有。

（2）也不对，太祖爷也是贫苦人家出身，怎么会不知道这些道理，对了对了，太祖爷是想让天下农夫都吃饱了米饭，还要有钱穿得上这绸缎，留下这祖训，自然是要让我朱氏子孙记得帮他完成这个遗愿啊。

（3）他们搂着腰，合着手，就像吃饱了米饭一样，一摇一摆地跳着。

（4）那位，是低调混入赵国平原君门下，整日里无所事事，吃饱了米饭便蹲在墙垣角落里晒太阳，伺机而动。

（5）若吃饱了米饭，他就会想吃肉的。

（6）一个强壮的男人，吃饱了米饭，一天能挖上百个。

（7）晚上，外婆给那青年吃饱了米饭，就让他到大房子旁边的柴房去睡。

（8）记住，只有吃不饱，才会对米饭盼望。若吃饱了米饭，他就会想吃肉的。

（9）茄子的肚子大大的，好像吃饱了米饭正准备舒舒服服地睡大觉呢，瞧那包心菜，白白嫩嫩的，一层裹着一层，好像一个大大的绒线团。

（10）林轩叹了口气："我虽然觉得灵药山不拔地而起太可能发生什么变故，可现在连禁制大阵都开启了，又有如此多的弟子四处巡逻，总不拔地而起会是吃饱了米饭没事干，自然要将事情的始末弄清楚。"

（11）四只小鸭子每天都是早上吃饱了米饭，就跑出去野去了，到了很晚才一摇一摆的回来。

以上"吃饱了"的宾语是"米饭"，充分证明李临定（1986）的说法完全不符合汉语事实。再如：

（12）他让我加了他的 QQ，还告诉网址，笑着说道："……GM 吃饱了大米饭一天到晚来监视你？"

（13）还有，我甚至为这些九九年兵感到悲哀，是的，这兵役法改了，九九年的义务兵只当两年，两年之后，很好，两年很好，吃饱了大米饭长齐了毛，两年之后就打起背包滚蛋回家了，该发财的发财，该上班的上班，该干吗的就干吗，哦，还有，该泡妞的就泡妞——貌似还打过真枪真炮可以在姑娘面前吹牛露脸呢！

（14）在成长的道路上

我们遇上了好时光

生我那年刚好分田包了干

一家老少居然吃饱了大米饭

哇噻，英明的党

上面“吃饱了”的宾语是“大米饭”。再如：

（15）这位年轻的陆军军官声音慢慢低了下去，他无神地喃喃自语道：“一架飞机……一架飞机就够我们全排的弟兄们都换上钢盔和新式步枪，可以让弟兄们吃饱了白米饭再去死……就被你们这么弄没了，你们对得起谁？”

（16）总有那么一帮人，吃饱了白米饭骂老毛，不想想来之不易。

（17）最后一句话，电影不是只有一种样式，就像人们吃饱了白米饭就要有欲望品味一下各种点心佳肴一样，电影就是各种点心佳肴，有的过于平易朴实，有的相当精美，还有的就显得厨师过分奢侈和铺张了。

（18）海宇的保安不知一天吃饱了白米饭在干什么，一天还说24小时监控，居然小区内部还有人爬上了高楼，发生盗窃事件，寒，晕……

上面“吃饱了”的宾语是“白米饭”。再如：

（19）喝足了醪糟稠酒，吃饱了红豆米饭，当该上路。

（20）祸莫大于不知足，人的欲望，总是道德沦陷的根本，吃饱了自己的小米饭，还去抢别人碗里的肉，结果噎不死也会撑死自己。

（21）应该说我们的工作条件好多了，我们已经住进有火墙取暖的“干打垒”，可以吃饱了高粱米饭在荒原上修路、建炼厂。

（22）刘应琼找到“失踪了”的那批学生时，刚吃饱了蛋炒饭的娃儿们围上来说“老师，我们好久没吃这么香的米饭了啊！”

（23）星级：排骨米饭实在太好吃了。……米饭大汤多菜多排骨块头也很大。排骨从里到外都散发出它应有的香味和鲜美，……因为吃饱了排骨米饭所以吃不下锅贴了，……推荐菜：排骨米饭。

上面“吃饱了”的宾语分别是“红豆米饭”“小米饭”（还有“自己的”这个定语）、“高粱米饭”“蛋炒饭”“排骨米饭”。

（24）他把银灼灼的大刀当空一抡：“……把哭留给吃饱了中国大米的狗崽子们！看我们不揳得他们鬼哭狼嚎！”

上例“吃饱”的对象是“中国大米”，其实是省略了“饭”。再如：

（25）罗盘吃饱了烤糯米粑粑，又把剩下的粑粑都拿过来，说：“这些都给我们！”

（26）刘胜吃饱了面饼，酒气似乎消掉了不少。

（27）当那些人吃饱了耶稣的饼满意地四处散去的时候，五饼二鱼的故事也在四下传开来。

上面例子中，“吃饱”的对象有“烤糯米粑粑”“面饼”“耶稣的饼”。

（28）因此就怎么能泛泛地责备未到前线的文艺工作者都在吃饱了“面包”之后，就是看电视。

上例的“面包”是比喻用法。再如：

（29）他说：“……你们都吃饱了晚饭了么？”（刘半农《饿》）

（30）这时车站上人数不少，但陈奂生知道难得会有顾客，因为这些都是吃饱了晚饭来候车的，不会买他的油绳，除非小孩嘴馋吵不过，大人才会买。

上面例子中，“吃饱”的对象是“晚饭”。再如：

（31）我个人觉得早餐一定要在家里吃，吃完了再出门上班，不仅是因为起床 20 分钟左右是最适合用餐的时间，也因为吃饱了早餐出门会让你浑身上下充满火气和热力（尤其是这么冷的天），当然 KFC 和 M 家的早餐也是值得考虑的，前提是，他们就在你家楼下！

上面是概括的“早餐”，现在我们的早餐是非常丰富的，在我们单位的食堂有十几种之多，可以造出十几种“吃饱了 O”的句子来。再如：

（32）白天，我吃饱了一顿饭就会很高兴。

上例“饭”前有“一顿”作定语，宾语也是有指的。

（33）通常客户都等需要时再订，货源很不稳定，“吃饱了这顿，不知道下顿在那里”，一位工作人员说。

（34）可是现在，我又吃饱了一顿，可惜人每天只有三餐，三餐之间我就无事可做了。

上 2 例省略了中心语“饭”，以“这顿”“一顿”数量短语作宾语，“这顿”是定指。再如：

（35）吃饱大米饭洋白面的人偏有时非吃窝窝头不行。（俞平伯《中年》）

（36）但是还是有问题，中午吃工作餐的汤（或有时叫粥）本来就是配角，在这里却经常是主角，你吃饱了米饭或馒头，跑去盛汤，结果发现今天的汤（粥）特别的浓，当主食都可以，你还喝得下去吗？

（37）我们走在大路上，吃饱了米饭与面条

看啦，现在我们要去唱颂歌，要去跳艳舞，还要去喝燕京啤酒

社会主义的大地上到处都是诗人与富豪，他们和谐相处成了好朋友

（38）吃饱了羊肉、米饭、碎肉馅饼，喝够了酒，一心想和别人的老婆睡觉，也许还打算趁着那男人在前线杀敌的时候，把他的老婆干脆偷了走，难道还有什么比这个更缺德、更自私吗？

（39）他亲手把光灿灿的缰绳套到两匹马上，马吃饱了燕麦和大麦，不用闪光的鞭子抽打，也会跑得飞快。

上面例子中，“吃饱”的宾语是并列结构，分别是“大米饭”“洋白面”，“米饭”“馒头”，“米饭”“面条”，“羊肉”“米饭”“碎肉馅饼”，“燕麦”“大麦”。例（38）的“羊肉”已经不是饭了。再如：

（40）我劝人们不妨在吃饱了燕窝鱼翅之后，或者在吃糠咽菜之后，或者在卡拉OK、高尔夫之后。

（41）出去参加家族团聚，很快就会回来，就在十点左右，他们喜气洋洋，吃饱了烤肉。

（42）飞鸟都吃饱了他们的肉。

上面例子中，“吃饱”的对象是具体的“菜”。

（43）一边吃饭一边吃菜，不要等吃饱了菜再吃饭。

（44）吃饱了菜没要米饭，一共花了50元。

上面例子中，“吃饱了”的宾语概括的是“菜”，可见，“吃饱”的搭配对象并非一定要“饭”，也可以是“菜”。这“菜”既可以是具体的什么“菜”，如“燕窝鱼翅”“烤肉”“肉”，又可以是概括的“菜”。周志锋先生曾在《宁波晚报》上刊有一文，说到宁波人过去说“小菜旺告（没有什么）饭吃饱”，现在是“饭旺告小菜吃饱”，这形象地说明了改革开放以后，老百姓的生活有了质的提高。再如：

（45）这里“得益”不只是说明了品牌给人们的印象还是“得意”的谐音，让人有种吃饱了美味之后得意的感觉。

上例说明“吃饱”的宾语也可以是抽象的“美味”。中国地大物博，各地有各地的特产，各地有各地的“美味”，我们也可造出无数个句子来。再如：

（46）一个人吃饱了太多的甜食，能使胸胃中发生强烈的厌恶。

（47）他暗暗骂道：“你王八蛋准是吃饱了民脂民膏，才养得这样肥头大耳，油光发亮！……”

（48）你们吃我为你们所献的祭，必吃饱了脂油，喝醉了血。

上面例子中，“吃饱”的对象有“甜食”“民脂民膏”“脂油”，确实证明“吃饱”宾语的多样性。再如：

（49）它是甜的，然而又依然是酸的，而这酸味，我们须待吃饱了杨梅以后，再吃别的东西的时候，才能领会得到。（鲁彦《故乡的杨梅》）

（50）免得吃饱了西瓜，就不吃面和米饭了。

（51）“……我又纳青瓜于这扁葫芦的活门内，金钟果然跳出，吃饱了青瓜，便关合进这扁葫芦里了。”（荷兰·高罗佩《狄仁杰断案传奇》第3章）

（52）你进了邻舍的葡萄园，可以随意吃饱了葡萄，只是不可装在器皿中。

上面例子又说明，“吃饱”的宾语也可以是“水果”或是“蔬菜”（如“青瓜”）。现在的水果店中，有本地的，有外地的，有中国的，有外国的，我们确实有“吃饱了”“水果”而不再“吃饭”或少“吃饭”的经历。再如：

（53）小孩子初生了下来，吃饱了奶就乖乖地睡，并不知道什么是快活，虽然它身体感觉舒服。（钱锺书《写在生人边上》）

（54）车站附近的警察们慌作一团地替我喂奶，等到我吃饱了奶，安详睡去。

（55）一个午后的日子，他吃饱了奶在童车里爬来爬去，他穿着一套天蓝色的毛线裤。

上面的例子又说明，“吃饱了”后面带的宾语还可以是液体。再如：

（56）这些牲口，有许多好像富有理性似的，白天在田野里吃饱了草料，一到天晚，虽然没有家人来赶，也会自动走回农庄来。

（57）野生的小草，似乎是注定了给山羊们做食料的，山羊们吃饱了野草，才能在“脖子上挂着一个小铃锋，作为知识阶级的徽章”。（夏衍《宿草颂》）

（58）这两位奶奶现在的身体像两个吃饱苍蝇的大蜘蛛。（钱锺书《围城》）

上面例子又说明，不但人要吃、要喝，动物也有这个需要，所以，不同的动物就要吃不同的东西。如上面例子中的“牲口”“山羊们”“吃草”，“大蜘蛛”“吃苍蝇”。其实还可以有“狗吃屎”“熊猫吃竹”等。再如：

（59）一根降下帆的桅杆比吃饱了风的帆能告诉你更多的险恶。

上例更是特殊，连“帆”也能“吃饱了风”。再如：

（60）本道菜是主食，是在吃饱了和吃腻了大菜之后，作为产生饱的感觉的主要角色，本餐包可以说是，用料极为考究，当然也更为大全，尤其是这外皮，里面掺了金粉，既可以饱肚，又彰显品位，实在是盛宴必备之佳品。

上例是“吃饱了”和“吃腻了”共同带宾语“大菜”，这更是特殊，是两个动结式共带一个宾语。同时也说明“吃饱”的补语“饱”也可类推，如“腻”。

不仅如此，古代白话小说也有用例，例如：

（61）却说那厮们磨快了刀枪，吃饱了饭食，时已五更天气，一齐来到园中看处，却不见了。（明·吴承恩《西游记》第56回）

（62）且说钮成刚吃饱得酒食，受了这顿拳头脚尖，银子原被夺去，转思转恼，愈想愈气。（明·冯梦龙《醒世恒言》卷29）

上例的“得”也表示已然，义同“了”。再如：

（63）那晓得那个波斯吃饱了水，一毂碌撺到水里去了。（明·罗懋登《西洋记》第98回）

（64）军士依言，吃饱了晚饭又赶，将及到二更时分，军士因连日跋涉劳苦，人人俱在马上困倦，险些儿闪下马来。（明·许仲琳《封神演义》第9回）

（65）腰悬双剑，手执长枪，装束得十分雄猛，捡着两匹骏马，与谢宾又各人骑了一匹，吃饱酒饭，即时前往。（明·鸳湖烟水散人《珍珠舶》第12回）

（66）一到天明，吃饱了酒饭，各人改扮，分服色方可混人眼目。（清·佚名《施公案》第200回）

（67）二将得令，不觉红日西沉，渐渐黄昏，吃饱夜饭，一个钻天，一个入地，进了关门，钻入帐中。（清·中都遗叟《说唐三传》第55回）——第363回还有“吃饱了战饭”的用法。

（68）惜红居士吃饱了老米饭，穿暖了粗布衣，闲空得不耐烦，便将茶坊野店你谈我讲的一段段故事搬演出来，为消愁解闷的活计。（清·惜红居士《李公案奇闻》第1回）

（69）义收吃饱了午饭，嘱该寺僧众：“至第三日午时，若无雨，即行放火。”（清·里人何求《闽都别记》第54回）

北京大学汉语语料库的古代汉语语料还有如：

（70）这班剑客侠士，来去不定，出没无迹，吃饱了自己的饭，专替别人家干事。（清·唐芸洲《七剑十三侠》第1回）

（71）我要走了，委屈你暂在土中多立一回，好在这几天你也享足了福份，吃饱了肉食，就在此多立几天，也不要紧。（清·无垢道人《八仙得道》第34回）——另第48回有“吃饱了汤水”。

（72）这儿子非但毫无病痛，而且愈加肥壮，日中吃饱了东西，就只嘻嘻嘻嘻的笑。（清·坑宗生《续济公传》第68回）

（73）又问道：“那后来的人马，好似吃饱了乳的马驹，绕着他母亲跳跃的是谁呢？”（民国·许慕羲《元代宫廷艳史》第13回）

上面的例子中，“吃饱”的对象很多，如“饭食”“酒食”“水”“晚饭”“酒饭”“夜饭”“战饭”“老米饭”“午饭”“自己的饭”“肉食”“汤水”“东西”“乳”，充分说明“吃饱”的宾语是可以类推的。虽然我们没有找到“吃饱了肯德基”“吃饱了麦当劳”的说法，但完全是可以说的。随着人民生活水平的继续提高，随着科学技术的持续发展，我们肯定能“吃饱”更多的东西，也就是“吃饱”后面能带更多的宾语。还有“喝饱了”带宾语的例子，如：

（74）侯爷心说道：“我到深处，将他的腿扯住了，往水底一扯，我先叫他喝饱了水算完。”（清·张杰鑫《三侠剑》第2回）

（75）今大王既要周全孟女夫妇，可着他们先在这里喝饱了汤水，去到了那边，无论如何不致十分干燥。（无垢道人《八仙得道》第48回）

上2例“喝饱了”的宾语一是“水”，一是“汤水”，也不是“饭”。

现代汉语语料库的例子如：

（76）国水球队员赛后不像别的项目选手那样总是忙着喝水，因为他们已经喝饱了游泳池里的水。

（77）他亲手给牛喂足了料，喝饱了水，又拍了拍牛的脖子，他架起锁牛，笑一笑，将他放在了牛背上。

（78）他小心翼翼的扛回去，先吃了几根芭蕉，喝饱了水，才举行开箱大典。

（79）有庆那时正在池塘旁躺着，他刚喝饱了池水，我叫他：……

（80）开始敌人没有把他看重，他提着这把喝饱了鬼子血的大片儿刀。

（81）他喝饱了带些咸味的茶水。

（82）喝饱了雨水的大地，为苦熬了一冬一春的植物提供极好的生长机会。

（83）再看到我们城里那班下三滥，他们自称‘掘墓者’，喝饱了我们的血，骑着马，到处乱闯，嘴里还唱着下流的小调，来嘲笑我们。

（84）他因为喝饱了水，跑到那里，气也喘不上来了。

上面例子中，“喝饱”的对象也很多，有“水”，有“血”。这“水”有一般的“水”，也有“汤水”“游泳池里水”“池水”“茶水”“雨水”。可见，宾语也是多种多样。

北京大学语料库还有“吸饱了”带宾语的例子，如：

（85）当它吸饱了水分，便又长出了掌状复叶，开出很大的白色花，据说这花还是塞内加尔的国花！花后结出长指形的果，果壳木质，可用来盛水、装酒。

（86）影片描述在一个专门研究恐龙生存的实验室里，约翰博士发现一只吸饱了恐龙血、藏在树脂化石中存活至今的古老蚊子，随即以其血中的遗传物质 DNA 分子来复制恐龙。

（87）天色渐黑，我们晒够了太阳，吸饱了新鲜空气，意兴阑珊，一步一拐地走回家。

（88）只有失眠的人，在月夜，才看得见窗外的树缀满银色的花朵；在雨夜，才听得见那一朵朵花吸饱了雨水掉在地上的“吧嗒”声。

（89）田原拿出一些纸张，钢笔里吸饱了墨水，坐到桌子边，说：“连长！你说，我写！”

（90）养在窗外葫芦架上的一只嫩绿的蝈蝈儿，吸饱了露水，叫的正高兴；葫芦沉重的下垂，遍体生着像婴儿嫩皮上的绒毛，露水穿过绒毛滴落。

（91）现在更多的是荆棘，是吸饱了绿汁而变为金色的地衣。

（92）这彩雪蛛一遇血肉之躯，立即扑上咬啮，非吸饱鲜血，决不放脱，毒性猛烈，无药可治，便法王自己也解救不了。

（93）温暖的昏暗中，吸饱了阳光的树叶低垂了下来，青草也垂下了头，香甜的气息弥漫了开来。

（94）我爱与朋友谈心：在那语言笑谇的交流中，我如晒满秋阳的温暖，浑身是舒适；在那披肝沥胆的论争中，我如吸饱冬风的冷削，性灵上特起一番愤发。

方言中，“吃”还可替换为“填”，例如：

（95）他的腿脚好，只要肚子里填饱瓤子，翻山越岭，跟年轻人一样。”

（96）填饱瓤子——杆子的黑话。说吃饱饭是填饱瓤子。

“瓤子”是“填饱”的宾语，“填”在这里也是“吃”的意思，“填饱瓤子”是“吃饱饭”的意思。

施春宏（2008a：146）在举了张贤亮《习惯死亡》中的“吃

饱苍蝇”、俞平伯《中年》中的“吃饱大米饭洋白面”、钱锺书《围城》中的“吃饱苍蝇”、郁达夫《孤独者》中的“喝醉了几十年陈的醇酒”、周作人《山中杂信》中的“喝醉了高粱”的例子后说：“可见它们一般只带‘饭’和‘酒’这种宾语，带其他宾语只是特例（个人的、临时的用法）。这里的‘饭’‘酒’不是动结式的‘吃饱’‘喝醉’的真正意义上的自由宾语（free object）。”我们以为，这也不符合汉语事实，上面众多的例子，难道只是用“特例”、只是用“个人的、临时的用法”能够概括得了的？

郭锐（2002a：179、180）有一张表，说114人中，有98人认为可以说“吃饱了饭”的说法，占86%，而“吃饱了晚饭”只有33人，占29%，“吃饱了米饭”的也只有32人，占28%。虽然这些人语感不同，使用频率不同，但这也从一个侧面说明，汉语确实可以有“吃饱了晚饭”和“吃饱了米饭”的说法。

“吃”的对象主要是“饭”，但也可是“酒”，也就是说，“吃”的面很广，可以是固体，也可以是液体，除“酒”以外，还有“茶”“水”“奶”，甚至是“血”。也可以是不能真正“吃”的，如“民脂民膏”“面包”等就是抽象的名词。

以上充分说明，“吃饱”的宾语更是可以多种多样的，并非只是“饭”一种，都是在一定的语言环境下才这么说的，所以，也是有语境的制约的。

上面的众多例子充分说明，如与“吃饱”搭配的除“饭”以外，还有许多宾语，又如与“喝（吃）醉”搭配的除“酒”外，也可以是别的宾语，如有“醉烟”“醉茶”，甚至是“醉氧”。所以，说“喝（吃）醉”和“吃饱”是例外，说服力不够强，特别是“吃饱”的宾语更多。《现代汉语词典》“例外”有两个义项：义项一是动词：“在一般的规律、规定之外：大家都得遵守规定，谁也不能～。”义项二是名词：“在一般的规律、规定之外的情况：一般讲，纬度越高，气温越低，但也有～。”我们认为，“喝（吃）醉”和“吃饱”不是例外，因为没有这么多的“例外”，特别是

“吃饱”应该是显性语法现象。

（三）

上面例子中有“吃腻了”带宾语的例子，这说明，不但宾语可以类推，连补语都是可以类推的，而这补语与“喝醉”和“吃饱”中的补语一样，补语的语义都是指向施事。下面是北京大学汉语语料库中现代语料的例子，如：

（1）这家由几位年轻人开的饭庄，别出心裁，抓住了时下北京人吃腻了大鱼大肉想尝鲜儿和“老外”也要体验一番昔日北京平民生活的心理，在北京食界“帝王餐”“海鲜潮”几成主潮时，逆向出击，大胆刮起了“忆苦风”，着实让北京食界的“大腕儿”们震惊了一场。

（2）在人们吃腻了细粮之后，粗粮又受到了不少人的青睐，往年过冬大量储存白菜土豆的队伍已出现零落架势；住：房屋装饰热、装电话热方兴未艾；行：招手“打的”成为街上平常事，自行车流，千把元一辆的变速车、山地车越来越多。

（3）其实说起来这并不是什么新发明，头几年有人见吃腻了满街粤菜的京城款爷们不知道吃什么好了，便在饭馆里添上几道什么猪肉炖粉条、肉末雪里红、酸菜粉、醋熘白菜类的家常菜，由于这东西实惠又可口，更主要的是咱自小不就是吃这长大的吗？

（4）有位兰考朋友说，现在兰考人也像广州人那样赶时髦，吃腻了白面、大米后要改尝高粱、玉米、红薯，杂粮居然在去年卖得比主粮贵。

（5）吃腻了鸡鸭鱼肉、时令菜肴的都市人，其食物结构、消费方式也呈现出新的特点。

（6）第一批得利斯牌圆火腿在青岛上市后，吃腻了多淀粉圆火腿的青岛人，在品尝了肉多、味美、色艳、肉纤维完整的“得利斯”圆火腿后，对它大加赞扬。

（7）可能是出于对“迷你猪”的好奇，也可能是因为吃腻了大肥猪急于“换口味”，还可能是有了对微型猪潜在价值的认识和把握，敏感的报界迅速反映并高速捕捉，百多家报纸杂志竞相报道，一时间微型猪“香”飘万里，“热”及四方，“俏”销全国。

（8）鸡鸭鱼肉换着样儿做，吃腻了大米、白面，昔日用来充饥的窝窝头竟也成了稀罕物。

（9）粤菜的经营者心里有数：当人们吃腻了大荤大肉之后，必定要选择几分清淡，并且，随着居民收入水平的提高，高档次的海味山珍也将有一席之地。

（10）他说，那些吃腻了牛羊肉的拉萨贵族才不管“禁忌”，用剩余食物换鱼。

（11）吃腻了白米精面的人们时不时想换个口味，城里窝窝头的价格超过了馒头，这就给了我们一个信息：主粮要种，杂粮也不能丢，有时杂粮反比主粮更值钱。

（12）如今野菜被冠以“美味佳肴”，让吃腻了大肉大鱼和各类时令菜蔬的现代人兴致盎然地搬上了餐桌。

（13）“假冒伪劣”的太多，顾客也吃腻了牛肉面，城乡贸易中心开了品种多样的中式快餐后，抢走了很大一部分生意。

（14）用他们的话说，现在人们吃腻了大鱼大肉、海鲜美味，又开始欣赏家常菜。

（15）吃腻了大米白面，又想来点玉米面尝尝鲜。

（16）白开水是最平凡的饮料，却没有人敢说自己吃腻了它，假若你吃腻了它，你就要跟大家说“再见！”

（17）他们吃腻了罐头，见了罐头如同见了“敌人”。

（18）我有些喜欢这条紫色的学生裙，就像过年吃腻了大鱼大肉，很想吃点新鲜蔬菜一样。

（19）大虎乍见珍珠，就像一个吃腻了大鱼大肉的人见到了一盘黄瓜菜，就像一个见惯了姚黄魏紫大牡丹的赏花者突然见到了一盆清纯的水仙花。

（20）外国朋友来了，吃腻了中国菜了，通常拿起刀叉，来顿西餐过过瘾，但是与中餐相比，西餐礼仪的繁琐复杂可不仅仅是筷子和刀叉的区别。

（21）他们当场同意招用凯斯为公司的营销助理，吃腻了比萨饼的凯斯爽快地答应了。

（22）“我吃腻了生老鼠，我的朋友。”

（23）听他讲话，就好像吃腻了鸡鸭鱼肉，而嚼一条刚从架上摘下来的，尖端上还顶着黄花的王瓜，那么清鲜可喜。（老舍《四世同堂》）

（24）我要尝尝生命的另一方面，可以说是生命的素淡方面吧，我已吃腻了山珍海味。（老舍《阳光》）

（25）讲吃的，现在交通方便，山珍海味随便的吃，只要有钱。吃腻了这些还可以拿西餐洋酒换换口味；哪一朝的皇上大概也没吃过洋饭吧？（老舍《我这一辈子》）

上例“这些”指代上面所说的“山珍海味”，应该是定指的。上面例子中，“吃腻了”后带的宾语也是丰富多彩的。

再如“喝腻了”后也有带宾语的例子，如：

（26）尝够了酸的，喝腻了甜的，人们又喜欢上那无色无味的矿泉水，都说喝了能保健，能减肥，于是前年还觉得花300多元不值一买的矿泉壶，今年竟成为各家争购的宠物。

（27）人们尝够了酸的，喝腻了甜的，又喜欢上了无色无味的矿泉水，都说喝了能保健，能减肥，于是花上三百五百的竞相购买矿泉壶。

上2例说明“喝腻了”后面也能带不同的宾语。

（28）去年6月，在家乡，和一群狐朋狗友喝腻了啤酒，抽腻了香烟，看腻了碟片和美女之后，突然觉得一阵强烈的反胃，那时就特别想回海南，就像漂泊的人想回家一样。

上例既有“喝腻了”，又有“抽腻了”，还有“看腻了”。

（29）今年10月份在福州，吃腻了海鲜，喝腻了啤酒，抽腻了香烟之后，突然觉得一阵强烈的反胃，那时就特别想回北京，就像漂泊的人想回家一样。

北京大学汉语语料库现代汉语语料还有“V厌了”带宾语的说法，补语“厌”的语义也是指向施事，例如：

(30) 吃厌了“大锅饭”的材料供销公司党委书记兼经理施兆贵，为适应马钢即将试行股份制的新形势，去年自找麻烦，自觉改革了劳动、人事、工资制度，下属科级机构由55个，减少为31个，91名科级以上的干部通过竞争上岗，减少为69名；全公司1175名职工，经过考评上岗减少为10531名。

(31) 吃厌了沿海生猛海鲜、过足了四川麻辣刺激瘾、腻味了外国乳奶食品的都市人和旅游者，大多愿意时不时去品尝一下少数民族风味。

(32) 吃厌了鸡，有人就把里脊肉和几张莴苣叶叠在一起吃，有人则把半熏制的大马哈鱼夹在面包里就着蘑菇一起吃。

(33) 同时，俺已经吃厌了化肥培植的粮食与蔬菜，也喝厌了化肥、农药、除草剂的茶。

我们也发现1例，如：

(34) 或者吃厌了山沟里的糠糠菜菜，向往那里的鲜鱼大米吧。(孙犁《芸斋小说·葛覃》)

网上也有很多“喝厌了”带宾语的例子，如：

(34) 喝厌了柠檬喝玫瑰花茶。

(35) 消费心得：喝厌了豆奶粉……

(36) 今晚应该弃置破旧波鞋
穿起斗拧争展出美腿
一心贪美全场男士见面
今晚可不可答应我做恋人喝厌了清水今晚想做一类

(37) 同时，俺已经吃厌了化肥培植的粮食与蔬菜，也喝厌了化肥、农药、除草剂的茶。

(38) 在喝厌了流水线作业的咖啡厅制造出的淡而无味的咖啡后—你一次一次地在心里抗议，拜托，用纸杯装着的咖啡，那也是咖啡吗——你也在考虑购进一台属于自己的咖啡机，可是问题随之又出现了，是蒸馏咖啡机还是美式咖啡机?

（39）喝厌了雅培？换惠氏。

（40）和小月相依为命的爷爷当然最懂小月的心思，老人在小月耳边轻声劝说：“爷爷知道你喝厌了这些粥，等你病好了，爷爷一定给你买小笼包子。”

以上的补语也是指向施事。

（四）

《现代汉语词典》说“熟语”是：“固定的词组，只能整个应用，不能随意变动其中成分，并且往往不能按照一般的构词法来分析，如‘慢条斯理、无精打采、不尴不尬、乱七八糟、八九不离十’等。”

据我们理解，赵琪（2008）所说的“惯用法化”就是指熟语。《现代汉语词典》说“惯用”：“惯用使用；经常运用：～语丨～伎俩。”《现代汉语词典》说“惯用语”：“熟语的一种，常以口语色彩较浓的固定词组表达一个完整的意思，多用其比喻意义，如‘开夜车’‘扯后腿’‘卖关子’等。”

徐丹（2007：281）说：

语法化过程是指一个具有实义的词随着时间的推移，词义逐渐淡化或模糊而变得抽象了，由于其句法环境，该词变成了一个语法标记词，用传统的术语讲，就是由实词变成了虚词。词汇化是指某些成分重新排列组合进而凝固成一个词。这些成分可以来自同一词类，也可以跨词类（如“所以”“而立”“不堪”等），这些成分还可以来自某些短语（如“负重”“吃香”“开后门”等）。语法化也好，词汇化也好，都易于发生在使用和结合频率较高的成分身上。

胡孝斌（2008：19）也说，在汉语的研究中词汇化常常指由短语或句法结构凝固成词的演变过程。

但是，“喝醉了”“吃醉了”“吃饱了”“喝饱了”“吃腻了”“喝腻了”“吃厌了”“喝厌了”等，后面的宾语是多样化的，是可以类推的。不仅如此，在一定的语言环境中，动词也可以类推，如“吃”“喝”“灌”“嗑”“抽”“填”等；补语也可以类推，如“醉”“饱”“腻”“厌”等。所以，“吃饱了饭”和“喝醉了酒”就不能简单地说是熟语化了，或是词汇化了，也不能说是例外现象，“酒”和“饭”对“醉”和“饱”而言，不是默认值（default），对语境仍有一定的依赖性，“喝醉酒”与“吃饱饭”应该是句法结构，与语法规律还是直接发生关系的。

第七章　动补结构

第一节“姓+补语”

（一）

“姓”虽是动词，但是一个特殊的动词，特殊在哪里呢？吕叔湘（1999：31）曾说过“姓”等后面的“宾语不能省”。

电大《现代汉语讲义》编写组（1985：193）也说：“‘姓、叫、属于、成为、等于’等也是及物动词，这些及物动词一般不能省略宾语。”

刘月华等（2002：658）在说到带名词性宾语的动词时，举到“姓”“叫”“等于”“属于”“不如”等，并说：“此类动词后必须带宾语，否则句子不成立。”

张斌（2002：301）说：“但有些动词必须带宾语，称为粘宾动词。”例子中举有“姓王”。张斌（2010：100）在说到“关系动词”时说：“关系动词也是黏宾动词，必须带上宾语，宾语从语义上分析既不属于施事，也不属于广义的受事，可以算是中性宾语。”例子中有“姓”。

张宝林（2006：78）说到“连宾动词”，说它是“必须带宾语、宾语不能省略的动词”。例子中有“姓（王）”。

但语言现象中有“姓得（的）好”等说法，也就是说，“姓”后面未带宾语，带的却是补语，Google就有如下例子：

（1）我觉得，最好听的名字是岳不群。姓的好，名也好，虽然这个人糟蹋了这个名字。

（2）我还喜欢温青青，她刁钻蛮横，无理取闹，偶尔多愁善感，重要的是她有一个如此轻柔好缓的名字，姓的好，名字更让我印象深刻。

（3）冰镇“CEPA”6月29日干瘦精炼的温总理（总理姓得好啊，温者火也，总理都姓温了，那国家能不火吗……）在香港礼宾府与丰腴从容的董特首主持签署了“CEPA”（全称是《内地与香港关于建立更紧密经贸关系的安排》），温总理照例发表了一番真挚诚恳、激情昂扬的演讲。

（4）就算从母姓，还是和江字扯不上半点亲戚关系！（好里家在，我爹姓得好！）

（5）仕风听他名号，哈哈大笑道：“姓的好，名的更好！”

（6）十数年后段郎赞我：“水木清华，婉兮飞扬，姓得好，名字也好。”

（7）现在有人看到游客不断增加，给我说笑话：石万宝，犯了地名，姓得好，名字起得好，石山里有宝，万宝要发大财咧。

（8）我姓西门。他们都夸我姓得好。

（9）那祖千秋道：“姓得好，姓得好，这名字也好！”

（10）“……我姓冷。”姓得好！人如其姓。

（11）姓得好，世笑我，我笑世，我再观世而笑。

近代汉语也有这种说法，例如：

（12）〔旦〕与天家同姓，〔净〕也姓陈了，姓也姓的好！（明·王骥德《男王后》第1折）

（13）〔净素袍扮判上〕……咱家姓水，双名浣尘。转轮殿下，见我姓得一廉如水，又把尘垢浣去，十分清洁。……（明·祁麟佳《错转轮》第1出）

以上是戏曲。明清白话小说也有，例如：

（14）媒婆道：“……他的姓，姓得有些异样的，不好记，我

忘记了。”（明·凌濛初《二刻拍案惊奇》卷9）

（15）贼犯道：“这家姓甚么？”知县道：“姓赖。”贼犯道：“姓得好！好歹赖他家娘罢了。”（同上，卷13）

（16）王明道：“好便好，只是老公公的尊姓，姓得有些不秀气，不敢奉承。”（明·罗懋登《西洋记》第54回）

（17）洪公公道：“你怎么不肯？又是咱的姓，姓得有些不好么？”（同上）

（18）文芣道：“这姓姓的不好。……”（清·李汝珍《镜花缘》第96回）

（19）宝玉就恨道：“本来两个名字儿同得不好，两个姓又姓得古怪，亏了我们云妹妹，不然还了得！”（清·逍遥子《后红楼梦》第21回）

（20）蕙芳道：“姓得有些古怪，我想想着，好像姓瞿，穿着六品服饰，觉得议论风生，无人不敬爱他。”（清·陈森《品花宝鉴》第37回）

也有“姓+不得”说法，例如：

（21）王道士道：“不瞒二爷的话，大凡道士总姓不得王，姓了王，拿起妖来便有些咬手。”（清·归锄子《红楼梦补》第47回）

以上可见，现在网上的“姓”带补语还较单一，补语一般是“好”；近代汉语的补语就较多样。

（二）

也有“姓错”的说法，这“错”也是“姓”的补语，这种说法更多见，Google有如下例子：

（1）黄易也是位情场高手吧，黄易真没姓错

（2）这位老者着实是一个宣传的好手，这姓没有姓错，长篇大论起来丝毫没有收口的意思。

（3）而新派优质女生代表——TWINS之一的蔡卓妍表现就真

的太蔡了（果然没姓错）；……

（4）弄得姓蒋的师生惶惶惴惴，自惭形秽，只恨祖宗没传下好姓，连累自己姓错了。

（5）欣然说完转身想走，到了门口，又回头："你叫什么名字？郝君？一下错了两个，第一，姓错了，应该姓'坏'，第二，叫'君'，你连人都不是！"

（6）末了，吴飞泓大侠想的却是："……这姬凤鸣倒真没姓错，扮舞姬还真是像那么回事，将来能天天做本王的舞姬就实在是太舒服了！……"

（7）知道我姓什么吗？提示一下：每当我们讲成人笑话时，他们都说我这个姓没姓错。

（8）说起小马，人们都说他真没有姓错，小马呀，还真是一匹善良的马呢。

（9）胖的叫朱明，看他的样子，真的没姓错，一个有点瘦，戴着一个眼镜，文质彬彬的叫陈净。

（10）那个白老师其实没姓错，他确实很白痴，竟然说柳宗元是明朝的！

（11）我想清楚了，我的罪就只两条：一是我在天下被姓赵的弄得混乱不堪时，为了天下生灵不得已抛头露面了几天，但是我不姓赵，我姓错了，可这不由我决定。

（12）"我姓又姓错了？"

（13）他知道是找麻烦的来了，冷笑道："怎么，姓错了么？"

（14）"……太爷姓黄也姓错了？"

（15）他话声忽然中断，左冰紧问道："我姓左又怎么了！难道我还姓错了？"黑衣人阴阴道："没有姓错，但你那老子左白秋嘛，嘿嘿……"

报纸上也有这样的例子，如：

（16）傅老这才知道，自己用了38年的"付"姓错了。

古代白话小说也有，例如：

（17）戴春道："说是姓杨，莫非姓错了？"（清·俞万春《荡寇志》第97回）

上面的"姓错"可以说是省略了宾语，如下例中的"姓"后既带有补语，又能带有宾语：

（18）韦小宝肚里暗笑："原来这小娘是个小傻瓜，沐王府的人木头木脑，果然没姓错了这个姓。"

（19）这些作家姓错了姓吗？

还有"姓做个……"说法，例如：

（20）李生道："轻娥肯从俺去么？你纵不是仙才，亦非凡骨，姓做个秦宫毛女，梁家玉清，数年之间，到是你先会俺哩。"（清·佚名《章台柳》第5回）

"姓"本来无所谓好与坏，但有的"姓"因为语音的关系，听起来似乎不雅，如"苟"，如果是教师，在大街上被人"苟（狗）老师""苟（狗）老师"地叫，心里不好受。正因为如此，近来有不少姓苟的人，要集体改姓为"敬"，据说，"苟"姓是因为某种原因由"敬"姓改为"苟"姓的。还有我们宁波人中姓"石"的也难听，因为宁波话中"石"与"贼"同音，如果在大街上被人叫"石（贼）老师"也是难受的。还有如姓赖的某人，如果赖人家的钱，那这个姓却也名副其实。

第二节　"死＋趋向动词"与"姓起X来"

（一）

现代汉语的"死"一般说来是不能带趋向动词"起来"的。吕叔湘（1999；254）认为"死"后面不能加趋向动词"起来"和"下去"。孙德金（2005：46）也认为不能说"死起来"。但近代汉语却偶有"死起来"的说法，例如：

（1）马二先生道："你令岳是个活神仙，今年活了三百多岁，

怎么忽然又死起来?”(清·吴敬梓《儒林外史》第15回)

(2)宋大中摇着头道:“那里等他自死起来,也叫什么报仇呢?”(清·守朴翁《醒世奇言》第11回)

(3)戚夫人道:“三五日前,还在俺们家里吃酒,害什么病,就要死起来?”(清·烟霞逸士《巧联珠》第13回)

(4)谁知道我家叔老人家,偏偏的会死起来。(清·李绿园《歧路灯》第22回)

(5)只有周姨娘心里苦楚,想到:“……况他还有儿子的,我将来死起来还不知怎样呢?”(清·曹雪芹、高鹗《红楼梦》第112回)

(6)大奶奶不信道:“……春红方才好好的,怎就会死起来?”(清·夏敬渠《野叟曝言》第29回)

(7)天生、以神都吓得浑身发抖,喊道:“怎文爷都会死起来!……”(《野叟曝言》第112回)

(8)咬金道:“啊呀,好端端的,为何都要死起来?……?”(清·佚名《说唐前传》第31回)

(9)张媒婆道:“这又奇了,你又不认得他小姐面长面短,为何要死起来?”(清·风月主人《人中画》卷1)

(10)两人道:“……你如今是死过的还是活的?”云客道:“为什么死起来?好好的人,为何咒我是死的?”(清·苏庵主人《绣屏缘》第12回)

(11)大娘道:“官人啊,这些人多是金台叔叔的好朋友,为什么巴不能够他们死起来呢?”(清·佚名《金台全传》第49回)

(12)瑟公道:“死生都有定数,防备他怎的,要死起来,躲在家里也会死的。……”(清·陆士谔《十尾龟》第32回)

(13)家人心中暗笑,便说道:“老爷不要做官便罢,为什么要死起来?”(清·佚名《海公小红袍全传》第8回)

(14)这袭人听了,暗里只叫得苦:“……怎么而今他两个倒反回转来,我又偏偏的这么样走路,落在他两个的眼睛里,如今就

死起来也不及了，活着了又算什么人。”（清·逍遥子《后红楼梦》第6回）

（15）宋大中摇着头道：“那里等他自死起来，也叫什么报仇呢？”（清·关德栋辑校《聊斋志异话本集》第11回）

以上是清代小说，民国小说也有，例如：

（16）过了多年，大家性命虽得保全，而深恐怕日久之后，一个个都死起来，最后几个无人埋葬，因此颇以无子孙为虑。（钟毓龙《上古秘史》第32回）

趋向动词“起来”主要表动作趋向和趋势，此外，还有表动作的“开始”“兴起”或“继续”的动态的，还有表事物的“收敛”“隐藏”的趋势的。“死起来”中的“起来”属表“收敛”“隐藏”的进一步引申，即表示“结束”的意思。

清·鸳湖渔叟《说唐后传》第18回还有“屈死起来”的说法，例如：

（17）院君道：“……况金花实无此事，要他屈死起来？……”

清·夏敬渠《野叟曝言》第122回还有“刎死起来”的说法，例如：

（18）杨氏道：“那是他认错了主意，后被太师爷点醒，就自己要刎死起来。……”

《醒世奇言》和《何典》还有“死下来”的说法，“下来”也是趋向动词，例如：

（19）可怜死下来送终之费一时无措，亏得张管师在自己囊中拿出银子来替他们料理。（清·守朴翁《醒世奇言》第12回）

（20）臭花娘见他一日弗如一日，淹黄潦倒的只管想死下来——臭鬼又杳无音信，不见回家——心里好生着急，便立愿吃几年猫儿三官素，朝晨夜晚，求天拜地，替娘忏悔。（清·张南庄《何典》卷7）

北京大学语料库还有如下例子：

（21）这喜容或者取生前的小照临下来的，或者生前没有小照，便是才死下来的时候对着死者追摹下来的。（清·吴趼人《二十年目睹之怪现状》第79回）——另有“死下来追摹”“等他老子死下来”。

（22）若论他的资格，早可以放实缺了，无奈他老人家虽是官居提督，死下来却没有什么钱。（清·李伯元《官场现形记》第29回）

（23）死下来的时候，连刮痧的钱一个都没有，连煮倒头饭的米一颗都没有。（清·坑余生《续济公传》第157回）

以上是清代小说。民国小说也有一些，例如：

（24）佟佳氏听了这话，那魂灵儿早已嗡嗡地飞出了顶门，心想：如今一家老小流落他乡，莫说别的，只是丈夫死下来，那衣衾棺椁的钱，也没有地方去张罗。（许啸天《清代宫廷艳史》第68回）

（25）却说当初同治帝才死下来的时候，两宫太后召集王大臣商议立嗣的事体，孝哲皇后也在座。（《清代宫廷艳史》第79回）

（26）管侍御做官半生，死下来除了几部自著的诗文集外，也没有什么别的家计了。（陆士谔《清朝秘史》第79回）

（27）原来京城大栅栏桐花胡同，有一个不才子弟，姓胡名惠生，他的老子也曾做过一个小小京官，苦吃俭穿，死下来倒也积有上千银子。（《清朝秘史》第44回）

（28）然而他老子娘死下来，四只空手，两个光身。（《清朝秘史》第49回）

现代作品也发现1例，如：

（29）如按经的精义来说，盖所谓临命终时者，不是死下来的时候，而是“等到生死命根终断的时候”。

清代小说还有“死下去”的说法，如：

（30）子英叹道：“……我们死下去也羞见祖宗脸子呢。”（陆士谔《十尾龟》第35回）

北京大学语料库的翻译作品也有，例如：

(31) 康妮觉得所有伟大的字眼，对于她的同代人，好像都失掉了意义了：爱情、欢乐、幸福、父、母、丈夫……伟大字眼在今日都是半死了，而且一天一天地死下去了。

沈从文作品也有，例如：

(32) 不过因了作者们的现有地位的原故，这东西在现时的北京，常只好无声无闻的死下去了。(《北京之文艺刊物用作者》)

另有“萎死下去”的说法，例如：

(33) 他们俩的心灵深处，好像生着成千成万的小根蒂和小丝线，互相交结着而成了一个混乱的大团，直至再也不能多生了，而这个植物便渐渐萎死下去。

(34) 他以前和康妮过着那种艺术家的和自学者的孤寂的私生活，他是渐渐地萎死下去的，现在，他屏除了这一切，他让这一切睡眠去了。

也有“醉生梦死下去”的说法，例如：

(35) 苏格拉底原没有什么大罪过，只是逢人诘问，引起青年们对于现状的怀疑，使希腊人不再醉生梦死下去；所以控诉他的那三个人，梅利多斯（Meletus）等，说他“否认国家所承认的神们，另外倡道新神，使雅典青年腐败。”（曹聚仁《谈魏晋间文人生活》）

趋向动词“下来”，《现代汉语词典》义项③是：“用在动词后，表示动作的完成或结果。”引申开来，也是表“结束”义。趋向动词“下去”，《现代汉语词典》义项②是：“用在动词后，表示从现在继续到将来。”在这里，它也应该是引申义，表“结束”义。

（二）

“姓”虽是动词，但不是动作动词，而是命名（指称）动词（见李英哲等（1990：128））。一般说来，它不能像动作动词那样后面可带趋向动词。但也偶有例外，如：

（1）在她领导之下的一批妇女干部，为了不暴露姓氏，使敌人无法捉摸，大家都姓起李来了……

（2）肖炎同志当时肯定给我弄懵了，还满面笑容地“嗯、嗯”地连连点头，可心里一定在想：“我什么时候又姓起隋来了？”

（3）她父亲作画署名“铁扬”，她们姊妹就跟着一起姓起铁来。

（4）有的教授学富五车、满腹经纶，尊姓竟是农夫（Far-mer），而一字不识的农夫，却堂而皇之姓起聪明人（Wiseman）来。

以上是现当代作品。

百度也有如下例子：

（5）阿贵也姓起赵来了！

（6）旁人A：什么时候你阿Q也姓起赵来了？

（7）宣扬的结果，便是阿Q再次忘了头上的暴栗子，再次姓起赵来。

（8）跟着，吴妈，邹七嫂，小D，小尼姑都似乎都姓起赵来了，而名字也好像写入了赵氏宗谱中，辈分比秀才还高。

（9）没错，倘若连他这种贫贱如鼠蚁的劳苦百姓也头脑发热没有自知之明去随便姓起赵来，那岂不是对未庄姓赵的上层人士们的一种侮辱么？

（10）“瘦李”是珠河的乡亲们对赵一曼亲切的称呼。在这里，不论是姑娘、媳妇和大娘都喜欢她，叫她“瘦李”“李姐”。妇女们为了掩护赵一曼也纷纷姓起李来，“大李”“小李”“老李”“黑李”“胖李”“小辫子李”……

（11）赵宠问：“夫人姓刘，怎么令尊姓起李来了？”

（12）这顶官帽的主人是李金财，虽都是姓李，也都是金字辈，但李金财却是小李庄唯一的外族人，他的祖父逃荒在此落了户，就姓起李来。

（13）不胜唏嘘，“你……怎么姓起李来，你们一直住在哪里？

怎么……”

(14) 妇女们对她非常关心，为了保护她的安全，不暴露她的名字，妇女们听说她姓李，一些本不姓李的也都跟着姓起李来。她们用老李、大李、小李、黑李、白李、胖李、瘦李等名字来掩护她，使坏人、特务难以分清哪个才是真的赵一曼。

(15) 宠：(白) 慢来，想夫人姓刘，怎么令尊倒姓起李来了哇?

(16) 爹爹名字叫李奇 (且慢，夫人姓刘，怎么又姓起李来了)。

我本姓李呀，那姓刘的乃是我的义父……

(17) 赵宠：哎，慢来，想夫人你是姓刘，怎么令尊姓起李来了阿。

(18) 许多现代的世界知名大学者，研究了道学之后，把老子佩服到极点，有的甚而自己改名换姓，跟着老子姓起李来，如英国 Joseph Needeham – 改 NeedIehan 为李，叫“李约瑟”。

(19) 于是乎，在众人的虎唬兼诱劝下，这个放羊娃便姓起李来。

(20) 华云虎愠恼地：“……李姗姗，不对，怎么姓起李来了?应该叫华姗姗，在这里，你把她带回去吧!”

(21) 因为当时唐朝强盛，国力兴旺，姓李的人就多了起来，许多少数民族也接受皇帝赏赐，姓起李来，慢慢地李姓成了大姓，其实真正的李隆基的传人不会太多的。

(22) 而道教首领似乎也多姓起张来了。

(23) 俺薛门的儿子，怎么姓起张来了?

(24) (想介) 他本姓岳、怎么姓起张来了。

(25) 单说李天明要去见的那主儿芳名叫个倩云，因不知父亲是谁，便从了养父姓起王来。

(26) 我说文中的二程里怎么又姓起陈来了哩!

(27) 怡真是太好笑了，我在看日记时还在纳闷怎么姓起陈来了，不是姓熊的吗?

学术论文也有例子，如：

（28）如“姓”，在某种特定的语境中，我们可以说“他姓起王来”，而不能说“他渐渐姓起王来”。

虽然我们只搜集了“赵”“李”“张”“王”和“陈”5个姓，就有这么多的用法，如果搜集“百家姓”，那可能会发现更多例子，虽然个别姓的例子并不多，但如果就姓的总数来看，那数量也是惊人的，因为中国人的姓有几千个。

古代白话小说也有例子，如：

（29）梅公子惊问道：“……为何姓起木来?”（清·雀市道人编次《醒风流》第9回）

戏曲也有，例子要多一些，例如：

（30）霍生道：“他是贾老爷女儿，怎么平白姓起郦来?”（清·阮大铖《燕子笺》第14回）

（31）［末］明明是卜乔那贼，他为何姓起沈来?（清·李玉《占花魁》第18出）

（32）既然是他，为甚么不说本姓，忽然姓起张来?（清·李渔《蜃中楼》第23出）

（33）（小生）他是王书吏，怎么又姓起胡来?（清·唐英《面缸笑》第4出）

“姓起李来”“姓起木来”等中的“起来”，可作表“开始”讲。

“姓起X来”的说法，时间跨度大，清代以来，可能在现代和当代的一些阶段中“潜”过一段时间，但在改革开放后，可以说渐渐多了起来，可以说是到了显性阶段了。“姓起X来”比较特殊，揭示它还是有一定的意义的。

第三节 “V快了”

（一）

贝罗贝、徐丹（2009：5—6）说：

在汉语的某些方言中，副词可以后置于动词，如广东话的先、住（现在）、过（再）、添（也，又）、埋（又，也，再）、晒（都）、汰（太）。如：

我去先 Ngoh heui sin（我先去）

咪郁住 Maih yuk jyuh（别现在动）

篇文章写好晒啦 Pinmahnjeung se hou saai la（这篇文章都写好了）

汉语在历史上从未有过后置的副词。在上古汉语，中古汉语及现代汉语里，副词总是出现在动词的前面。所以我们不能假设是“内部演变”造成的现象。要解释这一现象，唯一可能的假设是“外借”。

冯力（2007：249—250）说：

《山歌》里已出现表迅速义的“快”字，但无一例是处于谓语位置上的。迅速义的“快”只用作动词前的状语或名词前的定语。如：“被窝中快快钻。”“第一等快舩到弗是摇（第一等快船倒不用摇）”。一直到清朝吴语小说《海上花列传》和《九尾狐》里才出现了不少动词后表示“近将来体”的助词“快”（例（13）—（15）），而且还有一些“即将”义的“快”仍用作谓语动词（例（16）—（18））。

例如：

（1）双珠道：“就要来快哉！”（清·韩邦庆《海上花列传》）

（2）娘姨道：“勿是，要去快哉。”（《海上花列传》）

（3）闹得来头脑子要涨煞快。（《海上花列传》）

“快”字的这种后置用法，并非清末才有，崔山佳（2004：150—154）曾说到过“快”的状语后置现象，现在，我们又发现更多的例子，且明代小说已有，如：

（4）直寻到一间房里，单单一个老尼在床将死快了。（明·冯梦龙《醒世恒言》卷15）

（5）吏房也有管过的，也有役满快的，已不在数内。（同上）

(6) 只这一句话，吓得子春面如土色，懊悔不及，恰像折翅的老鹤，两只手不觉直掉了下去，想道："三万银子到手快了，怎么恁样没福，到熟睡了去，弄到这时候！……"(《醒世恒言》卷37)

"三言"的作者也是冯梦龙，与《山歌》是同一作者，这说明，表"迅速义"的"快"和表"近将来体"的助词"快"似乎是同时出现。

(7) 这里金员外晓得外甥归来快了，定了成婚吉日，先到冯家下那袍段钗环请期的大礼。(明·凌濛初《二刻拍案惊奇》卷9)

(8) 门上人道："……他只这个时节出来快了。"(《二刻拍案惊奇》卷24)

(9) 崔尚书位至宫保，家至十余万，也是富贵结局快了。(《魏忠贤小说斥奸书》第29回)

《魏忠贤小说斥奸书》的作者是陆云龙，是浙江杭州人，它也是吴方言作品。

(10) 吕达为他不去生意，赔吃赔用，见他直烂到根边，吕达道："李大哥，如今我与你在这边，本钱都弄没快了，这也不打紧，还可再挣。……"(《型世言》第37回)

《型世言》作者是陆人龙，也是杭州人。

上面的作者都是吴语区人。

(11) 只见起下课来，袁天罡道："该你行雨快了。……"(《西洋记》第21回)

上例作者为罗懋登，据清·黄文旸《曲海总目提要》认为他为陕西人。据陆树仑、竺少华在该小说的"前言"中说，小说中多吴语，所以，即使他确系陕西人，也一度流寓于江南一带，我们认为是有可能的。

明代戏曲也有"快"的这种后置用法，例如：

(12) [净] 兄弟，我如今修行，七七八八，上天快了，到叫我去做贼，败坏我的佛性。我不去，我不去。(《千金记》第23出)

（13）［小旦］我母亲回来快了，你自去罢。（《水浒记》第3出）

（14）［众］黄昏快了。（《白兔记》第30出）

（15）［丑］好，整日看经念佛，七八上天快也。（《杀狗记》第20出）

《千金记》的作者沈采为明朝江苏嘉定人。《水浒记》的作者许自昌为明朝江苏吴县人。《白兔记》和《杀狗记》都是南戏，作者应该也是江浙一带人。也就是说，上面4部戏曲的作者也是吴语区人。

从上面的例子可以清楚地看出，在明代，表“近将来体”的助词“快”已经比较常见，是比较成熟的用法。所以，说这个“快”“是从处于中心谓语位置的第二个谓词虚化而来的体助词”（冯力（2007：249））是不符合语言发展的一般规律的，因为语言是渐变的，更何况是语法，是“实词虚化”。冯力（2007：249）说，梅祖麟（1984）更是把“迅速”义的“快”的出现作为判断元曲宾白写作年代的标准之一，认为普遍地单用“快”字来表示迅速义是明初以后的事。但在明末，“V快”已经是并非罕见的语言现象了。

清代白话小说也有，例如：

（16）杨道仙道：“……我们国公侯伯，到手快了，他若翩然去了，我们的事，都弄不成。……”（《醉醒石》第12回）

《醉醒石》的作者是“东鲁古狂生”，据秋谷先生在该书的“前言”中说：“根据这一点，可以推断‘东鲁’者，只是‘古狂生’的祖籍罢了，作者实际居住和活动的地域，似乎不会超出江浙一带。”这样看来，《醉醒石》应该属于吴方言作品。作者是由明入清之人，说不定此作品也是明末的。

由明入清的还有李渔，他的白话小说《觉世名言十二楼》也有这种用法，例如：

（17）锦云道：“……《合影编》的诗稿已做了一部传奇，目下就要团圆快了！……”（第3回）

李渔的另一白话小说《连城璧》也有“快”的这种用法，例如：

(18) 穆子大道：“如今春闱已近，会试的同袍，都要起身快了。……”(《午集》)

李渔的另一白话小说《无声戏》也有“快”的这种用法，例如：

(19)(杨氏)一日对他道：“我是死快的人，不想在他家过日子了，你如今一朵鲜花才开，不可不使丈夫得意。……”(第10回)

李渔的戏剧《凰求凤》也有，例如：

(20) 闲话少说，里面的法鼓传过三通，想是要升殿快了，咱和你分班伺候。(第10出)

李渔是浙江兰溪人，其作品也属于吴方言。

(21) 大奶奶连忙喊住道：“……外面祭席可也完备快了，你先出去，我也撩上些气，就起来了。”(清·夏敬渠《野叟曝言》第28回)

夏敬渠为江苏江阴人，也是吴语区人。作者的生卒年为1705～1787年。

(22) 到家快了，他应穿的衣裳早些打点出来，省的临期忙。(《红楼梦影》第3回)

作者为云槎外史，有人推断，云槎外史即西湖散人，序文和正文出于一人之手。近年赵伯陶撰文指出，云槎外史乃是清季著名女词人太清；撰序者乃是作者闺中之友，清季才女沈善宝，太清虽为满洲人，但沈善宝浙江钱塘人。这就与吴语有关了。

(23) 晓得自己老死快了，恐怕活死人将来没个结果，只得央六事鬼寄信教形容鬼来。(《何典》第5回)

作者是清·乾嘉时期上海人张南庄，也是吴方言作品。成书于清嘉庆年间。而《海上花列传》的作者韩庆邦生卒年为1856～1894年。《何典》的成书时间也早于《海上花列传》。至于《九尾狐》更迟，成书于清宣统二年（1910），是20世纪的事了。

与《海上花列传》和《九尾狐》差不多时间的《文明小史》《负曝闲谈》《海天鸿雪记》《十尾龟》《泪珠缘》等白话小说也有“快”的这种用法，例如：

（24）看看吃尽当光，要沿门求乞快了。（清·李伯元《文明小史》第58回）

（25）倪听仔急煞快，寻仔俚好几埭，寻俚勿着。（清·蘧园《负曝闲谈》第18回）

（26）问伯飏道：“阿曾吃饭勒？”伯飏道：“吃仔要饿快哉。”（清·二春居士《海天鸿雪记》第4回）

（27）二百八十铜钱一日，倪主仆两家头住仔有两个月快哉，阿要该点介？（《海天鸿雪记》第8回）

（28）拉长调子，唱了一会。临时走快，又两三嘱咐。（清·陆士谔《十尾龟》第13回）

（29）雪印轩道：“你自己还要做主人呢，可以辞谢之处就谢掉点子，东应酬，西应酬，应酬转来，天也要亮快了。”（《十尾龟》第32回）

（30）咸贵道：“贾箴金怕要来快了。”（《十尾龟》第38回）

《十尾龟》作者陆士谔是上海青浦人，作品又是叙述旧上海十里洋场的生活，也是吴方言作品。

（31）刚要问他，见那老叟笑道：“你敢是又在那里哭，好！好！也哭出山快了。”（《泪珠缘》第50回）

天虚我生是浙江省杭州市人，也是吴方言区域的人。

（32）睡到傍晚，堂倌小阿四来招呼，说是要吃晚饭快哉！（《市声》第24回）

作者姬文因生平事迹失考，但《市声》描写上海商界生活，从语言来看，如除上面所说的“V快”外，还有具有吴语特色的后缀“头”的用法：“数量+头”。所以，也是吴方言作品。

清代戏曲的例子除上举李渔的例（20）外，李玉的戏曲更多，例如：

(33)［净］瞻老，你催这些货起来，咱要起身快了。(《占花魁》第 11 出)

(34)［末］只怕官府到快，我和你先要侍候。(《清忠谱》第 4 折)

(35) 都御史杨爷，打了一百铁扛子，死快了，让俺收监去！(《清忠谱》第 15 折)

(36) 府尊、县尊已赍诏到门快了。(《清忠谱》第 25 折)

(37)［净］这是都御史杨大洪老爷，打了一百铁扛子，死快了，驼去收监的。(《清忠谱》(吴梅钞本) 第 19 出)

(38)［净］这是魏大中老爷，一次铁脑箍，一百铁扛子，死快了，伙计，帮我放下来，方才活的，如今死了，待我叫个人来抬去。(《清忠谱》(吴梅钞本) 第 19 出)

李玉是明末清初戏曲作家，吴县（今属江苏）人。

《缀白裘》也有，例如：

(39) 㕶阿晓得王楫死快哉？㕶该搭王娘子做亲哉。(第 2 集第 1 卷)

弹词也有，例如：

(40) 大爷，请再少坐，家父只在此刻来快的了。(清·佚名《描金凤》第 4 回)

(41) 先生，吾里爷是肚、肚皮大个，住立朵，天光夜快哉。(清·佚名《三笑》第 14 回)

石汝杰、宫田一郎 (2005) 把《描金凤》和《三笑》都当作吴语文献资料书目。

冯力 (2007：250) 说：

在较早时期的用法中，动词前还保留“要”或者“就要”这样的将来体标记，与动词后的“快”相响应。可能是因为体助词“快”刚出现时用法尚不稳定，仍需“要”“就要”予以协助。到了 19 世纪西方传教士的上海话记录中对这种句式的记载往往不再加“要”“就要”了：

（20）到睏快前后门要关关好。（到快睡觉的时候门要关好。）（Macgowan，1862）

（21）三刻到快者，小菜齐好拉末？好快者。（快到三刻钟了，茶都好了没有？快好了。）（Morrison，1883）

但上面的例子和下面的例子可以清楚地看出，除例（4）用“将”协助外，其余明末和清初的众多例子，都不需要“要”“就要”的协助，并非要到19世纪西方传教士的上海话记录中才如此。

作者为吴语区外的也有，例如：

（42）岑金知道是分娩快了，连忙起身，先去家庙中点了香烛，一面叫家人岑孝，快去唤那阴娘娘来收生。（清·五色石主人《八洞天》卷4）

“五色石主人”即徐述夔，生活在清·康熙年间，为江苏东台人（一作泰州人），方言属江淮方言，也是北方方言。但江淮方言与吴方言相邻，且很有可能在徐述夔那时就属吴语。

（43）又提到姑娘满服快了，得给他张罗衣饰。（《儿女英雄传》第24回）

作者文康，小说语言一般被认为是用典型的北方话，这说明北方方言确实也有这种句式。《儿女英雄传》又名《侠女奇缘》，北京大学语料库有如下例子：

（44）原来少大爷不上乌里雅苏台了，改放我们山东学台，即刻就要到快了；家眷是从水路走运河到德州上岸，我要差人去接他们来住几日。（《侠女奇缘》第41回）

但上例没有在《儿女英雄传》中找到。

（45）继之哼了一声道：“功名也要丢快了，他还要来晾他的红顶子！……”（《二十年目睹之怪现状》第7回）

（46）他暗想这个木钟撞哑了，然而句容的缺也要出快了，这个人总是要轮到的，不如且把些说话搪塞过去再说。（同上，第46回）

（47）云岫道："这么一把年纪，死期也要到快了，才闹出个朝不谋夕的景况来。……"（同上，第65回）

（48）又听得老妈子们来说："……问了小和尚的话，却拿一个大和尚打起来，此刻打的要死快了！"（同上，第96回）

《二十年目睹之怪现状》作者是吴沃尧，为广东南海人，是粤方言区人。

上面例子中，"快"大多与"了"连用。例（1）、例（2）、例（39）、例（41）中的"快"后面跟了"哉"，例（15）"快"后面跟了"也"，这少见。也有后面没有语气词的，如例（3）、例（5）、例（28）、例（34）、例（40）。"V快"基本上作谓语，但例（19）中的"死快"作定语，这也少见。

上面例子中，"快"绝大多数是用于动词之后，也有用于形容词之后，如例（5）、例（21）。也有用于动宾之后，如例（11）、例（22）、例（27）、例（28）、例（36）。也有用于动补之后，如例（3）、例（10）、例（25）。也有用于名词之后，如例（14）的"黄昏"。与后面的现代汉语方言相比，类型都有了。从中也可见这种用法的成熟性。

以上是近代汉语的例子。在现代的方言中，也是以吴方言为主。例如张惠英（1998）认为，上海崇明方言的副词"快"，表示行为动作即将完成，它经常后置，并且一般都要带着助词"嗨"。例如：

1. 置于动词之后：水开快嗨（=水快开了）｜夷到快嗨（=他快到了）｜我跑快嗨（=我准备快走了）。

2. 置于形容词之后：天冷快嗨（=天快冷了）｜饭熟快嗨（=饭快熟了）｜天黑快嗨（=天快黑了）。

3. 置于动宾之后：日头落山快嗨（=太阳快下山了）｜我里吃饭快嗨（=我们快吃饭了）｜夷是生小囡快嗨（=她是快生小孩了）。

4. 置于动补之后：衣裳净好快嗨（衣服快洗完了）｜夜饭烧

熟快嵴（=晚饭快煮熟了）｜拿夷冻杀快嵴（=把他快冻死了）。

朱彰年等（1996：513）的附录《宁波话简述》讲到这样一种句式：

8.“快上课了”这样的句式，宁波话说成“上课快了”。如：

其要走快了（他快要走了）。

电影放完快了（电影快放完了）。

黄伯荣（1996：795）的“吴语的状语后置”里有如下例子：

上海话：天亮快嘞。（天快亮了。）

在“上海话状语后置”里讲得更是详细：

副词“快”的用法，上海话和普通话常常不同，上海话“快”常常用在动词、形容词或数量词组的后面，而普通话总是用在动词、形容词或数量词组的前面。例如：

①国庆节到快啦。（国庆节快到了。）

②过年快啦。（快过年了。）

③毛病好快啦。（病快好了。）

④半夜快啦。（快半夜了。）

上海话“快”还可以用在补语的后面，如：“气煞快拉”，“热昏快拉”，“烧焦快拉”。

苏州话也这么说，叶蜚声、徐通锵（2008：185）举有如下例子：

又弗是黄梅天，现在是年夜快呀！

汪平（1984：131）举有如下例子：

（49）好快哉。（快好了/快完了。）

（50）三年快哉。（快三年了。）

“好快哉”的“快”放在形容词之后，“三年快哉”的“快”放在数量词之后。张家茂（1985）例子更多。

王洪钟（2011）也说到江苏海门话也有，例如：

（51）新娘子来快特。

（52）桃子熟快特。

(53) 老张六十岁快特。

(54) 盐水挂通快特。

(55) 放夜学快特。

上面例子中，“快”前有动词“来”、形容词“熟”、数量结构“六十岁”、动补结构“挂通$_{完}$”、动宾结构“放夜学”。

钱乃荣（1992）经过广泛调查，发现22个吴语点能使用“V快哉”，它们是：

V快（10个点）：宜兴 苏州 常熟 霜草墩 周浦 松江 双林 绍兴 余姚 宁波

V快+快V（7个点）：金坛 无锡 昆山 罗店 黎里 嘉兴 杭州

V快+要/就要/马上V（4个点）：靖江 上海 盛泽 诸暨

V快+快要V（1个点）：溧阳

与近代汉语一样，除吴方言外，别的方言也有这种用法，如河北满城方言也有这种“V快了”的说法：

(1) 车来快了。(车快来了。)

(2) 病好快了。(病快好了。)(黄伯荣（1996：793))

苏晓青、吕永卫（1996）说徐州话也有这种用法，如：

钱都花完了快（=钱都快花完了）

上例与一般不同的是“快”在“了”后。

石汝杰（1995：184）说：

吴语常见的一些语法形式，如“V快了（到快了）”“AA里（白白里）”“数+量+头（一斤头）”“相”作形容词后缀（“不好看相”）等，外地人是很难接受的，当然不可能在自己的作品中使用。由此我们能推断，如果作品里有此类特征，作者当是吴语地区的人，其作品也就能进入我们的资料范围了。

由上可见，“V快了（到快了）”虽然主要是运用于吴语，但并非全部运用于吴语，别的方言也偶尔在运用。所以，冯力（2007）单是以靖江话为例来说明，似乎论据不够全面，论证不够有力。

同时，王洪钟（2011：58）说：

由此看来，海门方言的“V快”与“快煞V”并用具有两大特点：一是句法层面呈现向普通话靠拢的趋势，即谓词的即将义修饰成分由通常的后置变为也可以前置；二是词汇层面依然固守吴语本色，即“快”并未直接前置，前置的即将义副词“快煞”是由“快”与“煞”构成的具有吴语特色的正偏式合成词。在吴语的“V快”和普通话的“快V”两种语序之间，海门方言的“快煞V”相对更近于“V快”一极，而“快要V”相对更近于“快V”一极。

王洪钟（2011：58）还列出了“V快”向“快V”过渡的序列形式：

V快→V快+要V→V快+快煞V→V快+快要V→V快+快V→快V

如果这是真实的话，那么，也就否定冯力（2007）所说的“V快”中的“快”“是从处于中心谓语位置的第二个谓词虚化而来的体助词”的观点。

冯力（2007：250）说江苏靖江话有“VP快了勾”的说法，“勾”应为“个哦”的合音，“VP快了勾”里的“快了”应仍是谓语结构。我们以为，靖江话的“VP快了勾”与别的方言点的“V快”一样，只是在“了”后面多了个“勾”。因为各地的语气词不同，一般写作“了”，苏州话更多的是“哉”，崇明话用“哶”、海门话用“特”，例（15）用“也”。也有的没用语气词，再说靖江话是因移民大量迁入和周边强势方言的影响而形成的特殊现象，所以，靖江话在“V快了”后面再加一个语气词“勾”也是有可能的。因此，我们以为，“‘VP快了勾’里的‘快了’”应仍是谓语结构的说法是不对的，“快”也应该是补语才是，“到上海快了勾”应该是苏州话的“到上海快哉”，也就是普通话所说的“快到上海了”。冯力（2007：251）说：

能用在“快了勾”前的谓词短语的范畴非常有限，一般是固定的带有时间性的短语，如“到苏州快了勾；过年快了勾；下班快了勾；退休快了勾”。或者是体词性谓语，也具有时间性，如：“伊八十岁快了勾；八月份快了勾”。大部分近将来体的句式还是用动词前的“要”“就要”来表示。

我们以为，上面所举的例子没有跳出“V快了”的范围，这些例子如果去掉“勾”就是我们上面所说的“V快了”，所以，加上一个语气词“勾”就使“V快”由补语变成了谓语结构，这个“勾”大概没有这么大的能量吧。

（二）

冯力（2007：249）说：

清代的白话小说中，“快了”用作谓语动词，表示“很快就要（到了），就要（发生了）”（例（8）），还有“快”用作动词前的副词，表示“就要、即将”（例（9）—（10））：

（6）这离三月也快了。（《儿女英雄传》）

（7）又提到姑娘满服快了，得给她张罗衣饰。（《儿女英雄传》）

（8）说这可就离得梅楞章京快了。（《儿女英雄传》）

（9）这天也快亮了。（《儿女英雄传》）

（10）疮口，居然就快长平啦。（《小额》）

我们以为上面的表述可能有误。说例（8）中的“快了”用作谓语动词，表示“很快就要（到了），就要（发生了）”，例（9）与例（10）中的“快”用作动词前的副词，表示“就要、即将”，那么例（6）与例（7）中的“快”表示什么呢？据文意，例（6）和例（7）中的“快了”同例（8）中的“快了”也是用作谓语动词，表示“很快就要（到了），就要（发生了）”。但我们以为，例（7）中的“快了”与例（6）、例（8）不同，“满服”是动词性的，作谓语，“快”应该是“状语后置”现象。

所以，我们以为上面几例中，例（6）、例（8）是一类，“快了”作谓语，例（9）、例（10）是一类，“快”作状语，分别修饰“亮”和“长平”，例（7）单独是一类，“快”作补语。

冯力（2007：252）说：“助词‘V快’和‘V歇’在语法化之前，都是处于句末的中心谓语成分，自然是句子的信息焦点。不仅‘快了’被发成重音，而且常常前移至句首加以强调，如‘快了，快了，马上就登舆了’（《二十年目睹之怪现状》）。”冯力（2007：249）所举的“快了”中的“快”“是从处于中心谓语位置的第二个谓词”的例子是《儿女英雄传》，还是我们所举明代的“V快了”例子来得早，我们试问，哪有出现在前的是从出现在后的“虚化”而来的语言现象？

（三）

冯力（2007：249）说：

本文试图论证这个谓词后的“快”并非如游汝杰等所说的，是因受古越语底层状语后置的语序影响而被后置的副词，而是从处于中心谓语位置的第二个谓词虚化而来的体助词。

我们以为，冯力的说法值得商榷。

太田辰夫（1991：247）有《〈儿女英雄传〉的副词》一节，其中就说到了“快”字：

[快]　作为状语使用的‘快’，早期是“迅速…”的意思，还没有“一会儿”“很快就…”的意思。像后者那样表示很近的未来用法，《红楼梦》极少见，本书则时时可见。

快三更了，该睡了。(红楼梦八十回校本世纪9.195页)

姑爷留神，快到了。(儿11.14)

这天也快亮了。(儿11.20)

清·文康《儿女英雄传》也有几例，如：

(1) 白脸儿狼气喘吁吁的说：“不值甚么，咱们再绕上岗上去，一下岗子就快到了。”(第5回)

(2) 一路走着，只听那推车的道：“好了，快到了。”(第14

回）

（3）不一时，晋升进来回说："何老太太的灵已快到了码头了。"（第22回）

（4）老爷吩咐道："天也快亮了，你们把那正房的门开开，再打扫一遍。"（第24回）

（5）安老爷道："既如此，叫人看着些，快到了先进来回我一句。"（第24回）

（6）迟了一刻，便见随缘儿先赶回来，回说："老爷快到了。"（第40回）

我们在清·孔尚任的戏剧《小忽雷》中也发现"快V了"的说法，如：

（7）［顾贴介］朕著你去宣他，如何把他锁扭，快放了。（第39出）

《儿女英雄传》中"V快了"的说法和"快V了"的说法数量比例为1比8。唯一不同的是，"V快了"中的"V"是双音节的动词，而"快V了"中的"V"是单音节的动词。如果说"V快"中的"快""是从处于中心谓语位置的第二个谓词虚化而来的体助词"，那么，"快V"的"快"作如何解释呢？

我们怀疑"V快"等的用法"是从处于中心谓语位置的第二个谓词虚化而来的体助词"。我们知道古代汉语不少处于谓语后面的补语位置的成分，在后来渐渐前置于谓语前，充当状语了。我们支持"V快""是因受古越语底层状语后置的语序影响而被后置的副词"。

还有两例用的是"快了"，看不出到底是"V快了"，还是"快V了"，如：

（8）大家歇了没多时，早见随缘儿跑在头里来，说道："快了！"（《儿女英雄传》第23回）

（9）公子走不多时，只听那边二次响房，舅太太道："快了。"（第27回）

这两例中的"快了"，我们既可理解为"V快了"，也可理解为"快V了"。

明·吴承恩《西游记》也有"快了"的说法，例如：

(10) 扯着行者道："哥哥！你问这婆婆，看那里有手轻的稳婆，预先寻下几个，这半会一阵阵的动荡得紧，想是摧阵疼。快了，快了！"(第53回)

张振兴(2003：115)说：

汉语里作为动词、形容词修饰成分的状语，一般放在中心语的前面。但是很多方言的一些修饰成分却是后置的。

在这方面，广州方言很突出。据黄家教、詹伯慧(1983)，白宛如(1998)，郑定欧(1997)，广州话至少有六个很常用的修饰性成分是经常后置或总是后置的；……

这6个修饰性成分是：晒、先、自、多、少、翻。其中"先"的例子如下：

你行先喇！(=你先走吧！)

椤来顶下档先。(=拿来凑合着用再说。)

等一阵先食。(=先等一会儿再吃。)

你哋坐住先，我马上就返来。(=你先坐一会儿，我马上就回来。)

刘村汉(1995)描写的广西柳州话的情况与广州话十分相似，表示动作次序的"先""后"也后置于动词的后面："你走先，他走后｜小王排先，老王排后｜各个要守先，哪个守后呢？"

鲍厚星等(1998)描写了湖南长沙方言动词修饰成分后置的现象，表示动作先后顺序的修饰性成分，经常置于动词中心语后面，跟广州话也非常相似。例如：

你走头，我走后。(=你先走，我后走。)

我看头，你看二，他看末。(=我第一个看，你第二个看，他最后看。)

颜清徽、刘丽华(1998)描写的湖南娄底话几乎跟长沙话完全一样，娄底话也说“你行头，我行背｜你讲头，我讲二，他讲背”。

据曹志耘（1996）描写，相当于北京话表示程度的“很”，金华方言说做“猛”，经常后置于动词和形容词的后面，例如：

生活做得吃力猛吃力猛。（＝这个活儿做得非常吃力。）

个样东西我喜欢猛喜欢猛。（＝这一样东西我非常非常喜欢。）

打扮得好望猛。（＝打扮得很好看。）

格碗菜鲜猛个。（这碗菜很新鲜。）

这种“猛”的用法在浙江吴语还有不少地方在用，崔山佳（2006a：44）说到宁波奉化就有：“这人坏猛”“下饭好猛”。台州仙居话更多见，如：“好猛、坏猛、冷猛、热猛、高猛、矮猛、瘦猛、壮猛、好吃猛、好看猛”。朱彰年等（1996）收这种用法的“猛”，是副词：“用在形容词后面表示程度深，有‘得很’的意思：快～｜笨～｜大～｜人多～｜下饭好～。”汤珍珠等（1997）也收“猛”，义项有二，其二是：“形容词后缀，相当于普通话‘…得很’：路远～｜小鬼加气$_{\text{让人生气}}$～……”嵊州话可能更常用，更普遍，钱曾怡（1999）说，“猛”可以放在单音形容词后面，也可放在双音节形容词后面，还可以放在词组后面。

温州话却是用“显”字来表示北京话的“很”。温端政（1957）认为浙南闽语表示形容词的程度有在形容词后面加“显”的情况，例如：

大显、高显、老显、好看显、听讲显$_{\text{听话得很}}$

颜逸敏（2000：142—143）说到语序时，第 1 点讲到副词“先、添、罢”通常用在谓语中心词之后，例如：

你走先，我就来$_{\text{你先走，我就来}}$

车未来，茶喝碗先$_{\text{车子还没来}}$，先喝一杯茶

菜等下切，洗洗光生先$_{\text{菜等会儿切，先把它洗干净}}$

打个电话问问先$_{\text{先打个电话问问}}$

以上是“先”。

饭多险，吃碗添饭$_{\text{多得很，再吃一碗}}$

该日星期日，睏下添今天星期天，再睡一会儿

米八罢，高来添就难背吧已经一米八了，再高就难看了

工资低罢，大手大脚添，肯定弗够用工资已经很低，再大手大脚，肯定不够用

以上是“添”。

衣裳晒燥罢，被单还未燥衣服已经干了，被单还没干

饭煮熟罢，就吃饭已经熟了，就吃

上海去过罢，北京未去上海已经去过了，北京还没去过

昨日报纸哈你还罢昨天的报纸已经还给你了

以上是“罢”。

黄伯荣（1996：793—800）在“拾壹　语序”中专门列有“状语语序”，其中绝大多数是“状语后置”，如：

11.2.1　河北话的状语后置

11.2.2　内蒙古呼和浩特状语后置

11.2.4　青海话的状语后置

11.2.5　陕西扶风话的状语后置

11.2.6　新疆乌鲁木齐回族汉话的状语后置

11.2.7　吴语的状语后置

11.2.8　上海话状语后置

11.2.9　宁波话的状语后置

11.2.10　湖南长沙话的状语后置

11.2.11　湖南衡阳话的状语后置

11.2.13　广东梅县客家话的状语后置

11.2.14　湖南酃县客家话状语后置

11.2.15　湖南汝城话的状语后置

11.2.16　广东潮州话形容词的后置状语

11.2.17　广东海康话的状语后置

11.2.19　广东广州话的状语后置

11.2.20　广东信宜话的状语后置

11.2.21　广西话的状语后置

黄伯荣（1996：798）在说到“11. 2. 18 广东汕头话的状语语序”时说：

1. 动词谓语的状语。动词谓语状语的位置在汕头方言中较为灵活，既可置于动词之前，也可置于动词之后。例如：

①你先行。——你行头先。（你先走。）

②猛行！——行猛！（快走！）

以上可见，汉语方言中的状语后置现象是丰富多彩的，面是比较广的。

不仅如此，有些少数民族语言中也有这种语言现象。张振兴（2003：121）说：

我们知道，南部汉语，特别是闽语、粤语、吴语、平话等方言在形成和发展的过程中，与我国南部地区的少数民族语言在漫长的时间里有着千丝万缕的关系。

据李方桂（1953）描写，武鸣壮语土语里有三种语序现象值得注意，其中第三点是：“有些限制谓语的词，要放在谓语的后面。”例如：

等我放东西先（=等我先放东西）

使你去前面（=让你在前面走）

这来呢就给他取先（=这回就让他先拿）

岳父他拿只马回来呢也没有出屎银任何次（=任何一次也没有位出银子来）

范中树（1994）专门讨论黎语语法，其中有“状语的位置可以在动词或形容词的前面，也可以在动词或形容词的后面”。例如：

（10）东西这好真。（这东西真好）

（11）一个人这好那样。（这个人那么好）

（12）地方这宽那样。（这地方那么宽）

喻翠容、罗美珍（2009）认为，傣语里的副词总是用来修饰动词和形容词的，其中表示程度的副词，范围或条件的副词，还有表示时间顺序的副词有的可以放在中心词前面，有的可以放在中心词后面，但是有的习惯上经常放在中心词之后。例如：

（13）你另懒太！（你另太懒！）

（14）他来玩常常。（常常来玩。）

（15）你去先吧！（你先去吧！）

毛宗武、蒙朝吉、郑宗泽（1982）认为布努语和拉珈语表示“先”“后”“很”之类的副词，作状语时一般都放在动词或形容词之后。例如：

（16）你去先。（你先去）

（17）个花这红很。（这朵花很红）

（18）我吃一碗还。（我还吃一碗）

（19）我去马上。（我马上去）

以上是布努语。

（20）他去先，我来后。（你先去，我后来）

（21）根树这高很。（这株树很高）

以上是拉珈语。

我们从历史考察、方言调查、少数民族语言调查等角度，证明“V 快”应该是状语后置现象。

冯力（2007：253）说：

粤语中的句末语气助词“先”也属于此类现象。据邓思颖（2006），粤语中有个“加强语气的‘先’”，义为“到底；先……再说”。如：边个最靓先（到底谁最漂亮）？我想搞清楚呢件事先（我想搞清楚这件事再说）。他指出：“加强语气的‘先$_2$’是一个第二类句末助词，位于句法层次最高的位置，意义涵盖整个句子，管辖范围较广，……”我们认为这里的“意义涵盖整个句子”正是与它来源于整个句子的谓语成分有关。它的原型很可能是“（以）……为先”这样的句子。

我们以为，可能冯力（2007）曲解了邓思颖（2006）的意思，我们知道，句末助词（一般作“语气词”）是附着在一个句子的末尾，它的语气是涵盖整个句子的。如果有两个语气词连用，一般是后一涵盖整个句子，而前一个可能只是涵盖某个部分。黄伯荣、廖序东（2008：下册34）说："语气词也可以两三个连用。连用是有层次的，第一层排在前，第三层在最后，分别表示不同的语气意义，而最后一个语气词是全句语气的重点。连用的两三个语气词并非直接组合，而是处在句子结构的不同层次上，例如'看见他了吧'一句，应该先分析为'看见他了｜吧'，再进一步为'看见他｜了'。"所以，我们以为"我们认为这里的'意义涵盖整个句子'正是与它来源于整个句子的谓语成分有关。它的原型很可能是'（以）……为先'这样的句子"的话，似乎没有内在联系，作者的看法过于自信。

张振兴（2003：119）说：

本文的考察还显示，作为状语的修饰成分的位置，双宾语的位置，补语宾语的位置，成为南北方言的重大差别之一。状语修饰成分在动词形容词之后，指物宾语在前，指人宾语在后，VOC 的补语宾语顺序，几乎是南方方言普遍存在的现象，很少有无之分，只有多少的差别，或者两者并用，而北方方言这种语序现象是不多见的。

张振兴（2003：119）说：

闽语、粤语、吴语、客家话很多地方经常说"笔一支、鸡三只、牛两只"这样的表达方法。这跟北方很多方言的词序，以及组词方式明显不同。

邢福义（2000）也认为广州话的"多、少、先、晒"等是状语向补语转化。他也认为温州话中"最、艾、倒、死、甚"等表示程度加深的副词，用在形容词的后边做补语，例如："甜最、苦艾、臭倒、咸死、软甚。"

确实如此，汉语方言特别是南部方言中，状语后置现象并不是个别现象，孤立现象，而是普遍现象，吴语有，粤语有，闽语有，客家话有，甚至有的北方方言也有。各方言有相同的地方，也有不同的地方，那是历史的遗留，是古代汉语语法现象在不同的方言点留下了不同的遗迹。而且，这些方言“与我国南部地区的少数民族语言在漫长的时间里有着千丝万缕的关系”。所以，难道这些方言和少数民族语言中的众多状语后置现象都“是从处于中心谓语位置的第二个谓词虚化而来的体助词”吗？显然是不可信的，是经不起推敲的。我们以为，游汝杰等先生所说的“V快”是因受古越语底层状语后置的语序影响而被后置的副词的说法是符合汉语事实的。

南方方言有特殊的地方。邓晓华、王士元（2009：142）说：“南方汉语的形成既非完全是‘土生土长’，也绝非完全是‘北方迁入’。这是一个多元结构体，是南北族群经过长期的语言文化的互动过程的结果，它的来源是多样、多层次的。”我们十分赞同这种说法。状语向补语转化是南方方言区别于北方方言的一个十分突出的语法现象。

第八章　被动句

第一节　“为N所V”被动式

（一）

朱冠明（2013：3）说：“从唐代起‘为N所V’便迅速衰落，在唐钰明（1998）调查的几种唐代语料中，‘被’字式占到87%，而‘为N所V’式仅占5%。可见唐代以后的口语中，‘为N所V’在被动句中的核心地位已被‘被’字式取代。”

朱冠明（2013：4）又说：“4）如前文所述，‘为N所V’是中古使用频率最高的被动句式，可是进入唐代后则迅速衰落乃至消亡，而被‘被’字式取代。假如‘为’的性质与‘被’相同，即同为介词，则无法合理解释其消亡原因（原因详见后文）。”

朱冠明（2013：8）又说：“前文说到，‘为N所V’被动式中古时期在使用频率上是占据绝对优势的一种被动式，可是到了唐代便迅速衰落乃至消亡。”并分析了两个因素导致了“为N所V”被动式的迅速衰亡：一是“介词短语的前移与‘被’字句的兴起”，说“同‘被NV’相比，‘为N所V’式是一个早出的、落伍的被动句式，因为它采用的是后置词短语，且需系词来帮助构成，不符合这一历史潮流。这样，在新兴的‘被NV’的强力冲击之下，‘为N所V’迅速退出了历史舞台。”二是“系词‘是’的成熟”，说“那么，既然作为‘为N所V’被动式之构成基础的系词‘为’已经从口语中衰亡，‘为N所V’本身随之衰亡也就是情理之中的事了。”

上面的诸多说法并不符合汉语事实。我们以为，某种句式，虽然口语中消亡了，但在书面语中并非也随之消亡。“五四”之前，口语已经与先秦时候大大不同了，但书面语仍然坚持着，这就是文言文，它仍然是正统的。

对“为N所V”被动句我们曾经作过考察。我们掌握的材料与朱冠明（2013）所说的不同。

（二）

据考察，朱冠明（2013：3）的从唐代起“为N所V”便迅速衰落的说法不符合汉语事实。我们这里以“为N所V”与“被N所V”作比较来说明。

我们对《古代小说典》白话小说进行考察统计，找到969例“被N所V”，1762“为N所V”，另有“被N之所V”3例，“为N之所V”31例，都是“为N所V”大大超过“被N所V”。同时，“为所V（单音节）”有148例，“为所V（双音节）”有6例，“被所V（单音节）”23例，“被所V（双音节）”1例，两者相比，也是“为所V”字句比“被所V”字句要多得多。

如《西游记》“被N所V”只有2例，但“为N所V”更少，只有1例，按照比例，前者超过后者1倍。《水浒传》有16例“被N所V”，但只有1例“为N所V”，比例相差更大。但《三国演义》“被N所V”有58例，“为N所V”有89例，后者大大超过前者。这显然有小说语言有关，《三国演义》是半文半白，而《水浒传》《西游记》更口语化一些。

同样是白话小说，《型世言》有13例“为N所V”，却没有1例是“被N所V”，是13：0。《红楼梦》中“被N所V”只有3例，“为N所V”却有9例，后者是前者的3倍。这可能与作家的语言风格有关。

白话小说还有“遭N所V”19例，“遭所V”2例，“让N所

V”1例，“叫N所V”1例，“蒙N所V”7例，“蒙所V”3例，“逢N所V”1例，“听N所V”6例。可见，与“所”有关的被动句的形式是多样的。

吕叔湘（1984）举了“能一气管两个不连在一起的宾语”的介词“把”字：

（1）妈妈可慌了神，把地擦了又擦，桌子抹了又抹。

吕先生认为这个“把”字用法在很多地方超出一般介词的用法。这里的“把地擦了又擦，桌子抹了又抹”，一般说：“把地擦了又擦，把桌子抹了又抹。”上例把后一介词“把”承前省略了，超出了一般介词的一般用法，董秀芳（2009）称这种用法为介词并列删除。吕叔湘（1984）又说：“别的介词……能一气管两个不连在一起的宾语吗?”“别的介词能有第二种用法我一时还想不起来。”崔山佳（2008d）、崔山佳（2010）发现另有16个介词有并列删除现象。崔山佳（2008d：273—274）、崔山佳（2010：114—115）举有介词“为”例子，如：

（2）迩来为穷愁所迫，炎凉所激，于难消遣时，恨不自撰一部世情书，以排遣闷怀。（清·张竹坡《竹坡闲话》）

上例本来应该是2个“为N所V”，但后一个“为”承前省略。《古代小说典》中“并列删除”的“为N_1所V_1，N_2所V_2”白话小说共有7例，如：

（3）今见房德乃是他表举的官职，恐其后来党逆，故就他请教上，把言语去规训道：“……切勿为匪人所惑，小利所诱，顿尔改节，虽或侥幸一时，实是贻笑千古！……”（明·冯梦龙《醒世恒言》卷30）

（4）道士道：“……人生换了皮囊，便为嗜欲所汩，饥寒所困，把前事多忘记了。……”（明·凌濛初《二刻拍案惊奇》卷24）

（5）如此烈妇，心如铁石，即使守，岂为饥寒所夺、情欲所牵，有不终者乎?（明·陆人龙《型世言》第10回）

（6）何怪苏秦不第而归，王播闻钟而食，不为妻嫂所笑，阇黎

所唾哉?(明·天然痴叟《石点头》卷6)

(7)燕、平二人又奏道:“……二臣幸遇圣明,为学臣所荐,陛下所知。……”(明·罗贯中《平山冷燕》第20回)

(8)但律文所载过失杀条款内,有驰马街衢、放枪林野之类,为耳目所不及、知虑所不周者。(清·佚名《于公案》第84回)

上面6例并列删除1个“为”。

(9)不知女子当以德与节为主,节是不为情欲所动、贫贱所移、豪强所屈,坚贞自守;德是不淫、不盗、不贪、不悍、不妒,骄奢、懒惰、利口、轻狂。(明·陆人龙《型世言》第16回)

上例并列删除2个“为”。

我们未发现白话小说有“被N所V”格式的介词并列删除现象。以上可见“为N所V”格式的多样性。

戏曲中的情况也差不多。《盛明杂剧》中“被N所V”只有3例,且只出现在《中山狼》中,而“为N所V”的例子多一些,有7例,后者超过前者的1倍多。《六十种曲》中“被N所V”共有16例,但“为N所V”却有59例,后者的使用频率大大高于前者。这又说明,用不同的句式,既与文体有关,也是作家风格的具体体现。

由上可见,白话文献中与“所”搭配的是“为”的例子比“被”的例子要多许多,这可能与“被N所V”是从“为N所V”类推而来有一定的关系,更与“所”是文言用词,与“为”搭配似乎更和谐一些。

(三)

文言小说“被N所V”有97例,“为N所V”例更多,有10652例,去掉一些属于两可的或理解有误的,至少超过10000例,也就是说,《古代小说典》的文言小说“为N所V”用例远远超过“被N所V”100倍。

朱冠明(2013)多次说到唐代后“为N所V”迅速衰落乃至

消亡。下面是宋代文言小说“为 N 所 V”的数据：1596 例，103 名作家，116 部作品。下表只列超过 10 例的作者和作品：

序号	作者	小说	数据	序号	作者	小说	数据
1	王　谠	唐语林	86	24	苏　轼	东坡志林	14
2	魏　泰	东轩笔录	16	25	曾敏行	独醒杂志	15
3	孔平仲	续世说	86	26	龚明之	中吴纪闻	17
4	文　莹	玉壶清话	20	27	叶梦得	避暑录话	24
5	司马光	涑水记闻	66	28	叶梦得	石林燕语	13
6	蔡　绦	铁围山丛谈	10	29	陆　游	老学庵笔记	18
7	赵令畤	侯鲭录	10	30	周　密	齐东野语	50
8	彭　乘	墨客挥犀	18	31	周　密	癸辛杂识	62
9	彭　乘	续墨客挥犀	15	32	罗大经	鹤林玉露	26
10	郑文宝	南唐近事	11	33	庄　绰	鸡肋编	14
11	吴处厚	青箱杂记	11	34	曾　慥	类说	152
12	朱　弁	曲洧旧闻	18	35	费　衮	梁溪漫志	12
13	田　况	儒林公议	19	36	沈　括	梦溪笔谈	50
14	邵伯温	邵氏闻见录	51	37	张邦基	墨庄漫录	24
15	王辟之	渑水燕谈录	23	38	吴　曾	能改斋漫录	40
16	叶绍翁	四朝闻见录	34	39	苏易简	文房四谱	11
17	岳　珂	桯史	11	40	洪　迈	容斋随笔	43
18	张齐贤	洛阳缙绅旧闻记	12	41	洪　迈	容斋续笔	47
19	罗　烨	醉翁谈录	15	42	洪　迈	容斋三笔	35
20	皇都风月主人	绿窗新话	25	43	洪　迈	容斋四笔	37
21	赵与时	宾退录	16	44	洪　迈	容斋五笔	21
22	张唐英	蜀梼杌	11	45	袁　褧	世范	28
23	桂万荣	棠阴比事原编	11	46	赵彦卫	云麓漫钞	11

下面是金代文言小说的数据：元好问《续夷坚志》38 例，张师颜《南迁录》9 例，刘祁《归潜志》79 例，虽然作家不多，只有 3 人，3 部作品，但也有 126 例，尤其是刘祁的《归潜志》有 79 例。

下面是元代文言小说的数据：方凤《物异考》2 例，无名氏《湖海新闻夷坚续志》38 例，姚桐寿《乐郊私语》1 例，郑元《遂昌杂录》6 例，刘一清《钱塘遗事》7 例，钟嗣成《录鬼簿》2 例，陆友仁《吴中旧事》4 例，陆友仁《砚北杂志》1 例，蒋正子《山房随笔》1 例，黄雪蓑《青楼集》2 例，杨瑀《山居新话》4 例，盛如梓《庶斋老学丛谈》5 例，王鼎《焚椒录》3 例，郑禧《春梦录》1 例，宋远《娇红记》6 例，佚名《东南纪闻》3 例，元怀《拊掌录》3 例，高德基《平江记事》1 例，徐显《广客谈》1 例，陶宗仪《南村辍耕录》42 例，龙辅《女红馀志》1 例，俞琰《席上腐谈》14 例，王恽《玉堂嘉话》8 例，孔齐《至正直记》33 例，李治《敬斋古今黈》29 例，鲜于枢《困学斋杂录》2 例，王鹗《汝南遗事》5 例，张光祖《言行龟鉴》15 例。总体说来，元代也不多，共计 226 例，28 人，28 部作品。也有无名氏《湖海新闻夷坚续志》、陶宗仪《南村辍耕录》、俞琰《席上腐谈》、孔齐《至正直记》、李治《敬斋古今黈》、张光祖《言行龟鉴》超过 10 例，陶宗仪的《南村辍耕录》最多，有 42 例。

下面是明代文言小说的数据：1968 例，114 人，127 部作品。下面是超过 10 个的作家及作品：

序号	作者	小说	数据	序号	作者	小说	数据
1	陆　粲	庚巳编	16	23	江南詹詹外史	情史	177
2	李　濂	汴京鸠异记	23	24	梅鼎祚	双双传	77
3	王世懋	二酉委谭摘录	25	25	佚　名	天缘奇遇	17
4	陈士元	江汉丛谈	12	26	钓鸳湖客	鸳渚志余雪窗谈异	15
5	林茂桂	南北朝新语	117	27	冯梦龙	古今谈概	83
6	施显卿	奇闻类记	17	28	李　乐	见闻杂记	33
7	沈德符	敝帚轩剩语	42	29	李本固	汝南遗事	11
8	李　贽	初潭集	73	30	叶子奇	草木子	10
9	陈继儒	读书镜	29	31	董其昌	画禅室随笔	19
10	陈继儒	太平清话	18	32	孙继芳	矶园稗史	11
11	郑仲夔	耳新	10	33	姚士麟	见只编	22
12	许　浩	复斋日记	10	34	顾起元	客座赘语	45
13	尹　直	謇斋琐缀录	17	35	张大复	梅花草堂笔谈	38
14	曹　臣	舌华录	21	36	陈全之	蓬窗日录	35
15	王　锜	寓圃杂记	23	37	郎　瑛	七修类稿	79
16	焦　竑	玉堂丛语	32	38	叶盛卷	水东日记	32
17	杨士聪	玉堂荟记	27	39	何良俊	四友斋丛说	30
18	瞿　佑	剪灯新话	21	40	曹　安	谰言长语	13
19	李昌祺	剪灯余话	19	41	田汝成	西湖游览志余	49
20	陆　楫	古今说海	178	42	谢肇淛	五杂俎	86
21	陶　辅	花影集	18	43	刘元卿	贤弈编	13
22	宋懋澄	九籥集	29	44	朱国祯	涌幢小品	149

下面是清代文言小说的数据：3530 例，153 人，178 部作品。下面是超过 10 例的作家与作品：

序号	作者	小说	数据	序号	作者	小说	数据
1	蒲松龄	聊斋志异	97	39	佚 名	洪杨轶闻	11
2	王士禛	池北偶谈	62	40	孙静庵	栖霞阁野乘	27
3	王士禛	香祖笔记	23	41	梁溪坐观老人	清代野记	49
4	景星杓	山斋客谭	11	42	董 含	三冈识略	54
5	沈起凤	谐铎	17	43	汪景祺	西征随笔	20
6	袁 枚	子不语	121	44	赵吉士	寄园寄所寄	160
7	袁 枚	续子不语	39	45	曹千里	说梦	18
8	吴炽昌	客窗闲话	26	46	陈康祺	郎潜纪闻	99
9	吴炽昌	续客窗闲话	29	47	周亮工	书影	48
10	纪 昀	阅微草堂笔记	194	48	龚 炜	巢林笔谈	15
11	和邦额	夜谭随录	77	49	李 斗	扬州画舫录	51
12	东轩主人	述异记	13	50	王应奎	柳南随笔	23
13	俞 樾	右台仙馆笔记	108	51	王应奎	柳南续笔	11
14	俞 樾	耳邮	18	52	钮 琇	觚賸	11
15	葆光子	物妖志	18	53	昭 梿	啸亭续录	84
16	宣 鼎	夜雨秋灯录续集	26	54	昭 梿	啸亭杂录	132
17	李庆辰	醉茶志怪	28	55	阮葵生	茶余客话	65
18	王 晫	今世说	18	56	赵 翼	檐曝杂记	27
19	陈维崧	妇人集	10	57	吴 骞	桃溪客语	12
20	张紫琳	红兰逸乘	16	58	钱 泳	履园丛话	96
21	王 韬	海陬冶游录	12	59	俞 蛟	乡曲枝辞	21
22	王 韬	花国剧谈	15	60	梁章钜	浪迹丛谈	33

23	王　韬	弢园笔乘	39	61	梁章钜	浪迹续谈	39
24	王　韬 仲　甫	淞滨琐话	95	62	梁章钜	浪迹三谈	22
25	花村看行侍者	花村谈往	17	63	梁恭辰	《北东园笔录》初编到四编	115
26	佚　名	咸同将相琐闻	24	64	陈其元	庸闲斋笔记	53
27	冯　舒	虞山妖乱志	10	65	方浚师	蕉轩随录	44
28	张　潮	虞初新志	58	66	赵慎畛	榆巢杂识	30
29	沈　复	浮生六记	11	67	陶　越	过庭记余	16
30	佚　名	骨董祸	12	68	吴庆坻	蕉廊脞录	39
31	周伯义	扬州梦	20	69	丁治棠	仕隐斋涉笔	17
32	曾衍东	小豆棚	36	70	李岳瑞	悔逸斋笔乘	11
33	屠　绅	蟫史	140	71	李岳瑞	春冰室野乘	42
34	长白浩歌子	萤窗异草	78	72	欧阳兆 熊金安	水窗春呓	16
35	古吴靓芬女史贾茗辑	女聊斋志异	41	73	李伯元	庄谐联话	23
36	某氏女	梵门绮语录	21	74	薛福成	庸庵笔记	100
37	朱翊清	埋忧集	77	75	昂　孙	网庐漫墨	12
38	徐枕亚	玉梨魂	50				

由清代入民国的也有一些例子，共有 81 例，3 人，3 部作品。如：易宗夔《新世说》65 例，孟森《丁香花》9 例，野史氏《乌蒙秘闻》7 例。

综合以上数据，唐代以后，“为 N 所 V”共 7446 例，404 人，455 部作品。这绝对是一个宠大的数字。

同时，“为所V（单音）”式有539例，“为所V（双音）”式有60例，而“被所V”只有7例。此外还有“为N之所V”128例，“蒙N所V”1例，“蒙所V”2例，“遭N所V”4例。

文言小说还有18例“并列删除”的“为 N_1 所 V_1，N_2 所 V_2”，如：

（1）为御史唐实所构，宰臣所忌，贬饶州刺史。（唐·韦绚《戎幕闲谈》）

（2）其人比出选门，为众目所视，众口所讦，亦趑趄而失步矣。（唐·刘肃《大唐新语》卷11）

（3）旧为权臣所管，州县所理，今属中人者有之。（唐·李肇《唐国史补》卷下）

（4）为御史唐实所构，宰臣所忌，贬饶州刺史。（五代·王仁裕《玉堂闲话》卷5）

（5）夫人受命，自有通神远见者，禀气与常人不同，应为道主，故能为天神所济，众仙所从。（宋·李昉《太平广记》卷1神仙一）

（6）为御史唐实所构，宰臣所忌，贬饶州刺史。（宋·李昉《太平广记》卷32神仙三十二）

（7）旧为权臣所绾，州县所理，今属中人者有之。（宋·李昉《太平广记》卷187职官）

（8）旧为权臣所绾，州县所理，后属中人者有之。（宋·王谠《唐语林》卷5补遗）

（9）或有狼籍几案，分散簿帙，多为童幼仆妾所点污，风雨虫鼠所毁伤，实为累德。（宋·曾慥编《类说》卷44）

（10）因问诸鬼曰：“予乃近井贫士也，虽尝读书学礼，然吾家室寒微，未免为宦途所弃，乡里所贱。……”（明·陶辅《花影集》卷2）

（11）贾、邹大痛曰：“……山野空原亦无村舍，其为魑魅所摄耶？虎狼所啖耶？”（明·陶辅《花影集》卷3）

（12）或有狼藉几案，分散部帙，多为童幼、婢妾所点污，风雨、犬鼠所毁伤，实为失德。（明·陈继儒《珍珠船》卷4）

（13）醉茶子曰：其为衰气所感与？邪心所致与？（清·李庆辰《醉茶志怪》卷1）

（14）书或浮露，势必为六丁所追，霹雳所毁。（清·屠绅《蟫史》卷1）

（15）而彼�倩者，则少小尚不知愁，娇痴未尝作态，顾亦为天公所忌，爱嫂所累，终身沦于悲境，果又何罪哉？（清·徐枕亚《玉梨魂》第14章）

（16）又或随风飘荡，堕入凡胎，甚且为妖物所残，外道所坏，如圆泽再世，拐仙易形，间亦有之，是又出神太早，如婴儿始能行步，便历长途，未有不颠蹶者。（清·丁治棠《仕隐斋涉笔》卷3）

上面16例并列删除1个“为”。

（17）其为鬼所感、怪所啖，抑或为盗所诱，均不可知，而此人遂长已矣。（清·纪昀《阅微草堂笔记》卷12）

（18）诸流人虽各拟遣，而说者谓至半道为虎狼所食，猿狖所攫，或饥人所啖，无得生也。（清·佚名《研堂见闻杂录》）

上面2例并列删除2个“为”。

文言小说还有1例“为 N_1之所 V_1，N_2之所 V_2”，例如：

（19）天积气耳，非若形质而有拘碍，盖愈高则愈清，愈清则愈寒，为神灵之所居，三光之所悬。（宋·赵彦卫《云麓漫钞》卷2）

当然，文言小说中也有介词“被”的并列删除现象，例如：

（20）叟曰：“人皆有心好道而不能修行，能好道复能修行，精神不退，勤久其事，不被声色所诱，名利所惑，奢华所乱，是非所牵，初心不变，如金如石者，难也，百千万人无一人矣，何谓好道也？”（前蜀·杜光庭《墉城集仙录》卷8）

由上可见，文言小说中，与“所”搭配的被动句一是数量多，二是形式多种多样。完全不是“迅速衰落乃至消亡”，而且是“很旺盛地生长着”。

（四）

就是现代汉语作品“为N所V”与“被N所V”也是因人而异，有的人前者用得多一些，有的人后者用得多一些。

孙德金（2012：71－72）说到“系统融合度标准”。孙德金（2012：72）说：

我们把文言语法系统设为A，现代书面汉语系统设为B，把A系统中的语法成分在B系统中的相融性表现称为“系统融合度”。系统融合度建立在成分间的对立程度上。系统融合度可粗分为三级：高融合度、中融合度、低融合度。

孙德金（2012：72）说：

中融合度，是指A系统的某个语法成分（结构）虽然在B系统中存在基本对应的形式，但受各种因素的影响，二者间呈互补关系，例如介词“以”和“用”，“于”和“在”，助词“之”和“的”，被动结构“为……所VP”和“被……（所）VP”等。

孙德金（2012）是“现代书面汉语中的文言语法成分研究”，显然，他把“为……所VP”当作文言语法系统，“被……（所）VP”当作现代书面汉语系统，两者在现代汉语都有使用，“二者间呈互补关系”，也就是说，“为……所VP”就是现代书面汉语中的文言语法成分。这也就说明，“为N所V”被动句在现代汉语并非“迅速衰落乃至消亡”，而是存在着，属于“中融合度”。

蒋晓华（2003：304）说：“2）‘被……’被动句（‘被藐视’）。古汉语虽有‘被……’被动句式，但十分少见（参看王克非2002）。这里‘被……’，按当时的行文习惯，很可能是‘遭……’，或‘……为……所……’（如译文2和3）。‘和合本’如上取舍，其用意和作用都非常明显。”虽然上面有些说法我们不敢苟同（如“古汉语虽有‘被……’被动句式，但十分少见”），但当时的行文习惯中有“为N所V”被动句却是准确无疑的。

我们对《郁达夫选集》（人民文学出版社，2004）进行过统计，找到“被N所V”24例，“为N所V”25例，几乎一样。这也说明，即使到了现代文学中，“为N所V”仍有“旺盛的生命力”。

当代作品“为N所V”仍在使用，尤其是学术论文也有用例。下面是语言学论文中“为N所V”例子，如：

（1）这种语言还不太为学界所知，只有《临桂县志》作过简短介绍。

（2）这些词语都收进了《现代汉语词典》或《辞海》，并为我们所常用，已成为现代汉语不可分割的一部分。

（3）但限于条件，学界一直没能对这种语言作深入的调查分析，致使其作为一个独立语种的地位至今不为世人所了解。

（4）好在他发现了一些文献资料，并在当地政府机关找到了一位能识读这种文字的职员给他作翻译，才得以使这种已经消亡的语言重新为人所了解。

（5）国内学者张济民先生曾于上个世纪80年代对红丰仡佬语进行过调研，介绍过红丰村仡佬语（1986），使其面貌得以为世人所知。

（6）王先生又说：“被动式基本上是用来表示不幸或者不愉快的事情的。”这一看法后来为许多学者所认同，如蒋绍愚、桥本万太郎、俞光中、曹小云、岳立静、崔宰荣等都认为，“被”字句一般含有对主语或说话人而言“不如意，不情愿”的感情色彩，其语义上表示某事是说话者不期望的，一些表示知觉的中性动词如“知道、看见、听见”等进入“被”字句中，大都叙述当事人不愿被某个对象所“知道、看见、听见”。

（7）1990年，符镇南先生在《民族语文》（第4期）发表了《黎语的方言岛——那斗话》一文，首次向学术界公布了调查“那斗话”的初步研究报告，该语言始为世人所知，但可能由于篇幅所限，该文对“那斗话”基本情况的介绍和所做的比较过于简单，不能完全反映该语言的基本面貌。

(8) 古时的大藤山为莽莽原始森林所覆盖，荆棘丛生，野兽出没，瘴气四起，一片荒凉，神奇而神秘。

文学论文也有，例如：

(9) 朱健此书颇为时人所重，陈子龙《安雅堂稿》卷五有《朱子强古今治平略序》，序称其书“有五善焉”，并赞其“早负通达国体之誉”。

当代汉语也有介词的并列删除现象，例如：

(10) ……其分数、倍数以及部分约数、零数、虚数表示法，均带有鲜明的近代汉语特点，为古代汉语所不备，现代汉语所鲜见。

当然，也有学者用“被N所V”，例如：

(11) 正因为这样，从20世纪20年代我国开始采用国际上通用的语言学方法调查研究汉语方言以来，在长达半个多世纪的漫长岁月中，汉语方言的研究几乎完全被方言语音的研究所包揽。

(12) 跨地缘文化交流性接触的和要接触结果是词汇的借代，当这种接触达到一定尝试的时候，可以导致输入方语言的词汇绝大多数被输出方语言的词汇所侵占，如朝鲜语中的汉语词汇比例在70%左右。日语中的汉语词汇比例也很高；但是这种接触类型对输入方语言的语音系统和语法系统的影响却远不如对其词汇系统的影响那么突出，因此这种接触类型很难导致输入方语言系统的全面改变，更不可能出现输入方的语言转换。

(13) 当时还有一个纳西族部落析诏（又称磨些诏）居住在现在宾川县的宾居北面，后被南诏阁罗凤所败，才退回泸水以北。

以上又可见，不同的人有的喜欢用“为N所V”，有的习惯用“被N所V”，也有的人两者都用，没有严格的区分，如郁达夫。

（五）

朱冠明（2013：4）说，事实上，“为”的系词性还可以从以下两方面得以证明，一是和系词“是”在上下文中作为功能相同的词交替使用，例如：

（1）佛言：“所食是新肉，为干肉乎?”答言：“新肉。”（慧觉《贤愚经》，4/275b）

其实，“为N所V”中的“为”与“被N所V”中的“被”也可以在上下文作为功能相同的词交替使用的，例如：

（2）箕子泣谏曰：“……只可惜商家宗裔为他人所掳，宗庙被他人所毁，宫殿为他人所居，百姓为他人之民，府库为他人之有，陛下还不自悔，犹听妇女之言，敲民骨，剔孕妇，臣恐周武人马一到，不用攻城，朝歌之民自然献之矣！……”（明·许仲琳《封神演义》第89回）

上例很能说明问题，“只可惜商家宗裔为他人所掳，宗庙被他人所毁，宫殿为他人所居”三句话，前后用的是“为N所V”，中间一句用的是“被N所V”，显然，三句都是被动式，而不大可能前后两句中的“为”是系词，表示判断，中间一句表示被动。应该是“宗裔”被掳，“宗庙”被毁，“宫殿”被居。因此，“为N所V”与“被N所V”两者显然是相同的。

（3）申公豹笑曰：“……你今助武王伐纣，倘有不测，一则宗庙被他人之所坏，社稷被他人之所有。……”（《封神演义》第59回）

上例与前例比较有相似之处，不过前者用不同的被动式，后者用同一被动式，也可证明“为N所V”与“被N所V”相同，都是表示被动。

（4）一旦被韩信所败，夜走阴陵，为追兵所逼。（明·兰陵笑笑生《金瓶梅词话》第1回）

上例前句用“被N所V”，后句用“为N所V”，显然两者也是相同的。

（5）无何，梁武帝被侯景所迫，饿死台城，绎武不赴父难，包存祸心，就接父位，不图保国之计，卒被魏兵所杀，江山为陈霸先

所有矣。（清·里人何求《闽都别记》第29回）

上例前句用“被N所V”，后句用“为N所V”，显然两者也是相同的。

（6）大杀一阵，杀得那化及抛下家小，并金银宝贝，望紫金山而逃，萧后被窦建德所获，传国玉玺为李密所得。（清·鸳湖渔叟《说唐》第41回）

上例前句用“被N所V”，后句用“为N所V”，显然两者也是相同的。

（7）至急则无阴阳，凡有妄心，则被五行所惑；一有私心，则为鬼神所制。（明·陆楫《古今说海》说略）

上例前句用“被N所V”，后句用“为N所V”，显然两者也是相同的。

（8）乃近日江阴口实谓“阎公守城时，大兵屡为所败，至于三王九将尽被所害”云。（清·昭梿《啸亭杂录》卷10）

上例前句用“为所V”，后句用“被所V”，显然两者也是相同的。

（9）巨鳞失水，定遭蝼蚁相欺；劲翮陨风，反被莺鸠所笑。（清·陈球《燕山外史》卷4）

上例前句用“遭N所V”，后句用“被N所V”，显然两者是相同的，可见，“被N所V”不但可与“为N所V”交替使用，也可与“遭N所V”交替使用。

以上说明，古代白话小说和文言小说中，“为N所V”与“被N所V”两种被动句都是一直在运用，“为N所V”并未消失，而是有顽强的生命力。

（六）

汉语的“为N所V”其实是一种歧义结构，“为”既有作系词用的，也有作介词用的。我们不能肯定一个，而否定另外一个。而且这种歧义结构应该并非罕见。例如：

(1) 安人曰:“此吾亡儿也,年十九岁为寇所杀,媳妇为寇所据,今不知存亡。”(元·无名氏《湖海新闻夷坚续志》前集卷1)

(2) 尔今宿业既消,但二十年来未曾精进,今去当日自努力,勿退初心,莫为名利所败,莫为欲爱所缚,莫为意气所碍,莫为晏安所毒。(清·陆圻《冥报录》卷下)

(3) 百姓辛苦流离,为贼匪所杀,为饥寒所杀,为疾疫所杀者,不知凡几,哀我人斯,将无孑遗矣。(清·陈其元《庸闲斋笔记》卷10)

(4) 又云:“……勿为方所欺,勿为威所迫;勿为私所牵,勿为得所诱。……”(清·昂孙《网庐漫墨》)

(5) 百姓辛苦流离,为贼匪所杀,为饥寒所杀,为疾疫所杀者,不知凡几。(清·佚名《洪杨轶闻》)

上面这样的例子显然只能解释为被动句,如果解释为表被动的判断句似乎不大符合语境。

至于“为N所V”中的“为”是系词的例子确是有的。下面以北京大学古代汉语语料库中“为N所撰”为例来作说明,我们共搜索到23例,例如:

(6) 按钱之墓志铭为石琢堂先生所撰,而于不入和党大节独遗之,不知何故。(清·梁恭辰《北东园笔录初编》)

(7) 铭文为李宏皋所撰,吴任臣《十国春秋》、朱竹铁《五代史记注》皆引之。(清·钱《泳履园丛话》)

上2例是笔记小说,民国白话小说也有,例如:

(8)《晋书》百三十卷,相传为唐臣房乔等所撰,盖采集晋朝十有八家之制作,及北魏崔鸿所著之《十六国春秋》等书,会而通之,以成此书。(蔡东藩《两晋演义》)

我们又搜索到18例“是N所撰”,下面是同一作者,一用“为”,一用“是”,句式同,如:

(9)《麻衣子神字铭》为孛述鲁翀所撰,二男孛述鲁远书文,时父已没矣,因倩李珩填讳。(清·梁章钜《浪迹丛谈》)

(10) 按《三字经》世传为王伯厚作，或又曰是宋末区适子所撰，适子字正叔，广东顺德人，未知孰是。(清·梁章钜《浪迹续谈》)

还搜索到15例“乃N所撰”，2例“系N所撰”，如：

(11) 珣言表文乃门下评理郑道传所撰，遂命逮道传，释珣归。(清·张廷玉等《明史》)

(12) 乾隆四十八年，编纂《四库全书》告成，进呈表文系献县纪文达公昀所撰，刊入全书卷首，公《遗集》中亦编入焉。(清·陆以湘《冷庐杂识》)

我们以为，“为N所撰”“是N所撰”“乃N所撰”“系N所撰”句式是一样的，都是表示判断。

现代作品也有“为N所撰”，例如：

(13) 前在上海买的《酌中志余》，系此书的续著，为另一人所撰，宫廷以外的文献记录，收集颇多，尤以记东林党事为详尽。(郁达夫《水明楼日记》)

当代汉语也有“为N所V”中的“为”是系词的，例如：

(14) 笔者陈述《型世言》成书过程中有“编”的痕迹，但没有充分理由证明书中所有篇目都不为陆人龙所著，换句话说，书中有多少是编的成分，有多少是著的成分，现在还是难以弄清的。

(15) 笔者仍然坚持认为《清夜钟》确为陆云龙所作，本文即拟在已有证据的基础上，以未经前人充分利用的材料，进一步证成路先生之说，并对“顾考”的否定性证据提出自己的看法。

(16) 其后路工先生在《访书见闻录》及其与谭天合编的《古本平话小说集》中，均以此为陆云龙所作，但在《古本平话小说集·第一集》中却不太肯定地录为“明末于鳞著”，想来是因后书成书早于前二书故也。

(17) 其实，比如《辽海丹忠录》署“平原孤愤生”“铁崖热肠人”，均找不到与陆氏的联系，然而顾先生仍然在其博士论文中确定此为陆人龙所作并进行了研究。

因此，“为 N 所 V”结构是一个歧义结构，“为”既是介词，又是系词。不能因为“为”有“是”（系词）义，就否定“为”有“被”（介词）义。同时，我们又认为，刘丹青（2003：138、146）所提出的“为……所”是一个框式介词的看法是符合汉语事实的。

第二节　被动句主语的生命度

（一）

贺阳（2008：11）举有如下例子：

（1）那些生机活泼的花草，被水浇灌了，湿气油然，四面散开浓香。（俄·契诃夫《黑衣教士》，吴梼译，1907 年）

贺阳（2008：11－12）说例（1）的主语是指物名词，这种“被”字句在古代白话中很少见到。这是语法上的所谓“外国语迹象”，也就是欧化语法现象。

贺阳（2008b：245－246）说：

五四以前的“被”字句通常是表示不幸、不如意的，则不幸也好，不如意也好，只能是对人而言的，对无生命的事物来说，无所谓不幸或不如意，因而“被”字句在五四以前大多以指人名词为主语，以指物名词为主语的虽然也有，但并不多见。据我们考察，《西游记》中以指物名词为主语的“被”字句约占“被”字句总数的 8%，《红楼梦》中约占 9%。五四以来，在英语等印欧语言被动句的影响下，“被”字句的消极义语义约束逐渐消解，中性“被”字句越来越常见。既然“被”字句可以不带如意或不如意的语义色彩，以指物名词做主语也就不再有语义色彩上的限制，因而以指物名词为主语的“被”字句便逐渐多了起来，例如：

①过去的日子如轻烟，被微风吹散了，如薄雾，被初阳蒸融了。（朱自清《匆匆》，《时事新报·文学旬刊》1922 年第 34 期）

②天井被雪片装饰得那么美丽，那么纯洁。（巴金《家》，1931 年）

③分裂后的片段可能被称为“零部件”“情结”“子系统”。（R. D. 莱恩《分裂的自我：对健全与疯狂的生存论研究》中译本，1994 年）

④乌云徐徐地遮住太阳，三一学院那阴郁的正面被阴影所笼罩。（詹姆斯·乔伊斯《尤利西斯》中译本，1996 年）

我们觉得贺阳（2008）的说法值得商榷。张延俊（2010）多次提到“被”字式主语生命级别下降的问题。张延俊（2010：202）说：“上古时期‘被’字式主语表示的都是人类或人类组织，本期扩大至动物和非生物。”例如：

（2）若灌之，其热被劫不得去……（《伤寒论》第 4 卷）

（3）及其被人捕取宰杀之，其灵能为雷电风雨，比殆神物龙类。（《太平广记》卷 464）

（4）（金丹）若被诸物犯之，用便无验。（《抱朴子·内篇》）

（5）鼠被害，尚不能忘怀，今复以鼠损人，无乃不可乎？（《世说新语·德行》）

（6）江津船悉被火烧。（《宋书·王镇恶传》）

（7）是墓……始被发掘。（《水经注》卷 29）——另卷 40 有“杨亭被烧”。

上面例子主语都是物，有动物，如例（3）的“其”（“鼋鱼”），例（5）的“鼠”。也有无生命的物，如例（4）的“金丹”，例（6）的“船”，例（7）的“墓”，另如“杨亭”。例（2）的“热”更是抽象。

（二）

张延俊（2010：202 – 203）还讨论了施事成分生命级别下降，谓语动词生命级别下降的问题。显然，中古汉语时期，“被”字句生命度下降已成系统，不但作为主语的受事成分生命度下降，就连作为施事成分、谓语的生命度也下降，可见已较成熟。

张延俊（2010：234－235）说：“近代时期以前的‘遭’字式生命级别高，主语所表示的对象只能是人类，施事成分和动词所表示的也基本与人类有关，进入本期以后明显降低。”例如：

（1）涛落归泥沙，翻遭蝼蚁噬。（李白《枯鱼过河泣》）

（2）真珠每被尘泥陷，病鹤多遭蝼蚁侵。（李旭《及第后呈朝中知己》）

（3）龙游浅水遭虾戏，虎落平原被犬欺。（《西游记》第28回）

（4）已被儿童苦攀折，更遭风雨损馨香。（李群玉《人日梅花病中作》）

（5）药栏遭鹿践，涧户被猿开。（李端《得山中道友书寄苗钱二员外》）

（6）如何万里光，遭尔小物欺。（卢仝《月蚀诗》）

（7）远思遭诗恼，闲情被酒牵。（姚合《游春十二首》）

（8）肺枯似着炉鞲煽，脑热如遭锤凿钉。（顾云《池阳醉歌赠匡庐处士姚岩杰》）

（9）花开遭雨打，雨止又花残。（《喻世明言》卷22）

张延俊（2010：235）说：“例中，‘遭’字式的主语分别是‘枯鱼’、‘病鹤’、‘龙’、‘梅花’、‘花’、‘药栏’、‘万里光’、‘远思’和‘脑’，都是动物或非生物（包括植物、自然现象等）名词。”且例（2）的“真珠”、例（3）的“虎”、例（5）的“涧户”、例（7）的“闲情”，也是动物或非生物名词用于“被”字式中。同时，例（8）的非生物名词“肺”用在“着”字式中，也表被动。

张延俊（2010：236）说：“例中的‘遭’字式的施事者有动物和非生物，其中有的施事者是广义的，如‘锤凿’、‘黑绶’、‘鞭’、‘万刃’、‘剑’和‘斧’等实际上属于工具成分，而‘诗’和‘烦恼’等实际上属于原因成分。施事生命度的降低带来了谓语动词生命度的降低，这些例子中出现的谓语动词或者表示动物的动作或者表示非生物的作用，其生命度都比较低。”与中古相比，此时的被动句主语生命度下降形式更多样，不仅有“被”字句，也有“遭”字句。被动句主语的生命度下降更系统，更成熟。

张延俊（2010：236）说：“在诗歌作品中‘遭’字式往往与‘被’字式等类型配合使用。”例如：

（10）匪石纵遭刖，珠膏枉被煎。（薛能《酬曹侍御见寄》）

（11）先愁被鸜抢，预恐遭蜗病。（皮日休《公斋四咏·小松》）

例（10）的“匪石”与“珠膏”是非生物名词，例（11）的“小松”是植物名词。

张延俊（2010：246）说：“‘被’字式主语的生命级别在中古时期已经开始下降，本期进一步降低。在主语所表示的对象中，人物、动物、植物、非生物、事件应有尽有。非生物中既有具体的，也有抽象的，而且用例很多。”例如：

（12）雉被鹰伤，以地黄叶帖之。（《朝野佥载》卷1）——另同卷有“帽带及绿袍并被鼠啮”。

（13）尘世中多少富贵之家，那些绿窗风月，绣阁烟霞，皆被那些淫污纨绔与流荡女子玷辱了。（《红楼梦》第5回）——另第56回、第57回、第64回、第76回、第77回、第78回、第79回、第88回、第112回、第116回有例。

相比“遭”字句，“被”字句生命度下降的使用频率更高。

张延俊（2010：247）又说到“近古汉语”时期“施事成分生命级别的降低”“谓语动词生命级别的降低”。可见，近代汉语被动句生命度下降更具系统性。

张延俊（2010：259）说，“近古时期的‘吃’字式是一种新兴的被动式类型，主要成分的生命级别很高。其主语所指一般是人物，像下面这些表示动物或非生物（包括植物）的语例是非常罕见的”，例如：

（14）花儿偏向蜂儿有。莺共燕，吃他拖逗。（柳永《红窗回》）

（15）黄羊野马捻枪拨，虎鹿从头吃箭穿。（《王昭君变文》）

（16）据着武松，大虫也吃他打了，他必然好气力。（百回本《水浒传》第24回）

（17）吃俺一把火烧了那菜园里廨宇，逃走在江湖上。（百回本《水浒传》第17回）

例（17）中的“廨宇”虽是非生物名词，但非主语，而是宾语。与前几例不同，不宜放在一起。虽“吃”字句主语生命度低例少，但也有用例。可见，近代汉语被动句主语生命度下降的形式多样。

张延俊（2010：271）说：“从语法成分的生命级别看，‘教’字被动式的主语系由相应的‘教’字使役式的宾语转换而成，其生命级别应该相同，即由无生物名词充任。但是实际上，本期‘教’字被动式的主语一般却是表示人类的名词，表示动物和无生物（包括植物）的名词很少。再看‘教’字被动式的施事成分，它一般是由‘教’字使役句的小主语转变而来，由人物名词充任（如‘医生教病人把药服下去’中的‘病人’），不过，在本期已经可以看到动物和无生物（包括植物）名词充任的施事成分，如上文所举‘洞府空教燕子、占风流’‘花发须教急雨催’‘到底叫那木钉把头碰破了’中的‘燕子’ ‘雨’和‘木钉’等。这说明，本期的‘教’字式已经完全脱离了‘教’字使役式，形成了自己的特点。”虽“教”字句主语生命度低例子少，但也有用例。又可见，近代汉语被动句主语生命度下降的形式多样。

张延俊（2010：291）在第六章近古汉语被动式的“本章小结”中说：“主语所指事物范畴的类别，本期有大幅增加，人物、动物、植物、非生物、事件，具体的、抽象的，覆盖很广，施事成分中，表示动物、植物和非生物的用例大量增加，生命度继续下降。”

宋代也有“著”表被动的例子，如：

（18）两鬓青青，尽著吴霜偷换。（袁去华《雨中花》词）

以上可见，近代汉语不但“被”字句主语的生命度下降，“遭”字句、“吃”字句、“教”字句，连“着（著）”字句也有主语生命度下降用例。

元代也有例子。李崇兴、祖生利、丁勇（2009：52－53，61）举例如：

（19）安石为人执着偏见，喜人佞已，天下必被他害。（《直说通略》卷12“宋”）

（20）补皗皗氲走兔被烟迷，忒楞楞扑飞禽被那火淋。（《介子推》第4折）

（21）他往常穿一领粗布袍被我常扯的偏襟袒领。（《七里滩》第3折）

（22）两广这几年被草贼作耗，百姓失散了有。（《元曲章》户部卷10）

（23）我自思忆，想我那从你的行为，被这地乱天翻交我做不的伶俐。（《拜月亭》第1折）

（24）糠，遭砻被舂杵，筛你簸扬你，吃尽控持。（《琵琶记》第20出）

例（19）的“天下”、例（22）的“两广”表处所。例（20）的“走兔”“飞禽”是动物。例（21）的“粗布袍”是衣物。例（23）的“行为”是动作。例（24）的“糠”是一般的物，且介词有“遭”有“被”，更特殊。

以上可见，从中古到清代，汉语被动句主语都有生命度低例子，有一定使用频率，且文体多种，使用人数多，介词也并非“被”一种，有“遭”“吃”“教”“着（著）”等，是较成熟的用法。

（三）

我们也发现如下例子：

（1）龙被射死，猴众称善。（三国吴·康僧会《六度集经》46）

（2）至今衣领胭脂在，曾被谪仙痛咬来。（唐·韩渥《自负》）

（3）可怜夭艳正当时，刚被狂风一夜吹。（唐·白居易《惜花》）——受事应是“花”。

（4）谷深而背阴，被前岩遮，日光不曾照着。（日·圆仁《入唐求法巡礼行记》卷3）

（5）雀儿被吓胆碎。（《敦煌度文集·燕子赋》）——另有受事“脊”“鸿鹄”，“雀儿”（4处）、“燕子”。

（6）几多珠玉被风陷，无限经商遭水吹。（《敦煌变文集·双恩记》）

（7）于彼殿角，有一铜铃被风摇响，师曰：“彼风鸣耶?”（五代南唐·静·筠二禅僧《祖堂集》第5页）——另有受事“性”“佛性”“大唐内山惣”“鱼”“今日事”“下岸稻惣”。

（8）昔有愚人入京选，皮袋被贼盗去。（唐·张鷟《朝野佥载》第2卷）

（9）只恐你江南终被将臣误事。（宋·徐梦莘《三朝北盟会编·山西军前和议录》）——另有受事“契丹煞大国地”。

（10）如自家有一大光明宝藏，被人偷将去，此心还肯放舍否?（宋·黎靖德《朱子语类》卷121）——另有受事“镜子”“这道理”“人心”“存心”“州”“屈原一书”“此著”“字”。

（11）有那大虫要来伤残牛只，被成宣宝将大柴棒赶去，夺取牛回来。（宋·佚名《新编五代史平话》周史平话卷上）

（12）九龙咸伏，被抽背脊筋了，更被脊铁棒八百下。（元·佚名《大唐三藏取经诗话》）——另有受事“白虎精”（2处）。

（13）却说莒城，每日被石丙令兵攻城甚急。（元·佚名《全相平话五种·乐毅图齐》）

（14）南宫适翻身又射，箭箭相冲，连发三十只铁箭，被乌文画左右手接之，三十只箭不贴身。（元·佚名《全相平话五种·武

王伐纣》)

(15) 是前世里债,宿世的怨,被你担阁了人也张解元。(金·董解元《西厢记诸宫调》)

(16) (要刺贺太守) 被人知觉,倒吃拿了,现监在牢里。(明·施耐庵《水浒传》第58回) ——另第12回、第46回、第55回、第72回有例。

(17) 傅伙计见他帽子在地下,说道:"新一盏灯帽儿。"……被书童拿过,往炕上只一摔,把脸通红了。(明·兰陵笑笑生《金瓶梅词话》第50回) ——另第19回、第38回、第57回、第74回、第100回有例。

(18) 却说温秀才看毕,才待袖,早被应伯爵取过来,观看了一遍,还付与温秀才收了,说道:"老先生把回书千万加意做好些,翟公府中人才极多,休要教他笑话。" (《金瓶梅词话》第66回) ——受事主语是前面所说的"书"(即信)。

(19) 顷刻间只见这内裆县乞炮打成堆,个个皆肿眉膿眼;霎时下则望那莎草场被枪扎倒底,人人肉绽皮开。(《金瓶梅词话》第78回) ——前句介词用"乞",后句介词用"被"。

(20) 把一座火云洞,被那烟火迷漫。(明·吴承恩《西游记》第41回)

(21) 才向袖内拿出了锦袱子来,就被秋鸿劈手抢去,往外就跑。(明·佚名《明珠缘》第34回)

(22) 问他缘故,说昨日打你门首经过,一点魂灵被你收了,千求万告,要我来求你,还了他这点魂灵。(明·无名氏《一片情》第10回)

(23) 方才要走,那禅杖早被小妖夺去。(明·佚名《续西游记》第43回)

(24) 手中的扇子落在地下,也半被落花埋了。(清·曹雪芹、高鹗《红楼梦》第62回)

(25) 公子一看,原来是把那竹根子上钻了一个窟窿,就算了烟袋锅儿，这一头儿不安嘴儿，那紫竹的竹皮儿都被众人的牙磨白了。（清·文康《儿女英雄传》第4回）——另第6回、第9回、第11回、第15回、第16回、第19回、第22回（2处）、第23回、第39回有例。

（26）儿知那宝刀已被吴庆盗去了，有字为凭。（清·姜振名、郭广瑞《永庆升平前传》第76回）

（27）现在胜英在杭州呢，这六人若逃走一个，走漏了风声，若被胜英知晓，白莲寺必然化为灰烬。（清·张杰鑫《三侠剑》第6回）——主语是“这六人若逃走一个”。

以上是“被”字句。

（28）这桶酒吃那客人饶两瓢吃了，少了你些酒。（《水浒传》第16回）——另第23回、第28回有例。

以上是“吃”字句。

（29）我只一双红睡鞋，倒乞小奴才拾了一只，弄油了我的，那里再讨第二双来。（《金瓶梅词话》第28回）——另第34回有例。

（30）你倒说的好，有一朝天旱水浅，朝廷挑河，把石头乞做工的夫子两三镢头坎得稀烂，怎了？（《金瓶梅词话》第42回）——“乞”前的受事主语是“把”后的“石头”。

（31）休要高声，乞邻舍听见笑话。（《金瓶梅词话》第1回）——虽未明确受事主语，但据上下文看，应是“高声”说的“话”。

以上是“乞”字句。

（32）掏火于姑舅叔朱善儿东草屋东檐底行烧，着事主知觉救灭。（《元典章·刑部十二》）——主语是“东草屋东檐底行烧”。

上例是“着”字句。

（33）这明明是天赐我两个横财，不取了他的，倒把别人取去了。（元·萧德祥《杀狗劝夫》第2折）——向熹（2010：下册780）说：“表被动关系的‘把’是从动词‘把与’的意思虚化而来的，带有一定的方言色彩。”

上例是“把”字句。

(34) 这一分家私要不都叫他搬了娘家去，我也不是个人。(《红楼梦》第25回)

(35) 明儿叫上屋里听见，可又是不好。(《红楼梦》第25回)——主语是“话”。

上2例是“叫”字句。

(36) 无价荆山美玉，未遣和知。(金·佚名《刘知远诸宫调》卷1)

上例是“遣”字句。

(37) 就是天地也给运气使唤着。(《儿女英雄传》第3回)

(38) 那跑堂儿的只叫得苦，他原想着这是点外财儿，这头儿要了两吊，那头儿说了四百，一吊六百文是卷稳的下腰了；不料给当面抖搂亮了，也只得三一三十一，和那两个，每人六百六十六的平分。(《儿女英雄传》第5回)——“给”前主语是“两吊钱”。

上2例是“给”字式被动句。又如：

(39) 那些没丢的，也给海水打滥了。(《白姓官话》)——另有“寡剩的几担豆子没丢吊，也给海水打滥上霉了”“里头原是给雨打湿了的”。前面几例主语也是物。蒋绍愚（2003：211）说：“‘给’后面的施动者是无生命的事物的句子在《白姓官话》中出现得较多。”这也是被动句生命度下降的表现。《白姓官话》是清代琉球官话课本。

(40) 总得苔遮犹慰意，若教泥污更伤心。（唐·韩偓《惜花》）——主语是诗题中的“花”，是植物。

(41) 窄样金杯教换了，房栊试听珊珊。(宋·辛弃疾《临江仙·又再用圆字韵》)

上2例是“教”字式被动句。

(42) 但雀儿明明脑子，交被老乌趁急。(《敦煌叟文集·燕子赋》)

向熹（2010：下册 540）举上例，认为“交”是介词，这样，上例有“交”和“被”2 个介词。

又如：

（43）被猴行者骑定馗龙，要抽背脊筋一条，与我法师结绦子。（《大唐三藏取经诗话》）

蒋绍愚、曹广顺（2005：385）在“被猴行者骑定馗龙”前加了“（馗龙）”，蒋绍愚、曹广顺（2005：385－386）说：“这种句式受事主语出现的时候明显地属于被动句式，受事主语隐含的时候就不大像被动句，特别是第三例，人们甚至否认它隐含着受事主语。我们认为从系统性考虑第三例还是应该归入此类，否则此类句子的起源和发展就无法解释。”蒋绍愚、曹广顺（2005：385）又说，“宋代这一句式又有了发展，复指受事主语的代词可以是名词了，或者说受事宾语可以与受事主语同形了”。

下面的例子也是受事宾语与受事主语同形，如：

（44）乐毅令军安上云梯车，却被城上田单令单军着力，前面执竹竿推开云梯车，后面放矢石如雨，燕兵不能攻城。（《全相平话五种·乐毅图齐》）

（45）袁达搜出国书一道，乃是四国借兵的文字，遂被袁达扯了国书，杀了燕使。（《全相平话五种·乐毅图齐》）

上 2 例中前 1 例“被”前有“云梯车”，后有谓语“执竹竿推开”，后又有宾语“云梯车”，“云梯车”既是受事主语，又是受事宾语。后 1 例“国书”既是动词“扯”的受事宾语，又是受事主语。

（46）乞金莲向前把马鞭子夺了，掠在床顶上，说道：“没廉耻的货儿，你脸做个主了！……”（《金瓶梅词话》第 26 回）

（47）祝日念于是如此这般告说：“我因寻了你一回，寻不着，就同王三官到老孙家会了，往许不与先生那里借三百两银子去，乞孙寡嘴老油嘴把借契写差了。”（《金瓶梅词话》第 42 回）

上 2 例“乞”前本应有“马鞭子”“借契”，它们也是受事宾语与受事主语同形。又如：

(48) 才西门上起火，被一场大雨把火灭了。(《西游记》第70回)

(49) 才隐住了身子，只见那水湿的地方，从窗棂儿里伸进一只手来，先摸了摸那横闩，又摸了摸那上闩的铁环子，便把手掣回去，送进一根带着钩子的双股儿绳子来，只见他用钩子先把那门闩搭住，又把绳子钓那头儿拴在窗棍儿上，然后才用手从那铁环子里褪那横闩；褪了半日，竟被他把那头儿从环子里褪出来，那闩只在那绳子的钩儿上钩着。(《儿女英雄传》第31回)——另第33回有“这句话竟被你两个把我问倒了”。

上面3例是“被”字句与“把”字句的套叠。又如：

(50) 离此间西北上约有十五里有一座山，唤做牛头山，山上旧有一个道院，近来新被两个强人，一个姓王名江，一个姓董名海，这两个都是绿林中草贼，先把道士道童都杀了，随从只有五七个伴当，占住了道院，专一下来打劫。(《水浒传》第73回)

上例的主语是“道院”，但“被”后却省略了谓语动词“占领”或“占据”。

通过以上例子我们已可清楚看出，汉语被动句的多样性，汉语被动句主语生命度低的成熟性。

(四)

“被……所……”格式也有主语生命度低的例子，如：

(1) 若不志道法之玄，心都被符所损。(唐·佚名《叶净能诗》)

“心”虽属于人，但单独用“心”，生命度也是低的。

(2) 元帅所夺州府县镇，皆被张飞所收。(元·佚名《三国志平话》卷下)

明·罗贯中《三国演义》也有主语生命度低的，例如：

(3) 山东一境，尽被曹操所得。(第12回)——另第76回

(2 处)、第 77 回、第 90 回、第 108 回、第 113 回、第 116 回、第 118 回有例。

“山东一境”是处所。

明·吴承恩《西游记》也有主语生命度低的，例如：

(4) 塔上既被血雨所污，又况日久无光，恐生恶物，一则夜静风寒，又没个伴侣，自去恐有差池，老孙与你同上如何？（第 62 回）

“塔上”是物名。

戏曲也有例子，如：

(5) 俺被赵卿所射，一发饮羽。（明·马中锡《中山狼》第 1 折）——另第 3 折、第 4 折有“这中山狼，被赵卿所射”。

(6) 我廿载威名，都被你所损哩。（明·汤显祖《南柯记》第 44 出）

(7) 只因见，只因见金银重资，自不合被贪心所使，嗳！（明·沈璟《义侠记》第 28 出）

(8) 令姑在宫寄诗，正被下官所得。（明·沈鲸《双珠记》第 45 出）——同出另有“失落明珠，仍被婆婆所得”。

例（5）的“俺”是“狼”，是动物。例（6）是“威名”，是抽象的。例（7）的“金银重资”，例（8）中的“诗”，还有“明珠”都是物名。

“为……所……”格式也有例子，如：

(9) 中道之邮亭人舍，多为尊官有力者之所见占。（唐·薛用弱《集异记·王积薪》）

(10) 既非挺出地上，则为深谷林莽所蔽，故古人未见，灵运所不至，理不足怪也。（宋·沈括《梦溪笔谈·杂志一》）——“为深谷林莽所蔽”的主语是“石”。

(11) 释氏之教入于中国，非特人为其所迷惑，鬼亦被他迷惑。（宋·黎靖德《朱子语类》卷 126）

“释氏之教”是佛教，生命度低。“鬼”的生命度也低。

《三国演义》也有主语生命度低的，如：

（12）主公头上赤帻射目，为贼所识认。（第 5 回）——另第 10 回、第 24 回、第 36 回、第 58 回、第 60 回、第 78 回、第 117 回有例。

《红楼梦》也有主语生命度低的，如：

（13）二爷但知柴胡是升提之品，为吐衄所忌。（第 83 回）——另第 102 回有“以致崇楼高阁，琼馆瑶台，皆为禽兽所栖”。

《六十种曲》也有主语生命度低的，如：

（14）永昌，你看这数十万蝼蚁为水所漂，你可将枯竹破开，造桥渡他，亦是你的阴骘。（明·谢谠《四喜记》第 9 出）——另第 12 出有“见有数万蝼蚁为暴雨所侵”。

（15）瞒不得大人，小圣果然是鹿，曾为王母所乘。（明·徐复祚《投梭记》第 23 出）

（16）此诗是谁所作？缝在纩衣内，为军士所得。（《双珠记》第 34 出）

也有“……为所……”例子，如：

（17）今已授常胜军田，见患侵夺民土，又天荒旷土，皆为所占，无复措画。（宋·徐梦莘《三朝北盟会编·茅斋自序》）

以上可见，汉语中主语表物被动句的形式多样，这也是成熟性表现。

（五）

郭锡良等（1983：上册 497）说：“语义上表示被动的句子历史悠久，早在甲骨文时代就出现了。”例如：

（1）鹿禽。（《粹 953》）

郭锡良等（1983：上册 498）又举例子：

（2）蔓草犹不可除，况君之宠弟乎？（《左传·郑伯克段于鄢》）

还有如著名的“朽木不可雕也，粪土之墙不可圬也”（《论语·公冶长》）、“飞鸟尽，良弓藏；狡兔死，走狗烹”（《史记·越王勾践世家》），也是语义上表被动的句子，主语也是物。

张延俊（2010：85－88）有一节是“远古汉语无标记被动式主语的语义类型”，又分为：（一）受事主语；（二）对象主语；（三）材料主语；（四）内容主语；（五）处所主语；（六）成果主语。其中（二）对象主语又分为五点：1. 予夺类对象主语；2. 祷求类对象主语；3. 称说类对象主语；4. 感知类对象主语；5. 役使类对象主语。举有不少主语为物的例子，如：

三卜用？｜唯俘车不克以，衣焚。｜豚暨羊皆用？｜二小牢燎？｜今岁商受年？｜邛方亡闻？｜方亡听？｜一牛御妇鼠妣己？｜疾齿告于丁？｜小疾勿告于祖乙？｜邛方于河丐？｜东土受年？｜长榜载首百。｜牖间南向，敷重蔑席，黼纯。｜牧牛辞誓成。

以上可见，就是无标记被动句主语的生命度也有低的。汉语被动句主语的生命度并非孤立现象。

张延俊（2010：88）说：“殷商西周无标记被动式丰富的主语类型，从一个方面反映了殷商西周时期汉语语法的复杂性，同时也显示了汉语无标记被动式应用的广泛性。”

张延俊（2010：305－311）在第七章汉语被动式形成与发展的原因、机制和规律中说到汉语被动式类型内部的发展规律时，说了5点规律，其中第4点是“生命级别的下降律”。张延俊（2010：309－310）说：“主语方面。无标记被动式的主语在殷墟卜辞中大多表示人类或者神祇（相当于人类），表示无生物的用例只占18%，在金文中的比例上升到20%，上古时期进一步提升，到现代汉语中已经超过60%，在《骆驼祥子》和《毛泽东选集》第一卷中，该类用例所占比例分别是75%和63%。可见其生命级别下降的幅度之大。‘见’字式的主语在中古时期之前只限于表示人类，包括表示人类组织，到中古时期出现非生物。‘为’字式的主语在上古时期一般指人类，只有个别用例表示动物和非生物，中古时期大量增加了非生物（包括人体、植物、建筑设施、地理、物品、自然现象和著作等）方面的用例，其生命级别处于急剧下降状态。‘被’字式的主语在上古时期都指人或者由人组成的国家，中古时期所指范围扩大到动物或非生物，进入近古时期，相关用例大量增加，类别更为丰富，涉及身体的某个部分、动物、植物、服装、用品、钱财、房产、诗歌、事件、抽象事物等多种多样的事物，其生命级别也是在不断下降。”

以上几个数据很能说明问题：殷墟卜辞18%，金文20%，现代汉语60%（《骆驼祥子》75%，《毛泽东选集》第一卷63%），这充分说明，生命级别在历史的长河中一直处于下降的过程，所以，现代汉语中，“被”字式生命级别下降是汉语内部发展的结果，虽可能有外部因素的推波助澜，但那只是量的增加，非质的改变。

贺阳（2008：245－246）说《西游记》中以指物名词为主语的“被”字句约占“被”字句总数的8%，《红楼梦》中约占9%。我们觉得，8%、9%这样的比例不算低。再说，既然汉语本身早已有这种用法，那为何还要舍近求远去印欧语中寻找来源呢？说汉语的人一直有被动句主语表物这样的认知心理基础，主语表物的被动句是汉语自身发展的结果。

郭鸿杰、韩红（2012：12）说：“语法是否可以借用，仍然是一个非常有争议的问题。尽管Thomason&Kaufman（1988）的‘借用无条件说’有许多拥护者，但仍有许多学者认为语法或句法借用是不可能的，或者说几乎不可能（King2000）。”我们以为，语法可以借用，但借用有条件，有限。尤其是对汉语这样成熟、有悠久历史的语言来说，更是如此。

郭鸿杰、韩红（2012：17）说：“‘被’字句的使用情况在原生汉语和翻译汉语中并没有表现出显著差异，也就是说‘被’字句的使用频率并没有随着英汉语言接触的加深而表现出显著增加的趋势。贺阳（2008）发现文学翻译与学术翻译中的‘被’字句出现频率都高于汉语原创小说，而且高出的幅度具有明显差异。胡显耀、曾佳（2010）则发现汉语翻译小说中‘被’字句的使用频率低于非翻译小说，翻译小说中的‘被’字句更趋近于汉语‘被’字句的既有传统。他们把这解释为翻译文本的‘传统化’，意指翻译文本趋从或夸大目的语传统，以提高译本的可接受性。”这说明，贺阳（2008）的说法值得商榷。贺阳（2008）所考察的汉语史作品，只是旧白话，且统计的文本也太少，只有《西游记》等几部小说，不像张延俊（2010）是对汉语的全面考察，相比贺阳（2008），张延俊（2010）可信度更高。就张延俊（2010）来看，就是原生的古汉语、近代汉语中的“被”字句，是相当成熟和稳定的语法系统。因此，主语表物的被动句确实是汉语自身发展的结果，不属“外国语迹象”，不是欧化语法现象。

曹志耘（2008：94）以“碗被他打破了”作调查，方言中有“碗被他打破了”、“碗被他给打破了”、“碗［乞伊］打破了”、“碗被他给打破了～碗被他打破了”、“碗他给打破了”等各种说法说，明汉语方言中也有主语生命度低的被动句。

（六）

在此，我们从我国少数民族语言的被动句的共时角度，再来探讨被动句主语生命度低的问题。下面是《中国少数民族语言简志丛书》（修订本）中的情况。

如彝语，属汉藏语系藏缅语族彝语支，陈士林等（2009：58）说，“彝语被动态的句法形式如下”：

i^{21}kho^{33}ŋa^{33} （kɯ^{21}） go^{55}ta^{33}o^{44}.　　门被我关上了。

门　我　（辅动）关（助）了

ɕɿ^{33}ŋa^{33} （kɯ^{21}） pɿ^{21}sa^{55}o^{44}.　　肥料被我给背完了。

粪肥　我　（辅动）背　完　了

陈士林等（2009：58）又说：“谓语部分的及物动词之前可以用辅助动词 kɯ^{21} 或 si^{21}、ʂu^{33} 等表示‘处置’意义，但也可以不用，句子的基本意义仍然相同。”试比较：

a⁴⁴ ȵe³³ khɯ³³ kɯ²¹ çi⁵⁵ o⁴⁴. 猫被狗给咬了。

猫　狗（辅动）咬了

a⁴⁴ ȵe³³ khɯ³³ çi⁵⁵ o⁴⁴. 猫被狗咬了。

猫　狗　咬　了

我们以为，按汉语语法，前者是一般的被动句，有标记，而后者就是受事主语句，是无标记被动句。

如布依语，属汉藏语系侗台语族壮傣语支，喻翠容（2009：121）举有如下例子：

va ːn¹ tia ŋ¹ l ɯʔ⁸ ti¹ au¹ pai¹ liau⁴. 斧头被他儿子拿去了。

斧　被　儿子　他　拿　去　了

如侗语，属汉藏语系侗台语族侗水语支，梁敏（2009：204）说："2. 介词 təu⁶ '被、挨、受' 用于被动句，它后面的名词、代词是动词的施动者（如果 təu⁶ 的后面没有表示施动者的名词或代词，就不是介词而是表示被动语态的助词。）" 例如：

iu² məi⁴ a⁵ təu⁶ nam⁴ la ːu⁴ khuk⁹′ wa ːi⁶ ja ːŋ⁴. 那条木桥被大水冲坏了。

桥　木　那　被　水　大　冲　坏　了

如傣语，属汉藏语系侗台语族壮傣语支，喻翠容等（2009：336）在说到"表示被动的介词"时，说："表示被动的介词 tso³ '被' 表示，除此以外，西傣还有一个 se¹ '被'。" 如：

xau³ tso³ kai⁵ sak⁷ kin¹ sam⁴ hən³. 谷子被鸡啄完了。

谷子　被　鸡　啄　吃　完　了

如毛南语，属汉藏语系侗台语族侗水语支，梁敏（2009：664）说："但是如果 ti ːŋ³ 和动词之间有施动者的时候，ti ːŋ³ 就是介词，它跟作为施动者的名词或代词组成介词结构，作为动词的修饰成分。" 例如：

ja ːn¹ te¹ ti⁰ zo² ti ːŋ³ ma¹ ŋa ːŋ² na⁴ ljeu⁶. 他家的羊被狼吃了。

家　他们的　羊　被　狼　吃　了

如仡佬语，系属不定，但一般认为不是属苗瑶语族就是属壮侗语族，贺嘉善（2009：719）说："介词 ŋkai³¹ '被、挨、受' 用于被动句。”例如：

lɒ^{44} ni^{31} ŋkai^{31} u^{33} pa^{24} p ‘ai^{33} kəɯ^{33}. 这碗被他打破了。

碗　这　被　他打　　破　　了

如瑶族勉语，属汉藏语系苗瑶语族瑶语支，毛宗武等（2009：180）说 tsu^{8} “被”是介词，例如：

tom^{2} sjen^{2} tsu^{8} nen^{2} bo^{7} tai^{6} ȵ̥a^{6}. 老虎被他打死了。

老虎　　被　他　打　死　了

如高山族阿眉斯语，属南岛语系印度尼西亚语族，是一种黏着型多音节且没有声调的语言，何汝芬等（2009：617）举有如下例子：

matəŋilaj aku（或 nu maku）ku　huni na ʔajam.

被听见　我　（助）我　（助）声音 那　鸟

那只鸟的声音被我听见了。

何汝芬等（2009：628）又举有如下例子：

sətiʔ – ən aku kura pusi.　　　　那只猫被我打了。

把……打　我　那　猫

何汝芬等（2009：627）说：“B. 被动态即行体是重叠未完成体开首辅音加元音 a 作为词首音节构成的，它表示即将发生的被动行为。”例如：

ma – makaən　nu　pusi kura tsiwtsiw. 那只小鸡要被猫吃掉的。

要被吃　（助）猫　那　　小鸡

ma – maala　aku　ku　kuaŋ.　　　火铳就要被我拿到了。

要被拿　我（助）火铳

何汝芬等（2009：628）又说：“C. 被动态进行体表示已发生并正在进行的被动行为，其构成形式是在未完成体后加词缀 – aj。”例如：

makaən – aj nu pusi ka futiŋ ikafəkaŋ nu təu.　　桌子上那条

被吃着（助）猫　那　鱼　在上面（助）桌子　鱼被猫吃着。

Maala – aj niwina ku　kaɬaŋaku. 我的手镯被母亲拿着。

被拿着　母亲（助）手镯 我的

mafərfər – aj nu fail ku kafuŋnura tamɬaw.

被刮跑了（助）风（助）帽子 那　人

那个人的帽子被风刮跑了。

何汝芬等（2009：628）又说："D. 被动态完成体表示被动行为的完成，其构成形式是在进行体之后加助词 tu。"例如：

malətəkaj tu nu tau ka taʔaŋajaj ʔakawaŋaj　a kilaŋ inatsila.

被砍倒了（助）（助）别人那　大的　高的　（助）树　昨天

那棵高大的树昨天被人砍倒了。

如高山族布农语，属南岛语系印度尼西亚语族，是一种黏着型多音节且没有声调的语言，何汝芬等（2009：742）说："C. 现在时进行体表示被动行为正在进行。"例如：

pakakaunun ku a　haŋvaŋin.　　这头牛正被我喂着。

正　喂　　我（助）牛　这

何汝芬等（2009：742）说："D. 过去时一般体表示被动行为曾经发生。"例如：

ɬaikaŋ kaŋ un ku　a　human. 那块地被我犁过了。

犁过　　我（助）田地那

何汝芬等（2009：742）说："E. 过去时完成体强调被动行为业已成为客观事实。"例如：

ʃinuaðunin maʃaitia　a　bunbun.　　香蕉已经被他种过了。

被种过了　　他　（助）香蕉

paikaunungin maʃaitia　a　haŋvaŋin.　这头牛已经被他喂过了。

喂过了　　　他　（助）牛这

何汝芬等（2009：742）说："F. 过去时进行体表示过去某一段时间里经常进行的被动行为。"例如：

aintatatabanun maʃ makuaŋ tu　bunun a iʃaitia　　a ɬumah.

抢过　　　　（助）坏（助）人（助）他的（助）家

他家曾经被坏人抢劫了。

何汝芬等（2009：742）说：“G. 将来时一般体表示将要发生或进行的被动行为。”例如：

napakaunun ku a haŋvaŋin. 这牛将被我喂了。

要喂 我（助）牛 这

如高山族排湾语，属南岛语系印度尼西亚语族台湾排湾语团，是一种黏着性语言，陈康等（2009：839）说：“（2）一般被动态表示一般性的行为、动作，往往用于把情况告诉别人。一般被动态的表示形式为词根加后加成分 - ən，名词和人称代词作施动者时为属格。”例如：

ʔanən a qavay na alaʔaʔuqalai.

被吃（助）米糕（助） 儿子

米糕被儿子吃了（儿子吃米糕了）。

ʔataən la itsu a sidzi na vatu. 这只羊被狗咬了。

被咬（助）这（助）羊（助）狗

陈康等（2009：839）说：“（3）进行被动态表示行为、动作正在进行，进行被动态的表示形式为词根重叠后加后加成分 - ən，如词根有尾辅音，重叠时第一音节的尾辅音须去掉。名词和人称代词作施动者时为属格。”例如：

ʔaʔanən la itsu a qavay na alaʔaʔuqalai.

正在被吃（助）这（助）米糕（助） 儿子

这块米糕正在被儿子吃。

ʔaʔatsən la itsu a sidzi na vatu. 这只羊正被狗咬。

正在被咬（助）这（助）羊（助）狗

陈康等（2009：839）说：“（4）过去被动态表示行为、动作发生在过去。过去被动态的表示形式为词根第一个音节开首辅音和元音之间插入中加成分 - in -，名词和人称代词作施动者时为属格。”例如：

ʔinan a qavay na alaʔaʔuqakai. 米糕被儿子吃了。

被吃了（助）米糕（助） 儿子

ʔinats　la itsu　a sidzi na vatu. 这只羊被狗咬了。

被咬了（助）这（助）羊（助）狗

陈康等（2009：839）说："（5）过去完成被动态表示行为、动作在过去时完成。过去完成被动态的表示形式为词根加中后加成分 - in - … - aŋa，名词和人称代词作施动者时为属格。"例如：

ʔinananŋa　a　qavay na alaʔaʔuqalai tatiav.

已经被吃了（助）米糕（助）　儿子　昨天

米糕昨天已经被儿子吃了。

ʔinatsaŋa　la　itsu　a　sidzi na vatu tatiav.

已经被咬了（助）这（助）羊（助）狗　昨天

这只羊昨天已经被狗咬了。

陈康等（2009：846）举有如下例子：

ʔu tsəvələn　a ? irimu　a　tɕau patsay a　ŋiaw.

我的被埋（助）立刻（助）刚　　死（助）猫

猫刚才死就立刻被我埋起来。

ʔatsən la　itsu　a　sidzi na vatu. 这只羊被狗咬。

被咬（助）这（助）羊（助）狗

如德昂语，属南亚语系孟高棉语族佤德昂语支，陈相木等（2009：997）举有如下例子：

gɔp kau ŋar giaŋ hɔiʔ tuh toʔ k'liat dʊiʔ jɔʔ.

因　玩　火 房子 已 被　烧　光　完　了

因为玩火房子被烧光了。

（七）

我们又考察了"××语概况"的系列论文等，发现也有一些语言有被动句的生命度低的现象。如珞巴语，属汉藏语系藏缅语族，欧阳觉亚（1979：67）说："在被动句里，主语一般出现在'逻辑主语'（后面要带'结构助词'）之前，也可以在'逻辑主语'之后。"例如：

oŋoː aliː nɯŋ doː gəȵɛː. 鱼被猫吃了。

鱼　猫（结助）吃（尾助）

aliː nɯŋ　oŋoː doː gəȵɛː. 鱼被猫吃了。

猫（结助）鱼　吃（尾助）

如阿昌语，属汉藏语系藏缅语族，戴庆厦、崔志超（1983：77）举有如下例子：

maʔ kɔʔ ȵaŋ　a　tɕɔ pɔ. 梨子被他吃了。

梨子　他（助）吃 了

如景颇族波拉话，属汉藏语系藏缅族人缅语支，戴庆厦等（1985：70）举有如下例子：

khui jɔ̃ jaŋ pɛʔ sɛʔ vɛ. 狗被他打死了。

狗　他 被　打 杀（助）

如巴哈布央语，李锦芳等（2003：75）说："被动句　巴哈通过动词前加表被动的介词 ŋɛ^{31}或由'给'虚化而来的 naːk^{11}来表达被动式。"例如：

ðaːk^{11}（打，取）θu^{322}（柴）laːu$^{45/33}$（少）ȵɛ^{31}（被）di^{322}（责怪）/"打柴少了被责怪。"

ma^{55}lu^{322}（钱）ȵɛ^{31}（被）tɕaːi^{45}（花）pjaːŋ^{322}（完）/"钱被花光了。"

如比贡仡佬语，李锦芳等（2004：77）说："被动句　由动词 ŋua^{31}'遭受'（如：ŋua^{31}（遭）pia^{33}（火）ko^{33}（了）/着火了！）虚化成介词带宾语（施动者）组成介宾结构来表达。"例如：

tau^{31}（只）ʔua^{55}（羊）ŋua^{31}（被）tau^{31}（只）tia^{33}（虎）khəu^{31}（吃）mai^{13}（了）ko^{33}（啦）/羊被老虎吃了。

如户语，其语音系统具有比较典型的孟高棉语言特色，李锦芳（2004：76）说："1. 被动句　由动词后附表被动态的 tɕap^{55}构成，可接受补语补充说明。"例如：

ia^{31} thaŋ^{55} tɕap^{55} ka a^{33} to^{55} jɔi^{33}. 鸡被杀了二只。

鸡　杀　被　　二　只　了

如黎语加茂话，是黎语的一种方言，刘援朝（2008：76）说：“被动句和主动句的区别在于，主动句的施事者在被动句中变为受事者，受事者反而变为施事者，在被动句中，要加 mɯ^{2}这个助词表示这种关系的改变。”例如：

daːn^{3} mɯ^{2} nei^{1} daːn^{3} thau^{3}. 钉子被他钉进去了。

钉子 被 他 钉 进

如来语，属黎语支，符昌忠（2011：77）说：“4. 被动句　被动句采用在动词前加介词 tɛn^{42} ‘给、被’ 的方式来表示。其被动义是由包括介词在内的整个句式来体现的，介词只起介引施事的作用，要求施事强制性出现，不能省略，动词跟在施事后面。其格式是‘受事 + 介词 + 施事 + 动词’。”例如：

tsin^{11} hɛi^{25} tɛn^{11} leʔ^{42} ɓɔi^{11} zaʔ^{42} hɛi^{11} lɛ^{11}. 钱被小偷偷走了。

钱 这 被 小 贼 偷 走 了

如凉山彝语，胡素华（2005：118 – 119）举有如下的例子：

bu^{55} thsɿ^{33} tshɿ^{33} ȵi^{31} ndo^{33}. 药被他喝了

药 他 咽下 喝

khɯ^{33} a^{44} ȵe^{33} ɕi^{55} sɿ^{33} o^{44}. 狗被猫咬死了。(被动义)

狗 猫 咬 死 (句末助词)

khɯ^{33} a^{44} ȵe^{33} khɯ^{31} si^{31}ɕi^{55} ki^{33}o^{44}. 狗正在被猫咬呢（被动义）

狗 猫（施事助词）（处置动词）心咬（进行体助词）（句末助词)

ŋã^{55} tɕɿ^{33} ɕɿ^{33} tshɿ^{33} kɯ^{31} tu^{55} sɿ^{33} du^{33}. 我的脚被他踩流血了。

我的 脚 他（施动助词）踩 血 流

ŋã^{55} tɕɿ^{33} ɕɿ^{33} tshɿ^{33} kɯ^{31} tu^{55} tshɿ^{31}lɔ^{33} bɿ^{44}. 我的脚被他踩了一下。

我的 脚 他（施动助词）踩 一 下致于

也有受事主语句的用法，如黎语加茂话，刘援朝（2008：76）说：“但是，常见的情况是被动句多不使用 mɯ^{2}，只是在语义层面上带有被动的含义。”例如：

vo^{1} liap^{7} ɛ^{4}. 衣服撕啦。

衣　　裂　呀

tɯi^{1} kɛ^{4} duət^{9} hɛ^{4}. 绳子断了。

绳　　　断　　　了

（八）

黄行、唐黎明（2004）从跨语言类型对比的角度研究被动句，被动句主语生命度低的例子很多。黄行、唐黎明（2004：16）说："侗台、苗瑶语属较典型的分析型语言，这类语言由于缺乏词法形态而没有任何标记就可以构成由受事论元做主语的被动义的句子。受汉语的影响，可以用借自汉语的由施事者加介词的方式表被动句。"黄行、唐黎明（2004：16）所举例子如：

苗语：pi^{33}我们 paŋ^{31}的 na^{55}稻子 ʈi^{33}打 tɕaŋ^{55}成 ʐaŋ^{33}了

lɛ^{33}个 tu^{35}字 noŋ^{35}这 vi^{11}我 a^{55}不 ɕaŋ^{53}认识

瑶语：wo^{3}那 tei^{5}些 bjau^{2}稻子 ŋoŋ^{2}牛 ȵen^{6}吃 a^{3}了

tom^{2}sjen^{2}老虎 tsu^{8}被（<汉语"着"）nen^{2}他 bo^{7}打 tai^{4}死 ȵa^{6}了

黄行、唐黎明（2004：17）所举例子如：

羌语：sa^{31}u^{33}羊 ti^{33}定指助词 ŋa^{55}我 i^{33}施事助词 sɿ^{31} qə^{55} te^{55} sa^{31}打死羊被我打死了。

独龙语：dɯ^{31} gɯi^{55}狗 gɹu^{53}叫 a^{31} ja^{55}那 ĭŋ^{55} ne^{55}我们俩 le^{31}助词 a^{31}ta^{55} –ɕɯ31 听见—双数第一人称狗叫被我们俩听见了。

阿昌语：ma^{ʔ31} kɔ^{ʔ31} 梨 ȵ̣sŋ^{31} 他 a^{31} 助词 tɕɔ^{31} 吃 pɔ^{31} 完成体助词梨被他吃了。

纳木兹语：ɦæɻ^{55} tsɿ^{55} 小鸡 jæ^{31} 只 kæ^{31} 老鹰 ȵi^{55}（不能省略）ʁæ^{31}叼 ha^{55}走小鸡叫老鹰叼走了。

彝语：i^{21} kho^{33} 门 gã^{33} 我 kɯ^{21}（可以省略）go^{55} 关 ta^{33} 助词 o^{44} 了门被我给关上了。

a^{44}ȵe^{33}猫 khɯ^{33}狗 kɯ^{21}（可以省略）ɕi^{55}咬 o^{44}了猫被狗咬了。

珞巴语：taːpə 绳子 ɦam 受事格结构助词 koː 他 nɯŋ 施事—工具格结构助词 pupak 拉断 ɡəȵeː 语尾助词绳子被他拉断了。

以上是汉藏语。

黄行、唐黎明（2004：17）说："1. 突厥语族语言名词与格用后缀 - qa 等，动词被动态用后缀 - n/l。" 例如：

突厥语族语言：

维吾尔语：bu 这 kijim 衣服 juj - ul - di 洗—被动态—过去时这件衣服洗过了。

哈萨克语：egin 庄稼 sal - ən - də 种—被动态—过去时庄稼种上了。

黄行、唐黎明（2004：18）说，"有时动词不用被动态也可表示被动义"，例如：

达斡尔语：xarbəŋ udur - d 十天—位格 gərj 房子 xii - dʒ 建—副动词标记 bar - bəi 完—现在将来时房子十天盖成。

黄行、唐黎明（2004：18）又说："蒙古语与格（也作向位格）也用于使动态的受事。" 例如：

被动态：naran - du 太阳—与格 Š　ira - γda - qu 晒—被动态被太阳晒

黄行、唐黎明（2004：18）又说，"3. 满—通古斯语族语言与格用后缀 - du 等，被动态用后缀 - vu、wu 等"，例如：

鄂温克语：tari 那 mʊrm 马 min - du 我—与格 dʒawʊ - wʊ - ʃaa 抓—被动态—过去时那匹马被我抓了。

黄行、唐黎明（2004：20）又举有如下例子：

苗语：to^{11}些 tɕu^{33}高粱 ɕhu^{33}收 tɕu^{11}完 ʑaŋ^{55}了高粱收完了。

瑶语：tom^{1}sjen^{2}老虎 tsu^{8}被 nen^{2}他 bo^{7}打 tai^{6}死 ȵa^{6}了老虎被他打死了。

水语：thuŋ^{3}tsɿ^{3}通知 ni^{4}贴 ho^{4}于 ni^{4}棵 mai^{4}树 tsa^{5}那通知贴在那棵树上。

羌语：sa^{31}u^{33} 羊 ti^{33} 话题标记 ŋa^{55} 我 i^{33} 施事格助词 sɿ^{31} qə^{55} te^{55} sa^{55} 打死羊被我打死了。

珞巴语：taːpə 绳子 ɦam 受事格结构助词 koː 他 nɯŋ 施事—工具格结构助词 pupak 拉断 ɡəȵeː 语尾助词绳子被他拉断了。

黄行、唐黎明（2004：21）说："古代突厥语被动句的受事者可以位于句首，也可以位于句中或句尾，但是格标记不变，说明被动句的受事者是主语而非话题。"举《突厥语词典》的例子：

är – din 人—从格 ton 衣服 soy – ul – dï 剥—被动态—过去时衣服被人解开了。

Kändäk – kä 罐子—与格 un 面 tïq – ïl – dï 装入—被动态—过去时面被装进罐子里了。

bul – duq – tï 找到—被动态—过去时 näŋ 东西东西被找到了。

täp – il – di 踩—被动态—过去时 yeär 地地被踩了。

戴庆厦、李洁（2006：54）举有如下的例子：

景颇语：n^{55}phje^{51}ʃi^{33}e^{31}　　la^{55}kau^{55}sai^{33}. 背包被他拿走了。

　　背包　他（施助）拿 掉（句助）

哈尼语：a^{31}jo^{31}ɣ^{33}phju^{55}sɔ^{55}xø^{31} ne^{33}　xø^{31}dza^{31}a^{55}. 他的钱被贼偷了。

他　的 钱　　贼（施助）偷　　了

载瓦语：mji^{31} jaŋ^{31} eʔ^{31} loʔ^{55} sat^{55} pe^{51}. 火被他搞灭了。

　　火　他（施助）搞　灭　　了

戴庆厦、李洁（2006：55）说："载瓦语被动句有用动词的使动形式来表示被动义的用法。"例如：

哈尼语：ŋa^{31}ɣ^{33}so^{31}ɣa^{31}b̤i^{33}xø^{31}dza^{31}a^{55}. 我的书被偷了。

　　我的　书　被　　偷　　了

载瓦语：khjo^{51}xji^{51}khat^{55}pan^{31}　ʒạ^{55}　pe^{51}. 这条路全被弄平了。（ʒa^{55}平——ʒạ^{55}使平）

　　路　这　　条　　全　使平（谓助）

　　va^{31}　lĕ^{55}　pat^{31}kọi^{55}　pe^{51}. 竹子被打弯了。（koi^{55}弯——kọi^{55}使弯）

　　竹子（受助）打 使弯　了

赵明鸣（2001）也举有不少例子。赵明鸣（2001：39 – 40）的例子如：

马被勒死了。

马勒（被动态）（过去时）

东西被找到了。

找到（被动态）（过去时）东西

地被踩了。

踩（被动态）（过去时）地

他的房屋（被）抹上了墙泥。

他（属格）家（三领属）抹（被动态）（过去时）

（九）

李洁（2008）是汉藏语系语言的被动句研究，被动句主语生命度低的例子更多。例如：

布依语：

sen^{31} te^{33} tso^{31} ðak^{11} lo^{2}. 他的钱被偷了。

钱 他 遭 偷 了（周国炎 2003. 5）

傣语：

xau^{31} tso^{31} kai^{11} sak^{35} sam^{53} hən^{31}. 谷子被鸡啄完了。

谷子 着 鸡 啄 完 了（王均 1984：280）

巴哈布央语：

ma^{55} lu^{322} ȵ̥ɛ^{31} tɕaːi^{45} pjaːŋ^{322}. 钱被花光了。

钱 被 花 完（李锦芳 2003. 4：75）

“遭”字句也有生命度低的句子。如壮侗语：

ɣaːu^{42} ta^{35} mɯŋ^{35} teŋ^{33} vɯn^{33}θan^{33} leu^{42}. 你晒的粮食遭雨淋了。

粮食 晒 你 遭 雨 淋 了

ɣaːu^{42} ta^{35} mɯŋ^{35} teŋ^{33} vɯn^{33} leu^{42}. 你晒的粮食遭雨淋了。

粮食 晒 你 遭 雨 了

参考文献

白维国：2010，《白话小说语言词典》，商务印书馆。

鲍厚星、崔振华、沈云姬：1998，《长沙方言词典》，江苏教育出版社。

鲍明炜、王均主编：2002，《南通地区方言研究》，江苏教育出版社。

北京师范学院中文系汉语教研组：1959，《五四以来汉语书面语言的变迁和发展》商务印书馆。

贝罗贝、徐丹：2009，《汉语历史语法与类型学》，《历史语言学研究》第二辑，商务印书馆。

蔡华祥：2011，《盐城方言研究》，中华书局。

曹广顺：1995，《近代汉语助词》，语文出版社。

曹先擢：1996，《"打"的语义分析》，《辞书研究》第6期。

曹志耘：1996，《金华方言词典》，江苏教育出版社。

曹志耘主编：2008，《汉语方言地图集》（语法卷），商务印书馆。

常俭：1981，《谈动词的叠用》，《语言教学与研究》第2期。

陈昌来：2002，《介词与介引功能》，安徽教育出版社。

陈承泽；1982，《国文法草创》，商务印书馆。初版于1922。

陈光磊：1994，《汉语词法论》，学林出版社。

陈康、马荣生编著，陈康修订：2009，《高山族排湾语简志》，《中国少数民族语言简志丛书》修订本·卷肆，民族出版社。

陈前瑞：2005，《汉语的进行体与未完成体》，《对外汉语研究》第 1 期，上海师范大学《对外汉语研究》编委会编，商务印书馆。

陈前瑞：2009，《汉语体貌研究的类型学视野》商务印书馆。

陈士林、边仕明、李秀清编著，曲木铁西、胡素华修订 2009《彝语简志》，《中国少数民族语言简志丛书》修订本 · 卷贰，民族出版社。

陈伟武：1990，《车王府曲本语词札记》，《中国语文》第 3 期。

陈伟武：1996，《车王府曲本中的清代汉语若干语法成分》，《语文研究》第 1 期。

陈相木、王敬骝、赖永良编著，陈相木修订：2009，《德昂语简志》，《中国少数民族语言简志丛书》修订本 · 卷贰，民族出版社。

陈一：2012，《"第二个 $N_{专}$" 与 "$N_{专}$第二"》，《中国语文》第 3 期。

陈云龙主编：2011，《近代汉语专题教程》，中国人民大学出版社。

赤心木：1988，《试谈"修饰语 + 人称代词"》，《中学语文》第 2 期。

褚福侠：2007，《元曲词缀研究》，山东大学博士学位论文。

褚立红：2010，《论近代汉语时期" ~ 生"的词性问题》，《现代语文》第 2 期。

储泽祥：2010，《主谓同素互动的"X 的 X"及次范畴化所造成的影响》，《语文研究》第 4 期。

崔山佳：1993，《〈围城〉中有"人名 + 俩"的说法》，《中国语文》第 5 期。

崔山佳：1997，《解放前已有"永远"作形容词用的例子》，《汉语学习》第 5 期。

崔山佳：2004，《近代汉语语法历史考察》，崇文书局。

崔山佳：2006a，《方言中几个比较特殊的形容词重叠形式》，《台州学院学报》第1期。

崔山佳：2006b，《关于“V的V”格式的三点补充》，《语言学论丛》第33辑，商务印书馆。

崔山佳：2006c，《关于“A的A，B的B”格式的三点补说》，《语文学刊》第5期。

崔山佳：2008a，《“人名+俩”说法补例》，《语言文字周报》3月12日第4版。

崔山佳：2008b，《“人称代词带定语”一定要用“的”字吗?》，《宁波广播电视大学学报》

第2期。

崔山佳：2008c，《也谈“定语+人称代词”结构的来源》，《中国语文》第4期。

崔山佳：2008d，《现代汉语“潜显”现象研究》，巴蜀书社。

崔山佳：2009a，《〈关于“定语+人称代词”〉献疑》，《修辞学习》第1期。

崔山佳：2009b，《〈《水浒传》中约数的称法〉的补说》，《古籍整理研究学刊》第3期。

崔山佳：2010，《介词“把”等特殊用法历史考察》，《中国语言学报》第14期，商务印书馆。

崔山佳：2011a，《也说“定语+的+人称代词”结构的类型》，《语言与翻译》第3期。

崔山佳：2011b，《近代汉语动词重叠专题研究》，巴蜀书社。

崔山佳：2011c，《“V在了N”格式补说三题》，《宁波大学学报》（人文科学版）第4期。

崔山佳：2012a，《“V在了N”等格式历时考察》，《中国语言学报》第15期，商务印书馆。

崔山佳：2012b，《词缀“生”补说》，《语言研究集刊》第九辑，上海辞书出版社。

崔山佳：2013a，《“被……所……”“被”字句历时考察》，《语言与翻译》第2期。

崔山佳：2013b，《汉语被动句主语的生命度历时考察》，《宁波大学学报》第5期。

崔山佳：2013c，《汉语欧化语法现象专题研究》，巴蜀书社。

戴庆厦、崔志超：1983，《阿昌语概况》，《民族语文》第3期。

戴庆厦、傅爱兰、刘菊黄：1985，《景颇族波拉话概况》，《民族语文》第3期。

戴庆厦、李洁：2006，《从藏缅语族语言反观汉语的被动句》，《云南师范大学学报》（哲学社会科学版）第3期。

戴昭铭：2003，《天台方言初探》，中国社会科学出版社。

戴昭铭：2004，《天台方言动词的体貌》，《中国语言学报》第11期，商务印书馆。

邓晓华、王士元：2009，《中国的语言及方言的分类》，中华书局。

电大《现代汉语讲义》编写组：1985，《现代汉语教学指导》，中央广播电视大学出版社。

刁晏斌：1999，《试论近代汉语语法的特点》，《近代汉语研究》（二），蒋绍愚、江蓝生编，商务印书馆。

刁晏斌：2001a，《近代汉语句法论稿》，辽宁师范大学出版社。

刁晏斌：2001b，《新时期新语法现象研究》，中国文联出版社。

刁晏斌：2006a，《现代汉语史》，福建人民出版社。

刁晏斌：2006b，《现代汉语史概论》，北京大学出版社。

刁晏斌：2006c，《略论共时语法研究中的历时观照》，《宁夏大学学报》，人文社会科学版，第4期。

刁晏斌：2007a，《初期现代汉语语法研究》，修订本，辽海出版社。

刁晏斌：2007b，《〈三朝北盟会编〉语法研究》，河南大学出版社。

丁声树、吕叔湘、李荣、孙德宣、管燮初、傅婧、黄盛璋、陈治文：2004，《现代汉语语法讲话》，商务印书馆。

董晓敏：1997，《“V在了N”结构新探》，《华中师范大学学报》第3期。

董秀芳：2009，《现实化：动词重新分析为介词后句法特征的渐变》，载吴福祥、崔希亮主编《语法化与语法研究》四，商务印书馆。

董秀芳：2011，《词汇化：汉语双音词的衍生和发展》，修订本，商务印书馆。

范方莲：1964，《试论所谓“动词重叠”》，《中国语文》第4期。

范继淹：1982，《论介词短语“在+处所”》，《语言研究》第1期。

范晓：2001，《论名核结构》，《语言问题再认识——庆祝张斌先生从教五十周年暨八十华诞》，上海教育出版社。

范晓：2003，《语法研究中的十大关系》，《语法研究入门》，吕叔湘等著，马庆株编，商务印书馆。

范中树：1994，《黎语语法纲要》，中央民族大学出版社。

方梅：2008，《由背景化触发的两种句法结构——主语零形反指和描写性关系从句》，《中国语文》第4期。

方松熹：2002，《义乌方言》，中国文联出版社。

房玉清：2006，《实用现代汉语语法》，修订本，北京大学出版社。

冯爱珍：1991，《福清话名词性后缀“囝”》，《中国语文》第6期。

冯春田：1991，《近代汉语语法问题研究》，山东教育出版社。

冯春田等：2012，《明清山东方言语法研究》，山东教育出版社。

冯力：2007，《从北部吴语的“V 快“看中心谓语成分虚化为助词的现象》，《中国语文》第 3 期。

冯淑仪：2005，《〈敦煌变文集〉和〈祖堂集〉的形容词、副词词尾》，《语文研究》第 1 期。

傅国通：1978，《浙江方言语法的一些特点》，《杭州大学学报》（哲学社会科学版）第 2 期。

傅惠钧：2002，《试论近代汉语中的“V 的 V”格式》，《语言学论丛》第 25 辑，商务印书馆。

符昌忠：2011，《来语概况》，《民族语文》第 3 期。

甘玉龙、秦克霞编著：1993，《新订现代汉语语法》，天良科技翻译出版公司。

高文达主编：1992，《近代汉语词典》，知识出版社。

顾明耀主编：2008，《标准日语语法》，第二版，高等教育出版社。

郭鸿杰、韩红：2012，《语料库驱动的英汉语言接触研究：以“被”字句为例》，《外语教学与研究》，2012 年第 3 期；又人大复印资料语言文字学，2012 年第 9 期。

郭华：2006，《“V 的 V”式的句法、语义、语用分析》，《广西师范学院学报》（S1）。

郭攀：2004，《汉语涉数问题研究》，中华书局。

郭锐：1995，《述结式的配价结构和成分的整合》，见沈阳、郑定欧主编《现代汉语配价语法研究》，北京大学出版社。

郭锐：2002a，《述结式的论元结构》，《汉语语法研究的新拓展》（一），徐烈炯、邵敬敏主编，浙江教育出版社。

郭锐：2002b，《现代汉语词类研究》，商务印书馆。

郭锡良等：1983，《古代汉语》，北京出版社。

韩陈其：1984，《论“修饰成分 + 人称代词”》，《内蒙古师大学报》，哲学社会科学版，第 4 期。

韩陈其：2005，《“我的他”：“他”是谁?》，《语言是小河》，中国经济出版社。

韩秀英：1993，《后缀形容词例解词典》，江苏教育出版社。

何汝芬、曾思奇、田中山、林登仙编著，曾思奇修订：2009，《高山族阿眉斯语简志》，《中国少数民族语言简志丛书》修订本·卷肆，民族出版社。

何汝芬、曾思奇、李文甦、林青春编著，曾思奇修订：2009，《高山族布农语简志》，《中国少数民族语言简志丛书》修订本·卷肆，民族出版社。

何雅娟：2010，《“定语+人称代词”结构的翻译审美》，《中国翻译》第4期。

何彦诚（问），吴福祥（答）：2013，《焚膏继晷　探幽揽胜——西南边疆语言与文化专家访谈录之“吴福祥专访”》，《百色学院学报》第5期。

何烨：2004，《改革开放以来英语对汉语句法的影响》，《四川外语学院学报》第3期。

贺嘉善编著，贺嘉善修订：2009，《仡佬语简志》，《中国少数民族语言简志丛书》修订本·卷叁，民族出版社。

贺卫国：2008a，《“AB了AB”与“AB了一AB”格式源流考察》，《百色学院学报》第5期。

贺卫国：2008b，《“AB一AB”格式嬗变考察》，《广西师范学院学报》（哲学社会科学版）第4期。

贺阳：2008，《现代汉语欧化语法现象研究》，商务印书馆。

洪琳：2002，《略论人称代词带修饰语的形式》，《佳木斯大学社会科学学报》第2期。

侯忠义：1988，《论〈二刻醒世恒言〉》，《明清小说研究》第2期。

胡素华：2005，《凉山彝语被动义的表达方式》，《语言研究》第4期。

胡松柏、林芝雅：2005，《吴语与赣语在赣东北接触情况简述》，上海市语文学会、香港中国语文学会合编，《吴语研究——第三届国际吴方言学术研讨会论文集》，上海教育出版社。

胡松柏、林芝雅：2008，《铅山方言研究》，中国社会科学出版社、文化艺术出版社。

胡松柏、胡德荣：2013，《铅山太源畲话研究》，中国社会科学出版社。

胡孝斌：2008，《语法化和词汇化的的作用——谈 VV 的句法性质》，《语言研究》第 4 期。

胡裕树主编：1987，《〈现代汉语〉使用说明》，上海教育出版社。

胡裕树、范晓主编：1995，《动词研究》，河南大学出版社。

胡竹安：1985，《宋元白话数词研究》，《黄石教师进修学院学报》第 2 期。

黄碧云：2004，《“打”字的中缀研究》，《辞书研究》第 1 期。

黄伯荣主编：1996，《汉语方言语法类编》，青岛出版社。

黄伯荣、廖序东主编：2008，《现代汉语》，增订四版，高等教育出版社。

黄婉梅：2003，《“在”字句研究补述》，《乐山师范学院学报》第 5 期。

黄行、唐黎明：2004，《被动句的跨语言类型对比》，《汉语学报》第 1 期。

江澄：1986，《“有着”小志》，《中国语文》1986 年第 2 期。

江治刚、李军花：2006，《“人称代词带定语”结构考察》，《语文学刊》基础教育版第 20 期。

蒋冀骋、吴福祥：1997，《近代汉语纲要》，湖南教育出版社。

蒋冀骋：2008，《明代汉语量词研究·序》（叶桂郴），岳麓书社。

蒋礼鸿：1981，《义府续貂》，中华书局。

蒋平：1983，《关于“V 在了 N”格式的类化问题》，《汉语学习》第5期。

蒋平：1984，《再谈“V在了N”格式》，《汉语学习》第4期。

蒋绍愚：2003，《“给”字句、“教”字句表被动的来源——兼谈语法化、类推和功能扩展》，《语法化与语法研究》（一），吴福祥、洪波主编，商务印书馆。

蒋绍愚，曹广顺主编：2005，《近代汉语语法史研究综述》，商务印书馆。

蒋同林：1982，《试论动介复合词》，《安徽师大学报》（哲学社会科学版）第1期。

蒋晓华：2003，《〈圣经〉汉译及其对汉语的影响》，《外语教学与研究》（外国语文双月刊）第4期。

蒋宗许：2009，《汉语词缀研究》，巴蜀书社。

金有景：1981，《“人称代词”前带定语》，《汉语学习》第1期。

兰宾汉、邢向东主编：2006，《现代汉语》，中华书局。

雷文治主编：2002，《近代汉语虚词词典》，河北教育出版社。

李伯约：2007，《并列连词的句法功能研究》，《重庆大学学报》（社会科学版）第4期。

李崇兴、祖生利、丁勇：2009，《元代汉语语法研究》，上海教育出版社。

李方桂：1953，《武鸣壮语》，中国科学院出版。

李芳杰：1997，《V的+V及其相关格式》，《汉语学习》第2期。

李广锋、李淑霞：2004，《论汉语动词重叠的演变轨迹》，《郑州航空工业管理学院学报》（社会科学版）第4期。

李洁著，戴庆厦审订：2008，《汉藏语系语言被动句研究》，民族出版社。

李锦芳：2003，《巴哈布央语概况》，《民族语文》第4期。

李锦芳：2004，《户语概况》，《民族语文》第5期。

李锦芳、徐晓丽：2004，《比贡仡佬语概况》，《民族语文》第3期。

李临定：1986，《现代汉语句型》，商务印书馆。

李临定：2011，《现代汉语句型》，增订本，商务印书馆。

李讷、石毓智：1997，《汉语动词拷贝结构的演化过程》，《国外语言学》第3期。

李倩：2013，《河南固始方言代词研究》，浙江财经大学硕士学位论文。

李荣主编，汤珍珠，陈忠敏，吴新贤编纂：1997，《宁波方言词典》，江苏教育出版社。

李荣主编，鲍士杰编纂：1998，《杭州方言词典》，江苏教育出版社。

李荣主编：2002，《现代汉语方言大词典》，江苏教育出版社。

李允玉：2001，《"VV""V一下""V一会儿"格式与动词的选用》，《上海师范大学学报》（社会科学版）第3期。

李珊：1993，《双音动词重叠式ABAB功能初探》，《语文研究》第3期。

李珊：2003，《动词重叠式研究》，语文出版社。

李英哲等编著，熊文华译：1990，《实用汉语参考语法》，北京语言学院出版社。

李运龙：1993，《语义、结构、语境影响和制约着动词的重叠》，《湖北大学学报》，哲学社科学版，第2期。

李宗江：2003，《句法成分的功能悬空与语法化》，见《语法化与语法研究》（一），吴福祥、洪波主编，商务印书馆。

梁敏编著，梁敏修订：2009，《侗语简志》，《中国少数民族语言简志丛书》修订本·卷叁，民族出版社。

梁敏编著，梁敏修订：2009，《毛南语简志》，《中国少数民族语言简志丛书》修订本·卷叁，民族出版社。

廖礼平：1984，《关于“V在了N”格式的使用的考察》，《汉语学习》第1期。

林焘：1962/2001，《现代汉语轻音和句法结构的关系》，《中国语文》7月号；收入《林焘语言学论文集》，商务印书馆，2001。

林祥楣：1958，《代词》，新知识出版社。

刘传鸿：2014，《“(太) +形容词+生”组合中“生”的性质及来源》，《中国语文》第2期。

刘村汉：1995，《柳州方言词典》，江苏教育出版社。

刘丹青：2003，《语序类型这与介词理论》，商务印书馆。

刘丹青：2005，《语言类型学与汉语研究》，《语言学前沿与汉语研究》，刘丹青主编，上海教育出版社。

刘丹青：2009，《语法化理论与汉语方言语法研究》，《方言》第2期。

刘东升：2008，《汉语动词拷贝句式的语义焦点及其句式选择性》，《现代语文》第5期。

刘斐：2012，《客家方言于桂片南康荷田话重叠式形容词研究》，《中国语学研究·开篇》第31号，好文出版。

刘红曦：2000，《动词重叠的制约因素》，《重庆教育学院学报》第1期。

刘坚，江蓝生，白维国，曹广顺：1992，《近代汉语虚词研究》，语文出版社。

刘坚：1992，《〈训世评话〉中所见明代前期汉语的一些特点》，《中国语文》第4期。

刘瑞明：1987，《古汉语词尾新增三例拟议》，《兰州教育学院学报》第1期。

刘瑞明：2006，《近代汉语词尾“生”及研究源流详说》，《励耘学刊》第2辑（总第4辑）。

刘世儒：1963，《现代汉语语法讲义》，商务印书馆。

刘顺、潘文：2007，《现代汉语“有着”句的考察与分析》《语言教学与研究》第3期。

刘绪湖：1998，《近代汉语词尾功能示例》，《乌鲁木齐成人教育学院学报》（综合版）第1期。

刘援朝：2008，《黎语加茂话概况》，《民族语文》第1期。

刘月华、潘文娱、故韦华：2002，《实用现代汉语语法》，增订本，商务印书馆。

刘云：2009，《双音节词重叠类型的功能解释》，见《汉语重叠问题》，汪国胜、谢晓明编，华中师范大学出版社。

刘志富：2008，《现代汉语中“X的X”结构对举现象》，华中师范大学硕士学位论文。

刘志生：2000，《论近代汉语词缀“生”的用法及来源》，《长沙电力学院学报》（社会科学版）第2期。

刘志生：2001，《近代汉语中的“X的X”格式》，《古汉语研究》第2期。

刘子瑜：2008，《〈朱子语类〉述补结构研究》，商务印书馆。

卢惠惠：2012，《江西南康客家话的表微标记“子［tsɿ^{42}］”》，《中国语学研究·开篇》第31号，好文出版。

卢继芳：2007，《都昌阳峰方言研究》，中国社会科学出版社、文化艺术出版社。

卢建：1998，《新兴句法和句式修辞及其逻辑特征》，《修辞学习》第2期。

鲁莹：2008，《“定语+的+人称代词”结构研究》，华中科技大学硕士学位论文。

鲁莹：2011，《“定语+的+人称代词”结构生成机制探析》，《语言与翻译》第1期。

陆澹安：2009a，《小说词语汇释》，上海锦绣文章出版社。

陆澹安：2009b，《戏曲词语汇释》，上海锦绣文章出版社。

陆俭明：2007，《从量词“位”的用法变异谈起——中国语言学发展之路的一点想法》,《语言科学》第6期。

罗茵:2005,《“A的A,B的B”结构的构成特点及其功能解释》,《南开语言学》第1期。

吕冀平:1983,《汉语语法基础》,黑龙江人民出版社。

吕建军:2008,《补议“有着”句》,《现代语文》第3期。

吕朋林:2001,《〈水浒传〉中约数的称法》,《古籍整理研究学刊》第6期。

吕叔湘:1999,《個字的应用范围,附论单位词前一字的脱落》,《汉语语法论文集》,商务印书馆。原载金陵、齐鲁、华西大学《中国文化汇刊》第四卷,1944年。

吕叔湘:2002,《三身代词前有加语》,《吕叔湘全集》第七卷,辽宁教育出版社。曾收入《汉语语法论文集》(1955年出版)。

吕叔湘:1963,《现代汉语单双音节问题初探》,《中国语文》第1期。

吕叔湘:1984,《“把”字用法二例》,《语文杂记》,上海教育出版社。

吕叔湘主编:1999,《现代汉语八百词》,增订本,商务印书馆。

吕文华:2010,《“了”的教学三题》,《世界汉语教学》第4期。

马庆株:2008,《现代汉语量词研究·序》(增编版,何杰),北京语言大学出版社。

毛修敬:1985,《动词重叠的语法性质、语法意义和造句功能》,《语文研究》第2期。

毛宗武、蒙朝吉、郑宗泽:1982,《瑶族语言简志》,民族出版社。

毛宗武、蒙朝吉、郑宗泽编著,毛宗武、郑宗泽修订:2009,《瑶族勉语简志》,《中国少数民族语言简志丛书》修订本·卷肆,民族出版社。

闵家骥、范晓、朱川、张嵩岳：1986，《简明吴方言词典》，上海辞书出版社。

闵家骥、晁继周、刘介明：1991，《汉语方言常用词词典》，浙江教育出版社。

莫　超：2004，《白龙江流域汉语方言语法研究》，中国社会科学出版社。

倪宝元主编：1994，《大学修辞》，上海教育出版社。

欧阳觉亚：1979，《珞巴语概况》，《民族语文》第1期。

欧阳觉亚、程方、喻翠容编著，欧阳觉亚、喻翠容修订2009《京语简志》，《中国少数民族语言简志丛书》修订本·卷肆，民族出版社。

彭玉兰：2002，《“永远”的句法功能研究》，《语言研究》特刊。

戚东华：2005，《从报刊篇名看人称代词受修饰的生命力》，《商丘职业技术学院学报》第6期。

戚晓杰：2006，《从〈聊斋俚曲集〉看汉语动词拷贝句式的产生年代》，《蒲松龄研究》第1期。

齐沪扬主编：2007，《现代汉语》，商务印书馆。

钱曾怡：1999，《嵊县长乐话的特殊语序》，［日本］《语篇》第18期。

钱乃荣：1992，《当代吴语研究》，上海教育出版社。

钱学烈：2007，《也谈汉语双音谓词的重叠》，见《学海拾零——语言文学论集》，中央文献出版社。

裘荣棠：1996，《让人疑惑的“永远”》，《语文建设》第12期。

裘荣棠：2006，《谈“永远”的形容词用法》，《语言应用研究》第6期。

黔东南州地方志办公室编：2007，《黔东南方言志——黔东南苗族侗族地区汉语方言调查研究》，巴蜀书社。

曲阜师范大学本书编写组编写：1996，《现代汉语常用虚词词典》，浙江教育出版社。

全国外语院系语法与修辞编写组：2007，《语法与修辞》，全新本，广西教育出版社。

阮桂君：2009，《宁波方言语法研究》，华中师范大学出版社。

邵敬敏主编：2007，《现代汉语通论》（第二版），上海教育出版社。

邵敬敏：2011，《新时期汉语语法学史（1978－2008）》，商务印书馆。

施春宏：2004，《动结式形成过程中配位方式的演变》，《中国语文》第6期。

施春宏：2005，《动结式论元结构的整合过程及相关问题》，《世界汉语教学》第1期。

施春宏：2006，《动结式的配价层级及其歧价现象》，《语言教学与研究》第4期。

施春宏：2008a，《汉语动结式的句法语义研究》，北京语言大学出版社。

施春宏：2008b，《动结式“V累”的句法语义分析及其理论蕴涵》，《语言科学》第3期。

施关淦：1990，《名词·动词·形容词》，人民教育出版社。

石定栩、朱志瑜：2000，《英语与香港书面汉语》，《外语教学与研究》第3期。

石锓：1994，《近代汉语词尾“生”的功能及来源》，《丝路学刊》第4期。

石锓：1996，《近代汉语词尾“生”的功能》，《古汉语研究》第2期。

石汝杰：1995，《明清小说和吴语的历史语法》，《语言研究》第2期。

石汝杰、［日］宫田一郎主编：2005，《明清吴语词典》，上海辞书出版社。

石毓智：2000，《如何看待语法规则的“例外”——从“吃饱饭”“喝醉酒”现象谈起》，《汉语学习》第6期。

石毓智、李讷：2001，《汉语语法化的历程——形态句法发展的动因和机制》，北京大学出版社。

石毓智：2002，《汉语发展史上的双音化趋势和动补结构的诞生——语音变化对语法发展的影响》，《语言研究》第1期。

石毓智：2004，《汉语研究的类型学视野》，江西教育出版社。

石毓智：2005，《现代汉语语法系统的建立——动补结构的产生及其影响》，北京语言大学出版社。

宋开玉：2008，《明清山东方言词缀研究》，齐鲁书社。

宋文辉：2004，《动结式在几个句式中的分布》，《语文研究》，第3期。

宋文辉：2007，《现代汉语动结式的认知研究》，北京大学出版社。

苏晓青、吕永卫：1996，《徐州方言词典》，江苏教育出版社。

孙德金：2005，《汉语语法教程》，北京语言大学出版社。

孙德金：2012，《现代书面汉语中的文言语法成分研究》，商务印书馆。

孙汉军：1992，《谈谈俄语的重叠现象》，《解放军外语学院学报》第4期。

孙维才：1990，《日汉语人称代词的修饰语比较》，《日语学习与研究》第6期。

［日］大西博子：1999，《萧山方言研究》，好文出版。

［日］桥本万太郎著，余志鸿译：2013，《语言地理类型学》，世界图书出版公司。

［日］太田辰夫：1991，《汉语史通考》，江蓝生、白维国译，重庆出版社。

［日］太田辰夫：2003，《中国语历史文法》，修订译本，蒋绍

愚、徐昌华翻译，北京大学出版社。

谭学纯：2008，《文学和语言——广义修辞学的学术空间》，上海三联书店。

汪化云：2004，《鄂东方言研究》，巴蜀书社。

汪化云：2008，《现代汉语代词论略》，巴蜀书社。

汪化云：2009，《也说“人称代词受修饰”现象》，《汉字文化》第3期。

汪维懋编：1999，《汉语重言词词典》，军事谊文出版社。

王福堂：2003，《绍兴方言中的两种述语重叠方式及其语义解释》，《吴语研究》（第二届国际吴方言学术研讨会论文集），上海市语文学会、香港中国语文学会合编，上海教育出版社。

王红斌：2009，《现代汉语的事件句和非事件句》，光明日报出版社。

王洪钟：2011a，《吴语海门方言“快”的两个特殊用法》，《中国语文》第1期。

王洪钟：2011b，《海门方言语法专题研究》，安徽师范大学出版社。

王洪钟：2011c，《海门方言研究》，中华书局。

王健：2007，《动词重叠三种特殊语法格式的地理分布及相关问题研究》，《语言学论丛》第35辑，商务印书馆。

王力：1985，《中国现代语法》，商务印书馆。

王力：1957，《中国语法理论》，新版，中华书局。

王茂林：2007，《留学生动词重叠使用情况浅析》，《语言教学与研究》第4期。

王敏红：2008，《词缀“生”在绍兴方言中的特殊用法》，《绍兴文理学院学报》第3期。

王瑞英：2009，《试论汉语助词“生”的来源及演变》，《黄河科技大学学报》第5期。

王涛等：2007，《中国成语大辞典》，辞海版新一版，上海辞书出版社。

王文虎、张一舟、周家筠等编：1986，《四川方言词典》，四川人民出版社。

王文胜：2012，《吴语处州方言的地理比较》，浙江大学出版社。

王希杰：1990，《数词·量词·代词》，人民教育出版社。

王希杰：1999，《略说潜句和演绎法》，《辽宁师范大学学报》第1期。

王希杰：2000，《修辞学导论》，浙江教育出版社。

王彦琳：2007，《“俩”的多角度分析》，北京语言大学硕士学位论文。

王云路：2010，《中古汉语词汇史》，商务印书馆。

韦庆稳、覃国生主编，覃国生、韦树关修订：2009，《壮语简志》，《中国少数民族语言简志丛书》修订本·卷叁，民族出版社。

魏达纯：2004，《近代汉语简论》，广东高等教育出版社。

魏红：2012，《明清山东方言特殊语法词研究》，齐鲁书社。

魏志成：2005，《汉英语言关系研究》，《曲靖师范学院学报》第2期。

魏志成：2007，《论“定语+人称代词”结构的来源》，《中国语文》第5期。

魏志成：2010，《英汉语比较导论》（第2版），上海外语教育出版社。

温昌衍：2001，《石城客话表微标记“哩”》，《中国语文》第1期。

温昌衍：2006，《客家方言》，华南理工大学出版社。

温端政：1957，《浙南闽语里形容词程度的表示方法》，《中国语文》第12期。

吴长安：2006，《“第二”的词汇化意义》，《中国语文》第2期。

吴恩裕：2010，《曹雪芹〈废艺斋集稿〉丛考——感受一个最真实的曹雪芹》，当代中国出版社。

吴慧敏：2010，《略论概数形式“三五”“五七”》，《现代语文》第 10 期。

吴连生、骆伟里、王均熙、黄希坚、胡慧斌：1995，《吴方言词典》，汉语大词典出版社。

吴士勋、王东明主编：1992，《宋元明清百部小说语词大辞典》，陕西人民教育出版社。

吴越、楼兴娟：2012，《缙云县方言志》，中西书局。

奚博先：1984，《试谈“A 的 A，B 的 B”的语法特点和修辞作用》，《语言教学与研究》第 2 期。

向二兰：2009，《汉英“M + PP”结构比较研究》，《武汉理工大学学报》第 5 期。

向熹：1998，《简明汉语史》，高等教育出版社。

向熹：2010，《简明汉语史》，修订本，商务印书馆。

肖瑜：2010，《汉语动词重叠研究的新篇章——〈动词重叠历史考察与分析〉评介》，《广西民族师范学院学报》第 2 期。

谢耀基：2001，《汉语语法欧化综述》，《语文研究》第 1 期。

邢福义：1985，《谈谈语法规范化的问题》，《文字改革》第 6 期。

邢福义：1997a，《汉语语法学》，东北师范大学出版社。

邢福义：1997b，《V 为双音节的“V 在了 N”格式——一种曾经被语法学家怀疑的格式》，《语言文字应用》第 4 期。

邢福义：2000，《小句中枢说的方言佐证》，《方言》第 4 期。

邢福义：2003，《V 为双音节的“V 在了 N”格式》，《20 世纪现代汉语八大家 · 邢福义选集》，东北师范大学出版社。文后有这样的话：“原载《语言文字应用》1997 年第 4 期，又见中国人民大学复印资料《语言文字学》1998 年第 2 期。收入《选集》时略有整合。”所以，与邢福义（1997b）文字有所不同。

邢福义、刘培玉、曾常年、朱斌：2004，《汉语句法机制验察》，生活·读书·新知三联书店。

邢福义、谢晓明：2013，《现代汉语语法研究中理论与事实的互动》，《汉语学报》第3期。

邢向东：2004，《陕北晋语沿河方言假设类虚拟范畴的表达手段及其语法化过程》，中国语言学会第十二届年会暨国际中国语文学术研讨会论文，宁夏银川。

徐丹：2007，《“是以”“以是”——语法化与词汇化》，《语法化与语法研究》（三），沈家煊、吴福祥、李宗江主编，商务印书馆。

徐国玉：1991，《“X的X，Y的Y”格式试探》，《延边大学学报》（哲学社会科学版）第1期。

徐时仪：2001，《“打”字的语义续补》，《辞书研究》第3期。

徐时仪：2002，《“打”字的语义分析再补》，《南阳师范学院学报》第3期。

徐越：1998，《嘉善话中实词的重叠现象》，《杭州师范学院学报》第4期。

许宝华，宫田一郎主编：1999，《汉语方言大词典》，中华书局。

许德楠：1957，《说人称代词前用修饰语》，《中国语文》。

许少峰主编：1997，《近代汉语词典》，团结出版社。

许少峰：2008，《近代汉语大词典》，中华书局。

颜清徽、刘丽华：1998，《娄底方言词典》，江苏教育出版社。

颜逸明：1995，《吴语概说》，华东师范大学出版社。

颜逸明：2000，《浙南瓯语》，华东师范大学出版社。

杨海明、李万福：1999，《“永远”的功能扩张考察》，《重庆教育学院学报》第12期。

杨海明、周静：2006，《汉语语法的动态研究》，北京大学出版社。

杨开三：1987，《俄语人称代词所带定语的译法》，《中国俄语教学》第5期。

杨荣祥：2002，《副词词尾源流考察》，《语言研究》第3期。

杨葳、杨乃浚：2000，《绍兴方言》，国际文化出版公司。

叶蜚声、徐通锵：2008，《语言学纲要》，北京大学出版社。

殷晓明：2005，《试论〈元曲选〉中的动词重叠》，《古汉语研究》第4期。

殷志平：2004，《“第二”的一种用法》，《汉语学习》第3期。

游汝杰：2003，《中国文化语言学引论》，修订版，上海辞书出版社。

于江：2008，《双音节动词重叠的早期表现形式》，《上海大学学报》（社会科学版）第1期。

于思湘：2002，《“永远”超常运用新探》，《山东理工大学学报》，社会科学版，第4期。

俞敦雨：1986，《“姓过”和“是过”》，《中国语文天地》第4期。

喻翠容编著，喻翠容修订：2009，《布依语简志》，《中国少数民族语言简志丛书》修订本·卷叁，民族出版社。

喻翠容、罗美珍编著，喻翠容、罗美珍修订：2009，《傣语简志》，《中国少数民族语言简志丛书》修订本·卷叁，民族出版社。

袁宾：1989，《近代汉语后缀“生”》，《阅读与写作》第12期。

袁宾：1992，《近代汉语概论》，上海教育出版社。

袁毓林：1995，《词类范畴的家族相似性》，《中国社会科学》第1期。

袁毓林：2004，《方位介词“着”及相关的语法现象》，《汉语语法研究的认知视野》，商务印书馆。原载香港《中国语文研究》2002年第2期。

袁毓林：2010a，《汉语配价语法研究》，商务印书馆。

袁毓林：2010b，《汉语词类的认知研究和模糊划分》，上海教育出版社。

袁毓林、王健 2005《吴语的动词重叠式及相关的类型学参项——从几种语法格式的分布地域看古吴语的北界》，上海市语文学会、香港中国语文学会合编，《吴语研究——第三届国际吴方言学术研讨会论文集》，上海教育出版社。

詹开第：1982，《〈骆驼祥子〉语言的两大特色》，《中国语文》第 2 期。

占勇：2003，《“V 在了 N”结构研究》，安徽师范大学硕士论文。

占勇：2005a，《“V 在了 N”格式的结构考察》，《江西财经大学学报》第 4 期。

占勇：2005b，《“V 在了 N”结构研究》，《新亚论丛》第 1 期。

占勇：2009，《“V 在了 N”格式形成原因的语法化分析》，《宁波大学学报》（人文科学版）第 4 期。

张宝林：2006，《汉语教学参考语法》，北京大学出版社。

张斌主编：2002，《新编现代汉语》，复旦大学出版社。

张斌主编：2010，《现代汉语描写语法》，商务印书馆。

张伯江、方梅：1996/2005，《汉语功能语法研究》，江西教育出版社。

张崇：1991，《人称代词前加定语的两条近古用例》，《中国语文》第 5 期。

张凤琴、冯鸣：2004，《关于“定语 + 人称代词”》，《修辞学习》第 6 期。

张凤芝：2002，《小议“A 的 A，B 的 B”结构》，《语文月刊》第 1 期。

张拱贵、王聚元主编：1997，《汉语叠音词词典》，南京大学出版社。

张惠英：1998，《崇明方言词典》，江苏教育出版社。

张惠英：2009，《崇明方言研究》，中国社会科学出版社。

张家茂：1985，《苏州方言中的"V快哉"》，《语言研究》第2期。

张静：1979，《论汉语动词的重迭形式》，《郑州大学学报》第3期。

张美兰：2002，《近代汉语语言研究》，天津教育出版社。

张敏：1997，《从类型学和认知语法的角度看汉语重叠现象》，《当代语言学》第2期。

张其昀：2009，《扬州方言表微标记"头"》，《中国语文》第5期。

张其昀：2010，《扬州方言表微标记"-头"》，见《汉语方言语法新探索》，林华东主编，周磊、张双庆副主编，厦门大学出版社。

张玮：1997，《时间副词"永远"的区别意义及其语法功能》，《汉语学习》第4期。

张相：1985 / 1953，《诗词曲语辞汇释》，中华书局。

张延俊：2010，《汉语被动式历时研究》，中国社会科学出版社。

张一舟、张清源、邓英树：2001，《成都方言语法研究》，巴蜀书社。

张谊生：1998，《说"永远"——兼论汉语词类研究中的若干理论问题》，《语言教学与研究》第2期。

张莹：2009，《从"修饰语+代词"结构看代词的性质和功能》，河南大学硕士论文。

张振兴：2003，《现代汉语方言语序问题的考察》，《方言》第2期。

曾学慧、崔山佳：2011，《"打"字中缀用法补说三题》，《江西科技师范学院学报》第4期。

赵博源：1997，《汉日语定语比较》（一），《日语知识》第3期。

赵博源：1998，《汉日语人称代词的修饰问题》，《日语知识》第12期。

赵克诚：1987，《近代汉语语法》，陕西师范大学出版社。

赵明鸣：2001，《〈突厥语词典〉语言被动态及其被动结构研究》，《民族语文》第4期。

赵琪：2008，《从动结式来看现代汉语的构式性》，《复旦外国语言文学论丛》秋季号。

赵日新：2013，《汉语方言“走”义和“跑”义的词形分布》，《汉语方言的地理语言学研究》，曹志耘主编，商务印书馆。

赵元任：1979：《汉语口语语法》，吕叔湘译，商务印书馆。

郑剑平：2003，《试论西昌方言的“X打X（/Y）+（L）”格式》，《四川师范学院学报》（哲学社会科学版）第4期。

郑奇夫：2007，《汉语前缀后缀汇纂》，浙江大学出版社。

郑张尚芳：2008，《温州方言志》，中华书局。

周洪波：1997，《“永远”的词性问题》，《语文建设》第7期。

周建设主编：2005，《现代汉语》，人民教育出版社。

周金萍：2012，《〈五灯会元〉中“生”字的义项、用法和功能》，《文教资料》9月号下旬刊。

周一民：1998，《现北京口语语法（词法卷）》，语文出版社。

周园：2006，《动词拷贝结构的发展》，《现代语文》第3期。

周志锋：1998，《〈汉语大字典〉义项漏略举例》，见《大字典论稿》，浙江教育出版社。

周志锋：2001，《说后缀“动”》，《语文研究》第4期。又见《明清小说俗字俗语研究》，中国社会科学出版社，2006。

周志锋：2012，《周志锋解说宁波话》，语文出版社。

朱德熙：1982，《语法讲义》，商务印书馆。

朱德熙：2001，《现代汉语语法研究的对象是什么?》，《20世纪现代汉语语法八大家 · 朱德熙选集》，东北师范大学出版社，原载《中国语文》1987 年第 5 期。

朱德熙：2011，《语法分析讲稿》，商务印书馆。

朱冠明：2013，《“为 N 所 V”被动式再分析》，《古汉语研究》第 2 期。

朱赛萍：2014，《试论“V 在了 N”格式的形成与发展》，《语言教学与研究》第 1 期。

朱彰年、薛恭穆、周志锋、汪维辉：1991，《阿拉宁波话》，华东师范大学出版社。

朱彰年、薛恭穆、汪维辉、周志锋：1996，《宁波方言词典》，汉语大词典出版社。